구성주의
진로상담기법

CAREER ASSESSMENT:
QUALITATIVE APPROACHES

Mary McMahon · Mark Watson 편저
임은미 · 강혜정 · 김혜영 · 정지영 공역

학지사

▐▬ 역자 서문

  길어진 평균 수명, 글로벌 경제, 직업세계의 급격하고도 구조적인 변화로
인해 현대인에게는 아동기부터 노년기까지의 전 연령대에 진로상담의 도움
이 필요하다. 현대인들은 변화의 소용돌이 속에서 스스로 자기 삶의 주인이
되어 중심을 잡고 수많은 선택과 적응을 해야 하며, 그로 인한 결과를 경험
하게 된다. 진로 선택과 적응에는 개별적이고 복잡한 개인의 삶에 대한 깊고
넓은 이해에 더해 섬세한 심리상태를 정확히 포착하는 것이 요구된다. 그래
서 어떤 전문가라도 개인의 진로를 대신 선택해 줄 수는 없다. 다만, 내담자
들이 자기 삶의 전문가가 되도록 촉진하고 안내할 수 있을 뿐이다.

  『구성주의 진로상담기법』은 'Career Assessment: Qualitative Approaches'
를 번역한 것이다. 저자인 맥마흔(McMahon)과 왓슨(Watson)은 이 책에서 구
성주의의 독특한 상담기법들을 소개할 뿐 아니라 기존의 상담개입기법들에
질적 진로평가를 통합하여 내담자의 진로구성을 가능하게 하는 방법을 제시
하였다. 질적 진로평가는 심리검사로 대표되는 양적 진로평가에 대비되는
용어이면서 한편으로는 내담자의 이야기를 바탕으로 스스로 진로발달의 방
향을 선택하게 하는 구성주의 진로상담이기도 하다. 구성주의 진로상담은
오늘날의 진로상담 실무에 꼭 필요한 접근이다. 직업세계의 안정성과 구직
자의 보편적인 특성을 가정하는 전통적 진로개입은 외적 변화와 내적 성장
의 복합성을 기반으로 이루어져야 하는 현대인의 진로발달에 충분한 해법을
제공하지 못하기 때문이다.

  구성주의 진로상담의 주요 방법은 이야기이다. 상담자는 내담자에게 자
신을 표현할 수 있는 안전한 공간을 제공하여 잊힌 이야기와 숨겨진 이야기

가 드러나도록 한다. 내담자는 자신이 말한 이야기에 포함된 의미, 주제, 강점, 자원을 바탕으로 진로를 설계하고 실행한다. 이와 같은 과정을 통해 구성주의 진로상담자는 내담자가 스스로의 강점과 자원을 바탕으로 자신의 삶 전체와 조화를 이루는 진로를 창조적으로 찾아 나가도록 돕는다.

그러나 구성주의 진로상담에 매료된 상담자라 할지라도 현장에서 적용할 때는 어려움을 호소한다. 가장 큰 이유는 구성주의 진로상담기법들은 전통적 진로개입보다 훨씬 덜 구조화되어 있기 때문이다. 일상의 이야기에서 진로 주제를 발견하고, 새로운 진로 설계와 실행으로 이끄는 일은 숙련된 상담자에게도 매우 어려운 일이다. 그래서 상담 현장에서 구성주의 진로상담은 너무나 매력적인 대안임에도 불구하고 심리상담과 진로개입 모두에 숙련된 상담자만이 해낼 수 있는 난해한 기법으로 간주되는 경향이 있다.

역자들 또한 구성주의기법을 적용할 때 상담자가 잠시 한눈을 팔면 심리상담과의 경계가 모호해지거나 일상의 이야기로 흐를 우려가 있는 한편, 그렇다고 해서 긴장하면 내담자가 스토리텔링을 할 수 있는 여유로운 심리적 공간을 제공하지 못할 수 있다는 불안을 이중으로 경험하였다. 그러던 중 『구성주의 진로상담기법』을 만났고 한국의 연구자 및 실무자들과 함께 공유해야겠다고 결정하였다. 이 책이 지니는 가장 큰 장점은 직접 사용하기에 어렵게 느껴지는 구성주의 진로상담을 '내 것'으로 만들 수 있다는 가능성을 제시한다는 것이다. 이 책의 장점을 구체적으로 정리하면 다음과 같다.

첫째, 구성주의 진로상담기법을 비교적 구조화해 제시함으로써 현장 적용의 난해함을 덜어 주었다. 구성주의 진로상담에 관심이 있는 교사나 상담자는 각 기법이 제시하는 대로 따라 하다 보면 차츰 이 상담에 익숙해질 수 있다.

둘째, 단회적이며 양적인 결과 제시에 주안점을 두던 전통적인 진로평가들을 소재로 활용하여, 평가 결과뿐 아니라 그 결과를 유발한 맥락을 포함하는 스토리텔링을 이끌고 평가과정 자체가 구성주의 진로상담으로 전환되는 절묘한 해법을 제안하였다. 따라서 독자들은 자신에게 친숙한 전통적인 양적 진로평가를 그대로 사용하면서 구성주의 진로상담기법을 학습할 수 있다.

셋째, 구성주의 진로상담기법이 스토리텔링과 내러티브 구성을 토대로 무한히 확장될 가능성을 열어 놓았다. 이 책을 끝까지 숙지한 독자들은 책에서 제시하는 기법을 따라 하는 것뿐 아니라, 그 기법을 바탕으로 자기만의 구성주의 진로상담기법을 창안하고 있는 자신의 모습을 발견할 수 있다.

진로상담 이론과 연구에 관심이 있는 독자는 각 부의 전체 내용에, 진로상담기법에 관심이 있는 독자는 제2부에 더 흥미를 느낄 것이다. 연구자이면서 실무자로서의 정체성을 확보하기를 원하는 독자라면 각 기법을 우리나라의 다양한 내담자에게 적용하면서 문화 간 타당성을 검증하는 것도 의미 있는 일이다.

번역을 수락해 주신 학지사 김진환 사장님, 원고를 확인하고 검토해 주신 유명원 부장님, 편집 과정에서 전문적인 아이디어를 내 주시고 정성을 다해 주신 홍은미 선생님에게 이 자리를 빌려 감사의 말씀을 전한다. 역자들이 성심껏 번역하였지만, 능력의 한계로 오역이 있을 수 있다. 발견되는 즉시 역자에게 알려 바로잡아 주시기를 간곡히 부탁드린다.

2022년 3월
역자 일동

서문

　이 책은 진로 문헌 중 질적 진로평가에 초점을 둔 최초의 획기적인 책이다. 편집자들은 국제적으로 탁월한 저자들을 불러 모았다. 그들은 이 책에서 소개한 질적 진로평가 도구를 개발하고 독창적인 관점을 제시한 선구적인 인물들이다. 여기서는 진로평가에 대한 철학적·이론적·맥락적 관점을 정리하고 양적 진로평가에 의해 지배되었던 진로평가의 역사를 깊이 탐구하였다.

　역설적이게도 파슨스(Parsons, 1909) 같은 학자들의 초기 연구를 자세히 읽어 보면 그 당시부터 이미 질적 진로평가의 원리가 존재했음을 알 수 있다. 양적 진로평가는 이제 더 이상 진로평가가 수행되는 다양한 맥락을 충분히 반영하지 못한다는 인식이 높아지고 있다. 21세기를 살아가는 개인의 진로발달을 심도 있게 이해하기 위해서는 복합성과 주관성을 허용하는 질적 진로평가가 강조되어야 한다.

　이 책의 여러 저자가 질적 진로평가의 중요성을 강조하고 있으며, 이는 특히 헤이젤 라이드(Hazel Reid)의 마지막 성찰문(제30장)에서 명확히 드러난다. 그러나 중요한 것은 이 책이 질적 진로평가를 무비판적으로 보여 주는 것은 아니라는 점이다. 여기서는 이 분야가 보다 발전하기 위해 다룰 필요가 있는 핵심 이슈에 초점을 두었다. 스테드와 데이비스(Stead & Davis)가 제3장에서 강조한 바와 같이 증거에 기반하여 질적 진로평가를 발달시키는 것은 상당히 중요하다. 그래서 진로평가에 대한 이론적·실제적 문헌에서 내담자를 위한 진로 실무자의 무기가 되며 문화적 맥락을 민감하게 포함하는 질적 진로평가의 의미에 주목하였다. 이 분야에서는 질적 진로평가의 개발과 관런하여 진로 실무자 훈련에 다음과 같은 접근을 포함할 필요가 있다. "질적 진로평가는 제대로 이해될 필요가 있다. 양적 진로평가와 마찬가지로 질적 진로평가는 내담자의 진로평가에 참여할 수 있는 타당한 방법이며, 진로 실무자들은 이 평가를 사용하기 위해 충분히 준비되어야만 한다"(McMahon & Watson, 제29장 참조). 이 책이 갖는 또 하나의 특징은 질적 진로평가를 진로 발달 학습의 관점에서 탐구하는 것이다. 편집자들은 이 책의 제2부를 통해 학습을 구조화된 하나의 틀로 소개하였다.

제1부에서는 질적 진로평가의 핵심 이론과 철학의 토대를 정리하고 그것을 지지하는 증거를 보여 주며, 진로상담에 질적 진로평가를 통합하기 위한 실무 지침을 제공한다. 또한 질적 진로평가를 강력하게 지지하는 연구들이 이미 존재하고 있음을 강조한다.

제2부에서는 다양한 질적 진로평가 도구를 소개한다. 라이드도 제30장에서 '질적 평가 방법'에 대한 풍부한 예가 있다고 언급하였다. 다양한 질적 진로평가 과정에 관한 연구가 점점 더 많아지고 있으며, 이 책은 그 도구 중 현재 이용할 수 있는 것이 무엇인지를 알게 해 준다. 아문슨(Amundson), 로(Law), 매킬빈(McIlveen), 맥마혼(McMahon), 패튼(Patton), 왓슨(Watson), 파커(Parker), 아서(Arthur) 등 많은 저자가 집필에 참여하였다. 이 책은 매우 독특하고 유용한 편집 구조를 지니고 있어서 시각적 · 청각적 · 운동감각적으로 다양한 학습 방식을 지닌 독자들도 질적 진로평가와 과정을 쉽게 이해할 수 있다. 각 장은 각각의 도구가 내러티브와 구성주의 진로상담 과정에 어떻게 통합될 수 있는지를 독자가 성찰할 수 있도록 도와준다.

제3부에서는 휘스턴과 라하르자(Whiston & Rahardja, 2005)가 제안한 것처럼, 겉으로는 상반된 전통처럼 보이는 양적 진로평가와 질적 진로평가가 상호 보완적으로 매끄럽게 통합될 가능성을 보여 줌으로써 진로평가와 진로상담에서의 양적 관점과 질적 관점을 이분화시키는 전통에 도전한다. 이에 따라 총체적인 진로 평가 및 상담에 관한 파슨스(1909)의 초기 작업의 중요성이 다시 부각된다. 이 부분에는 질적 및 양적 진로평가를 통합하기 위하여

이론기반 접근을 강조한 샘슨(Sampson)과 동료들의 연구, 통합적 구조화 면접(Integrated Structured Interview: ISI) 과정을 개발한 맥마흔과 왓슨의 최근 연구가 포함된다.

제4부에서는 진로 실무자들에게 폭넓고 다양한 맥락을 충분히 포괄할 수 있는 진로 평가 및 상담 전략을 확보하라고 요구한다. 편집자들은 다양한 맥락을 민감하게 아우를 수 있는 질적 진로평가 과정의 잠재력을 강조하였다. 장애를 가지고 있거나 상처받기 쉬운 사람들, 비서구 문화에 초점을 두었다.

마지막으로, 제5부에서는 질적 진로평가를 진로상담의 이론적·경험적·실제적 문헌에 통합시키기 위한 미래의 도전 과제를 제시한다. 편집자들은 지금까지의 문헌에서 질적 진로평가에 대하여 일관된 관심을 보이지 않았다고 언급하면서 이러한 과정의 효과를 보여 주는 체계적 증거의 필요성을 강조한다. 라이드(2006)는 질적 진로평가를 수용하는 것에 대해 진로 실무자들이 진퇴양난에 빠진 이유 중 일부분은 그 방법을 확실히 알지 못하기 때문이라고 언급하였다. 맥마흔과 왓슨은 질적 진로평가의 미래는 강력한 증거기반을 토대로 "우리가 무엇을 하고 있는지를 어떻게 알 수 있는가"를 문서화할 때에만 강화될 것이라고 지적하면서 이 질문을 새로운 수준으로 끌어올렸다.

총 30장 중에서 18개의 장은 광범위한 질적 진로평가 과정에 대한 유용한 설명을 제공하고, 4개의 장은 다양성의 맥락에서 작업하는 데 필요한 사항을 제안하였다. 이 외에 이 책에서는 질적 진로평가의 위치에 대해 포괄적으로 논의하고 편집자들은 중요한 도전 과제를 제시하였다.

질적 진로평가에 대한 첫 번째 책을 내놓으면서 독자들이 미래의 진로평가 실무와 연구 방향에 대한 보다 일관되고 종합적인 관점을 가질 수 있고, 진로상담 분야에서 질적 진로평가의 위치가 강화되기를 희망한다.

웬디 패튼(Wendy Patton)
퀸즐랜드 공과대학교(Queensland University of Technology)
오스트레일리아(Australia)

📚 엮은이 서문

『구성주의 진로상담기법』이라는 이 책의 제목은 진로평가가 진로상담에서 계속 필수적인 역할을 하고 있음을 인정하기 위해 공동 편집자가 의도적으로 선택하였다.

질적 진로평가에 대한 첫 번째 편찬본인 이 책의 목적은 내담자를 참여시키고 내담자의 관심을 끌기 위하여 사용할 수 있는 실용적인 활동과 기법에 대한 단편적인 설명에서 벗어나는 것이다. 이 책을 편찬하는 더 중요한 의도는 질적 진로평가를 진로상담 혹은 양적 진로평가를 보충하는 것으로만 간주하는 것이 아니라 그 자체를 평가의 한 형태로 올려놓는 것이다. 따라서 이 책은 질적 진로평가에 대하여 일관되게 제시함으로써 질적 진로평가가 역사 · 철학 · 이론 및 연구에 기반하고 있음을 보여 준다.

이 책은 질적 진로평가에 대하여 학습의 관점을 채택한다는 점에서 혁신적이다. 학습은 반세기 남짓 주로 일부 진로이론에서만 등장하였고 진로평가와 통합된 예는 거의 없었다. 사실상 진로발달 학습은 질적 진로평가를 통한 자기이해와 진로탐색의 목표가 될 수 있다.

이 책을 편찬하면서 미래에 질적 진로평가가 직면할 중요한 도전도 피하지 않으려고 하였다. 그래서 질적 진로평가의 최근 연구, 양적 진로평가와의 상보성, 다양한 맥락에서 질적 진로평가의 사용과 관련된 도전을 인정하고 고려하였다.

이 책은 크게 다섯 부분으로 구성되었다. 제1부 '질적 진로평가의 기초'에서는 질적 진로평가에 대한 역사적 · 철학적 · 이론적 기반 및 연구기반을 개관하고 진로평가에서 질적 접근을 고려하기 위한 하나의 틀로 학습을 소개하였다. 제2부 '질적 진로평가 도구'에서는 다양한 질적 진로평가 도구를 수집하고 분석하며 시각적 · 청각적 · 운동감각적 학습 유형에 따라 구성하였다. 제3부 '양적 진로평가를 질적으로 활용하기'에서는 양적 진로평가의 질적인 사용 및 질적 진로평가와 양적 진로평가의 상보성을 고려하였다. 제4부 '다양한 맥락에서의 질적 진로평가'에서는 서구 중산층의 맥락 이외에 다양한 맥락에서 진로평가의 질적 사용을 고려하였다. 제5부 '질적 진로평가: 미래의 방향'에서는 앞 장들을 검토하면서 질적 진로평가의 미래의 방향에 대하여 제언하였다.

이 책은 지금까지 진로평가 영역에서 질적 진로평가에 초점을 맞춘 유일한 책으로서 영향력 있는 중요한 위치를 차지할 것이라고 본다.

차례

제2부　질적 진로평가 도구

시각적 학습 유형

청각적 학습 유형

운동감각적 학습 유형

제5부 질적 진로평가: 미래의 방향

제1부

질적 진로평가의 기초

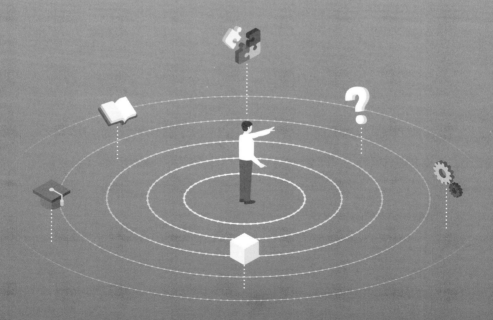

제1부 '질적 진로평가의 기초'에서는 질적 진로평가를 개관하고 진로평가 분야에서 보다 비중 있게 다룸으로써 '큰 그림'을 서술한다. 제1부의 여섯 개 장은 진로평가에서 질적 접근의 역사적인 기원과 철학, 이론, 연구의 토대를 규명함으로써 질적 진로평가가 단지 기법일 뿐이라는 비판에 대응한다. 또한 질적 진로평가를 진로상담 및 학습 과정의 일부분으로 간주한다. 현장의 혁신을 위해 학습을 하나의 틀이자 질적 진로평가의 도구(제2부에 소개됨)를 조직하는 구조로 소개한다.

제**1**장

진로평가

MARK WATSON and MARY MCMAHON

1. 도입

한 세기에 걸친 진로평가의 역사는 지난 세기 초 파슨스(Parsons, 1909)의 기초적인 글과 함께 시작되었다. 이 장에서는 진로이론과 진로상담에서 진로평가가 어떻게 양적 형태와 질적 형태로 진화되고 있는지를 탐색한다. 이 책의 초점이 질적 진로평가이기 때문에 진로평가의 발달을 하나의 이야기로 이해하는 것은 모순되어 보일 수 있다. 사실상 진로평가의 발달은 시간에 따라 진로평가의 목적이 어떻게 변해 왔는지에 대한 내러티브를 제공하는 다중적인 이야기이다. 이 장에서는 진로이론과 진로상담의 철학적 토대의 변화뿐만 아니라 몇십 년 동안 직업세계의 환경 변화와 같은 진로평가에 미치는 몇 가지 지속복합반복적인(recursive) 영향요인을 탐색한다. 마지막으로 진로평가의 미래를 양적 및 질적 진로평가와 관련지어 살펴보며 진로평가의 선택과 사용에 대한 지침을 개발해 달라는 진로 실무자들의 요구를 고려한다.

2. 진로평가에 대한 철학적 이야기

맥마흔과 왓슨(McMahon & Watson, 2007)은 모더니즘 및 포스트모던 시대에 진로평가의 적용에 관한 진로연구를 체계적으로 분석하였다. 저자들은 한 세기 동안 발달한 진로평가의 토대가 되는 철학을 정리하기 위해서도 똑같은 틀을 적용하고자 하였다. 맥마흔과 왓슨은 모더니즘부터 포스트모더니즘에 이르는 수십 년 동안 진로발달을 이해하기 위한 강조점이 계속 변화해 왔다고 설명하였다. 모더니즘 철학은 논리−실증주의 관점을 채택함으로써 진로발달을 관찰 가능한 것으로 간주하고 양적으로 측정될 수 있다고 보았다. 따라서 진로평가의 목적은 예언적이어야만 한다. 진로행동과 그에 대한 평가를 좀 더 과학적으로 이해하면서 수십 년간 진로평가의 초점은 개인을 강조하는 쪽으로 진행되었다. 진로발달에 대한 모더니즘 철학에서는 개인이 발달하는 맥락과 진로를 선택하는 맥락이 측정의 관점에서 고려되기 어렵고 예측 불가능한 변수로 간주된다. 진로평가에 대한 전통적이고 양적인 접근법은 보편성과 일반화 가능성이라는 과학적 원리를 지향한다. 그래서 '거대 담론(grand narrative)'(p. 211)을 만들어 낸다(Savickas, 1993).

최근의 진로심리학은 다른 심리학 분야에서 나타나는 모더니즘에서 포스트모더니즘으로의 철학적인 변화를 반영하였다. 진로평가에서 이러한 변화는 객관성과 검사점수에 대한 과학적 엄격성을 점점 덜 강조하고, 주관성, 개인적 관점에 대한 고려, 개인의 진로발달 맥락을 더 강조하는 것으로 반영되어 왔다(Savickas, 2000; Watson & McMahon, 2004). 맥마흔과 왓슨(2007)은 그 결과로 광범위하고 과학적인 내러티브에서 국지적인 내러티브, 즉 "참여자가 말한 맥락 안에서의 이야기들이 강조되는"(p. 171) 질적인 접근으로 변화되어 왔다고 주장하였다. 진로평가의 측면에서 사비카스(Savickas, 1993)는 이 변화를 심리 측정 및 점수에서 내러티브 접근 및 이야기로 이동하는 것이라고 설명한다.

진로평가의 철학적 토대가 이동하고 있다는 충분한 증거가 있지만, 이러한 변화에도 불구하고 진로평가에서 모더니즘 철학은 아직 지배적인 이야기로 남아 있다. 심리측정 평가의 두드러진 전통이 진로평가는 과학적이어야한다는 관점을 계속 강화시켰고, 그 결과 진로발달에 대한 신뢰할 만하고 타당하며 규준적인 해석에 훨씬 더 가치를 둔다. 그러한 심리측정 구인들은 진로평가의 포스트모더니즘 관점과 반대되는 것(antithesis)으로, 최근 관점인 진로평가에 대한 내러티브와 구성주의 접근의 타당도와 신뢰도 구축을 더어렵게 만들고 있다. 그러나 몇몇 저자(예: McMahon & Watson, 2007)는 모더니즘 관점에 기반한 진로평가 준거와 포스트모더니즘 관점에 기반한 진로평가는 비교될 수 없음을 지적해 왔다. 더욱이 맥마흔과 왓슨은 진로발달에대한 모더니즘 관점은 수립된 지 수십 년이 되었다는 장점을 가지고 있고, 실제로 진로 실무자 훈련에서 기본 관점이 되어 왔다는 점에 주목하였다. 돌이켜 생각해 보면, 사람들은 파슨스의 독창적인 책 『진로선택(Choosing a Career)』(1909)에 양적 진로평가와 질적 진로평가 모두가 실제로 적용될 수있음이 명확히 제시되고 있는지 의구심을 갖는다. 아마도 양적이고 모더니즘 진로평가라는 지배적이고 지속적인 정체성을 고려해 볼 때, 질적이고 포스트모더니즘적인 진로평가는 지난 세기 동안 정체성을 수립할 시간을 잃어버렸다고 보는 것이 더 맞을 것이다(McMahon, 2008; McMahon & Patton, 2006).

3. 진로평가에 대한 이론적 이야기

진로이론의 발전에 관한 이야기를 알게 되면 양적 진로평가의 두드러진영향을 이해할 수 있다. 이와 관련하여 30년도 훨씬 전에 보로(Borow, 1982)가 말한 소위 진로지도의 중요 결과에 대한 비평이 좋은 출발점이 될 것이다. 보로는 진로평가의 역사를 심리평가의 역사와 관련지어서 고려해야 하며, 두 분야 사이에는 지속복합반복적인 관련성이 있다고 제안하였다. 중요한 것은 보로는 소위 직업지도에 대한 초기 토대는 비이론적이라고 지적하였다. "당시에 지도(guidance)라는 것은 넘치는 이론의 사치를 맘껏 누리지 못하였다."(p. 18) 이론의 결여는 결국 직업지도가 심리학의 원리와 평가방법, 특히 개인차와 특성의 측정에 초점을 맞춘 개인차 심리학(differential psychology)에 의존했다는 것을 말한다. 제한된 진로평가의 이론적·개념적 토대로 인해 보로는 진로평가의 새로운 발전을 "개념적으로 빈약하고 기본적으로 비이론적"이라고 비판하였다(p. 19).

지난 세기 전반기에 진로이론의 발전에 대한 이야기는 대부분 특성요인 이론의 발전과 관련된다. 오스본과 준커(Osborn & Zunker, 2006)는 진로발달에 대한 모더니즘 관점에서 측정할 수 있는 개인의 특징과 특성의 범위가 확대되면서 특성요인 이론이 "어떻게 수년간 대폭 수정되었는지"를 기술하였다(p. 2). 실제로 모더니즘 이론의 관점에서도 측정 가능한 개인의 특성에 대한 이야기가 급증하였다. 진로이론이 점점 개인의 진로발달에 대한 전체적인 해석뿐만 아니라 다양하고 복잡해지는 일에 대한 정의를 고려하면서 양적 진로측정이 수적으로 증가하게 되었다. 그러나 더욱 광범위한 포스트모더니즘 이론의 토대가 나타나면서 진로평가에서 개인의 진로발달이 일어나는 맥락을 고려하는 것과 양적 진로평가에 대한 맥락적 해석이 요구되고 있다. 진로발달의 영향요인이 점점 복잡해지고 있음을 이론적으로 인식하면서 좀 더 질적이고 내러티브 형태의 진로평가가 나타나게 되었다. '진로평가에 대한 상호 보완적 이야기'라는 하위 절을 이해하면, 최근 이론이 발전하면서 파슨스의 초기 제안(1909)인 진로에 대한 양적 진로평가와 질적 진로평가의 공존으로 완전히 돌아가게 된다.

진로평가의 발전과 실제 적용에 대한 역사는 진로이론의 발달과 다양한 진로이론이 평가에 부여해 온 중요성이 구체적으로 내재되어 있다. 따라서 진로 실무자들이 채택한 이론적 관점은 진로평가의 역할과 중요성에 대한 그들의 철학을 전반적으로 말해 준다. 샤프(Sharf, 2013)는 진로이론과 진로평가의 상호 관련성에 대한 유용한 개요를 제공하였다. 그는 진로평가가 진로이론의 발전과 적용에서 지배적인 역할을 수행한 정도를 설명하였다. 확실히 특성요인 이론과 당대의 파생이론들이 진로평가를 이론의 중심 원리로 만들었다. 실제로 샤프는 이 이론의 성공은 적성, 흥미, 가치, 성격과 같은 다양한 특성을 측정하는 정확성에 달려 있다고 주장하였다. 특성요인 이론의 관점에 진로평가가 내재되어 있음은 홀랜드(Holland, 1997)의 개인-환경 조화이론에서 가장 분명하게 드러난다. 홀랜드의 진로탐색검사(Self-Directed Search: SDS) 같은 진로평가가 개인-환경 조화이론의 발전과 함께 개발되었다.

　생애-주기, 생애-공간 진로이론(Super, 1990)의 출현은 진로평가에 대한 다른 역할, 즉 "개인이 직면해야 하는 중요한 발달적 이슈를 명료화하는"(Sharf, 2013, p. 462) 역할을 소개하였다. 반세기 전에 슈퍼(Super, 1957)는 그의 독창적인 책 『직업심리학(The Psychology of careers)』에서 "직업상담을 개인과 관련된 검사를 해석해 주고, 직업 정보를 주는 것으로 생각하는 경향이 여전히 널리 퍼져 있다."라고 경고하였다(p. 305). 진로발달이라는 광범위한 개념이 등장하면서 진로평가는 보다 정확한 모더니즘적인 뿌리에서 벗어나 덜 예측적이면서 개인의 발달단계에 따른 발달과업이라는 포스트모더니즘적인 개념으로 나아가고 있다. 최근 수십 년 동안 진로발달에 대한 보다 전통적이고 양적인 진로평가에 대한 도전이 구성주의와 내러티브 진로이론과 함께 등장하고 있다. 이러한 이론은 진로발달에 대한 개인적 인식을 강조하고 의도적으로 진로발달에 대한 주관적 관점에 초점을 맞춘다. 진로이론의 최근의 움직임은 검사점수에 대한 명확한 처방을 가진 양적 진로평가를 훨씬 덜 강조한다. 오히려 이 이론들은 질적 진로평가를 필요로 하는 진로발달에 대한 개인적 정의를 강조한다.

4. 진로평가에 대한 맥락적 이야기

진로평가의 철학적 · 이론적 이야기를 다룬 앞의 두 절은 모두 진로평가 역사에서 맥락의 영향력을 강조한다. 오랜 기간 양적 진로평가가 진로평가 개발에 지배적이었던 이유를 이해하는 한 가지 방법은 그런 평가가 개발됐던 당시의 지배적인 맥락을 고려하는 것이다. 지난 세기 상당한 기간, 특히 지난 세기의 초반 동안 모더니스트들의 진로이론과 그들이 장려한 진로평가에 대한 양적 정의는 타당하다고 인정받았다. 예를 들면, 직업세계는 좀 더 안정적이고 예측 가능한 맥락 내에서 이해될 수 있는 것으로 규정되었다. 초기 진로이론과 도구에 대한 비평에서 보로(1982)는 그 당시의 근로 조건은 이론 개발을 요구하지 않았고 그 당시의 철학을 "완고한 실용주의(p. 18)"였다고 기술하였다. 지난 세기 초반에 진로평가는 비교적 안정적이고 위계적인 근로 환경에 대해 언급할 필요가 있었을 뿐만 아니라 근로자에 대한 보다 제한된 정의에 초점을 두고 있었다. 후반에는 대체로 서구 중심적이고 백인 특권이 현저하게 드러났다.

맥락이 변화하고 진화하면서 진로평가는 변화하는 세상에 반응할 필요가 있었다. 이것은 진로심리학의 창시자라고 받아들이는 파슨스 개인의 진로발달에 분명하게 나타나 있다. 53년이라는 짧은 생애에서 파슨스는 여러 번 진로 방향을 변경하였다. 변화의 일부는 다른 것보다 급진적이었지만 그 하나하나가 자기 삶에서 변화하는 맥락을 반영하고 있다. 토목기사로서 교육받은 것을 시작으로 파슨스는 잇달아 노동자, 교사, 변호사, 강사, 사회적 논평가와 개혁가, 12권의 책과 125편의 논문 저자가 되었다. 이와 같이 지난 세기 동안 근로 조건이 유연하게 되고, 문화와 성별이라는 관점에서 근로자가 점점 다양하게 되었기 때문에 진로평가의 본질을 실용적으로 재평가하라는 지속적인 압력이 있어 왔다. 맥마흔과 왓슨(2007)은 이 철학의 토대였던 모더니즘 관점과 진로이론이 "현 시대와 부합하지 않게" 되었다는 중요한 지적을 하였다(p. 177). 포스트모더니즘 관점에서는 일의 세계가 지속적으로 변화하고 개인의 진로발달에 영향을 미치며 복잡하게 상호작용한다는 것을 인정한다. 예를 들어, 지금까지 수십 년 동안 복잡하게 변화한 사회, 환경, 가족, 세계적 맥락 안에서 개인 스스로 진로를 개발해야 할 필요성에 대한 인식이 진로 이론과 연구에서 점점 증가하고 있다. 이 모든 것은 단일 이야기와 진로평가에 대한 심리측정학적 정의의 요구가 낮아지고 다중 이야기적 접근이 요청된다는 것을 보여 준다.

최근에 진로발달이 전개되는 맥락에서 양적 진로평가의 한계가 지속적으로 관심의 대상이 되었다. 예를 들어, 람프레히트(Lamprecht, 2002)는 양적 진로평가에 대한 해석이 대부분 맥락과 동떨어져 있다고 주장하였다. 이것은 주로 양적 진로측정이 진로상담 과정에서 한 시점의 정지된 개입으로 사용된다는 사실 때문이다. 그것은 근본적으로 심리측정학적 정의를 제공하면서 맥락과 관련 없는 거의 의미 없는 단일 이야기를 내담자의 진로발달 맥락 안에 끼워 넣는다. 양적 진로평가에 대한 질적 해석은 점수에서 이야기로 이동하는 진로평가에 대한 사비카스(1993)의 요청을 충족시킨다. 이것은 진로발달과 진로평가에 대해 전체적인 이해가 필요하다는 요구가 증가하고 있음을 보여 준다. 즉, 평가점수를 넘어 그런 점수를 맥락적으로 이해될 수 있는 이야기로 이끄는 시도이다. 이러한 움직임은 이 장의 나머지 하위 절에서 언급한다.

5. 진로평가에 대한 상호 보완적 이야기

맥마흔과 패튼(McMahon & Patton, 2006)은 진로평가의 발전이 항상 다중적인 역사인데도 양적 진로평가 이야기에 의해서만 지배되어 왔다고 기술하였다. 맥마흔(2008)은 진로평가에 대한 양적 접근법의 우세가 질적 진로평가의 "가능하고 대안적인 이야기를 침묵시키거나 어둡게 한다."라고 주장하였다(p. 589). 다른 저자들은 파슨스(1909)의 주요 연구에서 비롯된 평가 운동 (assessment movement)이 사실상 항상 양적인 것과 질적인 것 모두를 지향해 왔음을 강조해 왔다(O'Brien, 2001). 즉, 파슨스는 개인의 진로발달에 대한 전 체적인 평가에 고려될 필요가 있는 맥락, 진로평가에 대한 내담자의 적극적 인 참여, 다양한 자기성찰 및 대인관계 요인을 강조하였다. 이에 대한 증거 는 단지 특성을 점수화하거나 그 점수를 작업 환경과 연결시키는 단순한 개 념을 넘어 보다 포괄적인 진로평가 접근을 요청하는 파슨스의 제안에서 제 공되었다. 파슨스는 개인의 진로발달 평가에서 몇 가지 질적 접근법을 더 제 시하였다. 예를 들어, 그는 '그림 기법(picture-method)'(p. 24)을 언급하였다. 이것은 내담자 자신이 현재 이해한 것을 개념적으로 재평가하도록 돕는 이 미지를 제공하는 은유법의 전조이다. 또 다른 예를 들면, 철로 만든 공에 묶 여 경주하는 이미지와 그런 방해 없이 경주를 하는 이미지 중에 선택하는 것 이다. 파슨스는 또한 내담자들에게 "청년기를 이끌어 주는 인물"(p. 24)이라 는 "전기적" 이미지를 명료화하기 위해 잡지를 읽도록 장려하였다. 후자는 사비카스(1989)의 진로스타일 인터뷰(career style interview)에서 제시하는 단 계에 대한 역사적 반향을 제공한다.

  남아프리카의 코사어(Xhosa)를 사용하는 사람들은 '그것이 달처럼 사라졌 다가 떠오른다'는 속담을 가지고 있는데, 이는 문제가 계속 순환된다는 뜻이 다. 이 속담은 여러 면에서 진로평가의 역사를 잘 보여 준다. 진로평가에도 재순환의 역동이 존재한다. 한 수준으로는 처음에 고안된 지 수십 년이 지 난 후에 다시 호감을 얻게 되어 재탄생되는 구인들을 통해 명백히 드러난다. 예를 들어, 구성주의 진로이론을 향한 움직임과 그 결과 진로적응성의 개념 을 평가할 필요가 생겼다(Savickas, 2005). 파슨스는 진로이론을 발전시킨 안 정적이고 단순화된 직업세계에서도 내담자의 진로발달에서 적응의 필요성 에 중점을 두었다. 파슨스(1909)는 이 점에 있어서 "그러나 다른 모든 것보 다 더 중요하고 근본적인 질문은 적응문제"라고 아주 분명한 입장을 보였다 (p. 13). 최근 수십 년간 진로적응의 개념이 다시 강조되고, 이 구인에 대한 양적 및 질적 평가가 모두 대두되었다(예:『The Journal of Vocational Behavior』 특별판, 2012, 제80호 참조).

또 하나의 수준에서 양적 진로평가와 질적 진로평가가 공존할 수 있고 실제로 상호 보완적인 것으로 간주될 수 있다는 생각이 재순환되고 있다. 이 두 가지 형태의 진로평가에 대한 상대적 가치의 논쟁은 점진적으로 둘 중 하나에서 둘 다의 관점으로 이동하였다. 왓슨과 맥마흔(Watson & McMahon, 2014)은 이 두 가지 형태의 평가에 대한 상호 보완성을 고려하지 못하는 것을 "많은 진로 실무자가 진로 상담과 평가에 대한 이분법적인 접근 방식을 취하도록 하는 이롭지 않은 분리"라고 설명하였다(p. 631). 따라서 두 가지 형태의 평가를 종합하는 진로평가에 대해 좀 더 전체적 관점인 파슨스(1909)의 원래 개념과 분리보다는 융합을 강조하는 진로평가 접근으로 재순환될 필요가 있다(Sampson, 2009; Savickas, 2000). 이 책의 여러 장에서는 진로평가에 대한 보완적 접근을 향한 움직임을 설명한다. 질적 진로평가가 최근에 발견된 것은 아니다. 실제로 맥마흔(McMahon, 2008)은 "질적 진로평가는 확실히 새로운 것이 아니다."라고 강조하였다(p. 591). 오히려 지나치게 지배적인 양적 진로평가의 이야기는 더 이상 진로평가가 행해지는 맥락의 다양성을 적절하게 충족시키지 못한다고 볼 수 있다. 따라서 단일 이야기에서 21세기 개인의 진로발달에 증가하는 복잡성과 주관성을 더 잘 담아낼 수 있는 다중 이야기의 평가과정으로 나아가기 위하여 진로평가에 균형을 잡아야 한다는 요구가 증가하고 있다. 저자들에게는 양적 및 질적 진로평가를 실용적으로 종합하라는 도전에 응하는 방법에 대한 많은 예가 있으며 이 책에서 그러한 예들이 분명하게 드러난다.

6. 진로평가 모델에 대한 이야기

진로선택 과정에 대한 파슨스(1909)의 조언은 진로 실무자에게 적용될 수 있으며, 그들의 양적 및 질적 진로평가의 선택과 사용에 동일하게 적용될 수 있다. "되는대로, 어찌하다 보니, 우연히, 이전 또는 충분한 정보가 없는 선택으로 직업을 갖게 되는 것보다는 나침반과 도표를 가지고 항해하는 것이 좋다."(p. 101) 이는 "진로평가에 대한 입장은 종종 진로 실무자의 이론적 및 철학적 입장을 반영하는 것"(p. 609)이라는 아룰마니(Arulmani, 2014)의 경고와 관련하여 주의를 기울여야 한다는 조언이다. 물론 진로 실무자들은 현재 이용 가능한 진로평가의 확산을 통해 자신의 방식을 구상하는 것이 필요하지만, 이를 위해 사용하고자 하는 기준이나 나침반을 고려해야 한다. 따라서 오스본과 준커(Osborn & Zunker, 2006)는 진로 실무자들이 진로평가의 목적과 그 결과의 해석에 도움이 되는 개념 모델을 사용하여 진로평가의 이슈를 생각해야 한다고 요구하였다. 그들은 실제로 적용해야 할 시기에 진로발달의 복잡성을 감안하여 모델이 유연해야 한다고 제안하였다. 이 모델의 예시가 될 수 있는 진로 실무자를 위한 지침은 맥마흔과 패튼이 저술한 제6장 '진로상담과 진로평가의 통합'에서 제공된다.

오스본과 준커(2006)는 다섯 단계로 구성된 모델을 제안하였는데, 저자들은 이 단계가 대부분의 진로 실무자가 수행하는 맥락에 맞추어 적용 가능한 포괄적인 틀을 제공한다고 생각한다.

첫 번째 단계는 진로상담 관계의 확립뿐만 아니라 내담자의 요구가 무엇인지 파악하는 데 도움이 되는 욕구 분석이 필요하다. 두 번째 단계는 첫 번째 단계에서 확인된 내담자의 욕구와 검사의 목적을 관련시키는 단계로서 검사의 목표를 설정할 필요가 있다. 세 번째 단계는 어떤 평가를 수행할 것인가라는 이슈를 생각하는 단계이다. 오스본과 준커는 양적 측정의 측면에서 구성하였지만, 이 단계는 진로 실무자와 내담자 모두가 공동으로 양적 또는 질적 진로평가의 가치 혹은 둘 다를 고려하도록 해 준다. 네 번째 단계는 평가 결과의 활용이 포함된다. 개인 진로발달의 독특함과 다양함 그리고 그러한 발달이 이루어지는 문화적 맥락을 고려할 때 양적이든 질적이든 모든 평가 결과는 맥락에 따라 해석되어야 한다. 다섯 번째 단계는 의사결정의 단계이다. 앞선 과정들을 활용하는 실무의 최고조 단계이다. 오스본과 준커가 제안한 모델에서 강조한 중요한 지점은 개인이 다섯 단계를 완수한 후에 그것을 활용하여 다시 처음 단계부터 재순환할 수 있다는 지속복합반복적인 특성에 있다.

7. 결론

맥마흔(2008)은 진로 문헌에서 진로상담 실무 및 진로평가와 함께 질적 진로평가가 재차 강조되고 있다고 하였다. 그러나 왓슨과 맥마흔(2014)은 양적 진로평가가 그 자체로 적용하기 쉽기 때문에 여전히 지배적으로 남아 있다는 것에 주목하였다. 질적 진로평가에 대한 논의는 주로 스테드와 데이비스(Stead & Davis)가 제3장에서 주장한 질적 진로평가의 연구와 관련된 이론적 고찰에 수록되어 있다. 그러나 진로 문헌에 등장하는 질적 진로평가 과정들이 점점 다양해지고 있는데, 이 책에서 독자들에게 현재 이용 가능한 질적 진로평가가 과정을 탐색할 수 있는 기회를 제공한다.

참고문헌

Arulmani, G. (2014). Assessment of interest and aptitude: A methodologically integrated approach. In G. Arulmani, A. J. Bakshi, F. T. L. Leong, & A. G. Watts (Eds.), *Handbook of career development: International perspectives* (pp. 609-629). Dordrecht, The Netherlands: Springer.

Borow, H. (1982). Career development theory and instrumental outcomes of career guidance: A critique. In J. D. Krumboltz & D. A. Hamel (Eds.), *Assessing career development* (pp. 18-38). Palo Alto, CA: Mayfield.

Holland, J. L. (1997). *Making vocational choices: A theory of vocational personalities and work environments* (3rd ed.). Odessa, FL: Psychological

Assessment Resources.

Lamprecht, J. C. (2002). Career assessment skills. In K. Maree & L. Ebersöhn (Eds.), *Lifeskills and career counselling* (pp. 119-127). Sandown, South Africa: Heinemann.

McMahon, M. (2008). Qualitative career assessment: A higher profile in the 21st century?. In J. A. Athanasou & R. Van Esbroeck (Eds.), *International handbook of career guidance* (pp. 587-601). Dordrecht, The Netherlands: Springer.

McMahon, M., & Patton, W. (2006). Qualitative career assessment. In M. McMahon & W. Patton (Eds.), *Career counselling: Constructivist approaches* (pp. 163-175). Abingdon, Oxon, UK: Routledge.

McMahon, M., & Watson, M. (2007). An analytical framework for career research in the post-modern era. *International Journal of Educational and Vocational Guidance, 7,* 169-179.

O'Brien, K. M. (2001). The legacy of Parsons: Career counselors and vocational psychologists as agents of social change. *The Career Development Quarterly, 50,* 66-76.

Osborn, D. S., & Zunker, V. G. (2006). *Using assessment results for career development* (7th ed.). Belmont, CA: Thomson Brooks/Cole.

Parsons, F. (1909). *Choosing a vocation.* Boston, MA: Houghton Mifflin.

Sampson, J. P., Jr. (2009). Modern and postmodern career theories: The unnecessary divorce. *The Career Development Quarterly, 58,* 91-96.

Savickas, M. L. (1989). Career-style assessment and counseling. In T. Sweeney (Ed.), *Adlerian counseling: A practical approach for a new decade* (3rd ed., pp. 289-320). Muncie, IN: Accelerated Development Press.

Savickas, M. L. (1993). Career counseling in the postmodern era. *Journal of Cognitive Psychotherapy: An International Quarterly, 7,* 205-215.

Savickas, M. L. (2000). Renovating the psychology of careers for the twenty-first century. In A. S. Collin & R. Young (Eds.), *The future of career* (pp. 53-68). Cambridge, UK: Cambridge University Press.

Savickas, M. L. (2005). The theory and practice of career construction. In S. D. Brown & R. W. Lent (Eds.), *Career development and counseling: Putting theory and research to work* (pp. 42-70). Hoboken, NJ: John Wiley & Sons.

Sharf, R. S. (2013). *Applying career development theory to counseling* (6th ed.). Belmont, CA: Brooks/Cole.

Super, D. E. (1957). *The psychology of careers.* New York, NY: Harper & Row.

Super, D. E. (1990). A life-span, life-space approach to career development. In D. Brown, L. Brooks, & Associates (Eds.), *Career choice and development: Applying contemporary theories to practice* (2nd ed., pp. 197-261). San Francisco, CA: Jossey-Bass.

Watson, M. B., & McMahon, M. (2004). Postmodern (narrative) career counseling and education. *Perspectives in Education, 22,* 169-170.

Watson, M. B., & McMahon, M. (2014). Making meaning of quantitative assessment in career counseling through a storytelling approach. In G. Arulmani, A. J. Bakshi, F. T. L. Leong, & A. G. Watts (Eds.), *Handbook of career development: International perspectives* (pp. 631-644). Dordrecht, The Netherlands: Springer.

제**2**장
질적 진로평가에 대한 철학적 고찰

PETER MCILVEEN and WARREN MIDGLEY

1. 도입

이 장은 사회적 구성 활동으로서의 진로평가가 갖는 철학적 측면을 고찰한다. 자신의 가치관이 필연적으로 나타나는 철학적인 내용으로 구성되었기 때문에 우리는 여기에서 사회구성주의(Berger & Luckmann, 1966; Gergen & Davis, 1985)와 진로발달의 체계이론 틀(Systems Theory Framework: STF; Patton & McMahon, 2014)에 대한 지지를 분명하게 밝힌다. 우리는 이러한 주장을 꽤 주의 깊게 드러낸다. 인식론적이고 전문적 가치를 은유적으로 표현하는 철학적 고찰에 참여하는 모든 학자와 진로 실무자는 독자들을 명료하게 이해시키기 위해 신중해야 하기 때문이다(Prilleltensky & Stead, 2013). 따라서 이 장은 진로발달 분야의 발전에 있어 역사적 순간을 선택하여 내용을 전개한다. 우리는 질적이든 양적이든 진로평가는 내담자가 알지 못하는 진로담론과 융합되어 진로 실무자들에게 부여된 힘을 드러내는 역사적이고 문화적으로 구성된 실체라고 경고한다. 이후에 사회구성주의의 렌즈를 통하여 내러티브를 개념화할 것이다.

2. 사회적 구성으로서의 진로평가: 심리공학

19세기 말과 20세기 초는 기술, 산업, 이민 및 전쟁의 시대였다. 이 소란스러운 시기에 우리는 이민자의 취업을 위해 헌신한 사회 개혁가인 파슨스(1909)가 진로평가의 고전적 모델로 묘사되며 부상하는 것을 보았고, 민주주의 사회의 기초로서 학습과 일의 불가분성을 주장한 교육 및 사회 철학자 듀이(Dewey, 1916)를 발견하였다. 이 시대에 **직업심리학**(vocational psychology; Hollingworth, 1916)은 '심리기술학(psychotechnics)' 또는 '심리공학(psychotechnology)'(Geissler, 1917)으로 알려진 **응용심리학**의 새로운 분과로 나타났다.

현재의 기준에서 보면 사람과 업무 능력에 대한 과학적 평가가 막 시작되어 정교하지 않은 시대였지만, 이미 과학적 담론으로서의 영향력을 갖추고 있었다. 다음의 인용은 제1차 세계대전 때 지적장애를 가진 개인의 역할을 논의한 논문에서 도출한 것이다.

> 지적장애인(the moron)은 마찰이 거의 없는 큰 기계의 톱니바퀴 같습니다. 기계의 한 부품으로서 먹고, 자고, 입고, 일하는 것에 기꺼이 만족합니다. 그런 단조로움이 그가 이해하고 인식할 수 있는 것입니다(Mateer, 1917).

현재의 학자들은 이 말이 기록된 것보다 더 많이 말해지기 때문에 표면상 나타나는 차별적인 언어에 반발할 수 있다. 진로 평가와 상담에 대한 현 시대의 담론이 반영된다는 것을 알아야만 한다(참고: McIlveen & Patton, 2006). 행간에는 권력에 대한 담론이 포함되어 있고 평가 대상인 내담자는 진로 실무자의 시선 속에 존재한다. 양적 진로평가든 질적 진로평가든 모두 내담자의 드러나는 욕구를 이론화하고 공식화하며 평가하는 데 사용되는 담론에 근거하여 진로 실무자에게 힘을 주는 도구이다. 이러한 주장은 현행 규준에 따라 과거의 규준을 판단하는 '현재주의자의 편견'에 대한 경고로 받아들여야 한다(참고: Thorne & Henley, 2005). 심리측정의 오용이 비판된 것처럼(예: McIlveen & Patton, 2006), 질적 진로평가에 대한 사회구성주의의 인식론적·수사학적 담론은 권력의 도구가 된다. 왜냐하면 진로상담 대화에서 의미 있는 것으로 간주되는 것을 다룰 수 있는 권한을 진로 실무자가 가지고 있기 때문이다. 이 권한은 내담자와 진로 실무자가 함께 내담자의 내러티브를 발달시키는 공동구성이라는 개념에서 뚜렷하게 나타난다. 물론 진로 실무자의 의도에도 주의를 기울여야 한다. 진로 실무자는 본질적으로 공동구성 과정에 참여하지만 객관적인 관찰자는 아니다.

문화, 풍습, 관습은 사회와 함께 발전하고 그에 따라 일의 의미도 발전한다. 따라서 사람들의 삶에서 일의 의미에 대한 철학적 근거를 고려해야 한다(참고: Blustein, 2006). 진로평가에 대한 이론과 실무의 공식화와 적용에 대한 패러다임으로서 사회구성주의는 존재, 앎, 행위에 대한 맥락적·역사적 방식을 강조한다(Young & Popadiuk, 2012). 그러나 맥락적 관점을 취하는 것은 단순히 진로평가 인터뷰에서 사실을 수집하고 내담자의 환경에 대한 이해에 도달하는 문제가 아니다. 정확히 말하면 사회구성주의자들은 지식/권력을 창조하기 위한 담론과 이 역할을 통해서 맥락을 처리한다(참고: Foucault, 1972). 이것은 헤르만(Hermans, 2006) 같은 학자들에 의해 천명된 담론심리학과 급진적인 자기감 형성으로 향하는 축의 전환이기 때문에 중요한 가정이다. 그러나 먼저 근본적인 관점에 도달하고 일과 진로에 대한 사회구성주의자들의 생각에 도달할 도구를 제공하기 위해 우리는 진로발달에 대한 개념적 틀인 체계이론 틀에 주의를 기울어야만 한다. 체계이론 틀은 개인을 영향요인의 맥락 속에 배치시킴으로써 사람들의 삶에서 일의 의미를 이해하기 위한 새로운 방식을 제공한다.

3. 체계이론 틀, 탈중심화된 개인과 네 가지 차원

사회구성주의의 패러다임은 진로발달에 대한 체계이론 틀을 적용함으로써 분명해진다(Patton & McMahon, 2014). 비록 체계이론 틀이 다른 패러다임에도 적합할 수 있지만, 패튼과 맥마흔은 체계이론 틀을 바탕으로 한 진로상담 연구에서 사회구성주의를 지향해 왔다(예: McMahon & Patton, 2006). 개인에 대한 체계이론 틀의 맥락화는 개인에게 포함된 개인 내 영향요인(예: 신체적 속성, 가치)에서 개인의 대인관계, 사회적 세계(예: 친구, 가족) 및 환경-사회 체계(예: 학교, 직장, 정부)를 구성하는 영향요인까지 확장된다. 체계이론 틀의 관점에서 개인은 맥락과 동떨어진 존재론적인 실체로서 공감적으로 이해될 수 없으며, 맥락 내에 존재하는 사람으로 이해될 수 있다. 객관적으로 볼 때, 체계이론 틀의 여러 영향요인은 서로 지속복합반복적으로 영향을 주고받으며, 부수적으로 나타나는 기회, 우연, 불가항력의 결과로 끊임없이 진화하는 유동적인 상태에 있다. 또한 체계이론 틀은 학자들에게 개인을 역사적으로 살피라고 요구한다. 따라서 특정 시점의 심리적 스냅샷만으로 개인을 공감하며 이해할 수 없다. 그 혹은 그녀는 과거, 현재 그리고 상상의 미래를 가지고 있다. 요약하면, 체계이론 틀은 개인 내, 대인관계, 환경-사회적 영향요인 그리고 시간이라는 개인에 대한 네 가지 차원의 틀을 제시한다.

이 패러다임에서 시간 차원에 대한 존재론적 이해는 네 가지 차원의 이론과 일치하며, 이는 시간에 따라 대상이 어떻게 유지되고 변화하는지에 대한 오랜 의문을 설명하고자 하는 것이다(Koslicki, 2003). 네 가지 차원의 이론(Sider, 2001, 2003)은 사람과 사건을 포함하는 대상(Rea, 2003)이 시간적 측면을 가지고 있어서 시간이 지나면서 지속될 수 있고 변화될 수도 있다고 주장한다. 예를 들어, 뜨거운 차 한 잔은 특정 속성을 가지고 있는 것으로 기술될 수 있다. 이 속성 중 하나는 일시적인 것이다. 현재 관찰되거나 경험되는 그

때에만 존재한다. 한 시간이 지난 후 똑같은 차 한 잔이 여전히 책상 위에 남아 있다. 이 경우, 네 가지 차원의 입장에서 보면 그것은 이전과 똑같은 속성을 가진 같은 대상으로 이해될 수 있지만, 다른 속성도 가지고 있다. 상대적인 온도 변화, 즉 뜨거운 것에서 차가운 것으로의 속성의 변화가 나타났고 또 다른 일시적인 속성을 가진다(이전보다 한 시간 더 늦어졌다). 네 가지 차원의 이론에서 보면 지금 김이 나는 뜨거운 차 한 잔과 한 시간 후 식은 차 한 잔은 동일한 존재론적 특성을 갖는다. 레아(Rea, 2003)가 설명하였듯이, 미래 또는 과거처럼 시간적 특성이 달라지면서 존재하지 않는 대상은 다른 나라나 다른 행성처럼 공간적 특성이 달라지면서 존재하지 않는 대상과 같다. 두 대상 모두 존재한다. 다만, 우리가 있는 지금–여기에 존재하지 않을 뿐이다.

　시간상 멀리 떨어진 대상의 존재론적 상태를 논의하는 것은 세세한 것에 얽매이는 것처럼 보일 수 있다. 그러나 네 가지 차원은 진로평가라는 관념에 포함된 개념을 검토하기 위한 근본적이고 대안적인 존재론적 입장을 제안한다. 진로평가에 대해 기술한 많은 것은 정지된 세 가지 차원의 대상 혹은 상태로 진로평가를 개념화한다. 즉, 그것은 구체적인 시간을 참조하지 않은 채 진술될 수 있다. 우리는 진로평가가 존재론적으로 네 가지 차원이며, 진로평가의 시간적인 속성도 중요하다고 주장한다. 이 네 가지 차원의 관점에 따르면, '개인'이라는 개념은 과거, 현재, 미래의 경험과 완전히 분리될 수 없다. 과거와 미래를 제외하고 단지 현재만을 포함하는 것은 개인이라는 개념에 대한 한순간의 특징을 과장하여 묘사한 것이다. 이것은 기록과 분석의 목적을 인위적으로 축소시키는 것이다. 사실 과거, 현재, 미래의 이야기를 포함하지 않고 개인의 정체성을 이해하는 것은 불가능하다(참고: McMahon, 2006). 비록 왜곡되고, 바뀐다고 할지라도 말한, 말하지 않은, **침묵된** 혹은 잊힌 모든 것은 연속된 일대기로서 표현되고 읽힐 수 있다.

　개인의 앨범을 상상해 보자. 앨범 앞 장에는 더 젊고 어렸을 때의 사진들이 있다. 시간이 지나면 새로운 사진이 앨범에 추가된다. 당연히 페이지가 넘어갈 때마다 사진의 주인공은 나이가 들어간다. 각각의 사진은 그 당시의 스냅샷이고, 인간은 시간이 지남에 따라 대상의 신체적 변화를 알아차릴 수 있다. 그러나 앨범은 조용하다. 비록 사진이 수천 단어의 가치를 가지고 있지만 앨범에서 사진 자체는 아무 말도 하지 않고 이야기하지 않는다. 시공간의 다른 지점에서 각 사건과 이전 페이지와 다음 페이지에 다른 사진을 연결하여 진술하면서 이야기를 만들고 말하는 것은 사진을 보는 사람이다. 진로평가의 목적은 삶의 이미지와 경험을 수집하고 선택하며 성찰하는 것이다. 또한 불완전하고 열려 있으며, 자신 및 세상과 함께 나누는 계속적인 대화인 경험을 모아서 일관된 이야기로 함께 엮어 내는 것이다.

사회구성주의에 대한 근본적인 접근은 다음과 같은 존재론적 가정을 지지한다. ① 개인의 현실은 사회적으로 구성된다, ② 현실은 심리적으로 경험된다, ③ 경험은 시대에 따라 문화적으로 매개되는 담론에 대한 정신적 표상으로 구성된다. 다시 말하면 개인 안에 본질적인 자기는 없다. 그보다는 개인의 자기감은 개인이 경험하는 현재와 기대하는 미래의 현실 속에서 나타난 담론을 드러내는 것이다. 사실 사회구성주의에서는 "현실을 유지하는 가장 중요한 수단은 대화"라고 가정한다(Berger & Luckmann, 1966, p. 172). 그래서 개인의 자기감은 전적으로 담론과 문화에 구속된다. 그러므로 이야기와 이야기하는 것은 주관적으로 경험되고 객관적으로 기술된 정체성의 핵심이다. 그래서 우리는 이야기가 맥락과 시간에 따라 질적 진로평가의 표현과 방법을 구성하는 존재론적이며 인식론적인 원칙이라고 주장한다.

4. 체계이론 틀과 이야기

체계이론 틀에서 확인된 영향요인들은 분절된 사실로 간주되기보다는 이야기하는 과정을 통해서 의미화될 수 있다. 패튼과 맥마흔(2014)은 내담자의 주관적 관점과 진로 실무자의 객관적 관점 모두가 의미 형성의 중요한 요소가 된다고 이야기하였다. 이러한 방식으로 내담자는 자서전적으로 자신의 삶을 이야기할 수 있고, 진로 실무자는 하나의 이야기로 그들의 인생 이야기를 공식화할 수 있다.

　내담자-진로 실무자의 이야기에 대한 주관적-객관적인 이분법을 넘어서 사회구성주의자들의 틀로 체계이론 틀을 고수하기 위해 진로 실무자는 내담자와 진로 실무자의 영향요인을 수렴할 필요가 있다. 고전적인 관점에서 이 수렴은 전이-역전이 역동으로 이해될 수 있다. 그러나 사회구성주의자들은 내담자와 진로 실무자 사이에서 오가는 말과 행동이 공동구성의 한 형태를 구성한다고 가정하기 때문에 고전적 관점과는 다르다고 본다. 공동구성은 공동의 노력을 암시한다. 패튼과 맥마흔(2014)은 체계이론 틀의 영향요인으로 둘러싸인 내담자와 진로 실무자의 영향요인의 합류 지점을 '치료체계' (p. 368)로 묘사하였다.

　진로평가에 대한 이 관점의 중요한 함의는 치료체계 내에 존재하는 지식과 권력의 관계와 관련된다. 과정으로서의 진로평가 그 자체와 그것을 사용하는 기술(예: 심리측정 검사들, 질적 면접 일정)은 전문가에 의해 적용되는 추론적 관행이며, 전문가는 지식과 권력의 형태를 구성하는 그들 자신의 하위 문화적 담론을 갖는다(McIlveen & Patton, 2006). 예를 들어, 내담자의 흥미를 현실형과 탐구형으로 말하는 홀랜드(1997)의 유형론 또는 내담자의 진로주제를 말하는 사비카스(2011)의 내러티브 진로상담 모델에 대해 두 전문가가 말하는 것은 잘 이해될 수 있지만, 이 단어들의 의미가 내담자에게 동일한 의미로 전달된다고 볼 수는 없다. 따라서 내담자와 진로 실무자 사이의 합류 지점에 대한 아이디어는 진로 실무자가 전문적인 슈퍼비전(Patton & McMahon, 2014) 또는 셀프-슈퍼비전(McIlveen & Patton, 2010)을 통해 치료 환경에서 자신의 대화와 영향요인을 주관적이고 객관적인 인식으로 발달시키기 위해 성찰연습에 전념하는 것이 필요하게 된다.

5. 시간을 통한 이야기 과정

이야기는 자신의 삶에 대한 역사적 설명일 수도 있고, 가능한 미래를 예고하는 개방형 내러티브일 수도 있다. 또한 체계이론 틀의 렌즈에 의하면, 이야기는 대화하는 자기(dialogical self)의 심리적 과정으로 이론화될 수 있다 (McIlveen, 2007). 이러한 방식으로 개인의 이야기는 체계이론 틀에서 확인된 다양한 영향요인을 구성하는 다른 개인적 관점 또는 내 입장(I-positions; Hermans, 2006)으로부터 생성될 수 있다. 더욱이 상이한 내 입장은 자신의 현실을 구성할 때 자기 이외의 영향요인들을 포함시키기 위해 개인을 탈중심화함으로써 대화에 참여할 수 있다. 그리고 이러한 영향요인들은 과거, 현재, 예측된 미래라는 시간적 차원을 포함한다. 자신에 의해 생성된 개인적 내러티브가 많기는 하지만, 사회구성주의 관점에서의 이야기는 개인의 맥락을 구성하는 영향요인인 다른 사람과 함께 공유되고 창조된 대화이다.

특히 진로 실무자와의 공동구성 과정을 통한 과거의 재해석이 사회구성주의 진로평가에 내재되어 있지만, 마치 지나간 사실을 수집하는 것처럼 개인의 과거를 단순히 해석하는 것은 사회구성주의가 될 수 없다. 진로평가 과정에 참여하면서 평가한다는 것은 평가, 관찰, 이해, 감별하고, 어떻게든 측정하는 실체가 있다는 것을 암시한다. 바로 그러한 말들이 평가과정에서 사람들에게 주어진 시간에 국한하여 실체를 구성하도록 강요한다. 실체는 단어, 이미지 혹은 감각으로 표상되기 때문에 평가되는 실체는 보는 사람—내담자와 진로 실무자—에게 충분히 실용적으로 현실적이다. 여기에서 우리는 사회구성주의 철학에서의 진로평가에 대한 근본적인 관점을 제시하고, 진로평가를 통해 어떻게 스스로에 대한 자기감을 알게 되는지, 현재의 직업세계에서 효과적으로 운용되기 위해 진로평가에 수반되는 과정(예: 공동구성)이 어떻게 과거를 단순히 해석하는 것 이상이 되는지를 보여 준다. 덧붙여 사회구성주의는 의미가 개인의 두뇌에 존재하는 것이 아니라 읽히고 문화로 표현되는 담론 속에 존재한다고 주장한다.

이러한 존재론적이고 인식론적인 강조는 앎의 과정과 앎의 산물인 지식이 이전에 지나왔던 과정과 산물에 달려 있다는 것을 암시한다. 사회구성주의자들의 패러다임을 고수하기 위해 현재 새롭게 재창조된 것은 그것이 발생한 이유와 관계가 있다는 것을 받아들일 필요가 있다. 따라서 현재 새로운 것으로 여기는 것이 완전히 새로운 것은 아니다. 존재론적으로 그것은 살아 있는 현실로서 지속된다. 진로평가에 관해서 사람들은 다음을 통해 새로운 관점으로 자기감을 개발할 수 있다. ① 앎에 대한 새로운 방법을 학습하기, ② 세상에서 자기감에 대한 새로운 지식을 만들기, 결과적으로 ③ 자기감을 아는 새로운 방법에 근거해 세상에서 자신의 진로를 실행하는 과정 모두는 시간 속에서 시간의 흐름에 따라 작동한다.

6. 결론

양적 진로평가와 질적 진로평가 사이에 상정된 인식론적 차이는 개인의 진로이야기에 대한 생생한 경험, 즉 세월이 흐르면서 개인이 알고 다시 듣고 수정된 이야기에 분명히 나타나지는 않는다. 개인의 이야기가 성격검사를 통해 또는 창의적 글쓰기를 근거로 생성되었는지와 관계없이 양적 및 질적 진로평가의 표현과 방법을 통해 이야기를 만들고 의미를 부여하는 과정은 동일하다. 개인은 진로 실무자와의 대화에서 심리적인 현실을 구성한다. 개인의 성격이 객관적으로 XYZ 유형으로 기술된다는 것은 중요하지 않다. 가장 중요한 것은 개인과 다른 사람, 특히 진로 실무자가 XYZ 유형으로 나타난 것에 대해 어떻게 말하고 기술하는가이다. 즉, 이야기와 맥락에서 이야기의 정체성이 구체화된다는 것이다. 따라서 우리는 직접적으로 독자에게 당신이 진로발달의 현실을 구성하는 철학적 토대를 생각하라고 요청하고, 당신이 현실이라고 믿는 것(즉, 존재론), 당신이 알고 지식을 창조하는 방법(즉,

인식론), 당신이 지식에 가치를 매기는 방법과 지식으로 중요하게 여기는 것 (즉, 가치론), 당신이 지식에 대한 언어, 단어, 상징을 사용하는 기술적인 방법(즉, 수사, 담화) 그리고 무엇보다도 당신이 앞에서 언급한 모든 것을 실행하는 방법 사이의 소통을 확보하라고 요청한다.

참고문헌

Berger, P., & Luckmann, T. (1966). *The social construction of reality: A treatise in the sociology of knowledge.* Middlesex, England: Penguin Books.

Blustein, D. L. (2006). *The psychology of working: A new perspective for career development, counseling, and public policy.* Mahwah, NJ: Lawrence Erlbaum.

Dewey, J. (1916). *Democracy and education.* New York, NY: The Free Press.

Foucault, M. (1972). *The archaeology of knowledge* (A. M. S. Smith, Trans.). London, UK: Routledge.

Geissler, L. R. (1917). What is applied psychology?. *Journal of Applied Psychology, 1*(1), 46–60. doi: 10.1037/h0071582

Gergen, K. J., & Davis, K. E. (Eds.) (1985). *The social construction of the person.* New York, NY: Spinger-Verlag.

Hermans, H. J. M. (2006). The self as a theater of voices: Disorganization and reorganization of a position repertoire. *Journal of Constructivist Psychology, 19*(2), 147–169. doi: 10.1080/10720530500508779

Holland, J. L. (1997). *Making vocational choices: A theory of vocational personalities and work environments* (3rd ed.). Odessa, FL: Psychological Assessment Resources.

Hollingworth, H. L. (1916). *Vocational psychology.* New York, NY: D. Appleton and Company.

Koslicki, K. (2003). The crooked path from vagueness to four-dimensionalism. *Philosophical Studies, 114*(1), 107–134.

Mateer, F. (1917). The moron as a war problem. *Journal of Applied Psychology, 1*(4), 317. doi: 10.1037/h0073157

McIlveen, P. (2007). A test for theoretical integration: Systems theory framework and dialogical self. *Australian Journal of Career Development, 16*(3), 31-37.

McIlveen, P., & Patton, W. (2006). A critical reflection on career development. *International Journal for Educational and Vocational Guidance, 6*(1), 15-27. doi: 10.1007/s10775-006-0005-1

McIlveen, P., & Patton, W. (2010). My Career Chapter as a tool for reflective practice. *International Journal for Educational and Vocational Guidance, 10*(3), 147-160. doi: 10.1007/s10775-010-9181-0

McMahon, M. (2006). Working with storytellers: A metaphor for career counselling. In M. McMahon & W. Patton (Eds.), *Career counselling: Constructivist approaches* (pp. 16-29). Abingdon, Oxon, UK: Routledge.

McMahon, M., & Patton, W. (2006). The systems theory framework: A conceptual and practical map for career counselling. In M. McMahon & W. Patton (Eds.), *Career counselling: Constructivist approaches* (pp. 94-109). Abingdon, Oxon, UK: Routledge.

Parsons, F. (1909). *Choosing a vocation*. Boston, MA: Houghton Mifflin.

Patton, W., & McMahon, M. (2014). *Career development and systems theory: Connecting theory and practice* (3rd ed.). Rotterdam, The Netherlands: Sense.

Prilleltensky, I., & Stead, G. B. (2013). Critical psychology, well-being, and work. In D. L. Blustein (Ed.), *The Oxford handbook of the psychology of working* (pp. 19-36). New York, NY: Oxford University Press.

Rea, M. C. (2003). Four dimensionalism. In M. J. Loux & D. W. Zimmmerman (Eds.), *The Oxford handbook of metaphysics* (pp. 246-280). Oxford, UK: Oxford University Press.

Savickas, M. L. (2011). *Career counseling*. Washington, DC: American Psychological Association.

Sider, T. (2001). *Four dimensionalism: An ontology of persistence and time*. Oxford, UK: Oxford University Press.

Sider, T. (2003). Against vague existence. *Philosophical Studies, 114*(1), 135-146.

Thorne, B. M., & Henley, T. B. (2005). *Connections in the history and systems of psychology* (3rd ed.). Boston, MA: Houghton Mifflin.

Young, R. A., & Popadiuk, N. E. (2012). Social constructionist theories in vocational psychology. In P. McIlveen & D. E. Schultheiss (Eds.), *Social constructionism in vocational psychology and career development* (pp. 9–28). Rotterdam, The Netherlands: Sense.

제**3**장

질적 진로평가: 연구기반

GRAHAM B. STEAD and BRITTAN L. DAVIS

1. 도입

이 장의 목적은 증거기반 실무에 대해 간단히 설명하고 다양한 질적 진로 평가를 그 유용성에 대한 증거와 연결하여 기술하는 것이다. 그러고 나서 질 적 진로평가의 사용을 추천할 것이다.

미국심리학회(American Psychological Association: APA, 2006)는 심리학에 서 증거기반 실무(Evidence-Based Practice in Psychology: EBPP)를 "임상적 전 문지식과 가장 적절한 연구를 통해 내담자의 특징, 문화, 선호라는 맥락에 서 통합하여 임상적 의사결정을 내리는 과정"(p. 273)이라고 정의하였다. 이 정의가 포괄적이고 중립적이고자 했음에도 불구하고 이와 다른 입장을 가진 사람들은 그들의 필요에 맞춰서 증거기반 실무의 개념을 재단하였다 (Norcross & Lambert, 2011). 일부는 가장 적절한 연구와 처치 개입에 대해 무 선 할당 실험/통제 연구 결과를 증거기반 실무와 동일시하였지만, 다른 이들 은 연구 결과를 무시한 채 저명한 관련 전문 지식 혹은 임상 지식을 과도 추정하는 오류를 범하기도 하였다(Norcross & Lambert, 2011). 그럼에도 불구하고 증거기반 실무의 기본적인 목적은 진로 실무자, 내담자, 연구자, 관리의료 조직을 포함한 개입 절차에 있는 모든 당사자 간의 열린 대화, 존중, 협력의 환경 안에서 내담자에게 전달되는 개입을 향상시키기 위한 지침을 제공하는 것이다(La Roche & Christopher, 2009). 심리치료 지식의 토대를 향상시키고 내담자의 돌봄을 강화하며, 연구와 실제 사이의 격차를 줄이기 위해 카즈딘(Kazdin, 2008)은 연구에서, ① 치료적 변화 과정 탐구, ② 내담자의 변화를 위한 개입 변인을 임상적 실무에 적용할 수 있도록 검토, ③ 질적 연구 증가의 세 가지 변화를 제안하였다.

　개입 성과에 대한 심리학적 연구를 향상시키고 질적 진로평가의 유용성을 검토하기 위해 증거기반 실무에 대한 미국심리학회의 정의와 카즈딘(Kazdin, 2008)의 권고를 활용하여 이 장은 질적 진로연구에 대한 현재의 학문적 조류 안에서 증거기반 실무에 도움을 주는 방안을 탐색하고자 한다. 참고하게 될 질적 진로평가로는 카드분류, 진로가계도, 미래진로자서전, 나의 진로영향요인 체계, 내러티브 진로평가, 관계적 진로평가이다. 우리는 발전적인 증거기반 실무에 대한 이와 같은 접근과 권고의 효과성에 대한 증거를 제공할 것이다.

2. 질적 진로평가

1) 카드분류

　카드분류 진로평가는 1960년대 초반에 개발되었다(Goldman, 1992; Tyler, 1961). 내담자에게 직업명이 있는 카드세트를 주고 세 개의 꾸러미로 카드를 놓도록 한다. 내담자는 꾸러미에 적혀 있는 직업들을 흥미, 가치, 목표, 능력 면에서 고려할 수 있다. 내담자는 세 개의 꾸러미를 작은 꾸러미들로 구분하는데, 구분하는 기준은 그 직업에 흥미가 있는지 혹은 없는지이다. 또한 작은 꾸러미들은 진로 상담자가 선택한 다른 주제에 근거해서 만들 수 있다. 그다음 내담자와 진로 상담자가 서로 토론한 후 선택지들을 함께 살펴보며 해석한다. 골드만에 따르면, 카드분류 진로평가는 상담과정과 밀접하게 통합된다.

다양한 연구가 카드분류의 효과성을 점검해 왔고 그중 많은 연구에서 양적 심리측정의 증거를 사용하고 있다. 쿠퍼(Cooper, 1976)는 120명의 여대생에게 직업카드분류를 사용하였다. 그녀는 이 카드분류가 스트롱-캠벨 흥미검사(Strong-Campbell Interest Inventory: SCII; Campbell, 1974)보다 참여자들의 진로대안을 확장시키고 직업 정보를 읽는 빈도를 증가시키는 데 더 효과적이라는 것을 발견하였다. 67명의 남녀 대학생에게 타일러 직업카드분류(Tyler Vocational Card Sort: TVCS; Dolliver, 1967)를 사용한 돌리버와 윌(Dolliver & Will, 1977)은 타일러 직업카드분류가 학생들의 10년 후 직업을 예측하는 데 스트롱 직업흥미검사(Strong Vocational Interest Blank: SVIB; Campbell, 1974)보다 더 정확하다는 것을 발견하였다. 1979년 탤벗과 버크(Talbot & Birk)는 진로대안 확장에 도움이 되는지를 알아보기 위해 103명의 학부 여대생에게 다른 개입기법과 함께 직업카드분류를 사용하였다. 그 결과 개입 효과는 미미하였다. 그들은 직업카드분류가 참여자들이 더 많은 직업 대안을 고려하도록 하는 데 가장 덜 효과적이라고 하였다. 아타나소프와 슬래니(Atanasoff & Slaney, 1980)는 학부 여대생 140명을 대상으로 직업카드분류(Vocational Card Sort: VCS)가 스트롱-캠벨 흥미검사보다 참여자의 진로선택이 더 잘 암시하였음을 보고하였다. 슬래니(1983)는 180명의 학부 여대생을 대상으로 직업카드분류를 포함한 개입이 진로 미결정에 미치는 영향을 연구하였다. 개입의 효과는 중간 정도였다. 슬래니와 딕슨(Slaney & Dickson, 1985)은 121명의 학부 여대생에게 직업탐색기법으로 직업카드분류(Slaney, 1978)를 사용하였다. 그들은 그 개입이 참여자들의 진로 미결정을 줄이는 데 최소한의 효과만 있다고 보고하였다. 글릭, 젠킨스와 굽타(Glick, Jenkins,

& Gupta, 1986)는 미국의 4개 기관에 소속된 631명의 응답자에게 직업카드
분류를 사용하여 그들의 직업 특징을 결정하라고 요청하였다. 그들은 직
업 특징과 성과 사이에 관계가 있음을 발견하였다. 누크와 아문슨(Wnuk &
Amundson, 2003)은 인지적 직업카드분류(Intelligent Careers Card Sort; Parker,
2002)의 유용성을 결정하기 위해 28명의 대학생을 대상으로 포커스그룹을
진행하였다. 참여자들은 직업카드분류가 진로발달을 돕는 데 유용하다는 것
을 발견하였다.

2) 진로가계도

진로가계도는 사람들의 가족, 삶의 경험, 역사, 환경적 장벽과 배경 등
의 정보를 모으도록 해 주는 질적 진로평가이다. 내담자는 3세대 가족 구성
원, 중요한 타인, 자녀, 형제, 자매의 출생일, 사망일, 직업 같은 정보를 제
공하면서 그림을 그리도록 요청받는다. 일단 진로가계도가 구성되면 내담
자는 진로가계도를 참고하여 자신의 삶을 이야기한다. 진로 상담자는 내담
자의 롤모델과 내담자의 내러티브에서의 불일치, 양가감정, 생략된 것에 주
의를 기울인다. 진로가계도의 목적은 사람이 자신의 과거를 이해하면서 현
재를 이해하고, 일과 진로와 관련된 미래 계획을 준비하도록 돕는 것이다
(Gysbers, 2006; Okiishi, 1987).

진로가계도의 유용성이 연구되고 있다. 말로트와 매그너슨(Malott &
Magnuson, 2004)은 대학생의 진로교과 선택과목의 15주 강의에서 5주 동
안 진로가계도를 바탕으로 한 활동을 하였다. 학생들이 가족의 직업과 그것
이 어떻게 현재의 직업 선택과 결정에 연관되고 도움이 되는지를 인식하면
서 긍정적인 경험을 한다는 것을 발견하였다. 그리어-리드와 가누자(Grier-
Reed & Ganuza, 2012)는 구성주의를 바탕으로 한 진로 교과목의 한 학기 과
정의 일부분에서 36명의 학생을 대상으로 진로가계도를 사용하였는데, 이
집단에서 진로 자기효능감의 사전검사와 사후검사의 차이가 통계적으로 유

의하게 나타났다(p=.015). 그러나 통제집단은 없었다.

디파비오(Di Fabio, 2012)는 준실험설계디자인을 사용하여 진로구성 가계도(Career Construction Genogram: CCG; Di Fabio, 2010)의 효과를 탐구하였다. 종속변수는 미래진로자서전(Rehfuss, 2009)이었다. 33명의 이탈리아 기업가가 실험집단이 되어 진로구성 가계도를 수행하였고 통제집단은(n=36) 수행하지 않았다. 실험집단의 미래진로자서전 점수가 통제집단과 비교하여 사전·사후 검사 간에 통계적으로 유의한 차이가 나타났다(p<.001).

3) 미래진로자서전

미래진로자서전(Future Career Autobiography: FCA; Rehfuss, 2009)은 진로개입을 받은 참여자들에게서 개인적 내러티브와 진로 내러티브상의 변화가 있는지를 알아보기 위해 고안된 질적 진로평가이다. 이 평가는 참여자들에게 '인생에서 있고 싶은 곳과 대학교 졸업 후 5년 동안 직업으로 하고 싶은 것에 대해 간단히 쓰도록'(pp. 83-84) 지시한다. 답변을 말과 주제의 내용에 따라 평가한다.

레푸스(Rehfuss, 2009)는 미래진로자서전이 사람들의 내러티브 변화에 미치는 영향을 시간의 흐름에 따라 평가하였다. 수업 초 진로 미결정 상태인 남녀 대학생 48명에게 미래진로자서전을 적용하고 8주 수업 과정 말미에 다시 한번 적용하였다. 그는 말의 내용과 주제를 분석함으로써 미래진로자서전이 내러티브 변화에 민감하다는 것을 밝혔다. 레푸스와 디파비오(Rehfuss & Di Fabio, 2012)는 미래진로자서전이 시간의 흐름에 따른 내러티브에 얼마나 민감한지를 알아보기 위해 여성 기업가 82명을 대상으로 연구를 수행하였다. 그들은 통제집단 42명, 실험집단 40명으로 실험연구를 진행하였다. 실험집단은 6일 동안 진로상담 워크숍에 참석하였다. 그들은 실험집단에게서 내러티브 변화가 일어났고, 시간이 흐르면서 내러티브는 일반적인 것에서 구체적인 것으로 변화하였다고 결론을 내렸다. 미래진로자서전을 사용한 디파비오(2012)의 연구는 진로가계도 절에 보고되었다.

4) 나의 진로영향요인 체계

나의 진로영향요인 체계(My System of Career Influences: MSCI; McMahon, Patton, & Watson, 2005; McMahon, Watson, & Patton, 2005)는 호주와 남아프리카에서 개발된 질적 진로평가이다. 이론적 토대는 진로발달에 대한 구성주의자들의 체계이론 틀이고(McMahon & Patton, 2006), 실행 계획을 위하여 개인의 진로상황에서의 영향요인을 탐색하는 데 초점을 둔다. 나의 진로영향요인 체계는 나의 현재 진로상황, 나의 진로영향요인 체계 표현하기, 나의 진로영향요인 체계 성찰하기라는 세 가지 주제의 개방형 질문으로 구성된 12페이지의 소책자이다.

16명의 남아프리카 청소년을 대상으로 실시한 질문에 대한 응답을 질적, 양적으로 분석하여 이 방법의 유용성을 검토한 연구(McMahon, Watson, Foxcroft, & Dullabh, 2008)가 수행되었다. 14명의 호주 대학생과 21명의 남아프리카 대학생을 대상으로 각각 나의 진로영향요인 체계와 포커스그룹의 응답 내용을 질적으로 분석한 연구(McMahan, Watson, & Patton, 2005)가 수행되었다. 연구 결과, 참여자들은 질적 진로평가가 자신들의 진로발달을 맥락 및 과정과 연관지어 학습하는 데 유용하다는 것을 발견하였다. 맥마흔, 왓슨, 체티와 홀슨(McMahon, Watson, Chetty, & Hoelson, 2012)은 7명의 남아프리카 대학생을 대상으로 탐색적 사례연구 방법을 활용하였다. 참여자들은 나의 진로영향요인 체계와 진로 가치카드 분류를 실시하였다. 저자들은 이 연구를 통해 평가도구가 진로내러티브에 어떻게 통합될 수 있는지를 알게 되었다고 결론지었다.

5) 내러티브 진로평가

직업심리학 분야에서 점차 다양해지는 내담자들에게 신속히 반응하고 자 한다면 다양한 내러티브 진로상담 접근으로 나아가야 한다(McMahon & Watson, 2012). 내러티브 진로상담이 이 분야에서 오랜 역사를 지니고 있긴 하지만, 내러티브 진로상담(Cochran, 1997), 적극적 참여(Amundson, 2009), 사회역동적 접근(Peavy, 1997), 스토리텔링적 접근(McMahon & Watson, 2010), 행위이론(Young et al., 2011)과 생애설계(Savickas et al.; 2009)를 포함한 수많은 이름을 가지고 있다. 그러나 수많은 이름에도 불구하고 이야기와 내러티브를 사용하는 접근은 주체적이고 전체적이며, 의미를 만드는 이데올로기를 바탕(Mahoney, 2003)으로 하기 때문에 기본적으로 다르기보다는 유사하다(McMahon & Watson, 2012).

질적 진로평가는 '진로평가의 비공식적인 형태'로 언급되고 있고(Okocha, 1998, p. 151), 점수의 객관성에서 이야기 속의 주관성으로 이동하는 포스트모더니즘으로 변화하고 있기 때문에(Savickas, 1993) 내러티브 진로평가에 대한 연구는 공식적으로 구조화된 평가보다는 내러티브 상담과정에 초점을 맞춘다. 문헌을 전반적으로 검토해 보면 내러티브 진로상담은 강력한 이론적 토대를 지니고 있다(예: Brott, 2004; Reid & West, 2011). 그러나 진로평가를 포함한 내러티브 진로상담 개입을 수행한 경험적 연구는 거의 없다. 내러티브 진로상담 평가에 관한 연구는 대부분 특정 내러티브 개입의 사용 방법에 대한 설명 형태의 예시를 제공하고, 내러티브 접근의 과정을 보여 주는 사례연구로 진행되어 왔다. 그렇지만 기존의 학문적 접근에서는 질적 방법론의 엄격성이 부족하고 종종 내러티브 접근의 적용 가능성이나 효과성을 보여 주지 못하고 있다. 더욱이 내러티브 진로평가에 대한 사례연구는 내러티브 접근이 내담자에게 왜 가장 좋은 선택이 될 수 있는지를 보여 주지 못하고 있다. 증거기반 실무는 임상적 전문지식, 개입의 효과성에 대한 증거 및 내담자의 요구, 가치, 선호에 영향을 주기 때문에 진로 상담자의 내러티브

역량을 증가(Savickas et al., 2009)시키고 내러티브 개입의 효과성을 제시하며, 내담자 이해에 기반한 내러티브 접근의 사용을 지지하는 더 많은 연구가 필요하다. 비록 맥애덤스, 조셀슨과 리브리치(McAdams, Josselson, & Lieblich, 2001)가 진로선택은 "진로선택에 대한 단일변인 연구가 보여 주는 것보다 좀 더 다층적이고 내적으로 모순된 것"이라고 언급하였지만(p. xviii), 현장에서는 개입의 효과성에 대한 연구가 필요하다.

6) 관계적 진로평가

관계적 진로평가는 내러티브 진로상담과 유사하게 사람들이 관계와 공동체를 형성하는 사회적·문화적·역사적 맥락 속에서 대화와 행위를 통해 의미를 구성한다는 구성주의에 토대를 둔다(Young & Collin, 2004). 관계기반 관점은 대인 간 연결이라는 적응적인 목적을 인정하고 관계 욕구와 상호 연결성이 인간의 성장과 발달의 중심이라는 관점을 취한다(Josselson, 1992). 관계적 진로의사결정 및 타인, 자신, 사회와의 관계가 어떻게 해서 진로 발달과 상담에 정보를 주는지(Motulsky, 2010)에 대한 문헌이 늘어나고 있다(예: Richardson, 2004; Schultheiss, 2003, 2006, 2007; Schultheiss, Kress, Manzi, & Glasscock, 2001; Schultheiss, Palma, Predragovich, & Glasscock, 2002).

중요 사건(Young & Friesen, 1992), 반구조화 인터뷰(Young, Friesen, & Borycki, 1994), 비디오테이프 재생 절차와 대화(Young et al., 2001), 행동, 목표, 공유된 의미에 대한 대화(Young et al., 1997), 가족 진로프로젝트(Young et al., 2001) 같은 평가를 실제로 사용하면서 내담자와 진로 상담자 모두 중요한 관계 내에서 내담자가 자신의 진로이야기를 어떻게 구성해 내는지 이해할 수 있다. 그러나 이런 진로평가에 대한 연구는 제한적이다. 왜냐하면 주로 청소년과 그들의 부모, 또래와의 관계에 초점을 맞추고 있기 때문이다. 더욱이 이러한 영역의 학문은 주로 이론적이고, 때로는 비경험적 사례연구이기 때문에 관계적 도구의 신뢰성과 신빙성을 제공하지 못하고 있다.

슐타이스(Schultheiss, 2003)는 진로상담의 관계적 요소에 대한 경험적 연구의 부족을 인식하고, 질적 경험 연구에 기반하여 진로발달에 대한 관계의 기능을 연구하기 위해 관계와 진로인터뷰를 개발하였다(Schultheiss et al., 2001; Schultheiss et al., 2002). 내담자와 진로 상담자의 협력관계를 통해 내담자는 긍정적이든 부정적이든 자신의 진로발달에 가장 영향을 준 관계를 명료화하고, 미래 진로결정에 유용한 관계 자원을 인식하고 접근할 수 있게 된다(Schultheiss, 2005). 또한 슐타이스와 동료들(2002)은 진로 탐색과 결정에 미치는 형제자매의 영향을 탐색하기 위해 이 인터뷰를 변형해서 사용하였다. 슐타이스(2005)는 질적인 관계적 진로평가에 대한 연구의 부족을 언급하였고 다양한 관계기반 절차를 결합하여 "관계적 진로평가"라고 정의하였다(p. 387). 더 나아가 슐타이스(2006)는 일과 가족생활의 접점에 대한 진로 상담과 평가를 제안하였다. 폰테로토, 리베라와 스에요시(Ponterotto, Rivera, & Sueyoshi, 2000)는 내담자의 진로문제에 기여하는 가족, 문화, 세계관, 환경 요소에 대한 정보를 얻기 위해 문화 내 진로 인터뷰(career-in-culture interview)를 개발하였다.

내러티브 진로평가의 사용처럼 관계적 진로평가에 대한 문헌은 관계적 진로평가에 대한 이론적 설명, 상담과정에 대한 예시, 경험적 연구가 아닌 사례연구를 통한 관계적 개입에 대한 제시로 구성되어 있다. 상담개입에 대한 이론적 이해의 중요성에도 불구하고, 관계적 진로평가에 대한 소수의 연구만이 엄격한 질적 연구 방법을 사용하고 있지만, 지금까지 관계적 진로평가의 효과성을 탐색한 연구는 없다. 질적인 관계적 진로평가 접근에 기반한 실무가 문헌에 나타나고 있으며(예: Ponterotto et al., 2000; Schultheiss, 2003, 2006), 관계가 진로 평가와 결정에 차지하는 역할에 대한 연구에서 질적 방법론의 사용이 확고히 인정을 받고(Schultheiss, 2005) 있음에도 불구하고, 관계적 진로평가의 경험적 분석에 대한 연구는 부족하다. 그래서 직업심리학 분야가 내담자의 기능에 대한 전체적 이해로 이동하고, 진로상담 맥락에서 관계를 포함한 개입의 통합적인 모델에 대한 인식과 지원을 이끌어 내기 위해 질적인 관계적 진로평가에 대한 좀 더 많은 경험적 문헌이 필요하다 (Schultheiss, 2003).

3. 추천

진로평가에 대한 연구의 증거를 제공하는 것은 진로평가에 과학적 근거가 있음을 알려 주기 때문에 중요하다. 질적 진로평가에 대한 연구의 증거는 문헌에서 자주 검토되지 않는다. 질적 진로평가가 쉽고 다양한 접근법과 방법론을 지닌 평가로 받아들이지 않고 있다. 또한 질적 연구자들은 전체적이고 맥락에 기반한 평가를 목적으로 하기 때문에 질적 진로평가의 증거를 제공하는 것은 더 어렵다.

질적 연구자들이 질적 연구 과정에 사용할 수 있는 평가 준거에 대해 언급은 해 왔지만(예: Cho & Trent, 2014; Stead et al., 2012), 그에 대하여 저술된 연구는 거의 없다. 연구 절차에 대해 쓰인 것을 사용하는 것 말고는 질적 진로평가를 어떻게 평가하는지를 수용할 만한 지침이 없다. 질적 연구 혹은 평가의 엄격성을 결정하는 가장 우세한 준거 중 하나는 진실성(trustworthiness)이다. 링컨과 구바(Lincoln & Guba, 1985)는 삼각검증을 통한 신뢰성(credibility), 결과의 일관성을 의미하는 신빙성(dependability)과 다른 정보원을 활용하여 연구 결과를 인증하는 확증가능성(confirmability)이 사용될 수 있다고 제안하였다. 또한 그들은 모로(Morrow, 2005)가 제시한 것처럼 삼각검증을 통해 진실성(trustworthiness)을 확보하는 것이 중요하다고 강조하였다. 이 엄격한 질적 방법론은 일화적인 사례연구를 넘어서는 다른 방법의 실행을 요구할 것이다. 맥마흔, 패튼과 왓슨(2003)은 구성주의 관점에서 진로평가는 전체적이고, 집중적이며, 유연하게 고안된 과정을 포함한 특정 절차를 따라야 한다고 제안하였다. 휘스턴과 라하르자(Whiston & Rahardja, 2005)는 질적 진로평가와 양적 진로평가의 통합이 탐색되어야 한다고 제안하면서 질적 진로평

에 대한 지침이 부족함을 언급하였다. 또한 사비카스와 동료들(2009)은 진로
상담에 구성주의 접근을 적용하는 방법에 대한 지침이 잘 이해되지 않았기
때문에(Reid, 2006) 진로 실무자가 연구에서 질적 진로평가 방법에 대한 역량
이 있는지 탐구할 필요가 있다고 주장하였다. 추가적으로 사회구성주의, 담
화 분석과 평가에 대한 다양한 질적 관점이 매우 필요하다. 결론적으로 질
적 진로평가의 효과, 다양한 내담자에게 적용한 진로평가의 효과, 증거기반
실무를 사용하는 진로 실무자의 역량에 대한 연구가 필요하다. 유사한 질적
접근에 대해 개별적 또는 여러 개의 유사한 질적 접근에 초점을 맞출지 혹은
질적 진로평가와 양적 진로평가 과정을 통합할지에 대한 질적 진로평가 지
침을 개발할 필요가 있다.

참고문헌

American Psychological Association. (2006). Evidence-based practice in
　　psychology: APA presidential task force on evidence-based practice. *American
　　Psychologist, 61*, 271-285. doi: 10.1037/0003066X.63.3.146

Amundson, N. E. (2009). *Active engagement: The being and doing of career
　　counselling* (3rd ed.). Richmond, BC: Ergon Communications.

Atanasoff, G. E., & Slaney, R. B. (1980). Three approaches to counselor-free career
　　exploration among college women. *Journal of Counseling Psychology, 27*,
　　332-339. doi: 10.1037/0022-0167.27.4.332

Brott, P. E. (2004). Constructivist assessment in career counseling. *Journal of Career
　　Development, 30*, 189-200. doi: 10.1177/089484530403000302

Campbell, D. P. (1974). *Manual for the SVIB-SCII (FormT325)*. Stanford, CA:
　　Stanford University Press.

Cho, J., & Trent, A. (2014). Writing up qualitative research. In P. Leavy (Ed.), *The
　　Oxford handbook of qualitative research* (pp. 677-696). New York, NY: Oxford
　　University Press.

Cochran, L. (1997). *Career counseling: A narrative approach*. Thousand Oaks, CA:

Sage.

Cooper, J. F. (1976). Comparative impact of the SCII and the Vocational Card Sort on career salience and career exploration of women. *Journal of Counseling Psychology, 23*, 348-352. doi: 10.1037/00220167.23.4.348

Di Fabio, A. (2010). Life designing in the 21st century: Using a new strengthened career genogram. *Journal of Psychology in Africa, 20*, 381-384.

Di Fabio, A. (2012). Evaluation of the effectiveness of the Career Construction Genogram. *Cypriot Journal of Educational Sciences, 7*, 287-297.

Dolliver, R. H. (1967). An adaptation of the Tyler Vocational Card Sort. *Personnel and Guidance Journal, 45*, 916-920. doi: 10.1002/j.2164-4918.1967.tb04811.x

Dolliver, R. H., & Will, J. A. (1977). Ten-year follow-up of the Tyler Vocational Card Sort and the Strong Vocational Interest Blank. *Journal of Counseling Psychology, 24*, 48-54. doi: 10.1037/00220167.24.1.48

Glick, W. H., Jenkins, G. D., & Gupta, N. (1986). Method versus substance: How strong are underlying relationships between job characteristics and attitude outcomes?. *Academy of Management Journal, 29*, 441-464. doi: 10.2307/256218

Goldman, L. (1992). Qualitative assessment: An approach for counselors. *Journal of Counseling and Development, 70*, 616-621. doi: 10.1002/j.1556.6676.1992.tb01671.x

Grier-Reed, T., & Ganuza, Z. (2012). Using constructivist career development to improve career decision self-efficacy in TRIO students. *Journal of College Student Development, 53*, 464-471. doi: 10.1353/csd.2012.0045

Gysbers, N. C. (2006). Using qualitative career assessments in career counselling with adults. *International Journal for Educational and Vocational Guidance, 6*, 95-108. doi: 10.1007/s10775-006-9102-4

Josselson, R. (1992). *The space between us: Exploring the dimensions of human relationships*. San Francisco, CA: Jossey-Bass.

Kazdin, A. E. (2008). Evidence-based treatment and practice: New opportunities to bridge clinical research and practice, enhance the knowledge base, and improve patient care. *American Psychologist, 63*, 146-159. doi: 10.1037/0003-

066X.63.3.146

La Roche, M. J., & Christopher, M. S. (2009). Changing paradigms from empirically supported treatment to evidence-based practice: A cultural perspective. *Professional Psychology: Research and Practice, 49*, 396–402. doi: 10.1037/a0015240

Lincoln, Y. S., & Guba, E. G. (1985). *Naturalistic inquiry.* Newbury Park, CA: Sage.

Mahoney, M. J. (2003). *Constructive psychotherapy.* New York, NY: Guildford.

Malott, K. M., & Magnuson, S. (2004). Using genograms to facilitate undergraduate students' career development: A group model. *The Career Development Quarterly, 53*, 178–186. doi: 10.1002/j.21610045.2004.tb00988.x

McAdams, D. P., Josselson, R., & Lieblich, A. (2001). Turns in the road: Introduction to the volume. In D. P. McAdams, R. Josselson, & A. Lieblich (Eds.), *Turns in the road: Narrative studies of lives in transition* (pp. xv–xxi). Washington, DC: American Psychological Association.

McMahon, M., & Patton, W. (2006). The systems theory framework: A conceptual and practical map for career counselling. In M. McMahon & W. Patton (Eds.), *Career counselling: Constructivist approaches* (pp. 94–109). London: Routledge.

McMahon, M., Patton, W., & Watson, M. (2003). Developing qualitative career assessment processes. *The Career Development Quarterly, 51*, 194–202.

McMahon, M., Patton, W., & Watson, M. (2005). *My System of Career Influences.* Camberwell, Australia: ACER.

McMahon, M., & Watson, M. (2010). Story telling: Moving from thin stories to thick and rich stories. In K. Maree (Ed.), *Career counselling: Methods that work* (pp. 53–63). Cape Town, South Africa: Juta.

McMahon, M., & Watson, M. (2012). Story crafting: Strategies for facilitating narrative career counseling. *International Journal for Educational and Vocational Guidance, 12*, 211–224. doi: 10.1007/s10775012-9228-5

McMahon, M., Watson, M., Chetty, C., & Hoelson, C. N. (2012). Examining process constructs of narrative career counselling: An exploratory case study. *British Journal of Guidance & Counseling, 40*, 127–141. doi:

10.1080/03069885.2011.646949

McMahon, M., Watson, M., Foxcroft, C., & Dullabh, A. (2008). South African adolescents' career development through the lens of the systems theory framework: An exploratory study. *Journal of Psychology in Africa, 18*, 531-538.

McMahon, M., Watson, M., & Patton, W. (2005). Qualitative career assessment: Developing the My System of Career Influences reflection activity. *Journal of Career Assessment, 13*(4), 476-490. doi: 10.1177/1069072705277930

Morrow, S. L. (2005). Quality and trustworthiness in qualitative research in counseling psychology. *Journal of Counseling Psychology, 52*, 250-260. doi: 10.1037/0022-0167.52.2.250

Motulsky, S. L. (2010). Relational processes in career transition: Extending theory, research, and practice. *The Counseling Psychologist, 38*, 1078-1114. doi: 10.1177/0011000010376415

Norcross, J. C., & Lambert, M. J. (2011). Evidence-based therapy relationships. In J. C. Norcross (Ed.), *Psychotherapy relationships that work: Evidence-based responsiveness* (2nd ed.). New York, NY: Oxford University Press.

Okocha, A. A. G. (1998). Using qualitative appraisal strategies in career counseling. *Journal of Employment Counseling, 35*, 151-159. doi: 10.1002/j.2161-1920.1998.tb00996.x

Okiishi, R. W. (1987). The genogram as a tool in career counseling. *Journal of Counseling and Development, 66*, 139-143. doi: 10.1002/j.1556-6676.1987.tb00820.x

Parker, P. (2002). Working with the intelligent career model. *Journal of Employment Counseling, 39*, 83-96.

Peavy, R. V. (1997). *Sociodynamic counselling: A constructivist perspective.* Victoria, Canada: Trafford.

Ponterotto, J. G., Rivera, L., & Sueyoshi, L. A. (2000). The career-in-culture interview: A semi-structured protocol for the cross-cultural intake interview. *The Career Development Quarterly, 49*, 85-96. doi: 10.1002/j.2161-0045.2000.tb00753.x

Rehfuss, M. C. (2009). The future career autobiography: A narrative measure of career intervention effectiveness. *The Career Development Quarterly, 58*, 82–90. doi: 10.1002/j.2161-0045.2009. tb00177.x

Rehfuss, M. C., & Di Fabio, A. (2012). Validating the Future Career Autobiography as a measure of narrative change. *Journal of Career Assessment, 20*, 452–462. doi: 10.1177/1069072712450005

Reid, H. L. (2006). Usefulness and truthfulness: Outlining the limitations and upholding the benefits of constructivist approaches to career counselling. In M. McMahon & W. Patton (Eds.), *Career counselling: Constructivist approaches* (pp. 30–41). Abingdon, Oxon, UK: Routledge.

Reid, H., & West, L. (2011). Struggling for space: Narrative methods and the crisis of professionalism in career guidance in England. *British Journal of Guidance & Counselling, 39*, 397–410. doi: 10.1080/03069885.2011.566321

Richardson, M. S. (2004). The emergence of new intentions in subjective experience: A social/personal constructionist and relational understanding. *Journal of Vocational Behavior, 64*, 485–498. doi: 10.1016/j.jvb.2003.12.011

Savickas, M. L. (1993). Career counseling in the postmodern era. *Journal of Cognitive Psychotherapy: An International Quarterly, 7*, 205–215.

Savickas, M. L., Nota, L., Rossier, J., Dauwalder, J.-P., Duarte, M. E., Guichard, J., Soresi, S., Van Esbroeck, R., & van Vianen, A. E. M. (2009). Life designing: A paradigm for career construction in the 21st century. *Journal of Vocational Behavior, 75*(3), 239–250. doi: 10.1016/j.jvb.2009.04.004

Schultheiss, D. E. P. (2003). A relational approach to career counseling: Theoretical integration and practical application. *Journal of Counseling and Development, 81*, 301–310. doi: 10.1002/j.15566678.2003.tb00257.x

Schultheiss, D. E. P. (2005). Qualitative relational career assessment: A constructivist paradigm. *Journal of Career Assessment, 13*, 381–394. doi: 10.1177/1069072705277912

Schultheiss, D. E. P. (2006). The interface of work and family life. *Professional Psychology: Research and Practice, 37*, 334–341. doi: 10.1037/0735-7028.37.4.334

Schultheiss, D. E. P. (2007). The emergence of a relational cultural paradigm for vocational psychology. *International Journal of Education and Vocational*

Guidance, 7, 191-201. doi: 10.1007/s10775-0079123-7

Schultheiss, D. E. P., Kress, H., Manzi, A., & Glasscock, J. (2001). Relational influences in career development: A qualitative inquiry. *The Counseling Psychologist, 29*, 214-239. doi: 10.1177/0011000001292003

Schultheiss, D. E. P., Palma, T., Predragovich, K., & Glasscock, J. (2002). Relational influences on career paths: Siblings in context. *Journal of Counseling Psychology, 49*, 302-310. doi: 10.1037/00220167.49.3.302

Slaney, R. B. (1978). Expressed and inventoried vocational interests: A comparison of instruments. *Journal of Counseling Psychology, 25*, 520-529. doi: 10.1037/0022-0167.25.6.520

Slaney, R. B. (1983). Influence of career indecision on treatments exploring the vocational interests of college women. *Journal of Counseling Psychology, 30*, 55-63. doi: 10.1037/0022-0167.30.1.55

Slaney, R. B., & Dickson, R. D. (1985). Relation of career indecision to career exploration with reentry women: A treatment and follow-up study. *Journal of Counseling Psychology, 32*, 355-362. doi: 10.1037/0022-0167.32.3.355

Stead, G. B., Perry, J. C., Munka, L. M., Bonnett, H. R., Shiban, A. P., & Care, E. (2012). Qualitative research in career development: Content analysis from 1990 to 2009. *International Journal for Educational and Vocational Guidance, 12*, 105-122. doi: 10.1007/s10775-011-9196-1

Talbot, D. B., & Birk, J. M. (1979). Does the vocational exploration and insight kit equal the sum of its parts? A comparison study. *Journal of Counseling Psychology, 26*, 359-362.

Tyler, L. E. (1961). Research explorations in the realm of choice. *Journal of Counseling Psychology, 8*, 195-202. doi: 10.1037/h0041019

Whiston, S. C., & Rahardja, D. A. (2005). Qualitative career assessment: An overview and analysis. *Journal of Career Assessment, 13*, 371-380. doi: 10.1177/1069072705277910

Wnuk, S. M., & Amundson, N. E. (2003). Using the intelligent careers card sort with university students. *The Career Development Quarterly, 51*, 274-284. doi: 10.1002/j.2161-0045.2003.tb00607.x

Young, R. A., & Collin, A. (2004). Introduction: Constructivism and social constructionism in the career field. *Journal of Vocational Behavior, 64*, 373–388. doi: 10.1016/j.jvb.2003.12.005

Young, R. A., & Friesen, J. D. (1992). The intentions of parents in influencing the career development of their children. *The Career Development Quarterly, 40*, 198–207. doi: 10.1002/j.2161-0045.1992.tb00326.x

Young, R. A., Friesen, J. D., & Borycki, B. (1994). Narrative structure and parental influence in career development. *Journal of Adolescence, 17*, 173–191. doi: 10.1006/jado.1994.1017

Young, R. A., Marshall, S. K., Valach, L., Domente, J. F., Graham, M. D., & Zaidman-Zait, A. (2011). *Transition to adulthood: Action, projects and counseling.* New York, NY: Springer. doi: 10.1007/9781-4419-6238-6

Young, R. A., Valach, L., Ball, J., Paseluikho, M. A., McLean, H., & Turkel, H. (2001). Career development in adolescence as a family project. *Journal of Counseling Psychology, 48*, 190–202. doi: 10.1037/0022-0167.48.2.190

Young, R. A., Valach, L., Paseluikho, M. A., Dover, C., Matthes, G. E., Paproski, D. L., & Sankey, A. M. (1997). The joint action of parents in conversation about career. *The Career Development Quarterly, 46*, 72–86. doi: 10.1002/j.2161-0045.1997.tb00693.x

제**4**장

질적 진로평가의 과정

PAMELIA E. BROTT

1. 도입

이 장에서는 질적 진로평가의 목적과 과정에 대해 고찰한다. 또한 진로상담에서 질적 진로평가의 실무에 초점을 맞추면서 접근과 도구 사이에 내재된 구성과 상호 보완성을 설명한다.

2. 질적 진로평가의 목적과 과정

힐리(Healy, 1990)는 내담자의 주도성(sense of agency)을 강화하기 위해서 진로평가에 대한 개혁을 요청하였다. 그는 내담자에게 필요한 사항을 다음과 같이 언급하였다. ① 협력적 역할을 할 것, ② 자기 관찰, 즉 자기 평가자가 될 것, ③ 맥락과의 역동적인 상호작용을 인식할 것, ④ 자신의 선택을 명료화하고 개선하고 수행하기 위해 도움을 사용할 것이 그것이다. 그 후로 질

적 진로평가와 과정을 정의하는 최소 100여 개의 논문과 책이 편찬되었다
(예: Brott, 2005; McMahon & Patton, 2002; McMahon, Patton, & Watson, 2003;
Okocha, 1998). 이 문헌들에서 나타나는 주제는 진로상담 과정에서 정보를
모으고 개인적 의미를 발전시키기 위해 내담자에게 적극적인 역할을 맡기는
내담자 개인의 주도성이다.

　새로운 세대의 자기 연구와 이론(self research and theory)은 우리가 자기
경험의 중요성에 대해 생각하게 하고, 자신의 인식, 신념, 감정을 되돌아보
며, 자신의 행동을 의도적으로 조절하게 하는 인간의 성찰적 사고 능력을 더
잘 이해하도록 돕는다(Leary & Tangney, 2003). 자기모델(self model)은 상담
에 주관적 관점, 즉 내담자의 경험에 부여하는 개인적 의미를 토대로 새로운
관점을 부여한다. 참여적 실재는 각 개인이 다른 사람과의 상호작용과 대화
에 참여함으로써 개인적 의미를 구성하게 될 때 나타난다. 개인적 구성은 개
인이 삶을 해석하고 기대하며 삶에 참여함으로써 이해되는 방식으로 이것은
개인에게 현실이다(Kelly, 1955). 개인적 구성이 진로상담에 시사하는 바는
다음과 같다. 진로를 삶과 동의어로 재고하고, 상담이 대화 및 실제 활동을
통해서 내담자의 성찰과정을 적극적으로 탐색하여 사회적 상호작용과 삶의
의미를 만들도록 해야 한다는 것이다(Peavy, 1996). 그러므로 개인적으로 경
험하고 이해한 것으로 자신을 구성하고 재구성하는 데에서 내담자가 적극적
이고 역동적인 역할을 맡을 수 있도록 하는 진로평가 과정이 필요하다.

　질적 진로평가는 자기관찰, 자기평가와 내담자의 대인 간 및 개인 내 맥락
과의 역동적 상호작용을 강조하면서 내담자가 주도성을 갖도록 돕는다. 주
관적 과정은 개별적(idiographic)이다. Idio-는 '자신의' '개인적' '구별되는'이
라는 의미를 가진 접두사이다(Online Etymology Dictionary, 2014). 질적 진로
평가는 고유하고 개인적이며 구별되는 내담자의 의미, 주제, 선호를 탐색하
기 위한 풍부한 방법을 제공한다.

　이것은 진로평가 도구일 뿐만 아니라 내담자에게 통제감을 주는 진로평가
과정이기도 하다. 삶의 이야기를 털어놓고 통합하며 저술하는 이야기 기법

인 내러티브를 사용하면서 내담자와 진로 실무자는 서로 협력한다. 이 과정에서 내담자는 적극적인 주도자가 되고, 개별 내담자를 가장 잘 도울 수 있는 진로평가 도구가 선택된다. 이 장은 독자들이 질적 진로평가의 목적과 과정을 더 잘 이해하도록 해 준다.

1) 목적

질적 진로평가는 '이론적으로 확고한 철학적 기반을 가진 개입 양식에 토대'를 두고 있다(Whiston & Rahardja, 2005, p. 371). 질적 진로평가는 주관성, 의미 만들기, 계속 진화하는 내담자의 맥락적 경험을 이해하는 데 초점을 두는 구성주의에 기반을 둔다(Whiston & Rahardja, 2005). 이러한 상담과정의 접근은 관련성 있는 삶의 역할, 학습, 즐거움, 일, 가치를 아우르는 포괄적인 관점을 허락한다(Brott, 2004). 골드만(Goldman, 1990)은 질적 진로평가의 사용이 내담자에게 적극적인 역할을 촉진하고, 개인에 대한 전체적인 연구를 강조하고 내담자의 다양성에 민감하고 발달적으로 자신에 대한 이해와 학습을 강조하고 평가와 상담 사이의 구분을 줄인다고 강력히 주장하였다.

질적 진로평가 중에 어떤 도구가 선택될지는 그 도구가 내담자의 요구를 충족시키고 내담자의 이야기를 설명해 낼 수 있는 정도에 의해 결정된다. 질적 진로평가는 내담자가 삶에 주관적 의미를 만드는 맥락적 자기관찰자로서 협력적 과정에 참여하게 하는 핵심 역할을 한다. '보조도구'는 진로 상담자와 공유할 수 있는 내담자의 이야기를 전체적으로 드러내고 통합하도록 돕는다. 진로평가는 흥미, 능력, 성격과 같은 전통적 변인과 문화적 지향, 사회화, 개인적 구성 같은 맥락 내 개인을 살펴보는 도구이다. 질적 진로평가는 홀랜드(1997)의 RIASEC 육각형 혹은 브로트(2005)의 목표지도로부터 얻은 정보를 조직하는 데 도움이 될 수 있고, '내담자에게 그것이 무엇을 의미하는지 말하도록' 촉구함으로써 대안적 관점을 제공하는 데 도움이 된다. 진로평가에는 내담자에게 적합하고 과거, 현재, 미래의 장으로 이야기를 설명하는 데 도움이 되는 것이 선택된다. 탐지하고 성찰하고 명료화하고 해석하는 진로 상담자의 기술은 내담자에게 (아마 처음으로) 이야기가 들리도록 하는 촉진적이고 설명적인 과정을 위한 필수 요소이다.

질적 진로평가에 대한 설명과 상담과정에서의 활용은 25년 전에 등장하였다. 골드만(1990)은 카드분류(card sorts), 생애선(lifelines), 가치명료화 연습(values clarification exercises), 모의실험(simulations), 검사세트(in-basket test), 작업표본(worksample), 직무체험(shadowing), 직접관찰(direct observation)을 포함한 8가지 방법을 기술하였다. 오코차(Okocha, 1998)는 생애진로평가 인터뷰, 생애선, 가계도/직업가계도, 삶의 역할을 옹호하였다. 브로트(2005)의 내러티브 과정은 생애선, 카드분류, 생애역할순환(life roles circles), 목표지도 같은 질적 진로평가 도구를 사용하였다. 맥마흔, 왓슨과 패튼(2005)은 체계이론 틀(Patton & McMahon, 2014)을 토대로 한 나의 진로영향요인 체계 활동을 사용하였는데, 이것은 현재 상황, 영향요인군(예: 자신, 사회, 경험), 실행 계획을 시각적으로 표상하도록 안내하는 서면 성찰 활동이다(McMahon & Watson, 2008). 사비카스(2011)는 내담자가 자서전적 이야기를 하고 미래의 이야기로 넘어가도록 돕는 질적 진로평가 도구로써 진로구성 인터뷰라는 일련의 다섯 가지 질문을 활용하였다.

진로상담 과정에 질적 진로평가가 스며드는 것은 중요하다. 여기서 강조하는 것은 '내담자와의 활동'보다는 심리적 과정과 내담자의 개별적이고 주관적인 이해이다. 그러므로 다음의 절차를 제안한다. 이론에 근거를 두고 평가 과정을 진행할 것, 내담자와의 관련성과 유용성을 검증할 것, 적절한 시간을 확보할 것, 전체적 사고를 촉진할 것, 읽기 쉽고 이해하기 쉬운 개별화된 지시문을 사용할 것, 방향감을 제공하기 위해 성취 가능한 일련의 작은 단계로 나눌 것, 유연하고 협력적 상담관계에 초점을 둘 것, 학습과 의미를 강조하기 위해 내담자에게 활동을 간단히 설명할 것이 그것이다(McMahon & Patton, 2002; McMahon, Patton, & Watson, 2003).

질적 진로평가의 기준은 양적 진로평가와 그 목적이 다르다. 구성주의 평가의 적절성은 보편적 원리에 기초한 심리측정적 신뢰도와 타당도를 사용하기보다는 주로 개별적 관점의 '해석학과 현상학'(Niemeyer & Niemeyer, 1993, p. 23)을 사용한다. 비니와 나지(Viney & Nagy, 2012)는 "연구된 현상의 복잡성을 잘 이해하기 위해" 개인적 구성 연구의 엄격성에 대한 4가지 기준을 제시하였다. 신뢰성(credibility), 적용 가능성(transferability), 신빙성(dependability), 확증 가능성(confirmability)이 그것이다(p. 56). **신뢰성**은 정보가 내담자의 신념, 느낌, 가치를 나타내는 정도이다. 내담자가, ① 다양한 관점에서 정보를 검토함으로써 삼각검증을 하도록 돕고, ② 대안적 해석과 예외를 드러내기 위해 종합적인 검토를 하도록 돕는 것이 중요하다. **적용 가능성**은 주제, 의미, 선호가 다양한 환경에서 적용 가능한 정도를 말한다. 내담자가, ① 삶에서 사건의 빈도와 그것의 영향을 구분하고, ② 그 정보를 다양한 환경에 일반화하는 것이 중요하다. **신빙성**은 해석의 한결같음을 의미하므로 일관적인 것과 변화된 것을 모두 보여 주는 증거가 중요하다. 정보를 모으는 방법을 구조화하는 것은 내담자와 진로 실무자가 함께, ① 정보의 원천을 찾아보고, ② 그 절차를 다시 검토하도록 해 준다. **확증 가능성**은 결과가 증명될 수 있는 정도를 말한다. 확증 가능성을 위해 한 명의 감수자가, ① 정보가 해석을 지지하는지, ② 해석이 정보와 일관되는지를 확인한다.

진로상담에서 개별적인 도구인 질적 진로평가의 목적은 내담자의 주관적인 이야기에 믿을 수 있고 적용 가능하며 신빙성 있고 확증 가능한 목소리를 부여하는 것이다. 이러한 진로평가는 진로상담 과정에서 내담자가 주도성을 발휘하는 데 도움이 된다. 더욱이 진로평가 도구는 진로 실무자에게 해석과 추가 탐색을 할 수 있도록 문서화된 증거를 제공한다.

2) 과정

1990년대는 진로 전문가들에게 패러다임의 전환이 있었다. 직업 관련 문제해결이나 구직과 같은 실증주의적·양적 직업지도 접근에서 내담자의 주관적인 내러티브로 초점이 옮겨졌다. 포스트모던 진로상담 접근의 초점은 통합되고 의미 있는 삶을 살아가기 위한 개인과의 협력에 있다. 그 이유는 '진로가 개인적'인 것이기 때문이다(Savickas, 1993, p. 212). 진로구성주의, 생애설계, 내러티브 진로상담, 이야기 접근, 체계이론 틀 등의 진로상담 모델들은 심리적 과정에 초점을 맞춘 촉진적이고 탐색적인 진로 상담자에 의존한다. 포스트모더니즘과 연합된 두드러진 심리학이론의 두 가지는 외적 사건 해석에 있어 인지적 과정을 강조하는 구성주의(constructivism; Mahoney & Lyddon, 1988)와 자신의 현실을 구성하는 데에서 사회적 영향을 강조하는 사회구성주의(social constructionism)이다(Gergen, 1994).

포스트모던 진로상담 접근은 내담자의 삶에 일을 맞추는 방법(Cochran, 1997; Savickas, 2011; Savickas et al., 2009), 영향요인 체계(McIlveen, Patton, & Hoare, 2007; Patton & McMahon, 2014; McMahon, Watson, & Patton, 2005), 삶의 이야기(Brott, 2001)에 초점을 맞추기 위해 내담자의 내러티브(즉, 이야기)를 사용한다. 이야기하기는 의사소통의 가장 초기 형태 중 하나이고, 정보, 역사, 문화를 전달하기 위해 사용된다. 인간이라는 존재는 타고난 이야기꾼이고, 이야기는 우리가 살아 있는 세상을 이해하는 핵심 방식이다. "이야기 없이는 정체성, 자기, 타인도 없다"(Lewis, 2011, p. 505). 그래서 이야기 혹은 내러티브는 사회적 맥락에서 살아 있는 경험을 조직하고 공유하며, 미래로 나아가는 다리를 제공하는 의사소통의 고유한 방법이다. 이것이 진로상담의 기본 목적이라 생각된다. 다음에서는 선택된 진로상담 과정에 대해 간단히 검토하면서 진로 상담자와 내담자의 협력적 관계에서 내담자의 적극적 역할 및 내담자의 진로이야기를 조명하는 도구로서 질적 진로평가 사용의 중요성을 보여 주고자 한다.

코크런(Cochran, 1997)의 내러티브 진로상담은 "좀 더 의미 있는 진로내러티브를 구성하고 실행하도록"(p. ix) 내담자를 돕는 과제와 더불어 내담자를 "중요하고, 생산적이며, 성공적인 진로내러티브의 주요 인물"(p. ix)로 인정하는 것에 관심이 있다. 이 접근에 사용되는 진로평가 도구에는 직업카드분류,

구성 개념 사다리(즉, 가능한 직업 간의 유사한 구인과 다른 구인을 해석하고 명료화함), 생애선, 성공경험, 가족구도, 역할모델, 초기 경험 등이 포함된다.

사비카스(2011)의 "진로구성 상담"(p. 41)은 선택을 명확히 하고 적응력을 향상시키면서 내담자의 세상을 이해하기 위해 의미 있는 대화, 즉 인터뷰를 사용한다. 핵심 내러티브 접근 도구인 진로구성 인터뷰(career construction interview)는 5가지의 이야기 구성 질문으로 되어 있다. 역할모델에 대한 질문은 자기개념, 미디어 선호도(예: 잡지, TV프로그램, 웹사이트)에 대한 질문은 선호하는 환경, 좋아하는 이야기(예: 책, 영화)에 대한 질문은 허구적 인물이 유사한 도전에 대처하는 방법을 드러내고, 좋아하는 격언이나 문구(즉, 자기충고)와 초기기억에 대한 질문은 생애주제를 밝혀 준다.

사비키스와 동료들(2009)의 생애설계는 빠르게 변화하는 새로운 세계화 사회에 기반한 국제적 관점에서 나타났으며, 인간의 유연성, 적응성, 평생학습을 강조한다. 개입 모델은 일반적으로 6단계로 구성된다.

첫째, 문제의 역사와 현저한 내담자의 역할을 설명하기 위해 대화를 통한 작업동맹 구축하기, 둘째, 현재의 주관적 정체성 탐색하기, 셋째, 열린 관점으로 이야기 객관화하기, 넷째, 새로운 관점으로 문제 바라보기, 다섯째, 새로운 정체성 시도하기, 여섯째, 결과를 관찰하고 필요시 추가적인 자문 제공하기가 그것이다. 주요 진로평가 도구는 작업동맹과 대화이다.

체계이론 틀(Patton & McMahon, 2014)은 나의 진로영향요인 체계(McMahon, Patton, & Watson, 2005; McMahon, Watson, & Patton, 2013)와 나의 진로 챕터(my career chapter; McIlveen, Patton, & Hoare, 2007)라는 두 가지 질적 진로평가 도구를 만들어 냈다. 진로상담에서 체계적 관점은 청소년과 성인 모두에게 적용 가능하고 내담자의 이야기에서 개인 내적인 측면과 맥락적 위치에 초점을 둔다. 나의 진로영향요인 체계는 현재의 진로상황을 검토하도록 돕기 위해 내담자를 일련의 탐색 과정으로 이끄는 12페이지의 소책자인 질적 평가도구로 개발되었다. 나의 진로영향요인 체계에서의 그림은 내담자가 자신의 진로 이야기와 영향요인을 시각적으로 나타내도록 돕는다. 10가지 일련의 성찰 질문이 이 과정을 안내한다. 나의 진로 챕터(McIlveen, Patton, & Hoare, 2007)는 내담자가 집에서 완성하는 소책자이다. 내담자가 진로 관련 질문을 탐색하고 진로영향요인 체계를 평정하도록 돕기 위한 단계들로 구성된다. 내담자는 각 진로영향요인에 대한 자서전을 쓰고, 그것의 정서적인 중요성을 과거, 현재, 미래의 관점에서 저술하도록 문장 완성 활동을 실시한다.

브로트(2001)의 이야기 접근은 통합된 삶의 역할로의 접근을 취하며, 내담자의 이야기는 과거, 현재, 미래의 장을 통해 엮어진다. 생애선, 초기기억, 삶의 역할 활동과 같은 질적 진로평가 도구들은 내담자가 과거와 현재에 대해 이야기하고, 그들이 선호하는 것과 주제를 밝혀내는 데 도움을 준다. 가능한 자신과 대안적 관점 및 예외 발견하기는 이야기의 장을 펼치는 데 도움이 된다. 목표지도는 목표, 장애, 자원에 대한 정보 및 다음 장의 이야기에서 취해야 하는 행동(취해야 하는 단계)을 조직화하기 위한 구조화된 활동이다.

포스트모던 진로상담 과정은 내담자의 주체성, 맥락에서 주관적 의미 만들기의 중요성, 계획의 명료화, 수행을 돕는 자원의 활용을 강화하기 위해 협력적 작업동맹에 대한 힐리(1990)의 요구를 충족한다. 이러한 과정은 구성주의와 사회구성주의라는 이론을 토대로 나타났다. 질적 진로평가는 자기와 맥락 내 자기에 대한 깊은 이해를 촉진하고, 적극적인 참여자로서 삶을 살도록 이끄는 주제, 선호, 동기를 밝히는 협력적이고 개별적인 과정을 돕는 도구들이다. 진로평가 도구들은 내러티브에 대한 현상학적 연구의 복잡성을 다룰 때 필요한 엄격성에 대한 기준을 입증한다.

3) 실무 과정: 내재된 구성과 상호 보완성

이야기의 은유는 진로상담에 대한 포스트모더니즘 모델에 스며들어 있다. 사비카스(2012)는 작은 이야기들을 **구성**하고, 이야기의 의미와 가능성을 **해체**하고, 주관적 정체성인 큰 이야기를 **재구성**하고, 생애 초상화의 초안을 잡기 위해 **공동구성**하고, 다음 이야기의 에피소드에 참여하기 위해 행동하는 생애설계 중재를 구축하였다. 브로트(2001)는 이야기 속에서 협력적 접근을 밝히기 위해 **공동구성**을 사용하고, 이야기 속에서 여지를 만들기 위해 **해체**를 사용하며, 이야기의 다음 장에서 내담자가 적극적 역할을 맡도록 하기 위해 **구성**을 사용하였다. 상담 접근의 결합은 이 과정에서 질적 진로평가가 내담자를 어떻게 적극적으로 참여하게 만드는 도구가 되는지를 이해하기 위해 사용된다([그림 4-1] 참조). 촉매제가 되는 것은 진로평가 도구가 아니라 과정이다. 그러므로 진로평가 도구는 내담자와 현안 문제에 맞게 독자적이면서도 의도적으로 선택해야만 한다.

진로상담에서 이러한 접근은 **공동구성**(이야기 밝히기), **해체**(이야기 제약 완화), **재구성**(통합된 자기를 구성된 이야기 정체성으로 엮기), **구성**(이야기의 다음 장 수행하기)이라는 역동적이고 서로 관련된 과정이다. 이야기는 과거와 현재의 장에서 말해지고, 다음 장을 저술하고 실행하는 쪽으로 이동한다. 질적 진로평가 도구는 활동(예: 생애선, 삶의 역할 동그라미, 카드분류, 목표지도, 진로가계도), 소책자(예: 나의 진로영향요인 체계, 나의 진로 챕터), 체크리스트(예: 흥미, 기술, 가치), 인터뷰(예: 초기기억, 진로구성 인터뷰)를 포함한다. 그러나 가장 중요한 '진로평가 도구'는 내담자와 진로 상담자의 협력적 작업동맹이 될 것이다.

진로 상담자와 내담자가 함께 이 과정을 펼쳐 나가면서 진로상담 관계의 협력적 특성을 강조하기 위해 **공동구성**부터 시작한다. 진로평가 도구들은 다

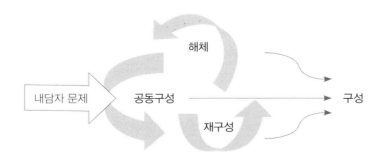

[**그림 4-1**] 역동적이고 상호 연결된 진로상담 과정

른 사람과의 관련성을 통해 맥락 내에서 그리고 시간에 걸쳐 과거와 현재의 장을 밝히기 위해 선택된다. 초기기억은 다른 사람이 내담자에게 말한 것이 아니라 개인적인 기억이 될 필요가 있다. 또한 기억의 정확성보다는 내담자의 관점이 중요하다. 공동구성은 무엇이 일어났는지에 대한 인지적 진술일 뿐만 아니라 그러한 기억과 연관된 감정을 밝히는 것이다. 진로평가 도구는 내담자가 자기관찰자가 되어 감정, 선호, 주제를 인식하는 것을 돕는 방법에 따라 선택된다.

협력 과정은 여지를 만들고, 대안적 관점을 제공하며, 동기를 탐색하는 해체를 통해 계속된다. 질적 진로평가 도구는 주관성과 내담자의 고유하고 개인적인 의미 만들기, 체계의 탐색을 촉진하기 위해 선택된다. 개인 내 영향요인과 맥락의 영향요인이 '~라면 어떨까?(What if……?)' '~할 수 있을까?(Could it be……?)' '이해하도록 도와줘(Help me understand……)'를 생각하면서 재점검된다. 현재의 인생 이력서를 작성(즉, 지금까지의 인생 이야기에서의 생생한 장들)할 때, 진로 상담자는 장의 경험들이 맥락에서 이해될 수 있도록 재해석하기 위해 내담자가 자신의 선호를 알아내고 다시 진술하거나, 제삼자의 목소리 혹은 주요 타자의 목소리를 이용하도록 돕는다. 많은 경우 공동구성과 해체는 동시에 일어나거나 순환적인 역동으로 일어난다. 경험이 밝혀질 때 개인 내 영향요인과 맥락의 영향요인이 탐색될 수 있다.

해체는 맥락 속에서 새롭고 독특한 의미에 근거해서 이야기를 다시 모으기 위한 재구성 단계로 이어진다. 다음 장의 행동에 대한 지침이 될 수 있는 선호와 의미를 엮어 이야기를 편집하기 위해 진로평가 도구가 선택된다. 자서전은 내담자가 어떻게 욕구를 충족했는지, 삶의 역할을 어떻게 선택해 왔는지(즉, 관계 맺기, 학습하기, 즐기기, 일하기, 가치 부여하기), 시간에 따라 어떻게 변화해 왔는지를 이야기하는 내재된 주제(즉, 지금까지 삶의 이야기의 제목)를 통해 드러난다. 내담자는 다음 장을 쓰기 위한 동기를 제공하는 삶의 이야기의 저자로서 주인의식을 경험한다.

구성은 내담자에게 의미 있고 목적지향적인 미래의 장을 살도록 역량을 강화한다. 또한 이것은 행동으로 옮기도록 해 주는 것이기도 하다. 진로평가 도구들은 계획과 다음 장의 첫 단계를 실행하도록 돕기 위해 선택된다. 행동은 내담자의 욕구 충족을 위한 동기에 기초하여 선택될 것이다. 방해되는 장애물과 장애물을 다룰 자원 모두를 확인하는 것은 중요하다. 최초로 취한 행동 중 적어도 하나를 지속하는 것은 내담자가 저작권을 지니도록 지지하는 것이다. 진로 상담자는 내담자에게 격려와 도전을 함께 제공할 수 있다. 행동과 동기 모두를 명료화하도록 질문하는 것은 내담자가 다음 이야기의 장을 살아가는 의미 만들기 체계에 기초하여 자기관찰자가 되도록 격려한다. 삶은 선택에 관한 것이고 실행은 선택이다. '지금처럼 계속하는 것도' 선택에 기초한 실행이다. 선택은 다음 이야기를 쓰게 하며 저작권은 내담자에게 있다.

진로상담의 틀은 대화와 실제 활동에 대한 협력 과정이다. 또한 내담자가 여태까지 만들어 온 개인 내 영향요인과 맥락의 영향요인에 대해 자기관찰자가 되도록 돕고 내담자가 선택과 행동의 작가가 되도록 돕는다. 내담자가 인생 이야기 장에서 적극적으로 단계를 밟아 삶을 살아가도록 하기 위해 질적 진로평가는 사회적 상호작용과 의미 만들기 체계를 탐색하고 직접 이해할 수 있도록 성찰과정을 돕는다.

3. 다시 쓰기

이 장의 목적은 내담자가 주체적으로 참여하는 질적 진로평가 과정, 즉 내담자가 어떻게 협력자, 자기관찰자, 저자로서 진로상담 과정에 참여하게 되는지를 밝히는 것이다. 초점은 진로평가 도구가 아니라 진로상담 과정에 있다. 즉, 당신이 어떤 진로평가 도구를 사용하느냐가 아니라 그것을 사용하는 방법이 중요하다. 그러므로 질적 진로평가는 생생한 내담자의 이야기를 내담자와 함께 협력적으로 탐색하고 이해하고, 내담자가 다음 장으로 이야기를 실행하도록 돕는 도구로서 의도적으로 선택된다. 개별적 관점에서 선택된 진로평가 도구의 엄격성은 개별 내담자에 기초한 신뢰성, 적용 가능성, 신빙성, 확증 가능성으로 드러난다. 이야기하기는 직업지도에서 진로상담으로 이동하는 과정을 제안하고 안내한다. 역동적이고 상호 보완적이며 통합된 진로상담 과정은 **공동구성, 해체, 재구성, 구성**을 포함한다.

이 책의 제2부에서는 독자들에게 다양한 질적 진로평가 도구를 소개한다. 당신이 진로평가 도구를 읽을 때 각 도구가 현재 이야기를 공동구성하기, 여지를 만들기 위해 해체하기, 납득할 만한 의미를 생성하는 내러티브로 재구성하기, 내담자의 삶이 다음 장에서 등장할 행동을 구성하기 위한 진로상담 과정과 어떻게 통합될 수 있는지를 기억해야 한다.

참고문헌

Brott, P. E. (2001). The storied approach: A postmodern perspective for career counseling. *The Career Development Quarterly, 49*, 304-313.

Brott, P. E. (2004). Constructivist assessment in career counseling. *Journal of Career Development, 30*(3), 189-200.

Brott, P. E. (2005). A constructivist look at life roles. *The Career Development Quarterly, 54*(3), 138-149.

Cochran, L. (1997). *Career counseling: A narrative approach*. Thousand Oaks, CA: Sage.

Gergen, K. J. (1994). *Realities and relationships*. Cambridge, MA: Harvard University Press.

Goldman, L. (1990). Qualitative assessment. *The Counseling Psychologist, 18*(2), 205-213.

Healy, C. C. (1990). Reforming career appraisals to meet the needs of clients in the 1990s. *The Counseling Psychologist, 18*, 214-226.

Holland, J. L. (1997). *Making vocational choices: A theory of vocational personalities and work environments* (3rd ed.). Odessa, FL: Psychological

Assessment Resources.

Kelly, G. A. (1955). *A theory of personality: The psychology of personal constructs*. New York, NY: W.W.Norton.

Leary, M. R., & Tangney, J. P. (2003). The self as an organizing construct in the behavioral and social sciences. In M. R. Leary & J. P. Tangney (Eds.), *Handbook of self and identity* (pp. 3–14). New York, NY: Guilford Press.

Lewis, P. J. (2011). Storytelling as research/research as storytelling. *Qualitative Inquiry, 17*(6), 505–510.

Mahoney, J. J., & Lyddon, W. J. (1988). Recent developments in cognitive approaches to counseling and psychotherapy. *The Counseling Psychologist, 16*(2), 190–234.

McIlveen, P., Patton, W., & Hoare, P. N. (2007). My Career Chapter: Guidance counsellors' appraisal of its suitability for adolescents. *Australian Journal of Guidance & Counselling, 17*(2), 148–159.

McMahon, M., & Patton, W. (2002). Using qualitative assessment in career counseling. *International Journal for Educational and Vocational Guidance, 2*(1), 51–66.

McMahon, M., Patton, W., & Watson, M. (2003). Developing qualitative career assessment processes. *The Career Development Quarterly, 51*(3), 194–202.

McMahon, M., Patton, W., & Watson, M. (2005). *My System of Career Influences*. Melbourne, Australia: ACER Press.

McMahon, M., & Watson, M. B. (2008). Systemic influences on career development: Assisting clients to tell their career stories. *The Career Development Quarterly, 56*(3), 280–288.

McMahon, M., Watson, M. B., & Patton, W. (2005). Qualitative career assessment: Developing the My System of Career Influences reflection activity. *Journal of Career Assessment, 13*, 476–490.

McMahon, M., Watson, M. B., & Patton, W. (2013). *The My System of Career Influences Adult Version (MSCI Adult): A reflection process*. Brisbane, Australia: Australian Academic Press.

Niemeyer, G. J., & Niemeyer, R. A. (1993). Defining the boundaries of constructivist assessment. In G. J. Niemeyer (Ed.), *Constructivist assessment: A casebook* (pp. 1–30). Newbury Park, CA: Sage.

Okocha, A. A. G. (1998). Using qualitative appraisal strategies in career counseling. *Journal of Employment Counseling, 35*(3), 151–159.

Online Etymology Dictionary. (2014). Retrieved from http://www.etymonline.com

Patton, W., & McMahon, M. (2014). *Career development and systems theory: Connecting theory and practice* (3rd ed.). Rotterdam, The Netherlands: Sense Publishers.

Peavy, V. (1996). Constructivist career counselling and assessment. *Guidance & Counseling, 11*(3), 8–14.

Savickas, M. L. (1993). Career counseling in the postmodern era. *Journal of Cognitive Psychotherapy: An International Quarterly, 7*, 205–215.

Savickas, M. L. (2011). *Career counseling*. Washington, DC: American Psychological Association.

Savickas, M. L. (2012). Life design: A paradigm for career intervention in the 21st century. *Journal of Counseling and Development, 90*(1), 13–19.

Savickas, M. L., Nota, L., Rossier, J., Dauwalder, J.-P., Duarte, M. E., Guichard, J., Soresi, S., Van Esbroeck, R., & van Vianen, A. E. M. (2009). Life designing: A paradigm for career construction in the 21st century. *Journal of Vocational Behavior, 75*, 239–250.

Viney, L. L., & Nagy, S. (2012). Qualitative methods in personal construct research: A set of possible criteria. In P. Caputi, L. L. Viney, B. M. Walker, & N. Crittenden (Eds.), *Personal construct methodology* (pp. 53–68). West Sussex, UK: John Wiley & Sons.

Whiston, S. C., & Rahardja, D. (2005). Qualitative career assessment: An overview and analysis. *Journal of Career Assessment, 13*(4), 371–380.

제**5**장

진로 학습

−내러티브 정체성을 구성하는 학습 과정으로서의 질적 진로평가−

FRANS MEIJERS and REINEKKE LENGELLE

1. 도입

이 장에서는 정체성 학습의 과정으로서 질적 진로평가를 탐구한다. 정체성 학습 과정에서는 조건화나 의미론적 학습과는 다른 의미지향 학습이 필수적이다. 진로정체성을 미래 지향 내러티브로 구성하기 위해서는 구체적인 경험에 대한 대화와 함께 인지적 학습 단계를 통해 학습자를 도와야 한다. 이 과정의 목적은 정서에 주의를 기울이며 표현된 것을 확장시키고 심화시키는 것이다.

2. 학습

파슨스(1909/1967) 이래로 진로발달에 대한 모든 이론과 이 이론에 기초한 모든 개입 단계는 학습을 전제로 하고 있지만 똑같은 종류의 학습은 아니다. 문헌에서 학습은 세 가지 유형, 즉 조건화(conditioned), 의미론적 학습 (semantic learning), 의미지향 학습(meaning-oriented learning)으로 구분되었 다(Argyris, 1999; Bateson, 1972 참조). 조건화는 행동을 지지하거나 좌절시키 기 위해 사용되는 보상과 처벌에 의한 과정이다. 의미론적(혹은 재생) 학습 에서는 공유된 정보와 그 정보로 추정되는 의미 모두가 내용이나 부여된 의 미에 의문을 제기하지 않은 채 그대로 전달된다. 의미지향 학습에서는 정 보가 개인적으로 의미 있는 지식으로 전환되도록 돕기 위해 개인이 대화 방 법을 통해 학습하도록 유도한다. 전환 과정은 정체성 학습으로도 언급된다 (Meijers & Lengelle, 2012).

　　학습은 유형별로 다른 효과를 갖는다(Hill, 1977; Schunk, 2012). 그러나 의 미지향 학습만이 질적 진로평가에 효과적으로 기여한다고 볼 수 있다. 질 적 진로평가와 의미지향 학습 모두 점수보다는 이야기에 초점을 맞추고, 여기 이 맥락에서 "주관적 진로와 삶의 주제"를 밝히는 것을 목표로 한다 (McMahon, Patton, & Watson, 2003, p. 196). 조건화와 의미론적 학습의 이점 은 좀 더 빨리 성취할 수 있다는 것이지만, 다른 맥락에 전이되기가 어렵고 내재 동기와 삶의 패턴 인식을 촉진하지 못한다. 더욱이 이런 방식으로 도달 한 학습은 미래의 문제에 대한 답을 제공하지 못한다. 반대로 의미지향 학습 의 이점은 지식과 동반된 행동이 내면화된 학습에 기초한다는 것이다. 이러 한 유형의 학습은 '주관적 · 개인적' 진로에 대한 이해가 증가하도록 하여 변 화를 촉진하고 다른 맥락으로 전이가 가능하도록 한다.

3. 안정적 · 불안정적 진로 상태에서의 학습

　　특성요인 접근은 양적 평가모델과 함께 20세기의 진로발달에 대한 생각 을 지배하였다. 개인의 기술과 재능을 그러한 기술과 재능을 요구하는 구체 적인 직업에 매칭시키는 것이 이 모델의 핵심이다. 특성요인 접근의 가장 유명한 주창자는 홀랜드(1973)이다. 그러나 그의 이론은 직업적 흥미가 실제로 개발되는 인지적 기제를 명확히 구체화시키지 않았기 때문에 비판받아 왔다. 브라운(Brown, 1990, p. 349)이 요약한 것과 같이, 홀랜드는 "특정 성격유형을 가진 개인이 그들의 가치를 실현하고 과업을 수행하여 결과적으로 보상을 얻는 환경을 추구한다는 것 외에 선택에만 집중하며 심리적 과정을 다루지 않았다."라고 하였다. 렌트, 브라운과 헤켓(Lent, Brown, & Hackett, 1994; Lent & Brown, 1996; Brown & Lent, 1996 참조)의 사회인지 진로이론 (Social Cognitive Career Theory: SCCT)과 크롬볼츠의 진로학습이론(Krumboltz, 1996; Krumboltz & Worthington 1999)은 직업선택을 이끄는 인지적 기제를 구체화하였다. 밴듀라(Bandura, 1986)의 사회인지이론을 토대로 한 이 두 이론에서 직업과 직업적 방향의 선택은 진로 자기효능감, 결과 기대, 목표 간 상호작용의 결과이다. 사실 사회와 직업구조가 안정적인 동안에는 사회인지 진로이론에 기반한 진로학습이론이 선택 과정을 잘 설명할 수 있다. 안정적인 상황에서 젊은이들은 첫 직장을 자신의 경험을 토대로 선택한다. 이는 일반적으로 갓프레드슨(Gottfredson, 1981, p. 557)이 말한 수용 가능한 대안 내로 위치하게 된다. 안정적인 실행 공동체(Lave & Wenger, 1991)에서는 실패와 성공으로부터 학습할 수 있을 뿐만 아니라 대리학습도 가능하기 때문에 진로선택 과정은 보통 제도적인 사회화 과정이 될 수 있다(Wijers & Meijers, 1996).

그러나 1970년대 중반부터 더 이상 대부분의 사람이 소위 '표준적인 삶' (standard biography; Brannen & Nilsen, 2005)을 살 수 없게 되었고, 개인이 살아가는 사회적 맥락이 분명히 변화되었다. 그 이후로 많은 직업이 사라졌고 그와 더불어 직업이 대표하는 명확한 사회적 역할과 사람들을 동일시하는 기준으로 사용하던 사회적 역할이 사라져 갔다. 1976년 네덜란드에는 5,500개의 직업과 수천 개의 구체적이지 않은 기능(예: 데이터 작업자, 정책 분석가, 컴퓨터 스페셜리스트)이 있었다(Wiegersma & Van Bochove, 1976). 1998년에는 단지 1,211개의 직업만이 남아 있었고, 구체적이지 않은 기능의 수는 23,000개로 늘어났다(Centraal Bureau voor de Statistick, 1999). 동시에 21세기에는 기술이 중요해졌다. 쇤(Schön, 1987)이 표현한 대로 현 노동시장의 복잡성 속에서 개인은 '성찰하는 실무자(reflective practitioner)'가 되어야만 한다.

선택은 "질서정연하고 체계적인 것이지 충동적으로 일어나는 것이 아니다."(Phillips, 1997, p. 276)라고 가정하는 합리적 모델에 대한 대응으로 1990년에 새로운 비합리적 모델이 소개되었다. 예로, 크리삭(Krieshok, 1998)의 '반성찰적 관점(anti-introspective perspective)', 겔라트(Gelatt, 1989)의 '긍정적 불확실성' 모델, 미첼, 러빈과 크롬볼츠(Mitchell, Levin, & Krumboltz, 1999)의 '계획된 우연'이론, 레옹(Leong, 1996)의 '비선형적 변화'이론, 프라이어와 브라이트(Pryor & Bright, 2004)의 진로무질서이론 등이 있다. 이러한 모델에서는 현 노동시장의 복잡성 때문에 개인이 정보에 기반한 의사결정을 하는 것이 불가능해졌고, 좋은 결정을 하기 위해 개인은 자신의 정체성을 발견하고 개발하며 계획되지 않은 사건에 대응하는 잠재력에 집중해야 한다고 가정한다. 모든 저자는 자기지식과 나타나는 기회에 반응하는 능력을 강조한다. 그러나 역량을 기르는 방법은 아직 모호하다.

진로상담과 진로평가의 구성주의적 접근에서는 그러한 역량들이 좀 더 불안정한 조건과 자기지시(self-direction)의 필요성에 대한 반응으로 나타나며, 사회화 과정을 기초로 형성된 거대 내러티브(grand narratives)가 개인적 내러티브로 대체될 수밖에 없는 데에서 출발한다. 이 과정의 핵심은 자신이 복잡한 진로이야기의 주인공이 되어 "진로와 얽힌 이야기에 주관적 의미를 구성하기 위해 내레이션(서술)을 사용한다."라는 것이다(Cochran, 1997, p. 55). 진로이야기는 "과거의 자기가 어떻게 오늘날의 자기가 됐고, 내일의 자기가 될 것인지"를 말하는 것이다(Savickas, 2005, p. 58). 진로이야기 구성에서 진로 상담자는 "흩어진 이야기와 감정을 살기 위한 자신의 노력이 반영된 경험(experiential vignette)으로 이해하도록 돕는 데 시적 창의성(poetic creativity)이 필수적임"을 알고 명심해야 한다(Savickas, 2010, p. 16). 하지만 시적 창의성이 무엇이고 어떻게 구현될 수 있는지는 명확하지 않다. 그러나 진로이야기가 다른 언어로 대화하면서 나타나는 상호작용과 협상의 결과라는 것은 확실하다. 이야기는 일화(episodes)가 실제에서 계속 검토될 때 발전될 수 있고, 그렇게 할 수 있는 유일한 방법은 관련된 다른 사람에게 이야기를 하는 것이다. 바흐친(Bakhtin, 1981, p. 345)은 다음과 같이 간단히 말하였다. "내적으로 설득력 있는 말의 절반은 우리의 것이고 절반은 다른 사람의 것이다." 그러므로 진로이야기 개발은 개인에게 삶의 경험을 평가하는 데 사용되는 인지적이고 정서적인 피드백을 제공하는 공동탐구와 대화의 과정이다.

4. 불확실한 시기에서의 진로 학습

불안정한 상황에서의 진로결정에 관한 연구에서는 그러한 과정에서 강하게 영향을 미치는 것이 정서와 직관 요인임을 보여 주었다(Krieshok, Black, & McKay, 2009). 직관을 토대로 한 선택은 합리적 선택보다는 대부분 훨씬 안정적(Dijksterhuis & Nordgren, 2006)이지만 더 많은 주체성 혹은 진로정체성으로 이끄는 것은 아니다. 직관적 선택은 정확하게 불확실한 시기에 필요한 것이다. 에릭슨(Erikson, 1968)에 따르면, 불확실한 시기에 사람들의 진로이야기와 진로정체성 발달은 삶의 과정에서 한계점을 만드는 위기 때문에 일어난다고 가정한다. 뷜러(Bühler, 1935, p. 43)는 그러한 위기를 "한계 경험(boundary experience)"이라고 언급하였고, 한계 경험은 기존의 자기개념이 한계에 맞닥뜨리게 되어서 긴급한 상황에 대응할 수 없는 경험이다(Meijers & Wardekker, 2002). 한계 경험에 대한 개인의 기본적인 반응은 대체로 희생, 요구, 구조, 비난이 주도하는 도움이 되지 않는 최초의 이야기이다(Baker & Stauth, 2003). 진로평가의 질적 접근에서 개인이 한계 경험(즉, 개인적 위기)과 함께 떠올리는 이슈들은 삶의 주제를 밝히고(Savickas, 2011), 바람, 장애물, 의미 있는 영향요인을 분명히 밝히기 위해 필요하다. 많은 주도성을 위해 삶의 주제의 기저에 있는 문제가 명명되어야만 한다. 로버트슨(Robertson,

2012, p. 283)이 언급한 것처럼, "문제를 명명하지 않고서는 변화가 일어날 수 없다." 그러나 '문제 명명하기'는 내적 대화는 물론 외적 대화를 필요로 하며, 초기의 '암묵지식'(Jiang & Chun, 2001; Reber et al., 2003)이 된 경험을 명백하게 드러내야만 한다. 로(Law, 1996)는 암묵지식에 목소리를 주는 방법을 개념화하기 위해 사용할 수 있는 모델을 개발하였다. 이 모델은 감지(sensing), 전환(sifting), 초점(focusing), 이해(understanding)라는 4단계로 구별된다.

감지는 다양한 원천에서, 특히 정서적으로 강력한 것으로부터 정보가 모아지는 단계이다. 그러나 이에 대한 설명과 관점이 아직 개발되지 않았다. 첫 번째 단계에서 정서가 탐색되고 기술된다. 신체에서 감정이 일어났을 때 그것에 대해 인식하는 것이 중요하다(Cochran, 1997). 학습 방식은 마음챙김의 개념과 연관되는데, 현재의 경험에 최대한 주의를 기울이고, 수용 및 비정교화와 비판단적 방식으로 자신의 내적 경험을 의도적으로 관찰하는 것으로 설명될 수 있다(Baer, 2003). 이 단계의 주요 초점은 감정의 인식(그리고 기억에 부착된 감정)이고, 그리하여 개인은 감정에 '목소리를 부여'하게 된다.

전환은 분류 과정으로서 개인을 "인과관계의 이슈"로 이동하게 한다(Law, 1996, p. 55). 사람들은 자신의 환경과 다른 사람의 환경을 비교하고, 유추하기 시작하며, 그러한 유추에서 구인과 개념이 나오기 시작한다. 일종의 분류 과정이 나타나고 개인은 더 이상 한계 경험과 감지 국면에 내재되어 있는 모든 생각과 감정에 압도당하거나 폭격당하지 않는다. 단계들이 겹치는 것과 퇴행은 정상일 뿐 아니라 궁극적으로 '새로운' 이야기가 나타나도록 베일을 벗기는 도약이라는 것에 주목할 필요가 있다.

초점 단계에서 실제적 관점이 수립된다. 이 관점은 여전히 분절되어 있긴 하지만 감지와 전환 단계 동안의 감정과 아이디어를 결합하려고 한다. 초점 단계는 이상적으로 이해 단계에 자연스럽게 연결되며, 통찰과 분절이 새로운 '두 번째 이야기'가 된다(Meijers & Lengelle, 2012). 이 과정은 학습자가 일어난 사건에 대해 '누가, 무엇을, 어디서, 언제, 어떻게, 왜'로 배열하고 명확히 하는 일화적 학습으로 언급될 수 있다. 이것은 자료를 배열하고, '큰 그

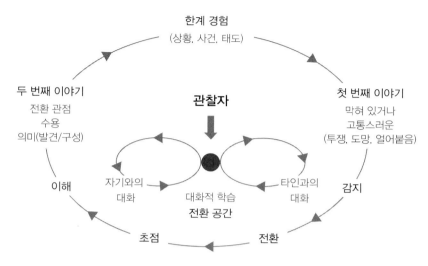

[그림 5-1] 글쓰기를 통한 전환: 4단계 대화 모델

림'으로 분명히 나타내며 결론을 도출하는 종합적인 과정이다. 차례대로 학습을 하다 보면 정서에 주의를 기울였기 때문에(Frijda, 1989) 이해는 "감정을 통제하는 경험 대신에 이성과 감정을 연결하는 경험으로 개념화되어야 한다"(Van Woerkom, 2010, p. 348).

[그림 5-1]은 어떻게 질적 진로평가가 의미지향 학습을 통해 내러티브 진로정체성 구성을 돕는 진로대화의 형태가 될 수 있는지를 보여 준다. 이것은 정서가 개입된 의미 없는 한계 경험에서 시작되는 과정이고, 방어적인 '첫 번째 이야기'를 만들어 낸다. 경험에 의미를 부여하기 위해 개인은 내적 대화와 외적 대화를 해야만 한다. 대화는 암묵지식이 목소리를 부여받을 수 있게 하고 앞에서 기술한 4단계를 통해 '두 번째 이야기'가 구체화되도록 해 준다.

5. 진로대화의 특징

이러한 모델을 토대로 전문가가 내담자 혹은 학생들과 진로대화를 시작할 때 도움이 되는 몇 가지 권고사항이 있다.

첫째, 전문가는 개인에 대해 혹은 개인을 '향해' 이야기하기보다는 개인과 함께 이야기해야만 한다. 이것은 상식처럼 보이지만 드물게 일어난다는 것을 연구에서 보여 주었다(Winters et al., 2009, 2012).

둘째, 대화는 학생 혹은 내담자와 관련된 경험에 대한 것이어야 한다. 학생 혹은 내담자가 정서 단어를 표현할 때 경험은 더욱 선명해진다. 잦은 정서 단어의 출현은 한계 경험이 언급되고 있음을 나타내는 징후가 된다.

셋째, 정서가 움직이도록 허용해야 한다. 다시 말해 학생들에게 중요한 것을 잘 활용해야 한다. 이것은 도어워드(Doorewaard, 2000)가 제안한 대로 정서를 중요하게 여기고 존중하면서 다룰 때만 가능하다. 정서는 종종 학생의 행동에 아주 강력한 동기가 된다. 정서가 무시되거나 심지어 부정될 때 다른 것들에도 등을 돌리게 할 수 있으며, 결국 개인과 환경에 영향을 미쳐 마비가 될 수 있다. 정서는 그들이 가지고 온 내재된 메시지에 잠재적으로 빛을 밝히는 것으로 이해되어야만 한다(Ashforth & Humphrey, 1995 참조).

랜드(Rand, 1984, p. 42)는 "합리화는 현실을 인식하는 과정이 아니라 현실을 자신의 정서에 맞추려고 하는 과정이다."라고 하였다. 자연스러운 경향을 극복하기 위해 내담자는 구체적으로 일어난 것에 대해 '작은 이야기' 형태로 이야기하도록 도움을 받아야만 한다. 이것이 네 번째 권고이다. 일단 작은 이야기에서 구체적이고 세부적인 사항이 분명해지면 이야기가 넓고 깊어지도록 내담자를 초대해야만 한다. 이야기를 깊게 한다는 것은 과거에 일어난 유사한 사건들을 찾아보도록 하는 것이고, 이야기를 넓게 한다는 것은 현재에서 유사한 사건을 찾도록 하는 것이다. 이야기를 넓게 그리고 깊게 하는 것 모두 내담자가 특정 사건에 똑같이 반응하는지와 생애주제를 밝히도록 돕는다. 이러한 작고 연관된 이야기들을 나란히 둠으로써 내담자는 비교과정을 통해 유추를 발달시키고, 그것을 토대로 개인적 구성을 명명할 수 있게 된다. 나타나는 이야기들은 비교되어야만 하고 내담자가 그런 비교를 할 수 있게 안내해야 한다.

마지막 권고사항은 진로 실무자는 내담자를 변호하면서 불안정을 줄이려는 자연스런 경향을 인식해야만 한다는 것이다. 의미지향 학습(즉, 정체성 학습)을 통해 누군가를 돕는 데 필수적인 것은 내담자와 함께 정확한 단어를 찾기 위해 노력해야 한다는 것이다. 그것은 내담자가 "네, 이것이 나의 실제 느낌을 표현해 주네요."라고 말할 때 명확해진다. 이렇게 하여 진로 학습은 질적 진로평가의 하나의 형태가 될 수 있고 거기서 의미지향 학습이 단계적으로 발생하고 대화는 암묵지식을 새로운 내러티브로 전환하도록 돕는다. 우리는 이것이 사비카스(2010)가 말한 시적 창의성의 핵심이라고 생각한다.

참고문헌

Ashforth, B. E., & Humphrey, R. H. (1995). Emotion in the workplace: A reappraisal. *Journal of Management, 17*, 99–120.

Argyris, C. (1999). *On organizational learning* (2nd ed.). Malden, Mass: Blackwell.

Baer, R. A. (2003). Mindfulness training as a clinical intervention: A conceptual and empirical review. *Clinical Psychology: Science and Practice, 10*(2), 125–143.

Baker, D., & Stauth, C. (2003). *What happy people know*. New York, NY: St. Martin's Griffin.

Bakhtin, M. M. (1981). Discourse in the novel. (C. Emerson & M. Holquist, Trans.). In M. Holquist (Ed.), *The dialogic imagination: Four essays by M. M. Bakhtin* (pp. 259–422). Austin, TX: University of Texas Press.

Bandura, A. (1986). *Social foundations of thought and action: A social-cognitive theory*. Englewood Cliffs, NJ: Prentice-Hall.

Bateson, G. (1972). *Steps to an ecology of mind: Collected essays in anthropology, psychiatry, evolution, and epistemology*. Chicago, IL: University of Chicago Press.

Brannen, J., & Nilsen, A. (2005). Individualisation, choice and structure: A discussion of current trends in sociological analysis. *The Sociological Reviews, 53*(3), 412–428. doi: 10.1111/j.1467954X.2005.00559.x

Brown, D. (1990). Summary, comparison, and critique of the major theories. In D. Brown, L. Brooks, & Associates (Eds.), *Career choice and development: Applying contemporary theories to practice* (pp. 338–363). San Francisco, CA: Jossey-Bass.

Brown, S. D., & Lent, R. W. (1996). A social cognitive framework for career choice counseling. *The Career Development Quarterly, 44*, 354–366.

Bühler, C. (1935). *From birth to maturity*. London, UK: Kegan Paul, Trench & Trubner.

Centraal Bureau voor de Statistiek. (1999). *Standaard Beroepenclassificatie 1998* [Standard Occupational Classification 1998]. Rijswijk/Heerlen: CBS.

Cochran, L. (1997). *Career counseling: A narrative approach*. Thousand Oaks, CA: Sage.

Dijksterhuis, A., & Nordgren, L. F. (2006). A theory of unconscious thought. *Perspectives on Psychological Science, 2*(1), 95–109.

Doorewaard, H. (2000). *De andere organisatie··· en wat heeft de liefde er nou mee te maken?* [The other organisation··· what has love got to do with it?] Utrecht, Netherlands: Lemma.

Erikson, E. (1968). *Identity: Youth and crisis*. New York, NY: Norton.

Frijda, N. (1989). *The emotions*. Cambridge, England: University Press.

Gelatt, H. B. (1989). Positive uncertainty: A new decision making framework for counseling. *Journal of Counseling Psychology, 36*, 252–256.

Gottfredson, L. S. (1981). Circumscription and compromise: A developmental theory of occupational aspirations. *Journal of Counseling Psychology* [Monograph], 28, 545–579.

Hill, W. F. (1977). *Learning: A survey of psychological interpretations* (3rd ed.). Oxford, England: Thomas Y. Crowell.

Holland, J. L. (1973). *Making vocational choices: A theory of careers*. Englewood Cliffs, NJ: Prentice Hall.

Jiang, Y., & Chun, M. N. (2001). Selective attention modulates implicit learning. *The Quarterly Journal of Experimental Psychology, 54A*, 1105-1124.

Krieshok, T. S. (1998). An anti-introspectivist view of career decision making. *The Career Development Quarterly, 46*, 210-229.

Krieshok, T. S., Black, M. D., & McKay, R. A. (2009). Career decision making: The limits of rationality and the abundance of non-conscious processes. *Journal of Vocational Behavior, 76*, 275-290.

Krumboltz, J. D. (1996). A learning theory of career counseling. In M. L. Savickas & W. B. Walsh (Eds.), *Handbook of career counseling theory and practice* (pp. 55-80). Palo Alto, CA: Davies-Black.

Krumboltz, J. D., & Worthington, R. (1999). The school-to-work transition from a learning theory perspective. *The Career Development Quarterly, 47*, 312-326.

Lave, J., & Wenger, E. (1991). *Situated learning: Legitimate peripheral participation*. Cambridge, UK: Cambridge University Press.

Law, B. (1996). A career learning theory. In A. G. Watts, B. Law, J. Killeen, J. Kidd, & R. Hawthorn (Eds.), *Rethinking careers education and guidance: Theory, policy and practice* (pp. 46-72). London/New York: Routledge.

Lent, R. W., & Brown, S. D. (1996). Social cognitive approach to career development: An overview. *The Career Development Quarterly, 44*, 310-321.

Lent, R. W., Brown, S. D., & Hackett, G. (1994). Toward a unifying social cognitive theory of career and academic interest, choice, and performance. *Journal of Vocational Behavior, 45*, 79-122.

Leong, F. T. L. (1996). Challenges to career counseling: Boundaries, cultures, and complexity. In M. L. Savickas & W. B. Walsh (Eds.), *Handbook of career counseling theory and practice* (pp. 333-345). Palo Alto, CA: Davies-Black.

McMahon, M., Patton, W., & Watson, M. (2003). Developing qualitative career assessment processes. *The Career Development Quarterly, 51*, 194-202.

Meijers, F., & Wardekker, W. (2002). Career learning in a changing world: The role of emotions. *International Journal for the Advancement of Counselling, 24*(3),

149-167.

Meijers, F., & Lengelle, R. (2012). Narratives at work: The development of career identity. *British Journal of Guidance and Counselling, 40*(2), 157-177.

Mitchell, K. E., Levin, A. S., & Krumboltz, J. D. (1999). Planned happenstance: Constructing unexpected career opportunities. *Journal of Counseling and Development, 77*, 115-124.

Parsons, F. (1909/1967). *Choosing a vocation.* New York, NY: Agathon Press.

Phillips, S. D. (1997). Toward an expanded definition of adaptive decision making. *The Career Development Quarterly, 45*, 275-287.

Pryor, R. G. L., & Bright, J. E. H. (2004). "I had seen order and chaos but had thought they were different." Challenges of the chaos theory for career development. *Australian Journal of Career Development, 13*(3), 18-22.

Rand, A. (1984). *Philosophy: Who needs it.* New York, NY: Signet.

Reber, P. J., Gitelman, D. R., Parrish, T. B., & Mesulam, M. M. (2003). Dissociating explicit and implicit category knowledge with fMRI. *Journal of Cognitive Neuroscience, 15*, 574-583.

Robertson, I. H. (2012). *The winner effect: The neuroscience of success and failure.* New York, NY: St. Martin's Press.

Savickas, M. L. (2005). The theory and practice of career construction. In S. D. Brown & R. W. Lent (Eds.), *Career development and counseling: Putting theory and research to work* (pp. 42-70). Hoboken, NJ: John Wiley & Sons.

Savickas, M. L. (2010). Career studies as self-making and life designing. *Career Research and Development: The NICEC Journal, 23*, 15-17.

Savickas, M. L. (2011). *Career counseling.* Washington, DC: American Psychological Association.

Schön, D. (1987). *Educating the reflective practitioner.* San Francisco, CA: Jossey-Bass.

Schunk, D. H. (2012). *Learning theories: An educational perspective.* Boston, MA: Pearson.

Van Woerkom, M. (2010). Critical reflection as a rationalistic ideal. *Adult Education Quarterly, 60*(4), 339-356.

Wiegersma, S., & van Bochove, P. J. (1976). *De wereld der beroepen* [The world of occupations]. Haarlem: De Toorts.

Wijers, G., & Meijers, F. (1996). Careers guidance in the knowledge society. *British Journal of Guidance and Counselling, 24*, 209–222.

Winters, A., Meijers, F., Kuijpers, M., & Baert, H. (2009). What are vocational training conversations about? Analysis of vocational training conversations in Dutch vocational education from a career learning perspective. *Journal of Vocational Education and Training, 61*, 247–266.

Winters, A., Meijers, F., Lengelle, R., & Baert, H. (2012). The self in career learning: An evolving dialogue. In H. J. M. Hermans & T. Gieser (Eds.), *Handbook of dialogical self theory* (pp. 454–469). Cambridge, UK: Cambridge University Press.

제**6**장
진로상담과 진로평가의 통합

MARY MCMAHON and WENDY PATTON

1. 도입

진로지도, 진로상담, 최근에는 생애설계로 되풀이되고 있는 직업지도라는 새로운 실무 분야의 탄생을 알린 파슨스(1909)의 저서 이래로 진로평가는 오랫동안 진로상담에서 중요 자리를 차지해 왔다. 진로평가는 진로결정을 하는 개인을 돕기 위해 만들었기 때문에 진로 및 자기 탐색을 돕는 자료 혹은 정보를 제공한다(de Bruin & de Bruin, 2006; Sampson, 2009). 하르퉁(Hartung, 2010)은 진로평가가 이 분야에서 명확한 3가지 추세에 토대를 둔다고 하였다. 구체적으로 살펴보면, ① 파슨스의 저서에서 유래한 개인차의 측정, ② 슈퍼(1957) 연구의 특징인 전생애 발달에 대한 강조, ③ 생애설계(Savickas et al., 2009), 내러티브, 구성주의 접근(Maree, 2007; McMahon & Patton, 2006)에 반영된 진로에 대한 현대 포스트모더니즘 관점이다. 이러한 추세 중에 구성주의 원리를 반영한 진로평가는 이 분야에 남긴 파슨스의 유산일 뿐만 아니라 개인차의 측정에 기반한 진로평가의 오랜 전통에서도 분명히 나타난다. 그래서 파슨스는 진로평가에 대한 이중 유산에 기여했다고 결론을 내릴 수 있다(McMahon & Patton, 2006; Patton & McMahon, 2014).

　진로상담에서 진로평가가 중심 역할을 함에도 불구하고 아직 해결되지 않은 약간의 불편한 관계가 존재한다. 예를 들어, 사비카스(1998)는 흥미검사 도구를 해석하는 초보 진로 실무자로서 직면했던 어려움을 기술하였다. 사실상 파슨스는 진로 실무자의 실무에 대한 "최초의 지침"(Brown & Brooks, 1996, p. 1)을 제공하였고, 뒤이어서 윌리엄슨(Williamson, 1939, 1965)의 6단계 과정과 요스트와 코비슐리(Yost & Corbishley, 1987)의 8단계 체계모형 등 진로평가를 통합한 선형적 진로상담 모형들이 제안되었다. 그러나 진로상담이 점점 구성주의의 영향을 받게 되면서, 특히 개인차의 측정으로 알려진 양적 진로평가에 내재된 모순이 점점 명백하게 나타났다. 반대로 진로상담에서 구성주의의 원리를 바탕으로 한 진로평가는 중요한 역할을 맡을 수 있다고 제안되었다(예: McMahon, 2008). 진로평가의 종류에 상관없이 진로상담에 진로평가를 포함하는 것은 진로 실무자와 내담자의 역할, 진로상담에서 평가 실시 시기와 목적, 그것이 통합되는 과정에 영향을 미칠 수 있다.

　이 장에서는 진로평가와 진로상담에 평가를 통합하는 것에 대해 고찰한다. 특히 질적 진로평가에 집중하면서 진로평가를 진로상담의 일부로 논의하기(McMahon & Patton, 2002a, 2002b, 2006) 전에 먼저 파슨스의 이중 유산을 살펴보고 질적 진로평가와 양적 진로평가에 대해 간단히 기술하고자 한다.

2. 파슨스의 이중 유산

　파슨스는 "……현대의 전문적 상담과 직업 및 상담 심리 관련 분야에서 진로상담 전문 분야를 창시하였다고 알려진" 인물이다(Pope & Sveinsdottir, 2005, p. 105). 파슨스(1909)는 "개인 기록과 자기분석(personal record and self-analysis)" 질문지(p. 27) 사용을 제안하였는데, 그것이 진로평가와 진로상담의 특성요인 매칭 접근이라는 오랜 전통의 토대가 되어 왔다. 파슨스는 개인 평가, 직업세계에 대한 지식, 그 둘에 기초한 "진실된 추론"(p. 5)이라는 3요인 모형으로 잘 알려져 있다. 현저한 유산은 객관성과 합리성을 강조하고 맥락을 간과하는 논리적 실증주의의 세계관과 일치한다. 전통에서 진로평가는 성격, 흥미, 가치와 같은 분리된 특성을 측정하는 것에 토대를 둔다.

그러나 파슨스(1909)의 "개인 기록과 자기분석" 질문지(p. 27)와 상담과정을 자세히 살펴보면, 그는 내담자가 자신의 특성을 드러내기 위해 몰두할 것을 기대하였고, 주도성, 관련성, 의미 만들기와 성찰 같은 진로평가에 대한 구성주의의 질적 접근과 일치한다.

첫째, "개인 기록과 자기분석" 질문지(p. 27)는 내담자를 초대하여 능력, 흥미, 건강, 재정 상태, 이동성, 생활양식, 가족을 포함한 다양한 맥락 요소를 떠올려서 완성하게 하는 총체적 자기 평가 도구이다. 또한 그는 정보를 얻기 위해 가족, 친구, 고용주, 선생님과 의논하도록 내담자를 격려하였다.

둘째, 파슨스는 단순히 전문가의 충고를 따르기보다는 적극적인 주도자로서 진로결정 과정에 참여하는 내담자의 잠재력을 인식하였고, "스스로 현명한 결정을 내릴 것"이라고 믿었다(p. 4). 그래서 스포캔과 글리크먼(Spokane & Glickman, 1994)은 파슨스를 구성주의 입장의 선구자라고 결론 내렸다(p. 298).

파슨스(1909)의 이중 유산은 상호 배타적이라고 묘사되었던 진로평가의 두 가지 전통, 즉 양적 진로평가와 질적 진로평가에 모두 반영되어 있다. 진로평가의 두 가지 형태는 다른 철학적 기반 위에 서 있지만, 둘 다 이 분야에 상당히 기여하였고 진로상담에 질적 진로평가를 보완하여 사용할 수 있다. 사실 파슨스는 자기이해가 검사점수로 보고되는 산물이 아니라 성찰과정이라고 강조하였다. 이 장에서는 각각의 평가 전통을 간단히 살펴볼 것이다.

3. 양적 진로평가

파슨스(1909)의 이중 유산에도 불구하고 그의 업적은 논리 실증주의 세계관과 나란히 하는 진로평가 접근, 즉 현재 우세한 진로평가인 개인차 전통에서의 양적 진로평가로 가장 잘 기억된다. 특성요인 혹은 매칭 접근이라고 널리 알려진 양적 진로평가는 대부분 진단, 심리측정 정보, 직업적 분류와 정보에 의존하지만, 맥락적 위치나 진로와 관련된 개인의 주관적 경험에는 관심을 덜 둔다(Patton & McMahon, 2014). 개인에 대한 측정에 초점을 맞추면서 양적 진로평가는 가치, 성격, 흥미 같은 진로에 영향을 미치는 개인의 속성을 깊이 이해할 수 있도록 기여해 왔다. 양적 진로평가와 일관되게 직업 특성 또한 홀랜드의 연구에 반영된 대로 분류되었다(예: Gottfredson, Holland, & Ogawa, 1982). 근본적으로 진로상담의 특성요인 접근은 "개인과 직업의 특성에 대해 평가"한 후(Sharf, 2013, p. 25), 직업의 전형적 특징과 개인의 특성을 '매칭'한다. 양적 진로평가에 대한 일반적인 비판은 지나치게 단순화하였다는 것이다(Sharf, 2013). 그럼에도 불구하고 렌트와 브라운(Lent & Brown, 2013)은 파슨스의 3요인 모형이 진로상담을 위한 "기본적인 청사진"(p. 21)으로 남아 있다고 결론을 내렸다.

4. 질적 진로평가

양적 진로평가가 오랜 기간을 주도하면서 질적 진로평가의 존재가 가려졌다. 그러나 파슨스의 연구(1909)에 반영되었듯이 내담자가 자기와 직업 정보에 대한 의미 만들기 과정에 적극적으로 참여하는 전체적인 진로평가 또한 오래 지속되어 왔다. 구성주의의 철학 배경과 일관되게 질적 진로평가는 덜 형식적이고 유연하며 비통계적이고 전체적이다(Goldman, 1992; Okocha,

1998). 파슨스에 이어 슈퍼(Super, 1954), 타일러(Tyler, 1959, 1961), 돌리버 (Dolliver, 1967)와 듀이(Dewey, 1974)는 질적 진로평가의 활용을 개척하였다. 슈퍼는 주제추정 기법(Thematic Extrapolation Method: TEM)을 제안하였고, 타일러, 돌리버와 듀이는 직업카드 분류를 개발하고 사용하였다. 타일러는 특성의 측정보다는 선택 패턴에 집중한 직업카드 분류를 통해 "실행 가능한 개성심리학(workable psychology of individuality; Tyler, 1959, p. 75)"을 개발하고 개인의 고유성을 인정하였다. 뒤이어 돌리버는 타일러의 직업카드분류를 발전시켰고, 켈리(Kelly, 1955)의 개인구성이론을 처음으로 진로상담에 적용하였다. 직업 검사의 성차별적 특성이라는 문제에 대한 반응으로 듀이는 비성차별적 직업카드분류를 개발하였고 진로상담에서 성역할 편견에 도전하였다.

　질적 진로평가의 초기 접근에 지속되는 유산은 슈퍼(1954)의 연구에서 발견되는데, 슈퍼의 주제추정 기법은 미래의 진로발달과 행동을 예측하는 데 도움이 되는 삶의 패턴이론에 토대를 두고 있다. 슈퍼는 삶의 역사에 대한 자료를 수집함으로써 반복되는 주제 속에 내재된 경향이 확인되고 미래로 투사할 수 있다고 믿었다. 그는 반복되는 주제와 경향, 주제와 경향의 요약, 그 주제를 미래로 투사하기 위해 과거의 행동과 발달의 분석을 포함하는 3단계를 제안하였다. 본질적으로 슈퍼의 3단계는 진로상담과 질적 진로평가에 대한 최근의 구성주의 접근의 근거가 된다[예: 아문슨(2009)의 적극적 참여와 패턴 확인 연습 그리고 사비카스와 동료들(2009)의 생애설계상담, 사비카스(1989)의 진로스타일 인터뷰]. 젭슨(Jepsen, 1994)은 양적 진로평가를 돌아보면서 주제추정 기법의 가치와 이 분야의 초기 기여에도 불구하고 "상담기법으로서 주제추정 기법은 검사와 도구에 대한 실제적 해석보다 덜 주목받는 것이 확실하다."(p. 44)라고 결론 내렸다.

5. 진로평가를 진로상담에 통합하기

샘슨(Sampson, 2009)은 진로상담에 대한 실증주의와 구성주의 접근이 갖는 각각의 장점에 대한 논쟁을 "불필요한 이혼"(p. 91)이라고 하였다(Hartung, 2007, p. 103). 그리고 그것은 겉으로 보기에 양립 불가능한 관점을 가지고 있기 때문에 양적 진로평가와 질적 진로평가 중 어느 한쪽을 택해야 한다는 생각에도 반영되어 있다. 그러나 이것은 양자택일의 문제가 아니라 "양쪽에서 최선의 것을 이용(using the best of both worlds)"함으로써 진로상담이 풍부해질 수 있다(Perry, 2010, p. 11). 이 두 가지 입장을 모두 인정하는 것은 새로운 것이 아니다. 60년 전 슈퍼(1954)의 주장인 "진로 실무자는 가끔은 질적 진로평가 방식을 강조하고, 가끔은 양적 진로평가 방식을 강조하면서 두 가지 방식을 모두 사용해야만 한다."(p. 16)에 반영되어 있다. 이 책의 제3부에 특정 이론적 관점에서 진로상담에 진로평가를 통합하는 몇 가지 구체적인 예시를 제시하였다. 특성요인과 구성주의 접근 간 화해의 필요성에 대해서 일반적으로 동의함에도 불구하고, 이것을 어떻게 촉진할 수 있는지에 대한 도전은 남아 있다.

리어든과 렌츠(Reardon & Lenz, 1999)는 오랫동안 "너무 많은 진로 실무자가 단순히 진로탐색검사(Holland, 1985)를 완성하고 나온 3가지 문자 코드를 얻는 것으로 평가 과정이 끝났다고 결론을 내린다."라고 주장하였다(p. 111). 진로탐색검사 같은 평가도구에 기반하여 개인을 매칭시키는 것이 문제라는 것이다. 그보다는 진로평가가 상담과정에 내재되어 있어야 한다는 것을 고려해야 한다. 키드(Kidd, 1996)는 매칭이 진로상담의 일부가 될 수 있고 진로 실무자들은 이것을 수용할 필요가 있으며, 그에 내재된 과정을 면밀히 고려해야 한다고 주장하였다. 진로평가를 효과적으로 진로상담 과정에 통합하는 것을 언급할 필요가 있다.

"양쪽에서 최선의 것을 취하기"(Perry, 2010, p. 11) 접근의 예는 양적 진로평가를 동반한 통합적 구조화 면접(Integrative Structured Interview: ISI) 과정 (통합적 구조화 면접 과정에 대한 구체적인 기술은 제23장 참조)과 진로상담에서 이야기 접근을 활용한 진로탐색검사(Holland, 1985)에서 발견된다(McMahon & Watson, 2012). 이후 왓슨과 맥마흔(2014)은 슈퍼의 직업가치검사 개정 판(Super's Work Values Inventory-Revised: SWVI-R; Zytowski, 2006)과 이야 기 접근을 결합한 통합적 구조화 면접 과정을 기술하였다. 맥마흔과 패튼 (2002a, p. 7)은 통합적 구조화 면접 과정의 "여러 가지 실무"에 대한 예시를 보여 주었다. 그리고 진로 실무자가 실증주의와 구성주의 철학의 입장을 상 호 보완하기 위해서 그 과정을 적용하라고 촉구하였다.

진로탐색검사, 슈퍼의 직업가치검사 개정판, 통합적 구조화 면접 과정에 서 나온 결과들을 조직하기 위해 일련의 이야기 만들기 질문을 사용하는 것 은 내담자의 삶에 대해 전체적이고 풍부한 성찰과 토론을 촉진한다. 양적인 진로탐색검사의 중요 구인이 어떻게 질적 과정과 연합되는지를 보여 주는 통합적 구조화 면접 과정은 진로상담에서 이야기 접근의 중요 구인에 토대 를 둔다. 주로 진로 실무자의 역할에 집중한 10가지 질문을 통해 진로탐색검 사의 포괄적 해석을 설명한 레이먼(Rayman, 1998)과 달리 통합적 구조화 면 접 과정을 적용하는 것은 진로 실무자, 내담자, 진로 상담자와 내담자의 관 계, 진로상담 과정에 대한 함의를 갖는다. 통합적 구조화 면접 과정은 평가 점수에 기반하여, ① 평가점수, ② 평가점수의 순서, ③ 삶의 맥락, ④ 일의 맥락에 대한 이야기 만들기 시작, ⑤ 내담자가 진로계획과 관련하여 평가점 수를 성찰하는 의미 만들기 과정, ⑥ 그 과정에서 말한 과거와 현재의 이야 기를 토대로 통합된 미래 이야기 만들기의 여섯 부분에 대한 성찰과정을 통 해 진로 실무자와 내담자를 안내한다.

진로상담에 진로평가가 스며들고 통합되어야 한다는 맥마흔과 패튼 (2002b)의 강조와 함께 사람들이 자신의 문제를 생산적으로 다루도록 돕기 위해 진로상담과 진로평가의 통합이 강조되어 왔다(예: Whiston & Rahardja, 2005). 진로상담에 질적 진로평가를 포함하여 진로평가를 통합하는 과정은 수십 년 전 처음으로 맥마흔과 패튼(2002a)에 의해 제안되었다([그림 6-1] 참조).

　진로상담에 대한 선형적 모델과 다르게 진로평가는 초기 평가와 진단 단계에 자동적으로 포함되지는 않는다. 오히려 진로평가를 사용할지 사용하지 않을지는 내담자의 이야기에서 나타난다. [그림 6-1]에 반영된 것처럼 맥마흔과 패튼(2002a)은 진로상담에서 진로평가가 새로운 위치를 차지해야만 한다고 결론을 내렸다. 오히려 선형적 과정의 초기 단계에서는 진로상담의 초점을 만들고 진로상담을 위한 촉진 자료를 제공하며 진로평가는 진로상담 과정에서 필요한 경우에만 나타나야 한다.

　진로상담에 대한 구성주의자들의 접근에서 확인된 공통 주제와 일관되게 [그림 6-1]에서는 진로상담에 진로평가를 어떻게 포함하면 개인 내담자에게 최적화되는지를 보여 준다. 또한 "보다 창의적이고 덜 지시적이고 덜 규격화되어서 선형적 과정에 따라 이루어지는 진로상담의 관행과는 좀 다르게 진행될 수 있음"을 보여 준다(Patton & McMahon, 2014, p. 358). [그림 6-1]에 묘사된 과정에서 질적 형태이든 양적 형태이든 진로평가에 대한 요구는 내담자의 이야기가 펼쳐지면서 나타날 것이다. 덧붙여 내담자는 평가과정에 참여할 수 있다(Patton & McMahon, 2014). 따라서 진로상담에 대한 구성주의자들의 접근과 같이 [그림 6-1]에 나타난 과정은 진로 상담자-내담자

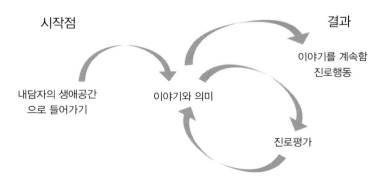

[그림 6-1] 진로평가의 새로운 위치

출처: McMahon & Patton (2002a).

관계, 이야기, 의미 만들기, 내담자의 적극적인 주도성을 강조한다(Patton & McMahon, 2014).

진로상담에서 진로평가의 위치에 대한 맥마흔과 패튼(2002a)의 제안과 일관되게 왓슨과 맥마흔(2014)은 통합적 구조화 면접 과정에 대해 살펴본 후 다음과 같이 결론을 내렸다.

> 내러티브 진로상담 과정에서는 내담자에게 목소리가 부여된다. 진로 실무자의 역할은 검사 결과를 해석하는 전문가라기보다는 의미를 만드는 과정의 촉진자로 정의된다. 결과 해석은 맥락에서 동떨어진 이론과 심리측정학적 특성에 기초하여 진로 상담자가 도출한 것이라기보다는 내담자가 삶의 경험을 맥락의 결과로 의미화하는 과정이 될 것이다. 요약하면 양적 진로평가 결과에 대한 질적인 탐색은 상호 간의 학습 과정을 나타낸다(p. 643).

통합적 구조화 면접 과정과 이 책의 제3부에 있는 장들은 진로상담에 진로평가를 포함하는 방법에 대한 예시를 제공한다.

전반적으로 진로상담에 질적 진로평가를 통합하는 것에 대한 9가지 지침과 부합하는 모델들이 맥마흔과 패튼(2002b)에 의해 제안되었다. 지침을 간단히 소개하면 다음과 같다. ① 과정을 내담자에게 맞춰서 개별화하라, ② 내담자가 이전에 말한 이야기에 질적 진로평가를 연결시키라, ③ 내담자를 평가에 맞추지 말고 질적 진로평가를 내담자에 맞게 만들라, ④ 잠정적이고 존중하면서 유익한 방향으로 질적 진로평가 도구 사용을 검토하라, ⑤ 활동에 참여하는 것이 내담자의 특권임을 인정하라, ⑥ 상담기술을 사용하는 평가의 과정에서 내담자와 함께 작업하고 내담자를 지지하라, ⑦ 그 활동들을 설명하면서 진행하라, ⑧ 질적 진로평가 과정에 대한 피드백을 요청하라, ⑨ 창의성을 발휘하라가 지침이다. [그림 6-1]과 함께 이러한 지침은 진로 실무자에게 진로상담에 진로평가를 포함하는 방법이라는 지속적인 도전에 대한 실질적인 제안을 해 준다. 예를 들어, 맥마흔, 왓슨, 체티와 홀슨

(McMahon, Watson, Chetty, & Hoelson, 2012)은 질적 진로평가 과정이 포함된 진로상담에 참여한 남아프리카의 흑인 대학생에 대한 사례연구에서 지침을 활용하는 방법을 보여 주었다.

　최근에는 왓슨과 맥마흔(2014)은 진로상담 과정의 3가지 주요 초점에 따라 지침을 검토하였다. 구체적으로 진로상담 과정을 내담자에 맞게 개별화하기, 진로상담 과정에 진로평가 도입하기, 진로평가 과정 수행하기가 지침이다. 〈표 6-1〉에서 보여 주듯이 초점과 지침은 대부분 포스트모더니즘/구성주의 진로상담 접근에서 발견되는 구인들과 관련된다.

표 6-1　진로평가를 진로상담에 통합하기

초점 (Watson & McMahon, 2014)	지침 (McMahon & Patton, 2002a, 2002b, 2006 참조)	구인
진로상담 과정을 내담자에 맞게 개별화하기	내담자에 맞춰서 과정 개별화하기	주도성
	이전에 내담자가 말한 이야기와 질적 진로평가 도구 연결하기	연결성
	(내담자를 평가에 맞추는 것이 아니라) 내담자에게 적합한 질적 진로평가 도구 만들기	연결성
진로상담 과정에 진로평가 도입하기	질적 진로평가 도구 사용에 대한 주제를 실험적으로 존중하면서 유익한 방향으로 꺼내기	주도성
	이 활동에 참여하는 것은 내담자의 특권임을 인정하기	주도성
진로평가 과정 수행하기	상담기술을 활용한 평가과정에서 내담자와 함께 작업하고 지지하기	주도성, 의미 만들기, 연결성, 성찰
	활동을 설명하면서 진행하기	의미 만들기, 연결성, 성찰, 학습
	질적 진로평가 과정에 대한 피드백 요청하기	주도성, 의미 만들기, 연결성, 성찰
	진로평가 과정에서 창의성과 융통성 발휘하기	주도성

출처: Watson & MeMahon (2014)에서 인용.

 〈표 6-1〉은 겉으로는 분리된 과정처럼 보이는 진로평가와 진로상담이지
만 진로상담에 진로평가를 매끄럽게 통합하는 방법을 보여 준다. 이 과정의
핵심은 협력적이고 존중하는 내담자-진로 상담자 관계이다. 이 과정에서
진로 실무자의 역할은 과정의 촉진자로 전환되도록 하고 내담자의 역할은
과정의 적극적인 참여자로 전환되도록 만든다. 샘슨(2009)은 진로상담과 진
로평가를 다른 과정으로 볼 수 있지만 현장에서는 통합을 위해 노력해야 한
다고 촉구하였다. 〈표 6-1〉은 진로평가와 진로상담 사이의 이분법을 최소
화하고 실제로 그것이 어떻게 통합될 수 있는지를 보여 준다.

6. 결론

 진로상담에서 내러티브 접근이 일반화되어 가는 시기에 진로상담에 진로
평가를 포함하는 것과 관련하여 오랫동안 지속된 이슈가 이 분야의 과제로
남아 있다. 그러나 제안된 통합적 접근과 지침이 미래에 유용한 모델이 될
것이라는 신호들이 있다.

참고문헌

Amundson, N. (2009). *Active engagement: Enhancing the career counselling process* (3rd ed.). Richmond, Canada: Ergon Communications.

Brown, D., & Brooks, L. (1996). Introduction to theories of career development and choice. In D. Brown & L. Brooks (Eds.), *Career choice and development* (3rd ed., pp. 1-30). San Francisco, CA: Jossey Bass.

de Bruin, K., & de Bruin, G. P. (2006). Career assessment. In G. B. Stead & M. B. Watson (Eds.), *Career psychology in the South African context* (2nd ed., pp. 129-136). Pretoria, South Africa: Van Schaik.

Dewey, C. R. (1974). Exploring interests: A non-sexist method. *Personnel and*

Guidance Journal, 52, 311–315.

Dolliver, R. H. (1967). An adaptation of the Tyler Vocational Card Sort. *Personnel and Guidance Journal, 45*, 916–920.

Goldman, L. (1992). Qualitative assessment: An approach for counselors. *Journal of Counseling and Development, 70*, 616–621.

Gottfredson, G. D., Holland, J. L., & Ogawa, D. K. (1982). *Dictionary of Holland occupational codes*. Palo Alto, CA: CPP.

Hartung, P. J. (2007). Career construction: Principles and practice. In K. Maree (Ed.), *Shaping the story: A guide to facilitating narrative career counselling* (pp. 103–120). Pretoria, South Africa: Van Schaik.

Hartung, P. J. (2010). Career assessment: Using scores and stories in life designing. In K. Maree (Ed.), *Career counselling: Methods that work* (pp. 1–10). Cape Town, South Africa: Juta.

Holland, J. L. (1985). *The Self-Directed Search: A guide to educational and vocational planning*. Odessa, FL: Psychological Assessment Resources.

Jepsen, D. A. (1994). The thematic–extrapolation method: Incorporating career patterns into career counseling. *The Career Development Quarterly, 43*, 43–54.

Kelly, G. A. (1955). *The psychology of personal constructs* (Vols. 1–2). New York, NY: W. W. Norton.

Kidd, J. M. (1996). The career counselling interview. In A. G. Watts, B. Law, J. Killeen, & J. M. Kidd (Eds.), *Rethinking careers education and guidance: Theory, policy and practice* (pp. 189–209). London, UK: Routledge.

Lent, R. W., & Brown, S. D. (2013). Understanding and facilitating career development in the 21st century. In S. D. Brown & R. W. Lent (Eds.), *Career development and counseling* (pp. 1–26). Hoboken, NJ: John Wiley and Sons.

Maree, K. (Ed.) (2007). *Shaping the story: A guide to facilitating narrative career counselling*. Pretoria, South Africa: Van Schaik.

McMahon, M. (2008). Qualitative career assessment: A higher profile in the 21st century?. In R. Van Esbroeck & J. Athanasou (Eds.), *International handbook of career guidance* (pp. 587–601). Dordrecht, The Netherlands: Springer.

McMahon, M., & Patton, W. (2002a). Assessment: A continuum of practice and a new location in career counselling. *International Careers Journal, 3*(4). Retrieved from http://www.careers-cafe.com

McMahon, M., & Patton, W. (2002b). Using qualitative assessment in career counselling. *International Journal of Educational and Vocational Guidance, 2*(1), 51-66.

McMahon, M., & Patton, W. (2006). Qualitative career assessment. In M. McMahon & W. Patton (Eds.), *Career counselling: Constructivist approaches* (pp. 163-175). London: Routledge.

McMahon, M., & Watson, M. (2012). Telling stories of career assessment. *Journal of Career Assessment, 20*(40), 440-451.

McMahon, M., Watson, M., Chetty, C., & Hoelson, C. (2012). Story telling career assessment and career counselling: A higher education case study. *South African Journal of Higher Education, 26*(4), 729-741.

Okocha, A. A. G. (1998). Using qualitative appraisal strategies in career counseling. *Journal of Employment Counseling, 35*, 151-159.

Parsons, F. (1909). *Choosing a vocation.* Boston: Houghton Mifflin.

Patton, W., & McMahon, M. (2014). *Career development and systems theory: Connecting theory and practice* (3rd ed.). Rotterdam, The Netherlands: Sense Publishers.

Perry, J. (2010). Using the best of both worlds: Not a question of one or the other. In K. Maree (Ed.), *Career counselling: Methods that work* (pp. 11-23). Cape Town, South Africa: Juta.

Pope, M., & Sveinsdottir, M. (2005). Frank, we hardly knew ye: The very personal side of Frank Parsons. *Journal of Counseling and Development, 83*, 105-115.

Rayman, J. R. (1998). Interpreting Ellenore Flood's self-directed search. *The Career Development Quarterly, 46*, 330-338.

Reardon, R. C., & Lenz, J. G. (1999). Holland's theory and career assessment. *Journal of Vocational Behavior, 55*, 102-113.

Sampson, J. P., Jr. (2009). Modern and postmodern career theories: The unnecessary divorce. *The Career Development Quarterly, 58*, 91-96.

Savickas, M. L. (1989). Career-style assessment and counseling. In T. Sweeney

(Ed.), *Adlerian counseling: A practical approach for a new decade* (3rd ed., pp. 289-320). Muncie, IN: Accelerated Development Press.

Savickas, M. L. (1998). Interpreting interest inventories: A case example. *The Career Development Quarterly, 46*, 307-310.

Savickas, M. L., Nota, L., Rossier, J., Dauwalder, J-P., Duarte, M. E., Guichard, J., & van Vianen, A. E. M. (2009). Life designing: A paradigm for career construction in the 21st century. *Journal of Vocational Behavior, 75*, 239-250.

Sharf, R. S. (2013). *Applying career development theory to career counseling* (6th ed.). USA: Brooks/Cole.

Spokane, A. R., & Glickman, I. T. (1994). Light, information, inspiration, cooperation: Origins of the clinical science of career intervention. *Journal of Career Development, 20*, 295-304.

Super, D. E. (1954). Career patterns as a basis for vocational counseling. *Journal of Counseling Psychology, 1*, 12-20.

Super, D. E. (1957). *The psychology of careers: An introduction to vocational development.* New York, NY: Harper and Row.

Sharf, R. S. (2013). *Applying career development theory to career counseling* (6th ed.). Belmont, CA: Brooks/Cole.

Tyler, L. E. (1959). Toward a workable psychology of individuality. *American Psychologist, 14*, 75-81.

Tyler, L. E. (1961). Research explorations in the realm of choice. *Journal of Counseling Psychology, 8*, 195-201.

Watson, M., & McMahon, M. (2014). Making meaning of quantitative assessment in career counseling through a story-telling approach. In G. Arulmani, A. Bakshi, F. Leong, & T. Watts (Eds.), *Handbook of career development: International perspectives* (pp. 631-644). New York, NY: Springer.

Whiston, S. C., & Rahardja, D. (2005). Qualitative career assessment: An overview and analysis. *Journal of Career Assessment, 13*(4), 371-380.

Williamson, E. (1939). *How to counsel students: A manual of techniques for clinical counselors.* New York, NY: McGraw Hill.

Williamson, E. (1965). *Vocational counseling: Some historical, philosophical, and theoretical perspectives.* New York, NY: McGraw Hill.

Yost, Y. B., & Corbishley, M. A. (1987). *Career counselling: A psychological approach.* San Francisco, CA: Jossey Bass.

Zytowski, D. G. (2006). *Super's Work Value Inventory Revised. Technical manual.* Adel, IA: Kuder. Retrieved from: http://www.kuder.com/downloads/SWV-Tech-Manual.pdf

제 2 부

질적 진로평가 도구

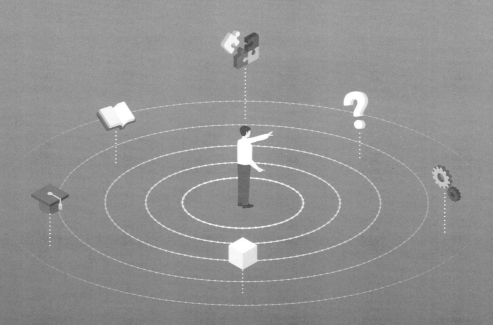

제2부 '질적 진로평가 도구'에서는 국제적으로 잘 알려지고 널리 사용되는 질적 진로평가 도구 중 일부를 설명하는 장을 제시하였다. 진로평가의 질적 접근에 대한 최초의 광범위한 책으로서 이 책의 제2부에서는 특정 도구를 저술하거나 제안한 국제적 연구들을 포함하였다. 이 부분의 조직 구조로 학습을 사용하였으며, 공동 저자들이 인식하기에 각 장에 기술된 질적 진로평가 도구가 지지하는 현저한 학습 유형, 즉 시각적 · 청각적 · 운동감각적 학습 유형에 따라 구조화되었다. 예를 들어, 독자들은 카드분류라는 장은 시각적 학습 양식 절에 포함된다고 인식할 것이고, 온라인 카드분류에 초점을 맞춘 다른 독자들은 운동감각적 학습에 대한 절에 포함된다고 인식할 것이다. 공동 저자들은 이 방식으로 제2부를 구조화하면 대부분의 질적 진로평가 도구가 다양한 학습 유형을 지지한다고 인식한다. 그러나 이 구조를 적용하는 우리의 목적은 질적 진로평가와 진로상담에서 학습의 중요성을 강조하는 것이다.

시각적 학습 유형

여기에서는 시각적 학습 유형을 지원하는 서면 또는 그림묘사 도구에 대해 기술하는 장들을 배치하였다.

제**7**장

패턴확인연습

NORMAN AMUNDSON and BARBARA A. SMITH

1. 도입

패턴확인연습(Pattern Identification Exercise: PIE)은 진로, 개인 그리고 정신 건강 상담에서 질적 평가도구로 사용되어 왔다. 지난 30여 년 동안 캐나다와 여러 다른 국가에서 정교화되었다. 우리는 단순하고 직접적인 설명적 접근을 통해 깨닫게 되는 결과를 보고 계속 놀라고 있다. 이 장에서는 이러한 방법들의 기반이 되는 역사적·이론적 기초를 정리하고, 각 방법의 다양한 단계를 세부적으로 묘사하면서 학습 성과를 탐색할 것이다.

2. 역사적·이론적 기초

캐나다에서 1980년대는 상담 그리고 특히 진로발달 분야의 혁신과 변화의 시기였다. 사람들은 엄격한 양적 진로평가의 관점에서 이탈하여 창의적이면서도 개인에게 의미 있는 방법을 추구하였다. 점차 학술 연구와 상담 실무 모두에서 질적 접근을 받아들이게 되었다. 유사한 움직임이 여러 다른 나라에서도 일어나고 대안적 방법론을 탐구할 준비를 하게 되었다.

역사적 맥락 안에는 광범위한 질문기법을 개발하는 것에 대한 관심이 있었다(Amundson & Cochran, 1984). 또한 보다 창의적으로 개인이 참여하는 진로프로그램을 개발하려는 협동적인 노력이 있었다(Westwood, Amundson, & Borgen, 1994). 역동적 과정의 일부로서 수사학 분야의 영, 베커, 파이크(Young, Becker, & Pike, 1970)의 연구는 상당한 가능성을 보여 주었다. 그들의 변화하는 질문과 관점 그리고 상담에 적용되는 방법이 특히 관심을 끈다.

패턴확인연습은 탐색기에 출현하였고 삶의 경험에 대한 주의 깊은 검토가 생애와 진로패턴 확인에 도움이 된다고 가정하는 유추 추론적인 접근에 기반하고 있다. 또 하나의 가정은 이러한 패턴들이 다른 생애사건들 속에서도 발생한다는 것이다. 유추 추론과 전이학습 과정은 인지의 핵심으로 묘사되어 왔다(Hofstadter, 2001). 여러 영역을 아우르는 학습의 전이를 향상시키기 위해 유추 추론을 사용하는 것은 심리학과 신경과학에서 잘 정리하고 있다(Dunbar & Blanchette, 2001).

이러한 방법을 사용하여 삶과 진로경험들이 탐색될 수 있다는 가정이 있지만 긍정심리학적 관점에서 시작하는 것이 사려 깊은 일인 것 같다(Seligman & Csikszentmihalyi, 2000). 강점기반 접근은 내담자의 삶으로 들어가기에 용이한 시작점을 제공한다. 이 접근을 도입하는 한 가지 방법은 내담자의 흥미 영역을 철저히 검토하는 것을 통해서이다. 이 방법으로 과제에 접근하면 전형적으로 경험을 '비방어적인 태도'로 탐색하는 기회를 얻을 수 있다. 사람들은 보통 자신의 삶의 관심사에 더 열정적으로 몰입하게 되며 이에 대한 토론을 기꺼이 시작하려고 한다.

긍정적인 경험들을 검토하는 것에 더하여 그리 좋지 않은 것으로 보였던 상황을 탐색하는 것도 중요하다. 프라이어와 브라이트(Pryor & Bright, 2012)는 엄격한 긍정적 초점과 반대 측면의 균형을 맞추는 것이 중요하다고 제언하였다. 사람들은 종종 일이 잘되지 않는 상황에서 겪은 실패와 실수로부터 배움을 얻는다. 패턴확인연습 방법을 사용하여 내담자에게 부정적인 상황에 대하여 생각하도록 요청할 수 있다. 특정 흥미 영역에서 내담자가 좋았던 때와 함께 일이 그다지 잘되지 않았던 때를 확인하는 것이 좋다.

3. 실시 과정에 대한 진술

패턴확인연습 활동을 소개하기 전에 진로 상담자와 내담자가 긍정적인 작업관계를 수립하는 것이 필수적이다(Amundson, 2009a). 그러한 관계는 탐색과 의사결정을 위한 기초가 된다. 초기에 진로 상담자가 '매터링 분위기(mattering climate)'를 만들어 주는 것이 좋다. 슐로스버그, 린치와 키커링(Schlossberg, Lynch, & Chickering, 1989)은 매터링을 자신이 다른 사람에게 중요하고 다른 누군가에게 관심의 대상이며, 타인이 자신을 돌보고 자신에게 감사하다는 생각을 갖는 것이라고 정의하였다. 진로 상담자들은 내담자에게 관심을 기울이고 그들의 이야기에 경청하며, 개방적인 자문가의 자세로 참여하고 그들을 특별한 사람으로 대우함으로써 매터링 분위기를 형성해야 한다.

매터링 분위기를 조성하기 위해 진로 상담자는 개인의 전체적인 모습에 관심을 두고, 내담자가 그들이 가져온 문제 이상의 존재임을 인정하는 것이 중요하다. 이를 위해 초기에 토의의 반경을 넓히는 것이 도움이 된다. 우리는 종종 내담자에게 문제에 초점을 두기 전에 그들을 인간으로서 알고 싶다는 말을 한다. 보다 인간적인 토의는 '좋아하는 것들' 활동을 사용하여 촉진될 수 있다(Amundson, 2009a). 이 연습을 하며 내담자는 생활하면서 즐거웠던 일들을 쓰라고 요청받을 수 있다. 몇 분 정도 작성한 후에 관심사들을 이야기하고, 발생할 수도 있는 일반적인 주제들, 예를 들면 혼자 또는 함께하는 일, 즉흥적인 활동이나 준비를 요하는 활동, 리더십 등에 대하여 말해 달라고 요청받는다. '좋아하는 것들' 활동은 진로상담을 위해 인간적이고 긍정적인 분위기를 만드는 데 도움이 된다. 또한 패턴확인연습을 사용하여 나중에 더 깊이 탐색할 수 있는 흥미와 강점 목록들을 풍부하게 해 준다.

내담자에게 관심사를 진술할 시간을 준 후에 회기에 대한 그들의 기대를 토론하는 활동이 도움된다. 많은 내담자는 진로 상담자가 그들의 적성과 능력에 대한 모든 것과 그들이 추구해야 할 방향을 드러내 주는 '마술적인' 검사를 지니고 있다는 믿음을 가지고 상담에 온다. 그럴 수 있다면 얼마나 쉽겠는가! 우리는 진로 여정에 영향을 미칠 수 있는 다양한 요인을 알아보기 위해 진로 수레바퀴를 사용하는 것이 도움된다는 점을 발견하였다 (Amundson & Poehnell, 2004). 또한 이러한 요인들은 관계나 건강과 같은 많은 다른 여정에서도 중요한 역할을 한다. 바퀴 안에 있는 요인들은 기술, 흥미, 가치와 성격 등과 같은 개인적 측면을 포함하고 있다. 또한 중요한 타자로부터 받은 영향, 학습, 훈련과 교육, 직업의 역사 그리고 그들이 만들어 온 몇몇 경력 간의 관련성 등과 같은 외적인 측면도 있다. 모든 측면이 어떤 방식으로든 진로 방향을 설정하는 데 공헌하는 것이다.

내담자들이 진로 수레바퀴의 측면들을 탐색할 때 그들이 '좋아하는 것들' 활동에서 생각해 낸 흥미와 함께 시작하는 것이 좋다. 모든 흥미를 탐색하는 과정보다는 하나의 특정한 흥미에 초점을 두어야 좋다. 특히 여기서 찾아야 할 것은 그들에게 즐거움을 주는 흥미이며, 정말 좋았던 때를 알려 달라고 요청해야 한다. 흥미와 관련하여 별로 좋지 않았던 때에 대해서도 생각해 보라고 한다. 예를 들어, 그들은 요리에 대한 흥미를 이야기하면서 그들이 여러 친구를 위해 굉장한 식사를 만들었던 때를 묘사할 수 있다. 부정적인 예또한 요리하기에 초점을 둘 필요가 있으며 일이 잘되지 않았던 상황을 묘사하는 시간이 되어야 한다. 흥미에 대한 심층적인 탐색의 틀이 패턴확인연습의 기초가 되는 것이다.

두 상황에서 모두 내담자가 상세하게 이야기하도록 격려하는 것이 중요하다. 자신의 이야기를 할 때 내담자는 긍정적인 상황이나 부정적인 상황 중 어디서든 시작할 수 있다. 이야기를 전부 하도록 촉진하기 위해 진로 상담자는 모든 세부사항을 떠올리는 데 도움이 되는 탐색질문을 할 수 있도록 준비되어야 한다. 이야기를 수집할 때 행동에 초점을 두는 것뿐 아니라 사건을 발생시킨 생각과 감정에도 초점을 두는 것이 중요하다. 많은 진로 실무자에게 이 기술을 가르치면서 발생하는 가장 공통적인 실수 중 하나는 상담 수련생이 상황에 대한 충분한 세부사항들을 모으는 데 실패하는 것이다. 우리는 이 과정에서 이야기가 충분히 드러나도록 펼치기 위해 종이나 플립차트에 중요한 진술들을 쓰도록 한다. 기록할 때는 내담자의 언어를 사용하는 것이 중요하다. 그때는 진술을 분석할 때가 아니다. 다른 이야기 중에서 그 이야기가 튀어나오도록 만든 구체적인 상황이 어떠한지를 물어야 한다.

긍정적 이야기와 부정적 이야기를 모두 말한 후에는 분석으로 초점을 옮긴다. 그 과정을 항상 내담자가 시작하도록 그들에게 격려하는 것이 중요하다. 그 이야기는 내담자에 대해 무엇을 말하고 있는가? 대부분의 상황에서 내담자는 두세 개의 주제를 꺼내고 넘어간다. 이 상황에서 진로 상담자가 적극적으로 세부사항을 점검할 필요가 있다. 이 둘째 단계에서 필요한 접근은 특정 사건에 초점을 두고 다음과 같이 말하는 것이다. "이것의 의미가 무엇인지 궁금해요." 대개 내담자들은 초기 분석에 덧붙여 또 하나의 층을 더할 수 있다. 진로 상담자가 통찰력을 지니고 있다면 그들은 다음과 같은 진술문을 사용하여 내담자의 관점을 직접 공유할 수 있다. "당신이 진술한 것을 보면 이것이 어떤 의미를 가지는지 궁금해요." 그 주제들을 끄집어낼 때 긍정적이고 부정적인 이야기에 있는 세부사항에 모두 초점을 두는 것이 중요하다.

마지막 단계는 분석에서 적용으로 옮기는 과정이다. 이 단계에서 내담자는 확인된 주제 중 어떤 것이 그들이 직면한 특정 도전에 부합하는지를 고려할 필요가 있다. 내담자는 자신이 그 주제에 얼마나 다양하게 관련되어 있는지에 놀라며, 특히 관계없는 듯 보이는 요리 같은 흥미와 그들이 발견하려는 직업 사이에 관계가 있을 때에는 더 고려해야 한다. 연결 짓기는 직업탐색과 진로탐색에서 사용할 수 있는 기술이다. 사람들에게는 많은 강점이 있는 한

시각적 학습 유형

편, 그들의 능력을 제한하는 조건들도 있다. 그래서 긍정적이고 부정적인 이야기에서 적용될 수 있는 방법을 살펴볼 필요가 있다.

진로 상담자는 다양한 흥미를 탐색하기 위해 패턴확인연습을 사용할 수 있다. 중복된 부분도 있지만 연습을 되풀이하다 보면 새로운 통찰이 나올 수도 있다. 각각의 분석은 확인된 패턴을 풍부하게 해 주고 추가 통찰을 유도할 수 있다. 처음에 여가 경험에서 출발했다면 다음에는 직업생활이나 가정환경으로 초점을 옮겨서 출발하면 흥미로운 일이 벌어질 수도 있다.

패턴확인연습은 다양한 문제를 호소하는 개인과 집단에 사용할 수 있다. 집단 과정에서 리더는 활동을 소개하고, 무엇을 들어야 하는지 그리고 어떻게 요약하는지를 시범으로 보여 줄 수 있다. 집단 구성원은 시범을 보는 동안 주의 깊게 듣고 패턴과 강점을 확인할 수 있다. 집단의 리더는 3~4명으로 소그룹을 구성해서 한 사람이 자기 이야기를 하고 다른 한 사람은 패턴확인을 촉진하고 다른 사람들은 지금까지 언급되지 않은 것이 나올 때 지지하면서 패턴확인연습을 활용한 실습을 할 수 있다. 이런 방식으로 패턴확인연습을 활용하면 촉진자가 집단 과정의 장점을 이끌어 내는 데 도움이 된다. 패턴확인연습은 모든 연령층의 개인에게도 활용할 수 있다. 실직, 불완전 고용, 진로 전환, 노화와 은퇴를 포함하는 발달적 변화 등 다양한 상황에 놓인 성인뿐 아니라 중·고등학생들에게도 활용되고 있다.

4. 사례

제시는 28세이고 부모님과 함께 지내고 있으며 실직 상태이다. 그는 공학을 전공하였으며 6개월 전에 졸업하였다. 세부 전공은 로봇공학이다. 여러 번 면접을 보았지만 성공하지 못하였는데, 주된 이유는 수줍음을 잘 타는 성격과 채용 면접에서 효과적으로 의사소통을 하지 못했기 때문이다. 그는 자신에 대한 확신이 없어지게 되었고 그의 기술과 능력에 대해 명확하게 이야기하지 못하였다.

진로 실무자는 제시의 이력서를 보고 그가 공학도로서 훈련을 받을 때 배웠던 내용을 말하는 데 어려움이 있다는 것을 알았다. 그때 진로 상담자는 제시에게 그가 받은 수업 중에 중요한 것들을 이야기해 보라고 요청하였다. 제시는 처음에 무엇을 말해야 할지 확신이 없었다. 진로 상담자는 일이 진짜 잘되어 가고 있을 때의 경험 중 하나를 골라서 구체적으로 말해 달라고 하였다. 제시는 학창 시절에 참여했던 프로젝트 중 몇 가지를 말하기 시작하며 진로 상담자는 그가 진술한 프로젝트들 중 하나를 탐색하기 위해 패턴확인연습을 사용하였다. 제시는 그와 세 명의 학생이 현실적인 공정문제에 대하여 구안했던 로봇공학적 해결방안을 설명하였다. 처음에는 그 프로젝트에 포함된 기술을 확인하지 못하였다. 진로 상담자는 제시의 강점을 이끌어 내기 위해 진술에 대한 반응으로 "좀 더 말해 주세요."와 같은 구체적인 질문을 사용하여 더 세부적으로 이야기를 덧붙여 달라고 격려하였다. 토론이 계속되면서 제시는 긴장이 풀렸고 그 프로젝트의 다양한 요인을 세부적으로 설명하였다. 그 프로젝트 기간에 제시는 팀에서 주목할 만한 리더십을 발휘하기 시작했고 프로젝트는 매우 잘되어 교수는 작업의 질과 그 팀의 협업 방식에 대해 매우 만족하였다.

도전에 직면했을 때의 예시를 말하면서 제시는 그가 역기능적인 팀에 할당되었던 때를 이야기하였다. 다른 학생들은 로봇공학에 관심이 없었고, 그들을 몇 번밖에 만나지 못하였다. 프로젝트는 만족스럽게 끝났지만, 그가 대부분의 일을 하였다. 몇 가지 주제가 나오면서 제시가 로봇공학에 열정적이며 그의 열정을 보다 효과적으로 표현하는 방법을 찾을 필요가 있다는 것이 명백해졌다. 제시는 공학 영역에서 창의적이고 근면하고 효과적인 문제해결자이며, 심지어 적절한 상황에서는 편안함을 뒤로하고 리더로서의 책임까지도 떠맡는 사람이었다.

제시는 이야기에서 주제를 발견하는 것과 스토리텔링을 면접 준비에 적용하는 방법에 흥분되었다. 그는 스스로 학업과 특별 프로젝트들을 해냈고 그

시각적 학습 유형

러한 이야기와 이야기에 포함된 주제들을 강조하였다. 제시는 곧 새로운 채용 면접을 준비하였고 그 후 즉시 취업에 성공할 수 있었다. 제시는 이 과정을 통해 로봇공학 작업에 몰입하는 사람들이 있는 직장에 초점을 두고 탐색할 필요가 있음을 알게 되었다.

5. 학습 성과와 진로평가

패턴확인연습을 평가할 때 하나의 진로평가 도구라는 사실에 더하여 이러한 연습이 사람들에게 자신의 경험을 분석하고 탐색하는 방법을 학습하도록 돕는다는 점을 기억하는 것이 중요하다. 내담자는 이 과정을 통해 세부적인 질문이 어떻게 패턴 확인을 유도할 수 있는지 그리고 이 정보가 다른 상황에 어떻게 적용될 수 있는지를 경험한다. 초점은 패턴을 확인하기 위해서 분석기술을 학습하는 데 있다. 결과적으로 패턴확인연습은 다양한 문제에 직면한 다양한 내담자에게 활용될 수 있다. 이 사례에서 패턴확인연습 방법이 탐색을 위해 그리고 채용면접 준비를 위해 사용될 수 있다는 점이 명백하게 드러난다.

6. 다음 단계

패턴확인연습은 단독으로 실시하는 진로평가 활동이기도 하지만, 또한 다양한 다른 활동에 영감을 준다. 예를 들어, '강점 사이클(circle of strength)' 활동은 유사한 질문 과정을 사용하지만, 세부 이야기에서 나온 내담자의 강점에 관해 피드백을 할 때 진로 상담자가 더 중심적인 역할을 한다(Amundson, 2009a). '강점 사이클'을 적용하면서 진로 상담자는 능동적으로 피드백을 하고 항상 다양한 이야기 요소와 연결한다. 이야기에서 나온 구체적인 예들을 연결하는 것은 사람들이 자기확신이 부족하거나 불안이 높은 상황에서 특히 중요하다.

몇 가지 예에서 내담자가 이야기를 생성하거나 패턴확인연습에 있는 다양한 측면의 이야기를 정교화하도록 돕기 위해 그림(McMahon & Patton, 2002), 콜라주(Heppner, O'Brien, Hinkelman, & Humphrey, 1994) 또는 모래 상자(Dale & Lyddon, 2000; Sangganjanavanich & Magnuson, 2011)를 사용하는 것이 유용하였다.

참고문헌

Amundson, N. E., & Cochran, L. (1984). Analyzing experiences using an adaptation of a heuristic model. *Canadian Counsellor, 18*, 183–186.

Amundson, N. E. (2009a). *Active engagement: The being and doing of career counselling* (3rd ed.). Richmond, BC: Ergon Communications.

Amundson, N. E. (2009b). *Active engagement in action*. Richmond, BC: Ergon Communications.

Amundson, N. E. (2010). *Metaphor making: Your career, your life, your way*. Richmond, BC: Ergon Communications.

Amundson, N. E., & Poehnell, G. (2004). *Career pathways* (3rd ed.). Richmond, BC: Ergon Communications.

Dale, M. A., & Lyddon, W. J. (2000). Sandplay: A constructivist strategy for assessment and change. *Journal of Constructivist Psychology, 13*(2), 135–154. doi: 10.1080/107205300265928

Dunbar, K., & Blanchette, I. (2001). The inVivo/inVitro approach to cognition: The case of analogy. *Trends in Cognitive Sciences, 5*, 334–339.

Greenwood, A., Amundson, N., & Niles, S. (2005). *Career counseling: Work in progress*. Columbus, OH: Pearson, Merrill Prentice Hall.

Heppner, M. J., O'Brien, K. M., Hinkelman, J. M., & Humphrey, C. F. (1994). Shifting the paradigm: The use of creativity in career counseling. *Journal of*

Career Development, 21(2), 77–86. doi: 10.1007/ BF02117430

Hofstadter, D. (2001). Analogy as the core of cognition. In D. Gentner, K. Holyoak, & B. Kokinov (Eds.), *The analogical mind: Perspectives from cognitive science* (pp. 499-538). Cambridge, MA: The MIT Press/Bradford Book.

Lakoff, G., & Johnson, M. (2003). *Metaphors we live by.* Chicago, IL: The University of Chicago Press.

McMahon, M., & Patton, W. (2002). Using qualitative assessment in career counseling. *International Journal for Educational and Vocational Guidance, 2,* 51-66. doi: 10.1023/A:1014283407496

Pryor, R. G. L., & Bright, J. E. H. (2012). The value of failing in career development: A chaos theory perspective. *The International Journal of Educational and Vocational Guidance, 12,* 67-79. doi: 10.1007/s10775-011-9194-3

Sangganjanavanich, V. F., & Magnuson, S. (2011). Using sand trays and miniature figures to facilitate career decision making. *The Career Development Quarterly, 59*(3), 264-273. doi: 10.1002/j.2161-0045.2011.tb00068.x

Schlossberg, N. K., Lynch, A. Q., & Chickering, A. W. (1989). *Improving higher education environments for adults.* San Francisco, CA: Jossey-Bass.

Seligman, M. E. P., & Csikszentmihalyi, M. (2000). Positive psychology. *American Psychologist, 55,* 5-14. doi: 10.1037/0003-066X.55.1.5

Westwood, M. J., Amundson, N. E., & Borgen, W. A. (1994). *Starting points: Finding your route to employment.* Ottawa, ON: Human Resources Development Canada.

Young, R. E., Becker, A. L., & Pike, K. L. (1970). *Rhetoric: Discovery and change.* New York, NY: Harcourt Brace Jovanovich.

제**8**장

가계도를 사용한 질적 진로평가

ANURADHA J. BAKSHI and VIDHYA SATISH

1. 도입

이 장에서는 질적 진로평가 도구로서 가계도를 소개한다. 우선, 전반적으로 가계도의 핵심 아이디어를 제시하고 다음으로 진로가계도를 다룬다. 세 번째로는 인도 뭄바이 출신의 성인들에게 진로가계도를 사용한 예시를 보여 준다.

2. 가계도

가계도는 질적 진로평가 도구 중 하나이다(McMahon & Patton, 2002). 가계 도는 질적 진로평가의 모든 준거를 충족시킨다. 검사점수로는 결론을 주지 못하며(Goldman, 1995) 내담자는 그들을 경청하고 촉진하는 진로 상담자에 게 관련 정보를 제공하고 의미 만들기에 참여하는 전문가이다(Kuehl, 1995;

McMahon & Patton, 2002).

1) 가계도란 무엇인가

가계도는 표준 기호를 사용하여 작성자(Index Person: IP)의 가족체계 중 자신, 부모, 조부모 세대를 포함하는 최소 3세대를 표현하는 그림이다 (McGoldrick, Gerson, & Petry, 2008). 가계도를 기반으로 원가족의 영향을 추적한다. 가계도 기법의 유용성은 생성된 자료와 과정 모두에 있다(Asen, Tomson, Young, & Tomson, 2004). 생성된 자료는 한 가족체계의 여러 세대에 대한 시각적 표현이다. 과정에는 그림 그리기, 그림과 관련된 메시지, 주제, 이야기 등을 말하기, 세대 간에 반복되는 패턴 확인하기, 성찰하기, 검토하기, 해석하기 그리고 개입하기가 포함된다. 이 과정들이 반드시 순서대로 이루어 질 필요는 없다. 개인은 각 단계에서 진로 상담자, 치료자, 임상가와 협력하여 적극적인 역할을 한다(McGoldrick, Giordano, & Garcia-Preto, 2005). 가계도는 단순하게 그릴 수도 있고 복잡하게 그릴 수도 있다. 가계도에는 3세대의 인구학적 특징만을 표현할 수도 있고 세대 간과 세대 내의 가족관계에서 특징적으로 나타나는 정서 패턴까지 표현할 수도 있다(McGoldrick et al., 2008).

2) 가정

가족 구성원은 원가족의 영향을 받으며 살아간다. 그것은 건강과 안녕을 증진할 수도 있고 해칠 수도 있으며, 세대 간에 지속되는 신념·행동·상호작용 패턴을 만들기도 한다(Asen et al., 2004). 가계도는 자기와 타인과 관련된 신념, 가치, 태도, 관습, 전통, 규칙, 문제해결 전략, 정서 표현과 관리, 상호작용 패턴 그리고 역할 고정관념이 세대에 걸쳐 전달된다는 가정에 기초를 둔다. 예를 들어, 원가족의 영향을 통해 세대 간에 전달되는 역할 고정관념은 나이, 성별, 직업, 가족 내 위치, 민족 또는 문화에 기반을 둘 수 있다.

원가족 내 권력의 차이는 새로운 가족에서도 반복되어 나타날 수 있다. 두 번째 가정은 가계도를 그리면서 중요한 세대 간 영향요인들이 확인될 수 있다는 점이다. 세 번째 가정은 일단 숨겨진 세대 간 영향요인들이 드러나면 필요에 따라 검토, 성찰, 의사결정, 긍정적 활동을 위해 활용될 수 있다는 점이다(Asen et al., 2004; White & Tyson-Rawson, 1995 참조). 가계도는 자기 인식과 통찰에 도움이 되고(Daughhetee, 2001), 다세대적 영향들이 무의식적이고 반응적인 과정이 아니라 의식적이며 선제적으로 반응하는 과정이 되도록 해 준다(White & Tyson-Rawson, 1995).

3) 이론적 영향요인

보웬(Bowen, 1978)의 세대 간 가족치료는 가계도 사용에 대한 최초의 이론적 맥락을 제공하였다. 그가 관찰하기에 원가족과의 분화가 이뤄지지 않으면 새로운 세대에서도 미분화된 관계가 되풀이되었다. 따라서 치료의 목표는 내담자가 원가족원과의 정서적 융합 및 삼각관계를 줄일 수 있도록 해 주는 것이다. 분화 수준이 높아지면 불안과 정서적 반동이 감소되고, 새로운 관계와 세대 간 관계에서도 자율적인 의사소통을 할 수 있게 된다(Snow, Crethar, Robey, & Carlson, 2005).

적응성과 융통성에 대한 가설을 검증하기 위해 가계도가 많은 다른 이론적 접근에도 통합되었다. 가족치료나 보웬의 이론 같은 세대 간 이론 이외에도 가계도는 오늘날 구성주의, 내러티브 가족치료, 통찰 중심 성장 작업 또는 강점과 해결 중심 관점에서도 사용될 수 있다(Kuehl, 1995; White & Tyson-Rawson, 1995).

4) 가계도의 유형과 활용

다양한 유형의 가계도가 미국을 중심으로 결혼 및 가족치료 훈련과 실무,

상담교육과 실무, 특히 진로상담, 가족 의료 그리고 사회사업 등에서 사용되고 있다. 가장 일반적인 것은 **가족 가계도**(family genogram)인데 세대 간 심리치료에 광범위하게 적용되고 있다(Vernon, 1983). 또 다른 유형은 **젠더그램**(gendergram)이며, 배우자, 부모—자녀 그리고 확대가족 구성원 사이의 상호작용 패턴에 내재된 성역할 고정관념의 세대 간 전수 과정을 볼 수 있게 해 줌으로써 영향요인들을 예방적으로 다루고, 필요에 따라 수정할 수 있도록 해 준다(White & Tyson-Rawson, 1995). 화이트와 타이슨—로슨은 가계도 작업의 마지막 단계에서 가족 구성원에게 자기 가족에게서 지속되기를 바라거나 또는 없어지기를 바라거나 다시 만들어지기를 바라는 성역할에 대한 메시지와 이야기들을 선택하도록 할 것을 추천하였다. 이 외에도 **해결지향 가계도**(Kuehl, 1995), **문화적 가계도**(Hardy & Laszloffy, 1995), **가정폭력 가계도**(Watts & Shrader, 1998), **영적 가계도**(Frame, 2000), **투사적 가계도**(Kaslow, 1995), **배치**(placement) **가계도**(McMillen & Groze, 1994) 그리고 **진로가계도**(Okiishi, 1987)의 다양한 유형이 있다. 임상 실무에서 가계도는 내담자 중심의 협력적 진로평가 도구임과 동시에 치료적 개입의 수단으로 사용될 수 있다(Kuehl, 1995; McGoldrick et al., 2005). 또한 중요한 훈련 도구이기도 하다(Hardy & Laszloffy, 1995; Keiley et al., 2002).

5) 일반적 강점과 약점

가계도 기법의 강점은 다세대적 맥락의 인식(McMillen & Groze, 1994), 협력적 과정(McGoldrick et al., 2005), 다목적성(Moon, Coleman, McCollum, Nelson, & Jensen-Scott, 1993), 확장 가능성(Vernon, 1983) 그리고 가족 내러티브에 쉽게 접근할 수 있다는 것이다(Asen et al., 2004). 가계도는 하나의 시각적 도구로서 이 도구가 없으면 탐지되지 않거나 무시될 수도 있는 세대 간 패턴들을 보여 주고(Daughhetee, 2001; McMillen & Groze, 1994), "복잡한 가족 패턴에 대한 윤곽을 빠르게 잡아 주며"(McGoldrick et al., 2008, p. 2), 내담자

와 진로 상담자가 세대 내외의 "가족에 대한 구조적·관계적·기능적 정보"
를 협력적으로 구성하고 이해하도록 해 준다(McGoldrick et al., 2008, p. 5).
치료적 도구로서의 가계도는 역기능적 역사가 반복되지 않도록 하는 데 도
움이 될 수 있다(Asen et al., 2004).

　가계도가 너무 어수선해지면 시각적 효과가 사라지기 때문에(McMillen &
Groze, 1994) 원가족의 영향들, 집단주의 문화에서 규모가 큰 가족(Hardy &
Laszloffy, 1995) 또는 관련 없는 많은 사람(Brandl, 2009)을 그리게 되면 가계
도 기법을 적용하기가 쉽지 않다. 어떤 경우에는 포함시킬 것과 제외할 것을
결정하기가 어려울 수도 있다(McMillen & Groze, 1994). 오키시(Okiishi, 1987)
는 시간 제한과 가족 구성원 사이의 정서적·지리적 거리 때문에 가족 정보
를 활용하지 못할 가능성에 대해서도 언급하였다.

3. 진로가계도

1) 진로에 대한 가족의 영향

　진로가계도는 작성자의 진로발달에 대한 원가족의 영향을 평가하고 필요
할 경우 재작업하는 데 도움이 된다. 진로가계도는 진로 상담자와 내담자에
게 자기와 세상에 대한 내담자의 관점에 실제 영향을 미친 가족 구성원을 찾
도록 해 준다. 성역할 고정관념과 진로의사결정을 제한하는 여러 조건 그리
고 상호작용 패턴들을 확인할 수도 있다(Okiishi, 1987). 진로가계도는 교육,
직업 가치와 윤리, 진로 적합성, 성취 기대 등과 관련된 다세대 간 진로이슈
들을 위협적이지 않고 재미있는 방법으로 검토할 수 있는 개방적 기법이다
(Moon et al., 1993). 그것은 진로에 미친 여러 세대의 가족 영향요인들에 대
하여 통찰하고 인식하는 데 도움이 되며 내담자가 정보에 기반하여 진로를
결정하도록 돕는다(Thorngren & Feit, 2001).

2) 연구

오키시(1987)는 미국의 학부생 15명과 함께 진로상담을 하면서 평가, 기록 그리고 촉진적 도구로서 가계도를 사용하였다. 그녀는 3단계를 제시하였다. 내담자 주도로 기본적인 가계도를 구성하고, 가계도에 가족 구성원의 직업을 첨가하며, 가족 내에서의 직업과 생활양식 역할모델을 토론하면서 자기와 직업세계에 대한 일반화를 탐색하였다. 문과 동료들(Moon et al., 1993)은 가계도를 사용하여 다세대에 걸친 의사결정 유형, 진로선택 그리고 성역할 변화를 탐색하면서 진로를 변경하기로 결정한 이유를 명료화한 40세 여성의 사례를 발표하였다. 손그렌과 페이트(Thorngren & Feit, 2001)는 진로역사와 핵심적 영향에 대해 내담자와 그림을 그리고 대화를 나누면서 커리어-오-그램을 진행하였다. 또한 그들은 미국 대학교에 다니는 39세 여성에게 커리어-오-그램을 실시한 결과, 자신의 교육과 진로목표를 명료화하고 결정성을 높일 수 있었다고 보고하였다. 이와 유사하게 디파비오와 팔라체스키(Di Fabio & Palazzeschi, 2013)는 사비카스의 진로구성이론(2005)에 따라 이탈리아 여성 사업가가 자신의 직업에 대한 비전을 세우도록 촉진하기 위해 진로가계도를 사용하였다.

그리어-리드와 가누자(Grier-Reed & Ganuza, 2011)는 미국의 대학교에서 진로가계도를 그리고 직업가치관과 진로 고정관념에 미친 가족의 영향을 인식하도록 하는 구성주의 진로수업에 참여한 아프리카계 미국인, 아시아계 미국인 학생들의 진로결정 자기효능감, 특히 목표 선택과 계획이 유의하게 향상되었다고 보고하였다. 말로와 매그너슨(Malott & Magnuson, 2004)은 미국 대학교에서 이루어진 학부생의 진로탐색과 진로의사결정을 촉진하는 수업에서 진로에 미친 가족의 영향력을 성찰하게 하는 데 도움이 되는 심리교육 도구로 진로가계도를 활용하였다.

4. 인도 뭄바이에서 수행된 진로가계도 사례

인도의 가족은 종교, 언어, 민족 집단, 카스트와 지역사회, 도시-지방-부족에 따른 거주지, 사회경제적 지위 그리고 지리적 위치에서 매우 다양하다. 그러나 대부분의 인도 가족은 집단주의적 가치관을 인정한다. 많은 인도 가족에서는 기성세대가 신세대의 진로 의사결정과 관리에 능동적인 역할을 하는 것이 당연시된다. 격려, 재정 지원뿐 아니라 지시적이고 강압적인 방법으로 수행될 때도 있다. 개인적인 선택은 어떤 사람들에게는 가족의 명령 때문에 어떤 사람들에게는 가난 때문에 거부될 수 있다. 더욱이 결혼은 두 개인 사이가 아니라 두 가족 사이의 명시적인 인정으로 이루어진다. 따라서 진로발달에 대한 원가족의 영향은 특히 인도의 사례에서 검토하는 것이 적절하다. 인도 청년의 진로선택에 대한 가족의 영향은 다른 방법을 사용해서 검토되어 왔다(예: Bakshi, Gandhi, Shah, & Maru, 2012). 또한 미국에서 결혼가족치료(Marital and Family Therapy: MFT)를 전공하는 인도 학생들에게서 문화적 가계도가 갖는 시각적인 장점을 가지고 있다고 보고되었다(Keiley et al., 2002). 가계도 기법은 원가족의 영향을 협력적이고 자기주도적으로 검토하도록 하기 때문에 특히 진로발달에 대한 인도 성인의 성찰을 자극하고 탐구하는 데 적절하다. 이에 인도 뭄바이 출신의 참여자 세 명을 대상으로 진로가계도를 실시하였다.

1) 참여자

참여자인 VS, PT 그리고 SI는 각각 이 장의 두 번째 저자, 다른 여성 그리고 남성이다. 그들의 나이는 각각 44세, 37세 그리고 32세이다. 참여자 중 두 명은 타밀 브라민스라는 힌두교 지역에 살고 있다. 다른 한 참여자는 조로아스터교 지역인 파르시에 살고 있다. 세 명의 참여자 모두 영어를 유창하

게 하고 특권 계층이며, 직업이 있고 교육수준이 높고 지역사회의 유지들이
자 한 자녀를 둔 기혼자이다. 참여자들은 자신의 진로에 만족하고 있으며 현
재 직업은 교사 교육자, 유치원 교사 그리고 재정 분석가이다. 그들은 가족
과 질 높은 관계를 맺고 있고 먼 친척과도 자주 접촉한다고 보고하였다. 이
진로가계도에 사용된 이름은 참여자들이 원한 것이며 가계도와 축어록 반응
을 발표하는 것에 대해 서면 동의서를 받았다.

2) 세 유형의 진로가계도 구성

각 참여자에 대한 세 유형의 진로가계도가 구성되었다. 첫 번째는 가족 구
성원의 교육 경로, 두 번째는 직업 그리고 세 번째는 흥미와 취미에 초점을
두었다. 모든 참여자가 가족 구성원과 함께 정보를 모았고 두 참여자는 두
번째 저자를 여러 번 만나 몇 주에 걸쳐 작업을 진행하였다. 다음 단계에서
VS와 PT는 특별한 소프트웨어 없이 가계도를 그리려고 하였다. 그러나 그림
그리기 작업이 복잡해서 그림은 전문가가 그려 주었다. VS와 PT의 가족체계
는 너무 광범위해서 어머니 쪽과 아버지 쪽 별도로 가계도를 그려야 하였다.
그래서 15개의 가계도가 구성되었고 그중 3개는 [그림 8-1] ～ [그림 8-3]에
제시하였다.

3) 주제

참여자들에게 완성된 가계도와 개방 질문들을 보내고 서면으로 성찰작업
을 하도록 하였다. 다음의 주제들은 그들의 서면 성찰작업에서 추출되었고
진로가계도 활동의 유용성을 나타낸다. 이어서 각각의 주제에 대한 상세한
설명을 첨부하였다.

시각적 학습 유형

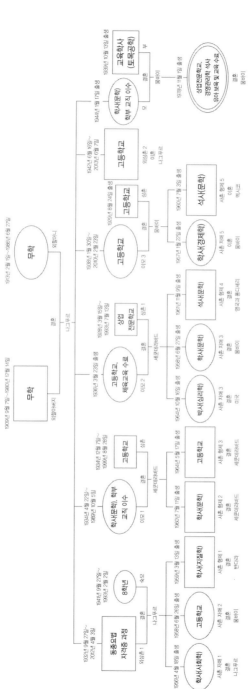

[그림 8-1] PT 모계가족의 교육과 자격 가계도

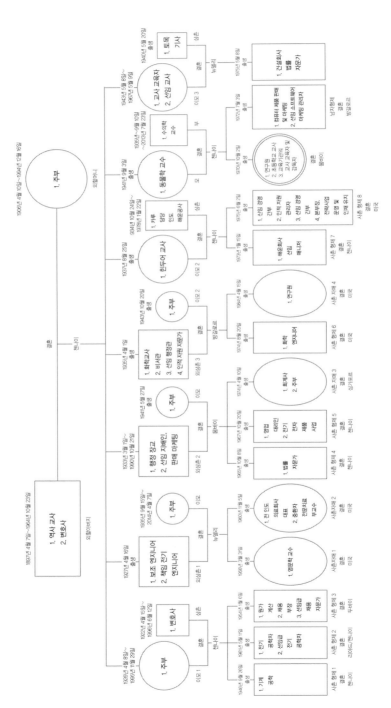

[그림 8-2] VS 모계가족의 진로가계도

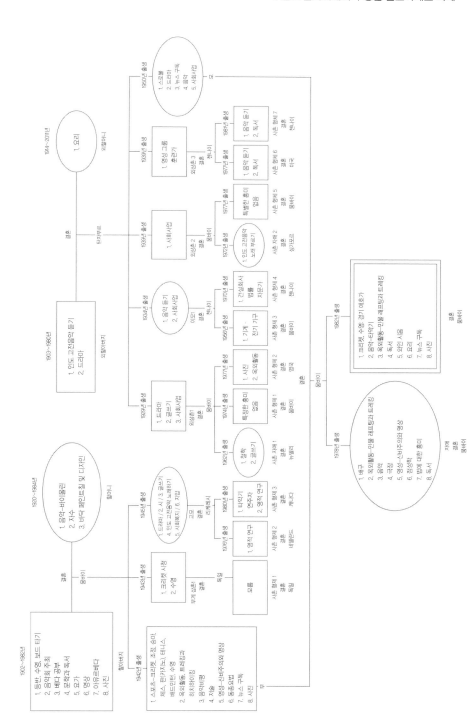

[그림 8-3] S의 흥미와 취미 가계도

(1) 자기결정성에 대한 가족의 역할 인정하기

SI는 삶과 진로에 대한 영향요인을 정리하면서 개인의 책무성과 자기결정에 대해 확신을 가지고 있었다. 동시에 그는 자기성찰, 책임감 그리고 자기지도성을 증진하는 데 가족이 핵심 역할을 했음을 명료화하였다.

> 자기인식은 가족의 영향이 아니라 우리가 존재하고 성장하는 여러 지점에서 자신을 알기 위해 끊임없이 학습한 결과라고 생각해요. 본질적인 자기성찰은 가족과 나를 둘러싼 사람들에 의해 내 안에서 길러졌어요. 음악과 독서에 대한 흥미가 단지 이런 습관에 힘을 실어 줄 뿐이죠. 또한 나는 꽤 어릴 때부터 인간은 자신의 행동에 대해 전적으로 책임을 져야 한다는 것을 배웠어요. 하지 않은 행동이나 남에게 위임한 행동에 대해서도요. 가족의 영향은 강력해요. 그렇지만 가족 대부분은 자기표현, 의사결정 참여, 독립적인 사고와 행동을 항상 격려했어요. 나는 지금까지 우리 가족이 나를 독립적이며 확신에 차게 해 주었고 정신적 · 심리적으로 스스로 살아가도록 해 주었기 때문에 가족의 좋은 영향을 받았다고 생각해요.

(2) 가족 구성원의 진로를 노출하는 것에 대한 평가

PT는 가계도 활동을 통해 자신이 과학과 공학에서 예술과 교육으로 진로를 변경한 이유를 이해하는 데 도움이 되었음을 발견하였다.

> 아버지 쪽은 과학과 공학 계열이 많아요. 나는 항상 내가 과학과 공학 쪽 성향만 지니고 있다고 느껴서 공학인으로 진로를 정했어요. 딸이 태어난 후에는 계속할 수 없어서 일과 생활의 균형이 가능한 진로를 찾기로 했어요. 내가 어릴 때부터 어머니는 항상 내게 좋은 교사가 될 수 있을 거라고 말했는데 그 말이 내게 이상하게 들렸어요. 예술이나 교직에 전혀 관심이 없었기 때문이죠. 그렇지만 딸과 함께 놀아 주고 가르치면서 내가 교직에 타고난 재주가 있다는 것을 알게 되었어요. 그래서 '유아교육 및 교육과정'에 등록

했어요. 그 과정을 성공적으로 마치고 지금은 유치원 교사로 일하고 있어요. 어머니와 어머니 쪽 자매 모두가 교사이고, 교직이 내 유전자에 있다는 것을 알게 되었어요.

VS는 또한 그녀의 진로에 미친 가족의 영향에 감사하였다.

우선 이 작업은 나의 진로선택과 관련해 가족의 영향을 통찰력 있게 볼 수 있는 기회를 주었어요. 대학교에서 학생들을 가르치고 계신 부모님의 딸로서 내게 교직은 자연스럽고 최고로 만족스러운 진로예요. 나는 어머니 쪽 친척들이 교육 전문직에 있다는 것도 알게 되었어요.

(3) 가족 구성원의 흥미와 취미를 노출한 것에 대한 평가

가족 구성원의 진로에 더하여 SI가 자신의 진로발달에 영향을 미친 요인으로 확인한 것은 취미와 흥미였다.

나는 음악과 방대한 독서의 세계에 대한 흥미를 갖게 해 준 나의 가족에게 감사해요. 스포츠와 야외 활동은 팀워크, 겸손함 그리고 수용의 정신을 심어 주었어요. 가족 덕분이에요.

VS는 그녀의 진로에 대한 가족 구성원의 영향을 확인하였다.

아버지 쪽은 음악에 대한 흥미가 있었어요. 음악 훈련을 많이 받은 것은 아니지만, 흥미에 대해 생각할 때 음악이 우리 가족 전체에게 준 기쁨이 확실히 떠올랐어요. 음악에 대한 흥미는 리듬과 노래에 대한 워크숍을 할 때뿐만 아니라 수업 계획, 연주, 체육수업에서 학생들을 돕기 위해 노래를 사용하는 데 도움이 되었어요.

(4) 가족의 강점을 확인하고 새로운 포부를 세우기

세 명의 참여자 모두 진로가계도 작업의 결과로 새로운 포부를 확인하였다.

> 나의 진로목표는 내 유치원을 시작하는 거예요. 나도 이모처럼 내 학교를 열고 싶어요. 그리고 이 활동은 내가 예술, 과학, 공학적 재능을 조화롭게 지니고 있다는 것을 깨닫게 해 주었어요. 나는 학생들의 과학적 사고를 많이 개발시켜 줄 거예요. 학생들을 위해 실험적 학습 접근에 초점을 둘 것이고 사물을 더 잘 이해하도록 돕기 위해 기술과 도구를 활용할 거예요. 이 활동은 내가 미래에 박사학위를 따고 싶은 동기를 갖도록 해 주었고 나도 사촌 언니처럼 연구와 관련된 활동을 하고 싶은 마음을 갖게 해 주었어요. (PT)

> 나는 또한 이종사촌 언니가 많은 책을 썼다는 것을 알게 되었고 책을 쓰고 싶은 것도 내 꿈이 되었어요. 이 작업을 통해 외삼촌의 딸이 재능이 많고 교직에서 성공을 거두고 있으며 괄목할 만한 전문적 발전을 이루었고, 나도 그렇게 하고 싶다는 것을 알게 되었어요. 이것은 오직 이 활동 때문이고 나는 20년 뒤에 이 꿈을 이뤄 낼 거예요. (VS)

> 사회사업은 가족 구성원, 특히 어머니 쪽 가족에게 가장 흥미 있는 영역이에요. 현재의 직업 때문에 사회사업에 참여하지는 못하고 있어요. 그렇지만 일이 제대로 되기만 하면 미래에는 그것을 할 수 있을 거예요. (SI)

5. 결론

가계도 기법은 도시 지역에서 특권층으로 살고 있는 인도 성인들의 진로에 원가족이 어떤 영향을 미쳤는지 성찰하도록 하는 데에도 유용하였다. 세 유형의 진로가계도를 새롭게 사용하여 참여자들의 의미 구성을 도울 수 있었다. 전형적인 인도 가정은 다세대 가족 구성원이 함께 참여하였고 그들은 가계도 정보를 함께 모으는 것을 즐겼다고 한다.

짐바브웨 같은 국가들에서 문맹인과 함께 가계도를 사용한 사례는 이러한 기법이 인도의 소외 계층 성인들에게도 적용될 수 있다는 가능성을 시사한다(Watts & Shrader, 1998). 진로가계도 기법은 진로를 명확하게 결정하고 싶으면서도 가족 및 진로 관련 이슈들과 씨름하는 인도의 성인들에게도 활용될 수 있었다. 진로 관련 이슈와 스트레스가 관련없다고 할지라도 가계도 활동은 도시의 특권 계층 인도 가족 출신 참여자들에게 의미를 줄 수 있다고 결론 내릴 수 있다. 진로가계도 활동은 최소한 확대 가족과 연계하여 자신의 진로발달에 자원이 되어 줄 수 있는 가족의 강점을 확인할 수 있는 기회를 제공한다.

시각적 학습 유형

참고문헌

Asen, E., Tomson, D., Young, V., & Tomson, P. (2004). *Ten minutes for the family: Systemic interventions in primary care*. London, UK: Routledge.

Bakshi, A. J., Gandhi, H. N., Shah, R., & Maru, K. (2012). Influences on career choices as perceived by youth in Mumbai. *Indian Journal of Career and Livelihood Planning, 1*(1), 7-18.

Brandl, S. (2009). *The archetype genogram: An exploration of its possible usefulness in counseling* (Unpublished master's dissertation). Prescott College, USA.

Daughhetee, C. (2001). Using genograms as a tool for insight in college counseling. *Journal of College Counseling, 4*(1), 73-76.

Di Fabio, A., & Palazzeschi, L. (2013). Investigating the usefulness of the career construction genogram for the 21st century: A case study. In A. Di Fabio & J. G. Maree (Eds.), *Psychology of career counseling: New challenges for a new era* (pp. 131-147). New York, NY: Nova Science.

Frame, M. W. (2000). The spiritual genogram in family therapy. *Journal of Marital and Family Therapy, 26*(2), 211-216.

Goldman, L. (1995). Comment on Croteau and Slaney (1994). *The Career Development Quarterly, 43*(4), 385-386.

Grier-Reed, T., & Ganuza, Z. M. (2011). Constructivism and career decision self-efficacy for Asian Americans and African Americans. *Journal of Counseling and Development, 89*(2), 200-205.

Hardy, K. V., & Laszloffy, T. A. (1995). The cultural genogram: Key to training culturally competent family therapists. *Journal of Marital and Family Therapy, 21*(3), 227-237.

Kaslow, F. (1995). *Projective genogramming*. Sarasota, FL: Professional Resources Press.

Keiley, M. K., Dolbin, M., Hill, J., Karuppaswamy, N., Liu, T., Natrajan, R., Poulsen, S., Robbins, N., & Robinson, P. (2002). The cultural genogram: Experiences from within a marriage and family therapy training program. *Journal of Marital and Family Therapy, 28*(2), 165-178.

Kuehl, B. P. (1995). The solution-oriented genogram: A collaborative approach. *Journal of Marital and Family Therapy, 21*(3), 239-250.

Malott, K. M., & Magnuson, S. (2004). Using genograms to facilitate undergraduate students' career development: A group model. *The Career Development Quarterly, 53*(2), 178-186.

McGoldrick, M., Gerson, R., & Petry, S. (2008). *Genograms: Assessment and intervention* (3rd ed.). New York, NY: W.W. Norton.

McGoldrick, M., Giordano, J., & Garcia-Preto, N. (2005). Ethnicity and family therapy. In M. McGoldrick, J. Giordano, & N. Garcia-Preto (Eds.), *Ethnicity and family therapy* (pp. 1-40). New York, NY: Guilford Press.

McMahon, M., & Patton, W. (2002). Using qualitative assessment in career counselling. *International Journal for Educational and Vocational Guidance, 2*(1), 51-66.

McMillen, J. C., & Groze, V. (1994). Using placement genograms in child welfare practice. *Child Welfare, 73*(4), 307-318.

Moon, S. M., Coleman, V. D., McCollum, E. E., Nelson, T. S., & Jensen-Scott, R. L. (1993). Using the genogram to facilitate career decisions: A case study. *Journal of Family Psychotherapy, 4*(1), 45-56.

Okiishi, R. W. (1987). The genogram as a tool in career counseling. *Journal of Counseling and Development, 66*, 139-143.

Savickas, M. L. (2005). The theory and practice of career construction. In S. D. Brown & R. W. Lent (Eds.), *Career development and counseling: Putting theory and research to work* (pp. 42-70). Hoboken, NJ: Wiley.

Snow, K., Crethar, H. C., Robey, P., & Carlson, J. (2005). Theories of family therapy (Part I). In R. H. Coombs (Ed.), *Family therapy review: Preparing for comprehensive and licensing examinations* (pp. 117-141). Mahwah, NJ: Lawrence Erlbaum.

Thorngren, J. M., & Feit, S. S. (2001). The career-o-gram: A postmodern career intervention. *The Career Development Quarterly, 49*(4), 291-303.

Vernon, W. V. (1983). Family network systems in transgenerational psychotherapy: The theory, advantages and expanded applications of the genogram. *Family Therapy, 10*(3), 219-237.

Watts, C., & Shrader, E. (1998). How to do (or not to do)… The genogram: A new research tool to document patterns of decision-making, conflict and vulnerability within households. *Health Policy and Planning, 13*(4), 459-464.

White, M. B., & Tyson-Rawson, K. J. (1995). Assessing the dynamics of gender in couples and families: The gendergram. *Family Relations, 44*(3), 253-260.

시각적 학습 유형

제**9**장

카드분류

DEBRA S. OSBORN, JULIA E. KRONHOLZ and J. TYLER FINKLEA

1. 도입

카드분류는 1960년대 초반부터 진로 실무자들의 도구함 속에 있는 하나의 자원이 되어 표준화된 진로평가를 보충하기 위해 사용되었다. 질적 진로평가의 한 유형인 카드분류는 개인을 다양한 측면에서 탐색하도록 돕는 독립된 기법으로 고유한 가치를 지니고 있다고 알려졌다. 이 장에서는 먼저 카드분류의 역사적 맥락과 이론적 배경을 알아보고 나서 카드분류에 대한 검토를 살펴보고 마지막으로 진로문제에 대한 카드분류의 영향을 탐색한 연구를 살펴본다.

2. 카드분류의 역사적 · 이론적 배경

역사적으로 카드분류는 1961년에 레오나 타일러(Leona Tyler)가 미국심리학회(American Psychological Association)에서 발표하면서 처음 언급되었다. 기본적인 과정은 다음과 같이 설명되었다. 내담자는 카드를 "선택하지 않을" "선택할" "생각해 보지 않은"이라는 세 더미로 분류한다(p. 195). 그 후 내담자는 처음의 두 더미 각각을 다시 분류하여 선택하고자 하는 이유 또는 선택하지 않고자 하는 이유에 따라서 좀 더 작은 더미로 나눈다. 타일러에 따르면, "이 상황에서 우리가 얻을 수 있는 것은 내담자의 성격에 대한 매우 복잡한 설명이다. 그것은 우리가 일상적으로 사용하는 심리검사 방법으로는 드러나지 않는다"(p. 196). 골드만(Goldman, 1983)에 따르면, 카드분류 활동은 일종의 투사적 기법이다. 그것을 통해 얻을 수 있는 중요한 성과는 직업에 대한 내담자의 정확한 진술이 아니라 그 과정에서 무엇을 얻을 수 있느냐는 것이다. 예를 들어, 핑크니(Pinkney, 1985)는 진로 상담자가 내담자와 함께 특정 직업을 선택하지 않는 이유, 즉 회피된 주제에 대해 토의할 것을 제안하였다. 피터슨과 렌츠(Peterson & Lenz, 1992)는 카드분류를 내담자가 직업세계를 어떻게 조직하는지에 대한 인지적 지도로 사용할 수 있다고 제안하였다. 또한 피터슨(1998)은 카드분류에 참여할 때 내담자가 하는 표현 혹은 분류된 이야기에 진로 상담자가 주의를 기울일 것을 추천하였다. 마지막으로 카드분류에서 탐색할 다른 잠재적 주제는 내담자가 이런 과제에 어떻게 참여하는지를 검토하거나 내담자의 카드분류 속도, 카드를 조직하는 방법, 내담자가 '올바른 수행 중'인지 확인받기 위해 진로 상담자의 확인을 받으면서 활동하려는 태도 여부 등의 과제접근 행동을 관찰하는 것을 포함한다(Osborn & Zunker, 2012). 마지막 결과를 처리하는 측면에서 진로 상담자들은 여러 가지 다양한 선택지를 가지고 추진할 수 있다. 예를 들어, 그들은 내담자에게 각 파일에 이름을 붙이고 설명하도록 요청할 수 있고, 내담자의 경향과 비교해서 중요한 타인이 어떻게 이 카드를 분류할지에 대해 명료화해 보고 더미들은 하위 주제 혹은 순위의 측면에서 재분류해 보는 것 등을 사용할 수 있다.

카드분류는 특정 이론을 표방하지 않는 기법이다. 카드분류는 많은 이론에서 근거를 찾을 수 있다. 예를 들어, 많은 카드분류 기법에서 개인적 특성을 확인하는 과정은 파슨스(1909)의 접근, RIASEC이론(Holland, 1997), 브라운(2002)의 가치기반 접근에서 표현된 가치들 혹은 인지적 정보처리(Cognitive Information Processing: CIP)이론(Peterson, Sampson, Reardon, & Lenz, 2002)의 자기지식 구성과 부합된다. 또한 직업카드분류는 파슨스가 제시한 성공의 조건 혹은 인지적 정보처리이론의 대안 구성에 대한 지식과 부합된다. 직업카드분류 과정과 이후의 논의에서 인지적 정보처리의 중요 요소인 역기능적 사고를 다룰 수 있다. 대화하면서 사회인지 진로이론(Lent & Brown, 2008)의 핵심 요소들인 가족, 사회경제적 지위 혹은 차별 같은 맥락적 이슈뿐만 아니라 직업탐구 등 다음 단계의 진로 결정과 확인을 검토할 수 있다(Osborn & Zunker, 2016).

　이전에 언급한 이론에 덧붙여 내담자와 토론을 강조하는 질적 진로평가처럼 카드분류는 구성주의 진로접근과 자연스럽게 부합한다. 내담자의 흥미와 기술에 대한 객관적인 측정을 강조하는 대신에 내담자가 자극(즉, 카드들)에 투사한 의미와 카드분류 활동 과정을 통해 나타나는 의미의 계속적인 발전에 초점을 맞춘다(McMahon, Patton, & Watson, 2003). 카드분류는 개인을 총체적으로 보는 하나의 틀을 제공한다. 이는 다음과 같이 주의 깊게 구성된 질문을 통해 강조될 수 있다. "당신이 이렇게 분류했는데 각각의 영역에서 필요한 기술이 성장하도록 또는 성장하지 못하게 영향을 미친 것이 무엇인가요?" "당신에게 우선인 가치가 일 이외에 삶의 다른 영역에서 어떻게 나타날 수 있을까요?" "이러한 결과는 당신의 진로이야기에 대해 나와 나눴던 것들과 어떻게 비슷한가요?" 또한 내담자는 만약 당신의 나이가 다섯 살 혹은 열 살이 많다면 혹은 중요한 사람이 당신을 위해 이 카드를 분류한다면 혹은 그들을 막는 장벽이 없다면과 같은 다양한 방식으로 카드를 재분류하도록 지시받을 수 있다. 진로 실무자가 활동을 진행하기 위해 사용할 수 있는 질문은 무수히 많고, 일부는 사용된 카드분류 유형 및 목적과 연결된다. 다음 절에서는 카드분류의 종류를 다룬다.

3. 카드분류 검토

카드는 보통 여러 번 재사용할 수 있는 인쇄용지 같은 내구성 있는 종이에 인쇄된다. 이미 언급했듯이 가치, 홍미, 기술, 성격 유형과 직업 같은 다양한 주제에 대한 매우 다양한 카드분류 방법이 있다. 심지어 카드분류는 사용자가 카드분류가 진행될 때 가치, 홍미, 직업 등에 대해 생각하는 것을 소리 내어 말하는 소리 내어 생각하기를 사용할 수도 있다(Peterson, 1998). 이 방법은 진로 상담자가 사용자의 사고방식과 사용 가능한 추가 질문에 대해 더 잘 이해할 수 있도록 한다. 직업적 고정관념 혹은 부정적 진로사고뿐만 아니라 홍미, 가치 혹은 가족 규칙의 패턴이 나타날 수 있다. 전통적인 종이카드분류 이외에 온라인 혹은 컴퓨터 카드분류는 사용자가 컴퓨터나 다른 온라인 도구를 통해 진로평가 도구에 접근할 수 있도록 한다. 카드분류는 '전형적인 체크박스' 진로평가 도구와 다를 뿐 아니라 카드를 끌어서 장소에 놓는 촉각을 경험할 수 있고, 융통성이 있다는 이점을 가지고 있다(Osborn & Bethell, 2009). 기술을 기반으로 한 카드분류와 전통적인 카드분류 모두 사용이 쉽고 창의적이며 유연한 요소들을 포함한다.

진로 실무자는 특정 지침에 맞도록 자신만의 카드분류를 만들 수 있다. 카드분류는 내담자가 진로 문제를 자세히 살펴볼 때 시각적 경험을 하도록 하는 매우 예술적인 특성을 지닌다. 스스로 창의적인 카드분류를 고안할 수 있는 자유는 진로 상담자에게 진로 상담자 집단의 요구를 토대로 진로대안이나 다른 진로 문제를 정의하도록 해 준다. 아이들과 청소년의 마음을 위해 동물([그림 9-1] 참조)이나 다른 창의적인 요소들을 포함한 카드분류가 매력적인 경험을 제공할 수 있다. 또한 동물 혹은 물체를 사용하면 사람 그림을 사용할 때 드러날 수 있는 성, 인종 혹은 장애에 대한 편견을 없앨 수 있다.

[그림 9-1] 개구리 카드분류 예시

[그림 9-2]는 다양한 직업흥미가 수록된 돌멩이들을 사용해서 진로 상담자가 만든 카드이다. 전통적인 '카드' 형식에서 돌멩이 같은 물체로의 변화는 촉각적 학습 경험을 가지고 인식하게 할 수 있을 것이다.

다른 진로 상담자가 만든 카드분류 예시들은 http://careerresource. coedu.usf.edu/linkteachingtools/examplesoflessonplans.htm에서 찾을 수 있다. 여기에는 "나는 진로결정을 잘한다." 혹은 "나는 내 가치를 말할 수 있다."와 같은 적극적인 진술을 담은 거울들이 있다. 그리고 모자, 신발, 옷 등의 물품들을 제시하고 이 중 어떤 것이 나에게 가장 잘 맞을까에 대해 답하게 한다.

게다가 온라인 카드분류와 컴퓨터보조 진로지도 시스템(Computer Assisted Career Guidance Systems: CACGS) 모두 개인이 카드분류에 참여하도록 하는 디지털 방식을 제공한다. Sigi3(www.sigi3.org)는 가치, 흥미, 성격 유형을 포함한 다양한 주제에 대해 카드를 분류하는 온라인 기반 진로지도이다. 가상카드분류(Virtual Card Sort: VCS; Osborn, 2003)는 온라인 카드분류 경험을 제공하기 위해 고안되었다. 가상 온라인 카드분류의 예시를 http://www. careerplanner.com/Knowdell-Career Values-CardSort.cfm에서 확인할 수

[그림 9-2] 돌멩이 카드분류 예시

있다. 이러한 인터페이스들은 기술적인 요령이 있고 컴퓨터 기반 프로그램과 상호작용하는 것을 즐기는 개인에게 흥미를 줄 수 있다.

1) 잠재적인 내담자 집단 기법의 사용

다양한 집단에서 카드분류 사용에 대한 타당성을 논의할 가치가 있다. 핀크니(1985)는 흥미검사에서 하위 요인 간 점수 차이가 크지 않은 평평한 프로파일이 나타난 내담자와 카드분류를 사용할 것을 제안하였다. 내담자가 카드를 분류하는 동안에 소리 내어 생각하도록 촉진하는 것은 진로 상담자가 내담자의 직업세계에 관한 풍부한 자료를 얻을 수 있도록 하고 내담자의 직업 스키마 구성을 이해하도록 해 준다(Peterson, 1998). 슬래니와 매키넌-슬래니(Slaney & MacKinnon-Slaney, 1990)는 카드분류가 진로 미결정 내담자, 나이가 많은 내담자, 임상적 주의사항이 검토되어야 하는 정신 능력에 제한을 가진 내담자, 어린 내담자, 높은 지적 통제 수준을 지닌 내담자, 표현된 흥미와 측정된 흥미가 다른 내담자를 포함한 다양한 내담자에게 적절한 개입이 될 것임을 확인하였다. 또한 직업카드분류는 진로상담 과정과 관련하여 설득과 승인이 필요한 내담자와 함께 작업할 때 사용하기에 적절하다는 것을 발견하였다.

2) 학습 성과

카드분류 사용의 성과는 진로상담에 긍정적인 경험을 제공할 수 있다. 직업카드분류가 제공하는 성과는 즉각적으로 나타나며, 스트롱 직업흥미검사 같은 공식적인 평가에서 결과를 확인하는 데 요구되는 기간보다 짧다(Croteau & Slaney, 1994). 또한 오스본과 준커(Osborn & Zunker, 2016)는 직업카드가 결과를 즉시 내주는 것에 대한 효과를 언급하였다. 그리고 비용 면에서 효과적이고 적용하기가 쉬우며 다양하게 창의적으로 적용이 가능하다는 다른 장점을 덧붙였다. 피터슨과 렌츠(1992)의 연구에서는 카드분류가 직업지식을 증가시키고 내담자가 어떻게 직업세계를 구조화하는지에 대한 인지지도를 개발하는 데 도움을 주기 위해 사용될 수 있음을 보여 주었다. 또한 피터슨(1998)의 연구 결과는 성숙한 직업지식을 가진 진로 실무자가 카드분류 과정을 더 발전시킬 수 있음을 보여 주었다.

카드분류를 사용한 내담자의 학습 성과는 분류 과정을 통해 드러나기 때문에 좀 더 즉각적일 수 있다. 내담자는 스스로 질문하면서 답할 수 있고, 진로 실무자는 카드분류가 진행될 때 성과를 촉진할 수 있다(Osborn & Bethell, 2009). 예를 들어, 노델(Knowdell, 2005)의 동기화된 기술 카드분류(motivated skill card sort)의 목적은 내담자가 중요한 고용 가능성을 높이는 기술을 확인하고 이 기술을 사용하고자 하는 동기를 가지며 향상될 필요가 있는 기술을 명료화하고, 자신의 진로에서 추구하고자 하는 기술을 확인하도록 돕는 것이다(Fields, 2013). 이 카드분류를 혼자하든 진로 상담자와 함께하든 간에 결과적으로 고용 가능 기술에 대해 학습하게 해 준다. 추가적으로 서버손[Severson(n.d.)]은 VISTa(Value: 가치, Interest: 흥미, Skill: 기술, Trait: 특성) 카드가 내담자에게 분명하지 않은 내면의 목소리를 내담자와 진로 상담자 모두가 이해할 수 있는 방식으로 표현할 수 있게 해 주는 도구라고 언급하였다. 서버손은 내담자와 VISTa 카드를 사용한 경험에서 마침내 그들은 "대부분 삶에서 처음으로 이해받고 가치 있게 느껴져서 충격을 받는다."라고 주장하였다. 요약하면 여러 가지 성과를 제공하고 내담자의 진로 문제를 해결하는 데 도움이 되는 통로를 제공할 수 있는 다양한 종류의 카드분류가 있다.

4. 카드분류를 지지하는 연구 증거

굿맨(Goodman, 1993; Zunker, 2008에서 인용)은 일반적으로 양적 진로평가의 가치 때문에 진로 실무자는 직업카드분류(VCS) 같이 진로상담에서 비표준화된 진로평가의 효과를 간과할 수 있음을 지적하였다. 사실 연구에서는 단독으로 사용하거나 다른 개입의 보조도구로 사용하는 카드분류 사용의 효과성은 지지되었다. 스트롱-캠벨 흥미검사(Campbell, 1974)와 직업카드분류(VCS: Slaney, 1978)의 효과를 비교하는 연구에서 슬래니(1983)는 180명의 진로 미결정 여대생 집단에서 두 가지 처치 모두에서 중간 정도의 효과를 발견하고, 진로결정 수준과 진로개입에 대한 반응 사이의 정적 상관을 언급하였다. 이러한 결과는 스트롱-캠벨 흥미검사와 직업카드분류 모두 진로개입으로 사용될 때 비슷한 효과가 있다는 것을 보여 준다. 직업카드분류는 비교적 저렴하고 기계로 채점할 필요가 없기 때문에 이 연구에서는 직업카드분류가 유망한 진로개입 방법임을 발견하였다.

오스본과 베델(Osborn & Bethell, 2009)은 가상의 카드분류를 포함하여 다양한 측정을 통한 진로평가가 홀랜드 코드와 매칭되는 정도를 탐색하는 연구를 수행하였다. 이 연구에서는 83명의 상담 전공 석사과정 학생들에게 캠벨 흥미와 기술검사(Campbell Interests and Skills Survey: CISS; Campbell, Hyne, & Nilsen, 1992), 진로탐색검사(Self-Directed Search: SDS; Holland, Fritzsche, & Powell, 1997), 플로리다 선택에서의 흥미 프로파일(Interest Profiler from Florida Choices: IP; CHOICES, 2014)과 가상카드분류(Virtual Card Sort: VCS; Osborn & Bethell, 2009)를 실시하였다. 결과에서 진로탐색검사와 가상카드분류는 홀랜드의 첫 코드와 정확하게 81% 매칭된 반면, 캠벨 흥미와 기술검사와 흥미 프로파일의 매칭 정도는 62%로 나타났다. 요약된 코드 중에서 가상카드분류의 첫 글자가 각 검사의 대표 코드 2개에서도 나타나는지 점검했을 때, 진로탐색검사와 가상카드분류는 96% 매칭된 반면, 캠벨 흥미와 기술검사와 흥미 프로파일은 학생들의 가상카드분류 홀랜드 코드의 첫 두 글자에 각각 83%, 82%가 포함되었다. 가상카드분류가 진로탐색검사처럼 홀랜드 코드와 유사한 결과를 나타내기 때문에 오스본과 베델(2009)은 가상카드분류가 진로상담에서 사용하기에 적합한 측정이라고 결론을 내렸다.

또한 피터슨(1998)은 카드분류는 진로 상담자가 내담자의 직업지식에 대한 표상을 평가하도록 돕는 데 유용하다는 것을 발견하였다. 16세의 남성 내담자와 30세의 여성 내담자에게 인지지도(mental mapping) 활동으로 카드분류를 사용하면서 피터슨은 카드분류 활동이 젊은 참여자와 나이 든 참여자 사이의 직업지식 성숙 수준을 구분해 준다는 것을 발견하였다. 그래서 피터슨은 직업카드분류가 발달적으로 적합한 진로개입을 결정하기 위해 사용될 수 있다고 제안하였다. 피터슨(1998)은 직업카드분류가 "진로 실무자와 내담자의 직업지식 수준 및 내담자의 진로포부와 일의 세계에 대한 구성을 연관시키는 방식을 탐색하도록 돕는 효과적이고 효율적이며 실용적인 평가도구"라고 결론을 내렸다(p. 64).

이 활동을 통해 양적 정보를 얻는 것은 어려울 수도 있다는 것을 보여 준

다. 그 이유는 카드분류가 비형식적 또는 투사적 방식으로 기능하도록 개발
되었기 때문이다. 대부분의 직업카드분류에 대한 탐색은 1975~1990년 사
이에 수행되었다. 그러나 초기 연구에서 진로개입으로서 직업카드분류 사용
의 효과성을 지지하고 있으며 이 독특하면서도 비표준화된 검사 도구에 대
한 추가 연구가 필요하다고 제안되고 있다.

5. 결론

카드분류는 진로결정과 연합된 진로탐색과정을 돕기 위해 진로 실무자가
사용할 수 있는 질적 진로평가 도구이다. 카드를 분류하는 동안 내담자가 말
하는 내러티브를 통해 종종 복잡한 진로문제들이 알려진다. 특히 카드분류
의 사용에 대한 다양한 이점을 고려할 때 여전히 진로결정 과정에서 카드분
류 사용에 대한 연구 결과가 매우 부족한데 이 점은 유감스러운 일이다.

참고문헌

Brown, D. (Ed.). (2002). The role of work values and cultural values in occupational choice, satisfaction and success. In D. Brown (Ed.), *Career choice and development* (4th ed., pp. 465-590). San Francisco: Jossey-Bass.

Campbell, D. P. (1974). *Manual for the SVIB-SCII (Form T 435)*. Stanford, CA: Stanford University Press.

Campbell, D. P., Hyne, S. A., & Nilsen, D. L. (1992). *Manual for the Campbell interest and skill survey*. Minneapolis, MN: National Computer Systems.

Croteau, J. M., & Slaney, R. B. (1994). Two methods of exploring interests: A comparison of outcomes. *The Career Development Quarterly, 42*, 252-261.

Fields, J. R. (2013). Knowdell Card Sorts: Career Values Card Sort, Motivated Skills Card Sort, and Occupational Interests Card Sort. In C. Wood & D. G. Hays

(Eds.), *A counselor's guide to career assessment instruments* (6th ed., pp. 481–486). Broken Arrow, OK: National Career Development Association.

Goldman, L. (1983). The vocational card sort technique: A different view. *Measurement and Evaluation in Guidance, 16*, 107–109.

Holland, J. L. (1997). *Making vocational choices: A theory of vocational personalities and work environments.* Odessa, FL: Psychological Assessment Resources.

Holland, J. L., Fritzsche, B. A., & Powell, A. B. (1997). *Self-directed search: The technical manual.* Odessa, GL: Psychological Assessment Resources.

Interest Profiler. (2014). *CHOICES Planner* [computer software]. Oroville, WA: Bridges Transitions, Inc.

Knowdell, R. (2005). *Motivated skills: Card sort card deck.* San Jose, CA: Career Research & Testing, Inc.

Lent, R. W., & Brown, S. D. (2008). Social cognitive career theory and subjective well-being in the context of work. *Journal of Career Assessment, 16*, 6–21. doi: 10.1177/1069072707305769

McMahon, M., Patton, W., & Watson, M. (2003). Developing qualitative career assessment processes. *The Career Development Quarterly, 51*, 194–202.

Oliver, L. W., & Spokane, A. R. (1988). Career-intervention outcome: What contributes to client gain?. *Journal of Counseling Psychology, 35*, 447–462.

Osborn, D. S., & Bethell, D. S. (2009). Using card sorts in career assessment. *Career Planning and Adult Development Journal, 25*, 101–108.

Osborn, D. S., & Zunker, V. G. (2012). *Using assessment results for career development* (8th ed.). Belmont, CA: Cengage.

Osborn, D. S., & Zunker, V. G. (2016). *Using assessment results for career development* (9th ed.). Pacific Grove, CA: Brooks/Cole.

Peterson, G. W. (1998). Using a vocational card sort as an assessment of occupational knowledge. *Journal of Career Assessment, 6*, 49–76.

Peterson, G. W., & Lenz, J. G. (1992). *Using card sorts: A cognitive mapping task.* Unpublished manuscript, Tallahassee, FL.

Peterson, G. W., Sampson, J. P., Jr., Reardon, R. C., & Lenz, J. G. (2002). A cognitive information processing approach to career problem solving and decision making. In D. Brown (Ed.), *Career choice and development* (4th ed., pp. 312-372). San Francisco: Jossey-Bass.

Pinkney, J. W. (1985). A card sort strategy for flat profiles on the Strong–Campbell Interest Inventory. *Vocational Guidance Quarterly, 33*, 331-339.

Severson, C. (n.d.). *VISTa cards*. Retrieved from http://www.vista-cards.com

Slaney, R. B. (1978). Expressed and inventoried vocational interests: A comparison of instruments. *Journal of Counseling Psychology, 25*, 530-539.

Slaney, R. B. (1983). Influence of career indecision on treatments exploring the vocational interests of college women. *Journal of Counseling Psychology, 30*, 55-63.

Slaney, R. B., & Mackinnon–Slaney, F. (1990). The use of vocational card sorts in career counseling. In E. C. Watkins & V. Campbell (Eds.), *Testing in counseling practice* (pp. 317-371). Hillsdale, NJ: Erlbaum.

Tyler, L. E. (1961). Research explorations in the realm of choice. *Journal of Counseling Psychology, 8*, 195-201.

Zunker, V. (2008). *Career, work, and mental health: Integrating career and personal counseling*. Thousand Oaks, CA: Sage.

제**10**장

생애선

−미래로의 여행을 안내하기 위해 실시하는 과거에 대한 시각적 탐색−

ELZETTE FRITZ and GRETHE VAN ZYL

1. 도입

깁슨(Gibson, 2000)에 따르면, 삶에서의 경험은 사건에 대한 해석과 우리가 세상을 인식하는 방법에 대한 정보를 준다. 이 장에서는 먼저 시간선과 생애선을 구별하고, 생애선이 발전되는 과정에 대해 개관한다. 우리는 사례연구를 토대로 진로지도 맥락에서 내러티브 인터뷰와 생애선의 관련성을 논의한다. 우리는 생애선이 미래 결정에 영향을 줄 수 있는 주제를 탐색하기 위해 과거 사건을 구조화하는 데 유용한 질적 진로평가 도구라고 결론을 내린다.

2. 시간선과 생애선의 구별

종종 시간선(timelines)과 생애선(lifelines)의 개념이 동의어로 사용되지만 우리는 개념을 이해하고 구별하기 위해 두 개념을 구분하고자 한다. 사건의 순서를 이해하고 사건에 대한 기억을 탐색하기 위해 경험에 기반하여 시간곡선을 그릴 수 있다. 카렐리(Carelli, 2011)는 다음과 같은 좋은 예시를 제공하였다. 참여자들은 팬터마임에 참석한 후 시간에 따라 팬터마임을 재구성하기 위해서 각 배우의 시간곡선을 그려야 하였다. 반면, 생애선 그리기는 "자서전적 검토(autobiographical review)"를 하기 위해 사람들이 긍정적이든 부정적이든 모든 중요한 사건에 주의를 기울이면서 개인적 인생사를 탐색할 수 있게 해 준다(Fritz & Beekman, 2007, p. 168). 또한 진로지도의 맥락에서 모든 영향요인이 고려될 필요가 있을 때 성장기에 그 사람과 맥락을 만드는 데 참여한 중요한 사람을 고려할 수 있다.

우리의 경험에서 진로선택을 하는 것은 혼돈, 혼란, 불확실, 제한으로 부각된 과거에 의해 종종 복잡해진다. 생애선을 구성하는 것은 가족 패턴과 관계를 생각하면서 사건을 배열하고, 미래로의 여행을 잘 결정하도록 기여하는 강점과 잠재력에 대한 대화의 시작을 도울 수 있다. 그래서 생애선은 진로상담에서 "이야기 접근(storied approach)"(Brott, 2004, p. 190)을 적용하기 위한 가장 유용한 진로평가 도구이다.

3. 생애선 구성하기

생애선을 구성하는 다양한 방식이 있는데, 종종 진로 상담자의 방식과 내담자의 성격에 의해 결정된다. 우리는 가계도와 생애선을 결합하는 것이 가장 유용하다는 것을 발견하였다. 그것은 가족구도에 대한 정보를 제공하며 개인의 발달에 중요한 유전적 특성과 세대를 초월하는 주제에 대한 정보를 제공하기 때문이다. 진로상담의 목적을 위해 가계도를 사용하는 것은 진로 결정 과정에 영향을 줄 수 있는 가족역동 내의 동기적 요인을 탐색하는 데 도움이 된다(Gibson, 2005). 가계도는 가족의 일부분을 형성하는 개인과 개별 가족 구성원의 관계를 나타내는 시각적인 묘사이다. 가족 구성원과 그들의 관계를 묘사하는 데 다양한 상징이 사용될 수 있다(McGoldrick & Gerson, 2008). 제8장에서 가계도를 다루었기 때문에 여기서는 가계도를 그리는 과정을 설명하지 않고 가계도가 어떻게 생애선과 연합하여 사용될 수 있는지에 대해 사례연구를 통해 설명할 것이다.

가계도를 완성한 후에 진로 실무자는 과거가 어떻게 미래에 영향을 주는지와 진로 탐색과 선택을 할 때 내담자의 역사와 과거 경험을 고려할 필요가 있음을 설명하면서 생애선의 개념을 소개할 수 있다. 그람링과 카르(Gramling & Carr, 2004)는 생애선을 개인의 인생 사건을 연대순으로 시각적으로 묘사하고 해석하는 것으로 언급하였다. 생애선에 인생 사건 혹은 결정적 사건을 구조화함으로써(Chope, 2005) 진로 상담자와 함께한 내담자는 이러한 사건이 자신의 진로경로에 어느 정도 영향을 미쳤는지 탐색할 수 있다.

진로상담 회기에서 생애선을 그리는 것은 자신의 삶을 돌아보는 회상 과정을 위해 자극질문과 안내질문이 필요한 내담자에게 유용하다. 생애선을 만드는 데에는 다양한 방법이 있으며 내담자들에게 창의성과 자유가 허락되어야 한다. 생애선을 만드는 기본적인 방법은 A4 용지를 가로로 놓고 가운데의 왼쪽에서 오른쪽으로 수평선을 그리는 것이다. 또 다른 방식은 위에서 아래로 출생부터 현재 연령까지 혹은 현재부터 과거까지로 작업하면서 개인의 삶에서 중요한 사건들을 적는 것이다. 사례예시에서 그려진 선은 연도/연령 혹은 내담자의 연령을 고려한 생애 단계로 나누었다. 내담자는 생애선 위쪽에 긍정적 경험 혹은 강조할 것을 나타내고, 생애선 아래에는 부정적 경험을 나타내도록 안내받는다. 내담자에게 다음과 같이 지시할 수 있다.

당신의 삶에 대한 생애선을 만들어 보세요. 당신의 태아기부터 시작해 봅니다. 출생, 신생아, 초등학교 입학, 중·고등학교 경험, 당신이 현재 있는 초기 성인기까지입니다. 종이를 옆으로 돌려서 중앙에 수평선을 그리면 생애선이 됩니다. 생애선을 연도 혹은 당신의 연령에 따라 구분하세요. 그다음에 당신이 만나게 된 긍정적인 경험과 부정적인 경험이 무엇인지 표시하세요. 좋은 것은 위에, 나쁜 것은 아래에 표시할 수 있습니다.

몇몇 사람은 생애선을 집에서 그린 후 상담실로 가져와서 작업하고 싶어 한다. 이 과정은 생애선을 그리는 면에서 시간이 절약될 수는 있지만, 내담 자가 중요한 장면을 간과할 수 있기 때문에 진로 상담자는 생애선 작업과정 을 서둘러 진행하지 않도록 주의할 필요가 있다. 진로여정과 관련된 중요한 주제를 밝히려는 시도로 생애선에 대한 질문을 통해 이런 것들이 밝혀질 것 이다. [그림 10-1]은 집에서 컴퓨터로 그린 생애선에 대한 예시이다. 생애선 은 다음의 질문을 하면서 탐색될 수 있다.

- 각 사건에서 누가 중요한 역할을 수행했나요?
- 그 사건에서 무엇이 중요한가요?
- 그 사건에서 어떤 감정을 느꼈나요?
- 그 사건이 당신의 인생에 어떤 영향을 미쳤나요?
- 그 사건 때문에 내린 결정이 있다면 어떤 것인가요?
- 생애선을 토대로 확인한 삶의 주제는 무엇인가요?
- 이 주제들이 당신 생애선의 어디에 나타나나요?
- 이 주제들이 한 사람으로서 당신에 대해 전달하는 것은 무엇인가요?
- 이 주제들이 당신 삶의 여정에 어떻게 영향을 미쳤나요?
- 당신의 생애선을 고려할 때 미래에 도움이 될 수 있는 선물 같은 요소는 무엇인가요?

내담자와 생애선을 탐색한 후 진로 실무자는 미래에 대한 불확실성이나 낮은 자존감 등 미래 진로결정의 방해 요소를 재구성하기 위해 무엇을 해야 하는지 내담자가 검토하도록 안내할 수 있다(Chope, 2005). 이때 내담자는 미래의 생애선을 구성하기 위해 확인된 주제와 선물을 고려하도록 요청받는

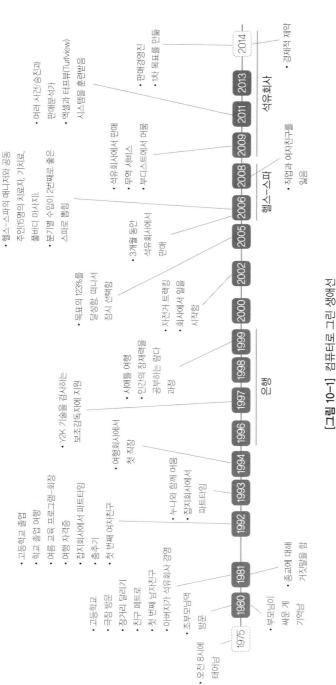

[그림 10-1] 컴퓨터로 그린 생애선

시각적 학습 유형

다. 진로 실무자는 초기 생애선에서 확인된 주거, 교육, 일 혹은 어떤 뚜렷한 주제 같은 요인에 내담자가 특별히 주의를 기울이도록 하면서 이 과정을 구조화할 수 있다. 톰슨과 홀랜드(Thomson & Holland, 2002)는 내담자에게 특정 구성 형식을 제공함으로써 미래의 생애선을 구성하는 동안에 내담자로부터 구체적인 반응을 얻을 수 있다는 것을 발견하였다. 미래의 생애선은 내담자가 미래에 진로포부의 성취도를 높일 수 있는 현실적인 목표를 수립하도록 도울 것이다.

펠릭스에 대한 사례연구는 가계도와 생애선이 진로궤적을 탐색하는 데 어떻게 활용될 수 있는지를 보여 줄 것이다.

4. 펠릭스의 사례

펠릭스(Felix)는 30세로 미래 진로전망을 탐색하는 시기에 있다. 가계도를 다룰 때 펠릭스는 네 명의 자녀 중 둘째라고 설명하였다. 그에게는 다섯 살 많은 형이 있고 네 살과 여섯 살 어린 여동생이 있다. 펠릭스는 가족이 서로 친밀한데, 특히 아버지 쪽 가족과 친밀하고 애정 어린 관계를 맺고 있다고 하였다. 그는 짐바브웨의 시골 마을의 부추장인 소나(Shona; 짐바브웨의 주류이고, 민족 집단을 지배하고 있음) 가문 출신이다. 5세까지 근심이 없었고, 평야에서 사촌들과 놀았던 기억이 있다([그림 10-2] 참조). 그 지역의 토속어는 소나어였다.

다섯 번째 생일 직후, 아버지가 산업체에서 설비기술자와 선반공으로 일했기 때문에 가족은 시골 마을에서 도시 지역사회로 이사를 했다. 펠릭스는 그의 확대 가족과 분리되는 어려움을 경험하였다. 그 도시 지역사회에는 주로 은데벨레(Ndebele) 부족이 살고 있었는데, 은데벨레 부족은 소나 부족과 민족적 경쟁의 역사를 가진 짐바브웨에서 두 번째로 큰 민족 집단이었기 때문에 결국 펠릭스와 그의 가족은 외면을 받았다. 그는 6세 때 초등학교에 입학하여 낯선 언어를 학습해야만 한다는 사실에도 불구하고, 학교에서 수업 매체인 영어를 잘했다. 그러나 교사의 질문에 너무 오랫동안 대답을 하지 못하면 신체적 처벌을 받는다는 사실 때문에 수학은 어려웠다. 그렇지만 펠릭스는 수학 역시 그럭저럭 잘했다.

　펠릭스는 13세 때 고등학교에 진학하여 자발적으로 기숙학교에 입학했다. 막내 여동생과 특별한 유대관계를 가지고 있어서 그는 막내 여동생이 정말 그리웠다. 가족으로 돌아간 몇 년 후 사립학교에 입학했다. 그는 프랑스어, 문학, 역사를 잘했고 정규 고등학교 과정의 마지막 두 학기 동안 과학, 상업, 예술, 디자인을 배울 수 있었다. 졸업까지 2년을 남겨 둔 진로의 날 행사에서 그는 사업과 상업에 관한 이야기에 참석하였고, 진로로 이 분야가 마음에 들었다. 그러나 선생님은 그가 학교에서 뛰어났기 때문에 과학 분야로 진로를 선택하도록 강요하였다. 사업 쪽 진로는 과학 분야의 진로보다 열등하다고 여겼다. 졸업을 1년 앞두고 영어 시험을 앞둔 어느 날, 그의 아버지가 갑자기 돌아가셨다. 그럼에도 불구하고 펠릭스는 시험을 보았지만, 낮은 점수를 받아서 영어 점수를 향상시키기 위해 일 년을 다시 공부할 것을 권유받았다. 아버지의 죽음 이후 펠릭스의 어머니와 여동생들은 불라와요(Bulawayo, 짐바브웨의 남서부 도시)와 가까운 곳으로 이사하였고, 펠릭스는 마지막 1년을 다시 공부하기 위해 가족과 헤어졌다. 그 당시 그의 나이는 17세였다. 결국 전기기술 자격을 얻는 3년제 대학에 입학하였다. 기계공이던 그의 형은 짐바브웨의 상황이 불안정해서 좀 더 나은 직장을 얻으려고 2008년에 남아프리카로 이동하였다. 그해에 펠릭스의 어머니도 돌아가셨다.

　곧 펠릭스도 남아프리카에서 직장을 얻기 위해 국경을 건넜다. 그는 남아프리카의 시민권을 얻기 위해 고군분투해야 한다는 사실과 그의 자격이 남아프리카에서 인정되지 않는다는 것을 생각하면서 트럭 운전사와 시간제 근무자로 일하였다.

　2010년과 2012년에 펠릭스의 두 여동생도 남아프리카로 와서 일자리를 찾았다. 두 여동생은 접수원과 행정보조로 일했다. 펠릭스에게 전환점이 된

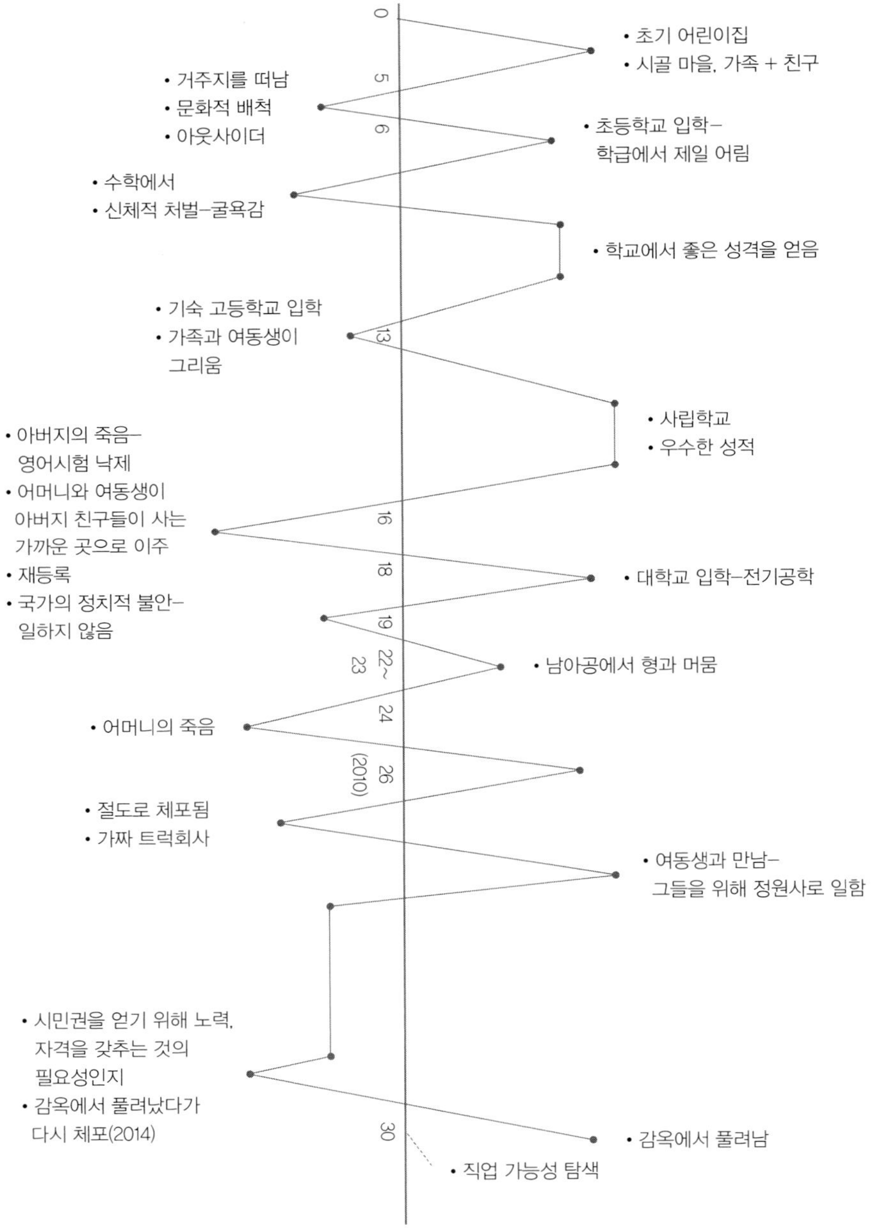
0
5
6
13
16
18
19
22~23
24
26 (2010)
30
• 초기 어린이집
• 시골 마을, 가족 + 친구
• 거주지를 떠남
• 문화적 배척
• 아웃사이더
• 초등학교 입학–
학급에서 제일 어림
• 수학에서
• 신체적 처벌–굴욕감
• 학교에서 좋은 성격을 얻음
• 기숙 고등학교 입학
• 가족과 여동생이
그리움
• 사립학교
• 우수한 성적
• 아버지의 죽음–
영어시험 낙제
• 어머니와 여동생이
아버지 친구들이 사는
가까운 곳으로 이주
• 재등록
• 국가의 정치적 불안–
일하지 않음
• 대학교 입학–전기공학
• 남아공에서 형과 머뭄
• 어머니의 죽음
• 절도로 체포됨
• 가짜 트럭회사
• 여동생과 만남–
그들을 위해 정원사로 일함
• 시민권을 얻기 위해 노력,
자격을 갖추는 것의
필요성인지
• 감옥에서 풀려났다가
다시 체포(2014)
• 감옥에서 풀려남
• 직업 가능성 탐색

[그림 10-2] 펠릭스의 생애선

사건은 2010년 이른바 트럭을 훔쳐서 체포되었을 때였다. 그도 모르게 그는 외국인 트럭 운전사를 채용하여 지시에 따라 트럭을 지정된 하차 장소로 가지고 간 후 그곳에 두고 가게 하는 유령회사에 고용되었다. 이러한 경험으로 인해 펠릭스는 환멸을 느꼈고 직장을 의심하며 경계해야 한다는 것을 배웠다. 그는 무죄를 증명하기 위해 4년간 씨름하였지만 영장이 소멸되지 않았기 때문에 2014년에 다시 체포되었다. 감옥에서 거의 3주를 보낸 후 범죄 기록도 사과도 없이 풀려났다. 결국 사람에 대한 그의 믿음은 낮아졌다.

펠릭스의 미래 진로궤적에 대한 도전은 외국인 혐오에 맞서서 남아프리카의 시민권을 얻는 데 있고 또한 그의 짐바브웨의 자격을 인정받는 것이다. 미등록 연수기관에 대한 환멸을 경험한 후 자격을 갖추기 위해 상업과 전자학 학위과정과 단기 학습 프로그램 관련 대학 과정을 시작하였다.

1) 펠릭스의 생애선에 대한 논의

펠릭스와 가계도 및 생애선 작업을 하면서 그가 더 나은 삶을 위해 노력하도록 하는 상당한 탄력성과 긍정적인 관점을 소유하고 있다는 것이 명확해졌다. 그는 가족을 소중하게 여겼으며, 지역사회에 봉사하기를 원했다. 부모를 잃은 것은 재앙이었지만, 그는 체포된 경험이 삶의 전환점이라고 확인하였다. 이전에 그는 순진했고 너무 믿었다. 그의 경험은 그에게 신뢰하는 사람을 조심하라고 가르쳤다. 그는 이전보다 남아프리카에서 시민권을 얻기 위한 요구 조건을 충족시키고 평판 좋은 직업을 얻기 위해 좀 더 단호해졌다. 또한 남아프리카에서 자신을 지지해 주고, 자신이 신뢰할 수 있는 소중한 관계를 만들어야 함을 깨달았다. 생애선은 감각과 사고에 지배를 받는 외향적이라는 그의 성격 프로파일을 확인해 준다. 그는 실제로 참여하는 것을 즐겼고 그가 남아프리카에서 생계를 유지하도록 하는 자산이 되었다. 생애선에서 지배적인 주제는 이주와 외부인으로서 적응하는 것이었다. 펠릭스는 아동기에 이웃 도시와 학교를 옮기면서 주변인이 되어 극복해야만 했던 경험이 본질적으로 남아프리카에서의 그의 삶을 준비시켰다고 하였다. 그는 자신의 발자취에 대해 생각할 수 있었고, 대안을 추구하려는 그의 의지는 요하네스버그와 프리토리아의 제3의 기관에서 특히 전자학과 상업 분야에서의 학업을 탐색할 수 있게 하였다.

5. 결론

생애선은 진로탐색을 위한 접근으로서 과거 사건이 개인의 현재와 미래의 삶을 어떻게 만드는지 생각하면서 과거 사건에서 만든 개인적 의미에 집중한다. 그래서 우리는 스티브 잡스의 말에 동조한다(Jackson, 2011, para. 13).

앞날을 생각하면 점들을 연결할 수 없다. 단지 되돌아보면서 점들을 연결할 수 있다. 당신은 점들이 어떻게든 미래와 연결될 것이라고 믿어야만 한다.

진로탐색에 대한 포스트모더니즘적 패러다임 내에서 생애선 사용은 내담자가 그의 삶의 이야기를 공동구성하는 데 적극적인 주도자가 되도록 권한을 부여한다(Maree, Bester, Lubbe, & Beck, 2001).

이 장에서는 생애선 사용을 통해 내담자의 삶에서 중요한 사건들이 진로궤적과 미래 결정에 미치는 영향을 고려하면서 그것이 어떻게 탐색되는지를 보여 주었다. 생애 이야기는 풍부하고 복잡한 정보로 매우 촘촘하게 짜여 있어서 내담자가 삶으로부터 의미를 만들도록 해 준다. 이 점을 독자에게 상기시키면서 맺고자 한다. 생애선 사용은 중요한 사건을 담고 있는 이야기 순서를 더 잘 탐색하고 이 사건이 미래 진로경로에 미칠 수 있는 영향을 탐색하기 위해 내담자와 진로 실무자 모두가 촘촘하게 짜인 이야기를 구성하도록 도울 수 있다.

참고문헌

Brott, P. E. (2004). Constructivist assessment in career counselling. *Journal of Career Development, 30*, 189-200.

Carelli, M. G. (2011). Timelines of past events: Reconstructive retrieval of temporal patterns. *Advances in Cognitive Psychology, 7*, 49-54.

Chope, R. C. (2005). Qualitatively assessing family influence in career decision making. *Journal of Career Assessment, 13*(4), 395-414.

Fritz, E., & Beekman, L. (2007). Engaging clients actively in telling stories and actualizing dreams. In K. Maree (Ed.), *Shaping the story: A guide to facilitating narrative counselling*. Pretoria, South Africa: Van Schaik.

Gibson, D. M. (2000). Narrative strategies in career education. *Australian Journal of Career Development, 9*(1), 35-39.

Gibson, D. M. (2005). The use of genograms in career counseling with elementary, middle and high school students. *The Career Development Quarterly, 53*, 353-362.

Gramling, L. F., & Carr, R. L. (2004). Lifelines: A life history methodology. *Nursing Research, 53*(3), 207-210.

Jackson, E. (2011). *The top ten lessons Steve Jobs taught us. Forbes*. Retrieved from http://www.forbes. com/

Maree, J. G., Bester, S. E., Lubbe, C., & Beck, G. (2001). Postmodern career counselling to a gifted black youth: A case study. *Gifted Education International, 15*(3), 325-339.

Thomson, R., & Holland, J. (2002). Imagined adulthood: Resources, plans and contradictions. *Gender and Education, 14*(4), 337-350.

시각적 학습 유형

제**11**장
생애설계 가계도

ANNAMARIA DI FABIO

1. 도입

포스트모더니즘의 사회는 점점 복잡해지고 동시에 불안정해지고 있으며 직업세계는 점점 변화되고 있다(Savickas, 2011). 직업과 삶의 경로를 구성하는 것은 점차 개인의 손에 의존하게 되었다(Savickas, 2011). 21세기의 진로상담은 이야기 접근을 받아들이는 쪽으로 변화해야만 한다(Di Fabio, 2010, 2012, 2013, 2014a; Di Fabio & Bernaud, 2014; Di Fabio & Maree, 2012, 2013a, 2013b; Hartung, 2013; Maree, 2007; McMahon, 2008, 2010; McMahon & Patton, 2002; McMahon, Patton, & Watson, 2003; McMahon & Watson, 2012; Rehfuss & Di Fabio, 2012; Savickas, 2005, 2013; Watson & McMahon, 2014). 개인이 자신의 이야기를 하도록 하는 새롭고 타당하며 효과적인 진로 평가와 개입의 필요성이 대두되고 있다(Savickas, 2005). 진로구성이론(Savickas, 2005, 2011), 생애구성이론(Guichard, 2013), 생애설계 가계도(Di Fabio, 2014b)를 토대로 21세기를 위한 질적 진로 평가와 개입이 개발되었다.

가계도는 가족치료 분야에서 개발되었고(Bowen, 1978), 가족 구성원이 세대 간 가족의 영향을 이해하는 것을 돕기 위해 사용되고 있다. 일반적으로 가계도는 가족 역동을 나타내는 묘사와 그림을 그리면서 수행된다(Thorngren & Feit, 2001). 또한 가계도는 진로개입에 사용될 수 있는 질적 진로평가이다(McGoldrick & Gerson, 1985). 진로선택에 적용하는 진로 가계도는 보웬의 연구를 적용하여 직업 선택에 관한 정보를 수집하기 위한 것이다(Dagley, 1984; Gysbers & Moore, 1987; Okiishi, 1987). 가계도는 내담자가 그리는 동안 적극적인 역할을 맡을 수 있게 해 주는 질적 진로평가이다(McMahon, 2008). 최근의 가계도는 내담자가 진로상담에서 자신의 삶과 진로주제를 확인하고 자신의 이야기를 하도록 돕는 포스트모더니즘의 질적 기법이다(Gysbers, Heppner, & Johnston, 2009). 진로가계도는 개인의 삶에 과거 사건을 통합하도록 해 줌으로써 자기계발을 위해 사용될 수 있다(Gysbers & Henderson, 2000). 현재를 좀 더 이해하고 미래를 고안하기 위해 진로 가계도는 사람들이 과거를 현재에 연결하도록 해 준다(Alderfer, 2004). 이 장의 목표는 생애설계 가계도를 설명하고 사례연구를 통해 가계도 적용 방법을 잘 이해하도록 돕는 것이다.

2. 진로구성 가계도

최근에 나타난 진로구성 가계도(Di Fabio, 2012)는 새롭게 강화된 진로 가계도(Di Fabio, 2010)를 기반으로 개발된 포스트모더니즘의 진로평가 도구이다. 내러티브 이론의 원리를 기초로 개인의 역량을 강화하기 위한 진로개입을 할 때 사용할 수 있다. 이러한 관점에서 가계도는 개인이 자신의 이야기를 하도록 목소리를 부여하는 구조를 제공할 수 있다(Di Fabio & Palazzeschi, 2013; Rehfuss, 2009). 내러티브 평가와 개입은 진로구성 이론을 토대로 하며 진로상담을 찾는 내담자들은 할 이야기를 가지고 있고, 진로 실무자가 새로운 이야기의 공동 저자가 되어 주기를 원한다는 이론적 관점에 기초한다(Savickas, 2005, 2011). 이 관점에서 보면 자기(self)는 특성을 열거하는 것만으로는 이해할 수 없는 하나의 이야기이다. 자기는 독특하기 때문이다(Savickas, 2005). 그래서 과거부터 현재에 이르는 맥락의 영향과 관계의 주관성과 복잡성은 내담자의 미래 이야기를 설계하는 데 필수적이다.

3. 생애설계 가계도

진로구성 가계도(Di Fabio, 2012)가 진화되고, 21세기 진로이론의 개념적 발전에 영감을 받아 생애설계 가계도(Di Fabio, 2014b)가 나타났다. 질적 진로 평가와 개입은 진로구성 가계도를 포함한 이전의 두 가지 가계도 유형에 토대를 둔다(Di Fabio, 2012).

두 번째 가계도는 자기구성이론(Guichard, 2005)에 근거하며, 생애구성이론(Guichard, 2013)과도 관련되는 생애설계 가계도(Di Fabio, 2014b)이다. 생애설계 가계도는 포스트모더니즘 사회의 복잡성에 뿌리를 내리고 있고, 개인이 과거부터 현재와 미래의 이야기를 사용하여 각기 다른 삶의 경험들을 연결함으로써 자신을 통합하도록 돕는다. 이 관점은 개인이 삶을 이해하고, 의미를 부여하고, 진정한 의도를 토대로 미래의 계획을 수립하도록 해 준다(Di Fabio, 2014c).

생애설계 가계도에서는 진로구성 가계도의 진로와 생애구성 가계도에서의 생애에 초점을 두면서 각각의 가족 구성원을 깊이 생각해서 세부적으로 표현하게 한다. 성찰 공식은 다음과 같다. ① 보석상자: 가계도에 나타난 각 사람의 꿈과 포부, ② 거울: 자기가 기술하는 특성과 타인이 보는 특성을 모두 적기, ③ 편지: 다음 세대로 명시적으로 전달된 메시지, ④ 기록하기: 윗세대의 각 사람이 내담자에게 전해 준 모토와 내담자의 모토, 그 모토에는 암묵적 비전이 암시되어 있다. 가족 구성원에 대해 주의 깊게 성찰하다가 끝

무렵에 내담자는 부계와 모계 쪽 각각의 직업과 생애 모토를 확인한다. 내담자는 이 단계 이후에 주의 깊게 성찰하고, 자신의 직업 모토와 생애 모토를 만들기 위해 작업한 모든 것을 읽는 시간을 갖는다. 이어서 내담자는 두 가지 개인적 모토가 가족의 자극과 일치하는지 다른지, 왜 그런지에 대해 생각한다. 자신의 삶을 만들기 위한 강력한 인식을 토대로 미래를 구성하기 위해 내담자는 부모의 직업과 생애 모토로부터 자신이 받은 영향을 확인할 수도 있고 거리를 둘 수도 있다. 사비카스(2011)에 따르면, 모토는 자신의 진로와 삶의 다음 장을 구성하는 것을 돕는다는 측면에서 개인이 자신의 미래로 나아가도록 해 주는 가장 좋은 충고이다.

생애설계 가계도는 자신의 삶을 구성하기 위한 이야기 접근으로, 21세기 전환기와 도전에 직면한 고등학생, 대학생, 재직자, 실업자 등 다양한 집단에 사용될 수 있다. 생애설계 틀에서 개인은 자신의 직업과 삶의 경로를 선택하기보다는 구성하도록 요청받는다(Savickas, 2011). 이 관점에서 개인은 의도적으로 자신의 정체성에 대한 인식을 개발할 필요가 있다(Di Fabio, 2014b, 2014d). 생애설계 가계도는 인식 개발에 구체적으로 도움이 될 수 있다. 생애설계 가계도는 개인은 물론 집단에서도 사용될 수 있다(Di Fabio & Maree, 2012). 이러한 혁신적인 방법은 전통적인 의미에서 집단 작업이 아니다. 집단 구성원은 개인 심리상담의 참여자로서 생각되지만, 동시에 개입 없이 다른 집단 참여자의 이야기를 들을 수 있는 기회를 얻는다. 청중으로서 그들은 자신의 개인적 성찰을 위해 촉진자와 청중인 다른 참여자와 함께 개인 작업을 진행할 수도 있다. 집단의 힘은 더 많은 내담자가 개인상담보다 비싸지 않게 서비스에 접근할 수 있도록 해 준다.

4. 사례연구

이 사례연구는 내담자가 부계와 모계에서 물려받은 직업과 생애에 대한 관점을 명료화하도록 하고, 그에 따라 자신의 직업과 생애 모토를 정교화하는 데 생애설계 가계도가 유용한지 탐색하기 위한 것이다. 개인적인 정교화는 내담자가 다음 장에서 펼쳐질 자신의 삶의 이야기에서 직업적·개인적 경로를 구성하는 데 도움이 되는 의미를 찾을 수 있게 해 준다.

1) 내담자의 배경 정보와 맥락

프란체스카(가명)는 피렌체 대학교에서 화학과 제약공학을 전공하는 졸업반 학생이다. 그녀는 직업세계로 전환하는 데 도움이 되는 생애설계 상담에 참여하라는 요청을 받았다. 프란체스카는 24세이며 남부 이탈리아의 작은 마을 출신으로 그녀의 가족은 아직도 거기에 살고 있다. 이탈리아 직업시장의 특징인 불안정과 경제적 위기는 특히 남부 이탈리아 지역에서 좀 더 뚜렷하다(Fletcher, 2013).

프란체스카는 학교를 졸업한 뒤에 무엇을 할지 결정하지 못했다. 한편으로 플로렌스에 남아서 인턴십을 하려는 마음도 있지만, 한편으로는 자신을 그리워하는 고향으로 돌아가고 싶기도 하다.

2) 질적 진로평가와 개입

총 5회기의 내러티브 생애설계 상담을 받는 동안에 생애설계 가계도를 실시하였다. 회기당 시간은 한 시간이었다. 프란체스카는 연구에 참여하는 동안에 불편하지 않도록 보호를 받았다. 사전에 연구 참여를 동의하였고 비밀유지에 대한 약속을 받았다. 추가로 프란체스카는 생애설계 상담개입 중에 생애설계 상담자에게 피드백을 받았다.

3) 생애설계 가계도 사례에 대한 토의

프란체스카의 생애설계 가계도를 분석하면서 처음으로 나타난 두드러진 측면은 그녀 부모의 가계도에 포함된 직업과 생애 모토였다. 부계의 직업 모토는 "직장은 사회 속에서 입지를 갖도록 해 줄 것이다."이고, 모계의 직업 모토는 "네가 하는 일에서 항상 즐거움을 발견하려고 노력하라."이다. 부계의 생애 모토는 "관계의 영향이 가장 중요한 것이다."이고, 모계의 생애 모토는 "첫째가 가족이고 그다음이 일이다."이다. 부계와 모계에서 나온 직업과 생애 모토의 가치와 의미를 성찰하면서 프란체스카는 "매일 새로운 어떤 것을 발견하기 위해 일하라."라는 개인적 모토를 정교화하였다.

이후 프란체스카는 "네가 어디에 있든지 근본을 잊지 마라."라는 개인적인 생애 모토를 정교화하였다. "당신이 생애설계 가계도에서 기억할 만한 것을 추출한다면 무엇입니까?"라는 마지막 자극을 통해 프란체스카는 자신의 개인적 직업 및 생애 모토를 정교화하고 깊이 성찰하였으며 이 모토가 그녀 부모의 모토와 어떻게 일치하고 혹은 어떻게 다른지 성찰하였다. 프란체스카는 자신의 개인적 직업 모토는 정말 좋아하는 일을 하는 것의 중요성을 강조하는 모계와 가깝다는 것을 강조하였다. 또한 사회적 지위와 소속이라는 부계와 관련된 주제가 자신과는 완벽하게 맞지 않는다는 점을 강조하였다.

프란체스카는 부모의 직업 모토와 관련하여 자신의 개인적 직업 모토를 혁신(innovation)으로 인식하였다. 구체적으로 항상 새로운 것을 발견하고자 하는 강한 욕구와 호기심이 그녀의 특징이다. 이 요소를 토대로 프란체스카는 화학과 제약공학을 공부하려는 선택이 직업에서 지속적으로 새로운 것을 탐색하고자 하는 그녀의 깊은 흥미와 어떻게 일치하는지를 좀 더 깊이 인식하게 되었고, 이것은 다음 직업 단계의 측면을 명확하게 하였다.

개인적 생애 모토와 관련하여 프란체스카는 부계와 모계 모두에서 애정과 가족의 중요성이 강조되었음을 인식하였다. 그러나 그녀를 향한 최상의 조언은 가족의 중요성을 잊지 않으면서도 가족으로부터 물리적으로는 거리를 두어야 한다는 것도 인식하였다. 프란체스카는 가족을 버리거나 그들과의 정서적 유대를 버리려는 의도는 없지만, 실현 가능하고 계속 성장할 수 있는 독립적인 삶을 위해 멀리서도 정서적인 애착을 유지할 수 있다는 것을 느꼈다. 또한 프란체스카는 그녀의 삶과 동시에 전문적인 성취에 초점을 맞추는 것이 중요하다고 생각하기 때문에 모계 쪽 생애 모토로부터 일부 거리를 유지하고 싶어 한다는 것을 성찰했다. 이 성찰은 원가족과 그녀가 만들고자 하는 새로운 가족을 무시한다는 것을 의미하지는 않는다. 오히려 그녀에게는 연구하고 발견하려는 욕구가 있고 일이 삶에서 필수적이라고 느끼기 때문에 가족과 일의 균형이 중요하다. 이 성찰은 프란체스카가 진정한 자아와 접촉하도록 해 주었다(Di Fabio, 2014b, 2014d).

5. 결론

질적 진로평가와 개입으로서 생애설계 가계도를 적용한 이 사례연구의 결과는 사비카스(2005, 2010)와 귀차드(Guichard, 2005)의 연구에 나타난 생각과 일치한다. 이 연구들에서는 개인이 미래를 만들기 위해 자신의 이야기를 구성하는 계속적인 과정과 과거에서 현재로의 성찰을 통한 자기구성 내러티브 과정을 높이 평가하였다(Savickas, 2011). 관계적 관점(Blustein, 2011)뿐만 아니라 예방적 관점(Kenny & Hage, 2009)에서 생애설계 가계도는 새로운 의도적인 정체성 인식과 진정한 자아(Di Fabio, 2014c, 2014d)를 토대로 원가족에서 나온 정보를 직면하고 재조직함으로써 미래를 위한 새롭고 진정한 직업 및 개인적 장의 구성을 촉진할 수 있다. 그러므로 점수에서 이야기로의 이행을 깨닫는 것의 중요성을 강조하는 내러티브 틀에서 생애설계 가계도는 유망한 질적 진로평가 도구이다(McMahon, 2008, 2010; McMahon & Patton, 2002).

참고문헌

Alderfer, C. (2004). A family therapist's reaction to the influences of the family of origin on career development: A review and analysis. *The Counseling Psychologist, 32*, 569-577.

Blustein, D. L. (2011). A relational theory of working. *Journal of Vocational Behavior, 79*, 1-17.

Bowen, M. (1978). *Family therapy in clinical practice*. New York, NY: Aronson.

Dagley, J. (1984). *A vocational genogram*. Unpublished manuscript, University of Georgia, Athens, United States of America.

Di Fabio, A. (2010). Life designing in 21st century: Using a new, strengthened career genogram. *Journal of Psychology in Africa, 20*, 381-384.

Di Fabio, A. (2012). Evaluation of the effectiveness of the new career construction genogram. *Cypriot Journal of Educational Sciences, 7*, 287-297.

Di Fabio, A. (2013). Applying career construction in group-based contexts with adults. In A. Di Fabio & J. G. Maree (Eds.), *Psychology of career counseling: New challenges for a new era. Festschrift in honour of Mark Savickas* (pp. 83-99). New York, NY: Nova Science.

Di Fabio, A. (2014a). *Comparaison des approches qualitatives et quantitatives permettant d'évaluer l'efficacité de dispositifs du nouveau paradigme "construire sa vie". [Comparison of qualitative and quantitative approaches to evaluate the effectiveness of devices of the new "Life Designing" paradigm]*. Toulouse, France: Octares.

Di Fabio, A. (2014b). Constructing my future purposeful life: A new life construction intervention. In A. Di Fabio & J.-L. Bernaud (Eds.), *The construction of the identity in 21st century: A festschrift for Jean Guichard*. New York, NY: Nova Science.

Di Fabio, A. (2014c). Due meta-competenze chiave narrative per la nuova consapevolezza identitaria purposeful nel XXI secolo [Two key narrative meta-competences for the new, purposeful identitarian awareness in the 21st century]. *Giornale Italiano di Ricerca e Applicazioni, 7*, 133-141.

Di Fabio, A. (2014d). The new purposeful identitarian awareness for the twenty-first century: Valorize themselves in the life construction from youth to adulthood and late adulthood. In A. Di Fabio & J.-L. Bernaud (Eds.), *The construction of the identity in 21st century: A festschrift for Jean Guichard insert* (pp. 157-168). New York, NY: Nova Science.

Di Fabio, A., & Bernaud, J.-L. (Eds.) (2014). *The construction of the identity in 21st century: A Festschrift for Jean Guichard.* New York, NY: Nova Science.

Di Fabio, A., & Maree, J. G. (2012). Group-based life design counseling in an Italian context. *Journal of Vocational Behavior, 80,* 100-107.

Di Fabio, A., & Maree, J. G. (Eds.) (2013a). Psychology of career counseling: New challenges for a new era. *Festschrift in honour of Mark Savickas.* New York, NY: Nova Science.

Di Fabio, A., & Maree, J. G. (2013b). Career construction and life design: Heralding a new beginning to career counseling in the 21st century. In A. Di Fabio & J. G. Maree (Eds.), *Psychology of career counseling: New challenges for a new era. Festschrift in honour of Mark Savickas* (pp. 1-13). New York, NY: Nova Science.

Di Fabio, A., & Palazzeschi, L. (2013). Investigating the usefulness of the career construction genogram for the 21st century: A case study. In A. Di Fabio & J. G. Maree (Eds.), *Psychology of career counseling: New challenges for a new era. Festschrift in honour of Mark Savickas* (pp. 131-147). New York, NY: Nova Science.

Fletcher, N. (2013). Eurozone manufacturing growth slips in September: PMI indices fall back from highs but analysts say recovery seems to be stabilising. *The Guardian: Market Forces Live Blog.* 1 October 2013. Retrieved from http://www.theguardian.com/business/marketforceslive/2013/oct/01/ eurozone-manufacturing-slips

Guichard, J. (2005). Life-long self-construction. *International Journal for Educational and Vocational Guidance, 5,* 111-124.

Guichard, J. (2013, September). *Which paradigm for career and life designing interventions [is] contributing to the development of a fairer world during the 21st century?*. Lecture presented at the IAEVG International Conference, Montpellier, France.

Gysbers, N., & Henderson, P. (2000). *Developing and managing your school guidance program* (3rd ed.). Alexandria, VA: American Counseling Association.

Gysbers, N. C., Heppner, M. J., & Johnston, J. A. (2009). *Career counseling: Contexts, process and techniques*. Alexandria, VA: American Counseling Association.

Gysbers, N. C., & Moore, E. J. (1987). *Career counseling: Skills and techniques for practitioners*. Englewood Cliffs, NJ: Prentice-Hall.

Hartung, P. J. (2013). Career as story: Making the narrative turn. In W. B. Walsh, M. L. Savickas, & P. J. Hartung (Eds.), *Handbook of vocational psychology* (4th ed., pp. 33-52). New York, NY: Routledge.

Kenny, M. E., & Hage, S. M. (2009). The next frontier: Prevention as an instrument of social justice. *The Journal of Primary Prevention, 30*, 1-10.

Maree, J. G. (Ed.). (2007). *Shaping the story: A guide to facilitating narrative career counseling*. Pretoria, South Africa: Van Schaik.

McGoldrick, M., & Gerson, R. (1985). *Genograms in family assessment*. New York, NY: W. W. Norton.

McMahon, M. (2008). Quality career assessment: A higher profile in the 21st century?. In J. A. Athanasou & R. Esbroeck (Eds.), *International handbook of career guidance* (pp. 587-601). Dordrecht, The Netherlands: Springer.

McMahon, M. (2010). Career counseling and storytelling: Constructing a 21st narrative for practice. In H. Ohlsson & H. Borg (Eds.), *Career development* (pp. 1-23). New York, NY: Nova Science.

McMahon, M., & Patton, W. (2002). Using qualitative assessment in career counselling. *International Journal for Educational and Vocational Guidance, 2*, 51-66.

McMahon, M., Patton, W., & Watson, M. (2003). Developing qualitative career assessment processes. *The Career Development Quarterly, 51*, 194-202.

McMahon, M., & Watson, M. (2012). Telling stories of career assessment. *Journal of Career Assessment, 4*, 440-451.

Okiishi, R. W. (1987). The genogram as a tool in career counseling. *Journal of Counseling and Development, 66*, 139–143.

Rehfuss, M. C. (2009). The future career autobiography: A narrative measure of career intervention effectiveness. *The Career Development Quarterly, 58*, 82–90.

Rehfuss, M. C., & Di Fabio, A. (2012). Validating the future career autobiography as a measure of narrative change. *Journal of Career Assessment, 20*, 452–462.

Savickas, M. L. (2005). The theory and practice of career construction. In S. D. Brown & R. W. Lent (Eds.), *Career development and counseling: Putting theory and research to work* (pp. 42–70). Hoboken, NJ: John Wiley.

Savickas, M. L. (2010, July). *Life designing: Framework and introduction*. Paper presented at the 27th International Congress of Applied Psychology, Melbourne, Australia.

Savickas, M. L. (2011). Career counseling. Washington, DC: American Psychological Association.

Savickas, M. L. (2013, September). *Life designing. What is it?* Invited Keynote at IAEVG International Conference, Montpellier, France.

Thorngren, J. M., & Feit, S. S. (2001). The career-o-gram: A postmodern career intervention. *The Career Development Quarterly, 49*, 291–303.

Watson, M., & McMahon, M. (2014). Making meaning of quantitative assessment in career counseling through a storytelling approach. In G. Arulmani, A. J. Bakshi, F. T. L. Leong, & A. G. Watts (Eds.), *Handbook of career development* (pp. 631–644). New York, NY: Springer.

시각적 학습 유형

제**12**장

스토리보드와 내러티브의 사용

BILL LAW

1. 도입

이 장은 진로작업(careers-work)에서 내러티브의 사용을 보여 준다. 이러한 예시로 기억한 경험을 유용한 성찰로 연결시키기 위해 고안된 세 장면의 스토리보드를 보여 준다. 이 과정은 학습이라는 질적 진로평가로 꼭 들어맞는다. 그리고 진로연구, 문화이론, 신경학에 기초한다. 이는 복잡하지만 내러티브의 평가를 위한 유용한 이정표가 된다. 우리는 '영감을 주는 이야기들'이 '삶을 변화시키는 힘'을 지니고 있다고 들었고 실제로도 그렇다. 그런 이야기들은 권력을 잘못 인도하거나 기만하는 힘도 가지고 있지만, 이야기는 전형적인 교수–학습 방법이다. 옛날부터 인간은 영웅 이야기, 전설, 신화, 전기, 시, 소설과 노래를 통해 학습하였다. 이 장에서는 이야기를 진로작업에 사용하는 방법을 탐구한다.

2. 기본 생각

내러티브는 '전' '중' '후'라는 용어를 사용하면서 시계열적으로 배열된다. 시간과 내러티브에 대한 가장 유명한 해설자 중 한 명인 리쾨르(Ricoeur, 1998)는 시간의 불가사의가 얼마나 내러티브적 은유를 필요로 하는지를 보여 준다. 우리는 시간을 마치 과거의 기억에서 현재의 경험을 거쳐 미래의 기대를 향해 움직이는 것처럼 이해한다. 그러나 우주학은 시간에 대해 다른 방식으로 말한다. 경험은 과학에 의해 반박된다. 리쾨르는 불협화음이 인간의 조건에 내재되어 있다고 주장하였다. 이 장은 그가 과장되지 않았음을 보여 준다.

브루너(Bruner, 1985)도 내러티브를 통한 학습에 관심을 가지게 되었고, 그의 분석은 리쾨르와 유사하다. 내러티브의 신뢰성은 브루너가 얘기했던 '일관성과 의미(believability and meaning)'에 토대를 둔다. 이에 비해 전형적인 신뢰도(paradigmatic credibility)는 '확증 가능성(verificability)과 부정 가능성(falsifiability)'으로 타당화된다. 전자는 경험에 대해 이야기하고 후자는 현실에 대해 이야기한다.

리쾨르와 브루너는 진로 학습을 위한 레퍼토리를 형성할 여지를 만들었다. 교육과정과 대면 작업 모두에서 전형적인 학습은 일정, 정의, 데이터 기반, 심리측정으로 나타난다. 모든 것은 분석될 수 있고 목록화된다. 이는 사실을 검색하고 대조하며 요인을 식별하는 데 유용하고 관찰을 통해 차트, 문제해결 규칙, 상관계수에 기반한 관계를 설정한다. 반면, 내러티브는 선호도, 기억, 기대에 목소리를 부여한다. 사람이 한 가지를 다른 것과 어떻게 연결하는지 보여 주는 마인드맵에서 나타난다. 또한 '비슷한' '나와 같은' 혹은 '내가 좋아하는' '내가 싫어하는 것'을 보여 준다. 가장 분명한 것은 하나의 내러티브는 한 가지가 다른 것으로 이어지는 과정을 순차적으로 설명하는 것이다. 그것은 교과과정에서 문제해결, 역할연습, 자극, 열린 대화 등의 모습으로 나타난다.

나는 분석적 목록을 사용하는 것과 시계열적 내러티브가 딱 떨어지게 구분되는지에 대해 의문을 갖고 있다. 그것들은 하나의 스펙트럼 안에 있다. 그리고 진로 관련 종사자는 해당 레퍼토리에 대하여 둘 중 어느 부분을 언제 요청할지를 알아야 한다. 그러나 스트로슨(Strawson, 2004)은 스펙트럼의 일부라는 것을 전적으로 부정했다. 그는 앞뒤가 잘못 맞춰진 이야기에 갇힌 자기기만적인 사람들에 대하여 이야기했다. 그는 사실을 분석적으로 고려하는 것이 더 좋다고 주장하였는데, 그 이유는 내러티브가 진실을 찾는 방법이 아니라 진실을 놓치는 방법이기 때문이라고 말했다. 그렇게 강제로 선택된 사고는 너무 많은 것을 배제한다. 인식론자들은 거부할 수도 있지만, 진로 실무자들은 경험에 대한 혼란스러운 재검토에 관심을 가져야 한다. 그럼에도 불구하고 스트로슨의 주장에도 일리가 있다. 그래서 진로작업을 할 때 일화의 범위와 한계를 이해할 필요가 있다. 스토리보딩은 다루는 범위를 찾는다. 스토리보딩은 경험과 연관된 일정, 정의, 데이터 분석 및 정신 측정치가 떠오르지 않을 경우를 위해 고안되었다.

3. 세 장면의 스토리보딩

이야기는 경험에서 패턴을 찾는다. 무엇이 일어나고 있고 그 일에 대해 무엇이 행해질 수 있는지를 알려 준다. 이미 알던 것을 확인시켜 줄 수도 있고 새로운 사실을 알게 해 줄 수도 있다. 또한 경험에 의미를 부여한다. 의미의 발견은 목표의 설정을 시사한다. 스토리보딩은 이 모든 것을 구체적으로 모은다.

- 기억나는 경험과 성찰적 이야기 연결하기
- 말과 상상을 함께 사용하기

- 개별적인 자기와 다른 사람과 함께하는 자기를 모두 이해하기
- 생각과 감정을 엮기
- 학습의 내용과 과정에 모두 참여하기
- 한 사람을 자신의 삶의 목격자로 초대하기
- 전환점과 기대되는 행동 발견하기

사용자들은 특별히 기억나는 일화를 정한다. 〈표 12-1〉은 정보의 범위가 어떻게 처리되는지를 고안한 진로지도이다. 완성된 스토리보드의 예시를 활용할 수 있다(Law, 2012a). 이는 행운, 상실, 획득, 만남, 호기심, 희망, 두려움을 아우른다. 전환점은 새로운 관점, 보다 넓은 관점, 과거에서 전해진 것뿐만 아니라 떠나보낸 것을 제시한다. 그러한 과정은 번거롭고 일부는 독백으로 일부는 대화로 이루어진다. 사람들은 자신의 삶에 대한 목격자가 된다. 그리고 미래가 과거와 같을 필요는 없다. 새로운 통찰이라는 희망, 변화된 영감 그리고 유연성을 신장시키기 위해 이러한 과정이 필요하다. 스토리보딩은 과학을 위해서가 아니라 의미를 추구하기 위해서 고안되었다. 그것은 경험에서 만들어진 의미를 찾고 그 의미 실현에 참여하기 위한 탐색이다. 스토리보딩은 기억하기에서 시작한다.

1) 기억하기

기억하기(Remembering)는 뇌가 기억할 수 있는 만큼 망각한다는 사실은 널리 보고되어 왔다(Wood & Byatt, 2008). 우리가 기억하는 것의 많은 부분은 대부분 오래가지 못하고 빨리 잊힌다. 우리에게 남아 있는 것은 단편적이고 항상 올바른 순서가 아닐 수 있으며 초고와 재설계를 필요로 한다. 스토리보드의 맨 윗줄은 장면 사이를 왔다 갔다 하며 하나의 기억이 다른 기억을 불러낼 수 있도록 하고 각각을 중요한 것으로 분류하고 일리가 있는 순서를 찾도록 한다.

2) 보여 주기

보여 주기(showing)는 과거가 미래를 예측할 필요가 없다는 것을 보여 주는 방대한 문학작품이 있다. 유연성, 사회적 이동, 고무된 열망이 어떻게 얻어지는지를 보여 준다. 연구기반 모델은 유기체가 환경을 다루는 복합적인 방식을 발전시킴으로써 그들의 레퍼토리를 증가시키는 방법을 보여 준다(Dennett, 2003). 이를 위해 눈에 띄는 것을 재배열하여 둘 이상을 설명할 수 있는 성찰 능력이 절대적으로 필요하다. 내러티브 용어로는 '통합적 이야기(rounded story)'로 불리며 그 이야기에서 하나 이상의 해결책이 가능하다.

내러티브의 통합성(roundedness)에 대한 몇 가지 합의가 있다(Abbott, 2002). 사람, 장소, 이야기, 사건, 의미를 포함시키면서 이야기는 층층이 쌓

표 12-1 ｜ 세 장면 스토리보딩의 내용과 과정에 대한 설계

내 삶의 장면			
과정	내용		
	첫 장면 현재 상태	전환점 변화 가능한 것	다음 장면 달라진 것
기억하기 (기억을 모아서 전환점이 되는 중요 장면으로 분류한 후 그 전후로 일어난 일로 정렬하기)			
보여 주기 (사람, 사건, 장소, 이야기, 생각을 그림으로 나타내는 영화 형태로 모으고 중요한 것 결정하기)			
내다보기 (수행할 수 있는 것, 있을 곳, 거기에 누가 있을지, 필요한 말, 어떻게 일들을 조직할지 예상하기)			

시각적 학습 유형

인다. 불명확한 것의 감춰진 면을 탐색한다. 영웅도 전지전능한 것이 아니고 악당도 전적으로 악한 것이 아니며 희생자도 그들이 주장하는 것보다 덜 순진하다. 그래서 이야기에는 신랄함, 논쟁거리와 예측 불가능한 요소가 있다. 이해 및 참여의 방식은 우리가 상상하는 것 이상으로 더 많을 수 있기 때문에 스토리텔링은 문제보다 해결책을 좀 더 복합적으로 만든다. 덴넷(Dennett, 2003)이 말했듯이 그것은 피할 수 없는 것이 아니라 '피할 수 있는 것'이다.

3) 내다보기

내다보기(futuring)는 경험의 재고는 뒤를 돌아보게 하고 경력 관리는 앞날을 내다본다. 뒤를 돌아보는 능력과 앞을 내다보는 능력은 밀접히 관련된다(Wood & Byatt, 2008). 그러나 전통적인 실행 계획은 덜 정의로운 과정이었다. 스토리보드 기반 계획은 일이 왜 이렇게 되었는지를 이해하고 그에 대해 무엇을 할 수 있는지를 예상하기 위해 필요하다. 개인은 현재의 의미와 미래의 목표에 초점을 맞추어 생각하기 위해 멈추고 집중한다. 스토리보딩은 그러한 마음챙김(mindfulness)의 과정을 위해 고안되었다.

4. 넓게 생각하기

스토리보딩을 고안하는 방법은 많다. 그러나 모든 내러티브 사용에서 광범위한 이슈들이 있다. 특히 진로연구, 문화이론, 신경학의 세 영역을 검토하는 것이 유용하다. 각각은 내러티브가 어떻게 현재 진로의 복잡성을 탐색할 수 있게 하는지를 보여 준다. 그리고 그것 모두 교육자가 교육과정에서 해야 하는 것이다.

1) 진로 연구

경력 관리는 초기의 사회적 경험을 추적하면서 가능해질 수 있다(Roe, 1956). 이러한 경험은 내러티브 순서로 정리된다(Super, 1957). 최근 연구에서는 진로가 고용 가능성과 관련된 정보로만 설명될 수 있다는 아이디어가 채택되었다. 가장 중요한 문화기술(ethnography) 중 하나가 어떻게 직업 역할이 양육과 대인관계, 사회생활 장면에 뿌리를 두는지를 보여 주는 내러티브 형식을 사용하는 것이다(Williamson, 2004; Willis, 1977). 사회적 영향요인이 경력 관리에 미치는 영향을 분석한 메타분석 연구는 일이 어떻게 다른 사람과 함께, 다른 사람을 위해, 다른 사람에 대한 반응으로 시작되는지를 보여 준다(Law, 2009). 더 복잡한 시나리오는 경력 관리에 어떤 단계별 학습 순서가 필요한지 보여 주는 메타분석을 추가로 요구한다(Law, 2010).

그러나 경력 관리라는 생각 또한 심리적 구성이다(McMahon, 2014). 구인은 사건에 의미를 부여하는 경험을 주관적으로 내재화한 것이다(Piaget & Inhelder, 1977). 심리학의 이론이지만 사회적 상호작용주의(social interactionism)를 추적할 수 있다(Reid & West, 2010). 내러티브는 개인에 의해 서술된 전기일 수도 있지만 집단이 공유하는 사건들로 구성되기도 한다. 그래서 내러티브는 경합된다(Collin & Young, 1992).

구성은 내러티브 형식을 취한다. 종합적으로 볼 때 구인들은 비일관적이고 불안정하며 지각된 실패로 묘사될 수 있다. 또한 연속성, 의미와 목적을 설명할 수 있다(Collin, 2000). 내러티브는 뒤죽박죽인 것에 대해 말하지만 조력자는 그것을 들을 필요가 있다.

2) 문화이론

내러티브에 대한 좀 더 오래된 관점이 있다. 문화이론은 오랜 세월 재발되며 얽히고설킨 줄거리를 가지고 있다(Booker, 2004). 그리고 '액션, 추격' 스릴러' '드라마와 누아르' 같은 영화 대본으로 만들어진다(Law, 2012b). '이 중무엇이 내 인생의 줄거리이지?'와 '내가 그것을 고수하며 살 필요가 있나?'를 생각하면서 성찰할 수 있게 해 준다.

참여한다는 것은 놀라운 것이다. 문화이론은 비틀림, 반전, 혼란을 언급한다(Edgar, 2009; Jackson, 2007; Wood & Byatt, 2008). 이론가들은 스토리보딩에서 '전환점'이 무엇인지에 대해 이야기한다. 예측되는 이야기는 빠르게 지나가지만 예측될 수 없는 이야기는 주목을 끈다. 전자는 후자보다 학습경험이 덜하다. 문화이론은 덴넷(2003)의 행동 레퍼토리 확대, 애벗(Abbott, 2002)의 포괄적인 이야기와 유사하다. 그것은 진로연구의 의사결정이론에서는 별로 중요하지 않은 마음의 변화를 권유한다.

문화는 공유된 신념, 가치, 기대에 대해 말한다. 문화이론은 각자가 다른 장소에서 다르게 이야기하는 것을 보여 준다. 사회적 거주지(social enclaves)라고도 불린다(Buonfino, 2007). 일이 다양한 이웃에게서 다르게 이야기된다면 진로작업에서 신뢰, 흥미, 만족이 얼마나 다양하게 나타날 수 있는지와 관련된다(Eagleton, 2003). 본능적이고 충동적인 것을 좋아하는 문화에서 스토리보딩은 반문화적이다. 스토리보딩은 시간에 따른 복잡성을 성찰할 것을 요구한다.

3) 신경학

진로사고는 심리학, 경제학, 사회학에서 들여 왔다. 진로작업이 생존을 위한 행동임을 가장 드라마틱하게 알려 준 이론이 신경학이다(Neurology; Damasio, 1999). 생존 행동은 때때로 자극에 '노출'하고, 때때로 '감추는 것'으로 특징짓는다. 임상적 증거에 근거하여 다마지오(Damasio)는 사람들이 반응하는 수많은 수준을 발견하였다. 가장 기본적인 것은 모든 동물의 삶에서 본능적인 충동이 어떻게 고통과 불안정을 피하는지 언급하는 '핵심의식(core consciousness)'이다. 핵심의식은 사람들이 무엇이 진행되고 있는지에 대한 심오한 설명으로 통합하는 방법을 보여 준다. 은유는 '뇌 안에 있는 한 편의 영화'이다. 증거는 경험을 설명할 때 어떻게 해서 그런 인상이 남게 되었는지를 뒷받침해 준다.

증거는 좀 더 많은 것을 뒷받침한다. 인간은 자기 이야기의 청중이 되어 자신을 그러한 설명 속에 위치시키는 능력을 가지고 있다. 다마지오는 수행하는 자기와 성찰하는 자기를 연결하고, 사회적인 상황에 두 가지의 자기 모두를 놓음으로써 진로연구들이 분할시킨 것을 통합하였다. 그의 연구는 의미를 발견하고 목표를 설정하는 의미 만들기 과정을 묘사하였다.

결과상의 불일치에서 의미의 중요성은 사실의 중요성에 뒤지지 않는다. 과정은 이야기된 기억에 의존한다. 신경학적 이미지는 기억에 대한 최소 3가지 방법을 발견한다. 의미론적 기억은 사실과 요인을 보유하고 절차적 기억은 하는 방법에 대한 과정을 포함하며 일화적 기억은 안녕과 생존을 위해 중요한 이미지를 고수한다(Blakemore & Frith, 2005). 진로작업은 의미론적 정보, 절차적 기술에서 강력하다. 그러나 가장 강력한 기억은 일화적 삽화이다.

5. 결론

진로연구, 문화이론, 신경학은 급진적으로 진로작업을 재배치하고 재구조화하였다. 이는 다양하고 변화하며, 다층적이고 복잡하며, 경쟁적인 행동의 근거에 대해 말한다. 교육과정에서 주어진 시간과 공간을 요구하는 그룹 활동에서 펼쳐지는 상호작용을 필요로 한다. 단계별 학습에서 현재의 복합성을 탐색할 수 있도록 해 준다. 교육과정은 더 이상 대면적 도움의 부수적인 것으로 간주될 수 없다. 스토리보딩은 교육과정의 자원이다.

그러나 이 장이 스토리보딩을 방어하기 위한 것은 아니다. 스토리보딩은 학습의 질적 진로평가에 필요한 좀 더 큰 아이디어를 방어한다. 그것의 시작점은 기억에 대한 이야기이다. 정체성은 기억과 밀접하게 연관되어 있다

(McGaugh, 2003). 잃어버린 기억은 비극이며 무시된 기억은 생략되고 회복된 기억은 자유를 준다.

비록 스트로슨(2004)의 방법론적 검증에 실패했지만, 과학과 경험에 대한 리쾨르(1998)의 설명은 진로작업의 레퍼토리를 확장시킨다. 방법론은 항상 적절한 검증에 기여할 것이다. 타당성은 내러티브가 주장하는 것이 무엇인지 혹은 단지 잡음에 불과한지를 보여 준다. 이것은 타당하며 새로운 방법론에서 말하는 촉매적(catalytic) 타당성이라고 불리는 떠오르는 방법론에 의해 검증된다(Cohen et al., 2000).

세 장면의 스토리보딩은 가능성을 보여 준다. 그러나 보다 넓은 생각이 진로작업을 재구성한다. 그것이 의지하는 전문성, 그것이 차지하고 있는 학습장면, 그것이 타당화하는 연구 그리고 그것이 맺는 파트너십이 모든 것을 변화시킨다. 이를 통해 '패러다임 전환'이라는 용어가 떠오른다.

참고문헌

Abbott, H. P. (2002). *Narrative*. Cambridge, England: Cambridge University Press.

Buonfino, A. (2007). *Belonging in contemporary Britain*. Wetherby: The Commission on Integration and Cohesion-Communities and Local Government Publications. Retrieved from http://www.hihohiho.com/information/cafBuonfino.pdf.

Bruner, J. (1985). Narrative and paradigmatic modes of thought. In E. Eisner (Ed.), *Learning and teaching the ways of knowing-84th Yearbook of the National Society for the Study of Education* (Part 2). Chicago, IL: University of Chicago Press.

Blakemore, S., & Frith, U. (2005). *The learning brain: Lessons for education*. London, England: Blackwell Publishing.

Booker, C. (2004). *The seven basic plots*. London, England: Continuum.

Cohen, L., Manion, L., & Morrison, K. (2000). *Research methods in education*.

London, England: Routledge-Falmer.

Collin, A. (2000). Epic and novel: The rhetoric of career. In A. Collin & R. A. Young (Eds.), *The future of career* (pp. 163-180). Cambridge, England: Cambridge University Press.

Collin, A., & Young, R. A. (1992). Constructing career through narrative and context: An interpretive perspective. In A. Collin & R. A. Young (Eds.), *Interpreting career-hermeneutical studies of lives in context* (pp. 1-14). Westport, CT: Praeger.

Damasio, A. (1999). *The feeling of what happens: Body, emotion and the making of consciousness*. London, England: Heinemann.

Dennett, D. (2003). *Freedom evolves*. London, England: Allen Lane.

Eagleton, T. (2003). *After theory*. London, England: Allen Lane.

Edgar, D. (2009). *How plays work*. London, England: Nick Herb Books.

Jackson, B. (2007). *The story is true*. Philadelphia, PA: Temple University Press.

Law, B. (2006). *Learning from experience*. Retrieved from http://www.hihohiho.com/underpinning/caffutures.pdf.

Law, B. (2009). *Community interaction and its importance for contemporary careers work*. Retrieved from http:/www.hihohiho.com/memory/cafcit.pdf.

Law, B. (2010). *Career-learning: Thinking for contemporary life*. Retrieved from http://www.hihohiho.com/newthinking/cafclt.pdf.

Law, B. (2012a). *Narratives for learning-for-living*. Retrieved from http://www.hihohiho.com/storyboarding/sbtwelve.pdf.

Law, B. (2012b). *Three-scene storyboarding: Learning for living*. Retrieved from http://www.hihohiho.com/storyboarding/sbL4L.pdf.

McGaugh, J. (2003). *Memory and emotion: The making of lasting memories*. London, England: Weidenfeld and Nicolson.

McKee, R. (1999). *Story*. London, England: Methuen.

McMahon, M. (2014). New trends in theory development in career psychology. In G. Arulmani, A. J. Bakshi, F. T. L. Leong, & A. G. Watts (Eds.), *Handbook of career development: International perspectives* (pp. 13-27). New York, NY: Springer.

시각적 학습 유형

Piaget, J., & Inhelder, B. (1977). *The psychology of the child*. London, England: Routledge & Kegan.

Reid, H., & West, L. (2010). Telling tales: Using narrative in career guidance. *Journal of Vocational Behaviour, 78*, 174–183. doi: 10.1016/j.jvb.2010.10.001

Ricoeur, P. (1998) *Time and narrative* (Vol. 3). London, England: University of Chicago Press.

Roe, A. (1956). *The psychology of occupations*. New York, NY: Wiley.

Strawson, G. (2004). Against narrativity. Retrieved from http://www.mindhacks.com/blog/2010/against_narrativity.html.

Super, D. E. (1957). *The psychology of careers*. New York, NY: Harper & Row.

Williamson, H. (2004). *The Milltown boys revisited*. Oxford, England: Berg.

Willis, P. E. (1977). *Learning to labour: How working class kids get working class jobs*. Farnborough, Eng: Saxon House.

Wood, H. H., & Byatt, A. S. (2008). *Memory: An anthology*. London, England: Chatto and Windus.

Wood, J. (2008). *How fiction works*. London, England: Jonathan Cape.

청각적 학습 유형

여기에서는 주로 인터뷰 과정에 초점을 맞추는 청각적 학습 유형을 지지하는 도구에
대해 기술하는 장들을 배치했다.

제**13**장

진로구성 인터뷰

PAUL J. HARTUNG

1. 도입

진로구성 인터뷰(Career Construction Interview; 이하 CCI)는 진로구성주의 상담의 핵심 요소를 형성하는 질적 진로평가 방법이다. 진로구성주의 상담에서는 사람들이 자기개념과 일 역할을 연결하고 삶과 진로를 조화시키며 일을 통해 의미를 창조하는 진로이야기를 저술하도록 돕는 대인 간 과정을 동반한다(Savickas, 2011). 내러티브 패러다임을 사용한 진로구성주의 상담은 6가지 질문으로 구성된 진로구성 인터뷰로 시작한다. 각각은 행위(상담 목표), 배우(개인적 특성, 자기 혹은 사회적 평판), 주도성(분명한 관심), 작가(상황에 자기를 연결시키기 위한 대본), 충고(자신을 위한 안내), 아크(핵심 문제 또는 집착)에 대해 질문한다. 각 질문은 개인에게 자신이 누구인지와 어떤 사람이 되고 싶은지를 전달하는 자신에 대한 작은 이야기를 하도록 촉구한다. 진로 실무자와 내담자는 협력하여 작은 이야기에서 골라낸 주제를 개인의 핵심 집착, 원동력, 목표, 적응전략, 자기관점에 대한 큰 이야기로 만든다. 공동구성 과정에서 내담자는 일 경험을 개인적으로 의미 있고 사회적으로 유용한 것으로 이끌어 주는 생애진로 이야기로 저술하는 역량이 강화된다. 이후에 그들은 수동적이고 괴로운 마음으로 했던 일을 적극적으로 숙달하기 위한 것으로 활용할 수 있게 된다. 이 장에서는 진로구성 인터뷰를 지지하는 배경, 내용, 사용 방법, 연구 증거를 고찰할 것이다. 진로구성주의 상담의 완전한 과정에 대해 좀 더 알고자 하는 독자들은 권위 있는 저서(Savickas, 2011)와 장뿐(Savickas, 2013; Taber, 2013)만 아니라 이 과정을 보여 주는 연구(Savickas, 2006)를 읽어 보라.

2. 배경

때때로 흥미검사 같은 진로평가나 검사의 시행은 개인이 좋아하는 일과 직업의 종류에 대해 알고 선택하는 데 도움이 될 수 있다(그런 검사의 개요는 Wood & Hays, 2013 참조). 진로 실무자들은 종종 이 평가를 사람과 일을 매칭하기 위해 사용한다. 이 평가는 종종 개인에게 최적인 대학 전공이나 직업을 명료화하는 데 도움이 되지만, 보통 이런 검사는 전 생애 이야기의 일부분만을 말해 준다. 자신의 전 생애 이야기를 생각하는 것은 진로 전환이나 선택에 직면한 개인이 자신에 대해 온전히 이해하고, 그들이 되고 싶은 사람이 되기 위해 어떻게 일을 사용할 수 있는지를 이해하는 데 도움이 될 수 있다. 자신의 생애 이야기 또는 자서전을 알고 말하는 것은 진로 계획과 결정에 의미와 방향을 더해 준다(Hartung & Taber, 2013; Maree, 2007; Savickas et al., 2009). 이 능력을 향상시키는 것이 진로구성 인터뷰의 핵심 목표이다.

이전에 진로스타일 인터뷰(Savickas, 1989), 진로스토리 인터뷰(Savickas, 2011)라고 알려졌던 진로구성 인터뷰는 검사점수를 통해 개인을 객관적으로 해석하기보다는 생애진로 이야기를 하도록 자극하는 다른 종류의 질적 진로평가 방법이다. 고유한 진로평가인 진로구성 인터뷰는 진로구성주의 이론을 진로상담 실무에 적용하기 위한 사비카스의 30년이 넘는 연구(1989, 2002, 2011, 2013)에서 발전되어 왔다(Savickas, 2002, 2013). 진로구성 상담과 진로구성 인터뷰는 진로구성주의 이론을 따르고 다양한 상황에서 사용할 수 있으며, 개인이 자신의 생애진로 이야기를 말하고 듣고 수행할 수 있도록 돕는다(Savickas, 2011, 2013).

내러티브 관점에서 인간은 그들이 말하는 이야기를 통해 자신과 세상을 만든다(Bruner, 1987; Ricoeur, 1986; Sarbin, 1986). 생애-진로에서 최고로 성공하기 위해 개인은 그들이 어떤 사람인지, 그들이 가장 있고 싶어 하는 직업세계는 어디인지, 온전한 그들 자신이 될 수 있는 최선의 방식으로 일을 어떻게 사용하고 싶은지를 설명하는 자신에 대한 이야기를 만들어야 한다(Guichard, 2009; Maree, 2007; Savickas, 2002, 2013). 이야기를 구성하기 위해 생애진로를 다음의 3가지 주요한 부분으로 이루어진 계속되는 이야기라고 생각하는 것이 도움이 된다. 첫째, 내가 누구인지 어떤 사람이 되고 싶은지를 나타내는 존경하는 인물이나 자기 자신, 둘째, 가장 편안하게 느끼는 교육 혹은 일의 환경, 셋째, 스스로가 구성한 자신을 가장 잘 실현시키기 위해 일을 활용하는 방법을 보여 주는 구성(플롯)과 중심 주제가 나타나는 대본의 계속되는 이야기이다. 좋아하는 격언과 모토는 이야기하는 사람이 진로이야기 구성에 필요한 자신감을 갖도록 지지해 준다. 초기기억은 "개인에게 핵심적인 문제의 시작점, 현재 있는 곳, 어떻게 끝내고자 하는지"를 묘사하는 이야기의 기초 도식과 구성, 캐릭터 아크(arc)를 보여 준다(Savickas, 2013, pp. 165-166). 이야기 구성과 스토리텔링 과정은 개인이 처음으로 원가족 내에서 사회적인 행위자(actor)로서 수행할 때인 아동기에 시작된다(Hartung, 출간 중; Savickas, 2013). 그리고 나서 수행을 학교, 일, 공동체 같은 다른 맥락에서 주도적(agent)으로 조정하고, 궁극적으로 자신의 생애진로 내러티브의 작가(author)가 된다. 자신의 충고(adrice)를 들음으로써 개인은 이야기의 다음 에피소드에 맞추어 움직이고, 초기기억을 회상함으로써 자신의 캐릭터 아크(arc)를 보여 준다.

3. 내용과 사용 방법

〈표 13-1〉에서 보는 것처럼 진로구성 인터뷰는 각각 행동(act), 배우(actor), 주도성(agent), 작가(author), 충고(advice), 아크(arc)에 대한 6가지 질문이다 (Savickas, 2011, 2013). 내담자가 진로구성 인터뷰의 질문에 스스로 정교화하며 언급할 때 진로 실무자는 자세히 듣고 후속 질문을 하고, 의미를 명료화하는 성찰적인 진술을 만든다. 이후 진로 상담자와 내담자는 생애진로 초상화(life-career portrait)를 공동구성하기 위해 진로구성 인터뷰의 답변을 사용한다.

표 13-1 진로구성 인터뷰의 내용

질문	목적	이야기의 부분
당신의 진로를 구성하는 데 내가 어떻게 도움이 될 수 있을까요?	상담의 목적을 도출함	행동
당신은 자라면서 누구를 존경했나요? 그 사람에 대해 말해 주세요.	자기 혹은 평판을 보여 줌	배우
당신이 가장 좋아하는 잡지, TV쇼, 웹 사이트는 무엇입니까? 그것의 무엇(어떤 점)을 좋아합니까?	명백한 흥미, 선호하는 작업환경을 보여 줌	주도성
요즘 당신이 가장 좋아하는 책 혹은 영화는 무엇입니까? 그 이야기를 해 주세요.	자기와 환경을 연결시킴	작가
당신이 가장 좋아하는 속담이나 격언을 말해 주세요.	이야기의 다음 에피소드를 구성하도록 지지하고 전략을 제공함	충고
당신의 초기기억은 무엇입니까? 당신이 3~6세경 혹은 당신이 기억할 수 있는 가장 최초의 기억에서 당신에게 일어난 3가지 이야기를 들려 주세요.	집착하는 문제가 무엇인지 말하도록 함	아크

1) 행동

내담자의 생애진로 이야기에서 현재 어떤 행동을 하고 있는지 명확히 알기 위해 진로구성 인터뷰는 "당신의 진로를 구성하는 데 내가 어떻게 도움이 될 수 있을까요?"라는 질문으로 시작한다. '도움이 된다'는 단어는 의도적으로 진로 실무자의 역할을 자신에 대한 전문가인 내담자를 돕는 것으로 위치시킨다. 이 질문의 대답은 내담자의 상담 의제와 목표를 나타낸다. 이것은 현안문제에 대한 내담자의 인식, 그것을 해결하기 위한 목표, 그들이 이미 생각하고 있는 해결책들을 포함한다. 이 질문에 대한 대답과 일련의 5가지 질문에서 만들어진 반응을 연결시키는 것은 내담자가 진술한 문제와 그들이 그 질문을 얼마나 다루었다고 생각하는지에 관심을 기울이도록 한다.

2) 배우

이야기에서 배우의 평판을 보여 주기 위해 두 번째 질문으로 "당신은 자라면서 누구를 존경하였습니까? 나에게 그 사람에 대해 말해 주세요."라고 묻는다. 내담자에게 실제든 가상 인물이든 상관없이 세 명의 롤모델에 대해 질문함으로써 자기가 다중으로 구성된다는 것을 알게 해 준다. 부모와 다르게 롤모델은 의도적으로 선택된다. 롤모델은 내담자 자신과 비슷한 딜레마를 공유하고 문제를 해결하는 방식을 보여 준다. 내담자가 롤모델을 기술할 때 그들은 자신을 기술한다. 그들이 누구이고 누가 되고 싶은지 핵심 삶의 목표와 중요 생애문제에 대한 해결책을 이야기한다.

3) 주도성

특징적인 흥미, 노력, 적응 행동을 끌어내기 위한 세 번째 질문은 "당신이 가장 좋아하는 잡지, TV쇼, 웹 사이트는 무엇인가요? 그것의 어떤 점이 좋

청각적 학습 유형

은가요?"이다. 간접적인 환경에 반영된 특징적인 흥미는 개인이 적극적으로 몰두하는 환경(상황, 장소)을 나타낸다. 좋아하는 잡지, 쇼, 웹 사이트에 대한 질문은 선호하는 교육적·직업적 환경에 대한 이야기를 이끈다. 이 이야기는 진로이야기의 주인공 또는 관리자로서의 내담자가 어디에서 자아개념을 실행하고 싶어 하는지를 알려 준다.

4) 작가

배우로서의 자신과 환경(상황, 장소)을 주도적으로 연결하는 네 번째 질문은 "요즘 당신이 가장 좋아하는 책 혹은 영화는 무엇인가요? 그 이야기를 해 주세요."이다. 내담자는 자신의 핵심 문제, 집착 혹은 고통과 닮은 이야기를 선택한다. 이 선택은 핵심 문제를 성공적으로 다루기 위한 생애대본을 제공하고 이상적인 자기를 구성하는 중심 캐릭터를 포함하기 때문에 내담자의 마음을 이끈다. 이 대본은 내담자의 자기개념과 선호하는 작업환경을 내담자가 저술하는 삶의 계획과 연결시킨다.

5) 충고

자기충고를 이끌어 내기 위한 다섯 번째 질문은 "당신이 가장 좋아하는 속담이나 격언을 말해 주세요."이다. 이에 대한 대답은 내담자가 삶의 문제를 다루기 위해 가지고 있는 최선의 내적 지혜와 지침을 나타낸다. 가장 좋아하는 속담이나 격언은 자기충고를 제공한다. 그 속에서 내담자는 현재 삶의 문제를 다루는 방법과 좀 더 완벽해지는 방법을 스스로에게 말한다.

6) 아크

중심 집착을 밝히는 마지막 질문은 "당신의 초기기억은 무엇인가요? 당신이 3~6세경 혹은 당신이 기억할 수 있는 가장 최초의 기억에서 당신에게 일어난 세 가지 이야기를 듣고 싶어요."이다. 초기기억은 내담자의 핵심 삶의 문제, 집착, 고통에 대해 가장 정확하고 명확하게 제시해 준다. 내담자는 회상 가능한 사건 중에서 전형적으로 현 상황과 가장 관련 있는 것을 선택한다. 이 목적은 이야기의 역사적 사실을 결정하는 것이라기보다는 오히려 내담자의 자기인식 및 세상과 상호작용하는 패턴을 이해하는 것이다. 진로 실무자는 "묻힌 기억을 발굴하는 것이 아니라 오늘의 이야기를 듣고 싶은 것이다"(Savickas, 2011, p. 34). 진로 상담자는 내담자에게 현재의 순간에 떠오르는 어린 시절의 기억 세 가지를 말하도록 촉구한다. 그것이 캐릭터 아크 혹은 개인의 생애에 대한 중심 구성을 나타내기 때문이다.

7) 생애 초상화

진로구성 인터뷰의 답변을 사용하여 진로이야기를 더 명료하고 포괄적이게 해 주는 큰 내러티브를 만든다. 이 과정은 내담자의 지배적인 문제(arc), 선택된 해결책(actor), 선호하는 환경(agent), 실행 가능한 대본(author), 행동계획(advice)에 대한 이해를 촉진하는 것이 목표이다. 다시 말해 내담자 삶의 이야기를 재구성하는 것은 내러티브 정체성 혹은 자신의 생애진로 이야기 속 중심인물(캐릭터)로서의 내담자 자신은 누구인지, 가장 자기답게 있을 수 있는 일의 세계는 어디인지, 무엇이 자신과 직업환경을 연결시켜 줄 것인지에 대한 이해를 증가시키는 것이 목적이다. 진로구성 인터뷰의 작은 이야기로부터 핵심 문제 혹은 집착, 모티브, 목표, 적응 전략과 자기관점에 대한 미시적 내러티브로 가는 주제와 패턴을 만들면서 관심을 행동으로 변화시킨다. 진로이야기에 대한 성찰은 다음 생애-진로 에피소드를 위한 목표를 설정하도록 이끈다. 이것은 성공 공식 구성, 이야기를 행동으로 전환시키는 현실적 계획의 수립을 포함한다. 진로상담 과정을 통해 도출된 진로이야기와 결론을 의미 있는 청중에게 이야기하는 것은 그것을 좀 더 현실적이고 명료하게 만들고 생동감 있게 믿도록 촉진한다. 이는 구체적으로 취할 행동을 명료화하면서 이야기하는 것은 탐색, 헌신, 목표 성취를 증가시킨다.

8) 사용

초기 진로구성 인터뷰는 내담자와 전문적 관계의 범위 안에서 진로 실무자가 사용하기 위해 고안되었다. 그것의 활용 범위를 확대하고 진로구성 상담에서 상담자에게 보조자료를 제공하기 위해 나의 진로 이야기(My Career Story: MCS)가 개발되었다(Savickas & Hartung, 2012). 연구에서는 나의 진로 이야기 같은 워크북이 진로 계획과 선택을 개선하기 위한 진로개입으로 효과적인 방법이라는 것을 보여 주었다(Brown et al., 2003).

4. 경험적 지지

수많은 사례연구는 진로구성 인터뷰의 효과와 사용을 지지하고 있다. 예를 들어, 진로구성 인터뷰는 내담자가 대학 전공을 선택하도록 돕고(Savickas, 2013) 성인들의 진로결정을 촉진하고(Savickas, 2006, 2009; Taber, Hartung, Briddick, Briddick, & Rehfuss, 2011) 계약직으로 불확실성에 직면한 성인 내담자가 진로 방향을 찾는 상담에 유용(Taber & Briddick, 출간 중)하다는 것이 밝혀졌다. 이 사례연구에서 밝혀진 진로구성 인터뷰의 효과는 사람들이 의미 있는 직업적 미래를 만드는 것을 돕는 데 내러티브 개입이 유용하다는 것을 강조한다(Bujold, 2004).

덧붙여 질적 진로평가 연구는 내담자와 진로 실무자의 관점에서 진로구성 인터뷰의 유용성을 점검해 왔다. 진로구성 인터뷰를 사용한 18세 내담자-진로 상담자 쌍에 대한 질적 진로평가 연구에서 개입의 결과로 내담자의 진로인식, 자신감, 방향감각, 올바른 진로경로에 있다는 확신이 향상하였다고 보고되었다(Rehfuss, Del Corso, Glavin, & Wykes, 2011). 또 다른 질적 진로평가 연구에서는 인터뷰 수행 훈련을 받은 34세의 진로 상담자의 관점에서 진로상담 기법으로서 진로구성 인터뷰의 유용성을 점검하였다(Rehfuss, Cosio, & Del Corso, 2011). 그 결과 진로 실무자는 진로구성 인터뷰가 내담자와 함께 생애 주제를 명료화하고 의미 있는 진로결정을 만드는 작업에 유용하다는 것을 발견하였다.

5. 결론

진로구성 인터뷰는 내담자가 그들의 생애진로 이야기를 말하고, 듣고, 행동하도록 돕는 데 목적이 있다. 진로 실무자들은 진로구성 인터뷰 같은 내러티브 모델과 방법인 질적 진로평가로 전환함으로써 자신의 생애진로 이야기를 알고 일관되게 말하는 내러티브 능력(이야기 능력), 자신과 상황의 변화에 대처하는 적응력, 의미 있는 삶을 고안하는 의도성, 생애진로 이야기를 실행에 옮기는 행동이라는 생애설계 목표를 달성하도록 내담자를 도울 수 있다.

청각적 학습 유형

참고문헌

Brown, S. D., Ryan Krane, N. E., Brecheisen, J., Castelino, P., Budisin, I., Miller, M., & Edens, L. (2003). Critical ingredients of career choice interventions: More analyses and new hypotheses. *Journal of Vocational Behavior, 62*, 411-428.

Bruner, J. (1987). Life as narrative. *Social Research, 54*, 11-32.

Bujold, C. (2004). Constructing career through narrative. *Journal of Vocational Behavior, 64*, 470-484.

Guichard, J. (2009). Self-constructing. *Journal of Vocational Behavior, 69*, 251-258. doi: 10.1016/j.jvb.2009.03.004

Hartung, P. J. (in press). Life design in childhood: Antecedents and advancement.

In L. Nota & J. Rossier (Eds.), *Handbook of the life design paradigm: From practice to theory, from theory to practice.* Göttingen, Germany: Hogrefe.

Hartung, P. J., & Taber, B. J. (2013). Career construction: Heeding the call of the heart. In B. Dik, Z. Byrne, & M. Steger (Eds.), *Purpose and meaning in the workplace* (pp. 17-36). Washington, DC: APA Books.

Maree, J. G. (Ed.) (2007). *Shaping the story: A guide to facilitating narrative counselling.* Pretoria, South Africa: Van Schaik.

Rehfuss, M., Cosio, S., & Del Corso, J. (2011). Counselors' perspectives on using the Career Style Interview with clients. *The Career Development Quarterly, 59,* 208-218.

Rehfuss, M., Del Corso, J., Glavin, K., & Wykes, S. (2011). Impact of the Career Style Interview on individuals with career concerns. *Journal of Career Assessment, 19,* 405-419.

Ricoeur, P. (1986). Life: A story in search of a narrator. In M. Doeser & J. Kray (Eds.), *Facts and values: Philosophical reflections from western and non-western perspectives* (pp. 34-68). Dordrecht, Germany: Nijhoff.

Sarbin, T. R. (Ed.) (1986). *Narrative psychology: The storied nature of human conduct.* New York, NY: Praeger Scientific.

Savickas, M. L. (1989). Career style assessment and counseling. In T. Sweeney (Ed.). *Adlerian counseling: A practical approach for a new decade* (3rd ed., pp. 289-320). Muncie, IN: Accelerated Development.

Savickas, M. L. (2002). Career construction: A developmental theory of vocational behavior. In D. Brown (Ed.), *Career choice and development* (4th ed., pp. 149-205). San Francisco, CA: Jossey-Bass.

Savickas, M. L. (2006). *Career counseling* (digital video disk presentation). Washington, DC: American Psychological Association.

Savickas, M. L. (2009). Career studies as self-making and life designing. *Career Research and Development, 24,* 15-17.

Savickas, M. L. (2011). *Career counseling.* Washington, DC: American Psychological Association Books.

Savickas, M. L. (2013). Career construction theory and practice. In S. D. Brown

& R. W. Lent (Eds.), *Career development and counseling: Putting theory and research to work* (2nd ed., pp. 147-183). Hoboken, NJ: John Wiley.

Savickas, M. L., & Hartung, P. J. (2012). *My career story: An autobiographical workbook for life-career success.* Retrieved from http://www.vocopher.com

Savickas, M. L., Nota, L., Rossier, J., Dauwalder, J., Duarte, M. E., Guichard, J., Soresi, S., van Esbroeck, R., & van Vianen, A. E. M. (2009). Life designing: A paradigm for career construction in the 21st century. *Journal of Vocational Behavior, 75*, 239-250. doi: 10.1016/j.jvb.2009.04.004

Taber, B. J. (2013). The career construction interview and its use in career counselling. In A. Di Fabio & J. G. Maree (Eds.), *The psychology of career counseling: New challenges for a new era* (pp. 149-161). New York, NY: Nova Science.

Taber, B. J., & Briddick, W. C. (in press). Adlerian based career counseling in an age of protean careers. *Journal of Individual Psychology, 67*(2), 107-121.

Taber, B. J., Hartung, P. J., Briddick, W. C., Briddick, H., & Rehfuss, M. (2011). Career Style Interview: A contextualized approach to career counseling. *The Career Development Quarterly, 59*, 274-287.

Wood, C., & Hays, D. G. (Eds.) (2013). *A counselor's guide to career assessment instruments* (6th ed.). Broken Arrow, OK: National Career Development Association.

청각적 학습 유형

제**14**장
나의 진로 챕터와 진로체계 인터뷰

PETER MCILVEEN

1. 도입

자서전을 쓰는 작업은 쉬운 과업이 아니며 모든 내담자에게 자연스럽게 와닿지는 않는다. 나는 진로상담 실무를 하면서 몇몇 내담자가 어떻게 시작하고 무엇에 대해 써야 하는지 알지 못한다는 것을 발견하였다. 자기에 대해 가장 잘 아는 사람이 자신의 삶의 이야기를 쓰는 것이 어렵다는 것은 모순되어 보인다. 그래서 이 장에서는 나의 진로 챕터(My Career Chapter: MCC; McIlveen, 2006)라는 질적 진로평가와 상담과정을 소개할 것이다. 나의 진로 챕터는 반구조화된 절차로 내담자가 자신의 삶에 대한 간단한 자서전적 내러티브, 즉 챕터를 쓰는 것이 포함된다. 또한 이 장에서는 나의 진로 챕터와 동반되는 반구조화 인터뷰인 진로체계 인터뷰(Career Systems Interview: CSI; McIlveen, 2003)를 개관할 것이다.[*] 진로체계 인터뷰와 나의 진로 챕터 모두

---

* '나의 진로 챕터'와 '진로체계 인터뷰'의 전자 사본은 저자로부터 무료로 제공받을 수 있습니다.

진로발달에 대한 체계이론 틀(STF; Patton & McMahon, 2014)을 활용하였다. 나의 진로 챕터의 개념적 원리와 적용이라는 목적을 달성하기 위해 주관성과 의미, 자기성찰 촉진, 자기개념 정교화, 협력적 과정, 열린 결말의 이야기와 같은 내러티브 진로상담의 핵심 요소를 취한다. 나의 진로 챕터를 사용할 때 진로 상담자는 내러티브 진로상담의 이러한 모든 요소를 활용하는 것을 목표로 해야 한다.

2. 진로체계 인터뷰의 실시

진로체계 인터뷰(Career Systems Interview)에는 3가지 핵심 차원이 있다. 첫째, 진로 실무자는 현안문제에 대한 초기 표현을 발전시키기 위해 충분한 정보를 수집해야만 한다. 둘째, 내담자는 편안한 대화로 인터뷰를 경험해야만 한다. 셋째, 체계이론 틀에서 확인한 **영향요인**에 대한 대화는 나의 진로 챕터의 자서전 쓰기를 준비하기 위한 기초를 제공하거나 다른 진로평가 절차의 사용을 위한 내담자의 성찰실습으로 사용되어야만 한다. 진로체계 인터뷰는 일상적인 라포 형성 질문(예: "어떻게 오셨어요?")으로 시작한다. 그리고 체계이론 틀에서 확인된 모든 영향요인에 대해 언급하는 인터뷰로 진행된다. 인터뷰 초기에 나는 내담자에게 체계이론 틀 그림(Patton & McMahon, 2014)을 소개하고 요즘은 자신의 진로에 대한 전체적인 관점을 취하는 것이 중요하다고 설명한다. 이 과정은 내담자가 진로 실무자의 관점을 이해할 수 있는 기회가 되기 때문에 분위기 조성에 유용한 라포 형성 활동이다.

진로체계 인터뷰의 질문은 체계이론 틀의 밖에서 시작하여 안으로 진행한다. 즉, 환경-사회적 영향요인으로부터 시작하여 상호작용적 영향요인을 거쳐 대인 간과 개인 내 영향요인으로 진행한다. 사적인 일로 진행하기 전에 표면적으로 개인과 상관없는 일로 시작하는 것이 라포 형성에 도움이 된다. 예를 들어, 나의 호주 시골 문화에서는 어떤 사람이 어느 지역 출신인지 아는 것이 중요하다. 왜냐하면 그게 다른 지방 사람들과 연결되는 방법이기 때문이다. 지방에 대한 대화를 나누는 관습은 호주의 시골 사람들이 서로 멀리 떨어져 살기 때문에 그만큼 심리적으로 가까운 관계를 맺어야 할 필요성이 있다는 것에서 유래되었다. 이것은 종종 특정 지역에 알고 있는 사람에 대한 간단한 대화로 확장된다. 특히 토착 호주인에게 가족유대라는 면에서 그 사람의 출신을 아는 것은 중요하다. 그러므로 이 상황에서 "이곳 주민이세요? 어디 출신이세요? 시골 지역에서 일하고 싶나요? 혹은 도시에서 일하고 싶나요?" 같은 질문으로 환경–사회적 영향요인에 대해 논의하며 진로체계 인터뷰를 시작하는 것이 적절하다. 진로체계 인터뷰에서 추천하는 질문 목록이 있지만 이것을 엄격하게 받아들일 필요는 없다. 이미 언급한 질문이 지역의 문화 뉘앙스에 익숙하지 않은 사람에게는 이상할 수 있다. 그러므로 진로 실무자는 명백하게 내담자와 가장 관련되어 보이는 질문을 해야 한다.

　진로체계 인터뷰는 인터뷰의 변화에 따라 수정된다. 이것은 대화이지 심문이 아님을 기억해야 한다. 경제 상황과 성생활 같은 민감한 이야기들은 라포가 충분히 형성되고 상담의 초점 및 주제의 관련성에 따라 후기 단계에서 제기하며 정교화할 수 있다. 나의 경험에서 내담자가 "당신은 왜 그것을 알고 싶어 하죠? 그게 내 진로와 무슨 관련이 있나요?"라고 질문하는 것은 이상한 일이 아니다. 이러한 질문은 보통 저항하는 방식이나 예의를 벗어난 것에 대한 유감으로 제기되지 않는다. 이 질문은 왜 진로상담이 내담자 자신과 관련된 사항을 다룰 필요가 있는지에 대한 순수한 호기심과 혼란에서 제기된다. 그 안에는 직업적 삶과 직업 외에 삶의 분리 및 상담과 심리상담의 분리라는 유해한 선입견 중 하나가 들어 있다.

　인터뷰 과정에서 체계이론 틀은 진로발달 학습을 위한 틀로 중요한 역할을 한다. 패튼과 맥마흔(2014)은 **탈중심화된 진로**(decentring career)의 개념을 언급하였다. 그것은 진로를 개인이라는 경계 안에 존재하는 하나의 실체 이상으로 이해하는 과정에 참여하는 것이다. 진로에 대한 재개념화는 학자, 진로 실무자, 내담자 모두에게 해당된다. 나는 체계이론 틀 그림([그림 14–1] 참

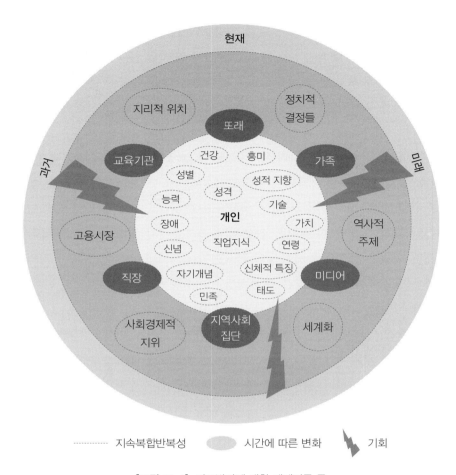

[그림 14-1] 진로발달에 대한 체계이론 틀

출처: Patton & McMahon (1999).

* 그림 수정: 지속복합반복성

조)을 복사하여 제시한다. 나는 영향요인을 서로 선으로 연결하는데 사실상 진로상담이 지식, 기술, 흥미에 초점을 맞추지만, 현대의 진로상담은 개인의 대인 간 세계 및 사회와 환경이라는 좀 더 큰 그림에도 초점을 맞춘다고 내담자에게 추가하여 설명한다. 그것은 진로상담 과정을 분명히 하고 내담자와 진로 상담자의 역량을 강화하는 상담에서 내담자가 유지하고 싶은 경계를 명확히 하도록 해 주기 때문에 중요한 라포 형성 활동이다.

진로체계 인터뷰를 마칠 때쯤 진로 실무자는 진로평가의 다음 순서에 대해 판단해야만 한다. 이것은 다음 회기에 내담자를 만나서 영향요인 중 어떤 것을 탐색하는 면접을 더 해야 할지를 고려하는 것일 수 있다. 나의 진로 챕터를 계속 진행하는 것이 내담자에게 어떤 가치가 있을지에 대한 결정도 중요하다. 이러한 판단의 일부는 특정 시기의 특별한 지점에서 다른 진로평가 절차가 더 유용할지 혹은 내담자가 상담의 내러티브 접근에 충분한 관심을 가지고 있는지에 대한 고려도 포함된다.

3. 나의 진로 챕터의 실시

나의 진로 챕터(My Career Chapter)는 컴퓨터를 사용하거나 손으로 쓴다. 컴퓨터를 사용할 경우 나의 진로 챕터의 워드프로세스 버전이 내담자의 이메일로 보내진다. 다른 경우에는 처음에 내담자에게 나의 진로 챕터가 복사된 종이를 보여 주는데, 각 페이지마다 적혀 있는 나의 진로 챕터 사용 방법을 문자 그대로 설명하면서 넘어간다. 나의 진로 챕터는 7단계로 진행되고 각 단계는 다음 단계를 위한 발판이다. 모든 단계가 한 자리에서 완성될 필요는 없다.

1) 1단계: 약간의 분위기 전환 질문

내담자에게 요구되는 첫 번째 활동은 일련의 질문에 대답하는 것이다. 각 질문에 너무 많은 시간을 소요하지 말고 필요하다면 간단히 메모를 하도록 안내한다. 각 질문은 진로 영향요인에 대한 생각을 자극한다(예: 당신의 친구는 무엇을 하였나요? 그들의 선택이 당신에게 어떤 영향을 미쳤나요?). 1단계는 진로체계 인터뷰에서 나왔던 논의들을 상기시켜 주는 단계이다.

2) 2단계: 큰 그림 생각하기

이 단계는 내담자가 진로영향 요인을 확장하기 위한 준비 활동이다. 즉, 개인 내 요인을 넘어선 영향요인을 고려하는 것이다. 체계이론 틀 그림은 직업세계와 진로는 다양하고 다층적인 영향요인으로 구성된다는 것을 보여 주면서 이 활동에 대한 매우 간단한 근거를 제공한다. 내담자는 잠시 동안 각각의 영향요인을 생각하고 필요하다면 기록하도록 지시받는다.

3) 3단계: 개인적 영향요인과 환경─ 사회적 영향요인 간의 양립 가능성

내담자는 좀 더 확장하는 과정에서 광범위한 영향요인(예: 직장, 동료, 가족, 직업 시장, 미디어)과 관련하여 개인적 영향요인(예: 흥미, 기술, 가치, 건강, 도덕) 간의 양립 가능성과 양립 불가능성 수준을 평가하도록 요청받는다. Y축에 개인적 영향요인을 표시하고, X축에 환경─사회적 영향요인을 표시한다. 각각의 셀에 ─2(매우 양립 불가능함)에서 +2(매우 양립 가능함)까지의 숫자를 기입하여 교차되게 하고 0은 양립 가능하지도 불가능하지도 않은 것을 나타낸다.

4) 4단계: 원고 쓰기

내담자는 준비를 마친 후 직업에 국한시키지 않고 자신의 진로자서전 챕터의 원고를 쓴다. 글쓰기는 문장 완성 과정을 수반한다(참고: Loevinger, 1985). 체계이론 틀의 영향요인은 5개의 문장으로 나타나며 내담자는 각각의 문장을 완성한다. 과거, 현재, 미래의 글쓰기를 위한 문장을 완성하는 것도 있다. 영향요인의 영향을 표현하고 그것의 정서적인 가치를 표현하는 문장을 완성하는 것도 있다. 또한 내담자는 영향과 정서의 강도를 표시해야만 한다. 가족의 영향요인을 사용한 예시는 다음과 같다.

- 내 가족은 한때…….
- 내 가족이 말하기를…….
- 내 가족에게 기대하는 것은…….
- 나는 주로 가족과 관련하여 매우 긍정적/긍정적/무관심/부정적/매우 부정적으로 느낀다. 왜냐하면…….
- 가족은 내 진로생활에 매우 긍정적/긍정적/중립적/부정적/매우 부정적인 영향을 미친다. 왜냐하면…….

내담자는 시간을 투자하도록 지시받고 서두를 필요가 없으며, 필요하다면 1~3단계의 이전 활동으로 돌아가도록 지시받는다.

5) 5단계: 스스로 교정하고 다시 돌아가기

이제 내담자는 대부분의 원고를 작성하였고 '교정'으로 설명되는 과정에 참여한다. 이 단계는 대화적 자기이론의 의미 만들기 모델에 기초한다 (Hermans & Kempen, 1993; Hermans, Rijks, & Kempen, 1993). 나의 진로 챕터의 적용과 직접적으로 관련된 이 모델에는 두 가지 중요한 원리가 있다.

첫째, 사람들은 각각의 영향요인에 대해서 서로 다른 목소리를 내거나 또는 내 입장(I-position)에 서는 것이 가능하다. 그래서 탈중심화 과정이 중요하다. 둘째, 사람들은 자기 안에 존재하는 서로 다른 입장 간에 대화를 하고 성찰적으로 의미를 만드는 것이 가능하다. 내담자는 5년 전의 자신을 그려 보고 그 어린 자신(상상적 내 입장)에게 대본을 써서 크게 읽도록 지시받는다. 다음에 내담자는 5년 전의 나의 역할을 맡고 그 이야기에 대한 반응으로 피드백을 편집하여 현재의 나에게 쓴다.

6) 6단계: 결론

내담자는 피드백 고리인 대화를 완성하기 위해 5년 전 나의 피드백에 대한 반응으로 결론을 쓴다. 세 방향 대화(현재의 내가 5년 전의 나에게, 5년 전의 내가 현재의 나에게, 현재의 내가 5년 전의 나에게)는 대화적 자기이론의 중요한 조작이다. 마지막으로 내담자는 자신의 강점, 장벽, 미래에 대해 쓴다.

7) 7단계: 신뢰하는 사람에게 읽어 주기

내담자는 자신이 믿는 사람에게 대본을 읽어 주도록 격려받는다. 다시 다른 사람에게 읽어 주는 것은 의미를 만드는 세 방향 대화에 몰두하는 것이다.

4. 진로상담에서 나의 진로 챕터의 해석

진로상담에서 나의 진로 챕터의 해석에는 대본 크게 읽기, 주제 조명하기, 의미에 집중하기라는 3가지 중요한 과정이 포함된다. 해석 과정은 나의 진로 챕터 사용에 대한 내담자의 반응에 대해 논의하며 이야기 속에서 파악된 주제에 대한 초기 인상으로 시작한다. 내담자에게 크게 대본을 읽어 주고 주제를 향한다고 보이는 글을 조명하면서 읽는다. 현장연구에서 내담자는 꽤 긍정적으로 읽기 과정에 마주한다는 것을 보여 주었다(McIlveen, Patton, & Hoare, 2008). 나의 경험상 내담자가 자신의 글이 크게 읽어지는 것을 듣는 것은 마치 처음 듣는 것처럼 감동적이기 때문에 내담자는 종종 정서적인 표현을 한다. 특히 내담자가 특별한 주제에 대해 정서적인 반응을 하거나 보여 준다면 내담자가 관심 있어 하는 지점에서 주기적으로 멈추고 논의해야 한다.

읽기를 마치면 잠재적인 주제로 떠오른 글에 대해 내담자와 함께 이야기를 나눈다. 해석의 첫 단계에서 이야기의 주요 주제가 무엇인지를 합의하는 것이 중요하다. 이리하여 내담자와 진로 상담자 모두 집중하게 된다. 모든 주제를 정교화할 필요는 없지만 내담자와 진로 실무자는 내담자의 현안 문제와 융합된 주요 주제를 세부적으로 논의해야만 한다. 이 작업은 몇 회기에 걸쳐 이루어질 수 있다(예: 3회의 해석 회기, McIlveen & du Preez, 2012). 내담자는 나의 진로 챕터의 사본을 만들고 각 상담 회기에 가져와야만 한다. 내담자와 진로 상담자 사이에 합의된 주제는 다른 진로평가 절차, 질적 혹은 심리측정을 적용하는 데 사용될 수 있다. 그러나 가장 중요한 것은 다른 진로 평가 절차의 해석에 나의 진로 챕터로부터 도출된 주제가 반영되어 사용되어야 하고, 내담자의 문제해결을 위한 미래 지향 행동에 초점을 맞추어야 한다는 것이다.

5. 나의 진로 챕터의 적용

진로체계 인터뷰와 나의 진로 챕터는 성인과 청소년(대학생)이 함께하는 진로상담을 위해 개발되었다. 임상연구에서 내담자가 두 절차에 긍정적으로 반응한다는 것을 보여 주었다(McIlveen, McGregor-Bayne, Alcock, & Hjertum, 2003; Meliveen et al., 2008). 게다가 진로 실무자의 나의 진로 챕터 경험에 대한 연구는 그것이 진로상담에서 사용하기에 윤리적인 도구라는 것을 발견하였고, 청소년에게도 사용이 가능하다는 것을 발견하였다(McIlveen, Patton, & Hoare, 2007). 최근의 연구와 개발은 나의 진로 챕터의 단축형을 만드는 데 중점을 둔다.

참고문헌

Hermans, H. J. M., & Kempen, H. J. G. (1993). *The dialogical self: Meaning as movement*. San Diego, CA: Academic Press.

Hermans, H. J. M., Rijks, T. I., & Kempen, H. J. G. (1993). Imaginal dialogues in the self: Theory and method. *Journal of Personality, 61*(2), 207-236.

Loevinger, J. (1985). Revision of the sentence completion test for ego development. *Journal of Personality and Social Psychology, 48*, 420-427.

McIlveen, P. (2003). *Career Systems Interview*. Unpublished manuscript. University of Southern Queensland. Toowoomba, Australia.

McIlveen, P. (2006). *My Career Chapter: A dialogical autobiography*. Retrieved from http://eprints.usq.edu.au/id/eprint/23797

McIlveen, P. (2007). Counsellors' personal experience and appraisal of My Career Chapter. *Australian Journal of Career Development, 16*(2), 12-19. doi: 10.1177/103841620701600204

McIlveen, P., & du Preez, J. (2012). A model for the co-authored interpretation of My Career Chapter. *Cypriot Journal of Educational Sciences, 7*(4), 276-286.

McIlveen, P., McGregor-Bayne, H., Alcock, A., & Hjertum, E. (2003). Evaluation of a semi-structured career assessment interview derived from Systems Theory Framework. *Australian Journal of Career Development, 12*, 33-41.

McIlveen, P., & Patton, W. (2007). Narrative career counselling: Theory and exemplars of practice. *Australian Psychologist, 42*(3), 226-235. doi: 10.1080/00050060701405592

McIlveen, P., Patton, W., & Hoare, P. N. (2007). My Career Chapter: Guidance counsellors' appraisal of its suitability for adolescents. *Australian Journal of Guidance & Counselling, 17*(2), 148-159. doi: 10.1375/ajgc.17.2.148

McIlveen, P., Patton, W., & Hoare, P. N. (2008). An interpretative phenomenological analysis of clients' reactions to My Career Chapter. *Australian Journal of Career Development, 17*(3), 51-62. doi: 10.1177/1038416 20801700308

Patton, W., & McMahon, M. (2014). *Career development and systems theory: Connecting theory and practice* (3rd ed.). Rotterdam, The Netherlands: Sense.

제**15**장

진로사고 다루기:
진로상담에서 제한된 가정에 도전하기

BARBARA BASSOT

1. 도입

많은 사람은 오늘날 세상이 너무 바쁘기 때문에 생각할 시간을 갖는 것은 감당할 수 없는 사치라고 말한다. 기술의 진보가 가져온 변화와 끊임없는 활동의 속도가 너무 빨라서 생각하기 위해 멈출 시간이 없다고 여기기 쉽다.

이 장에서는 사람들에게 생각을 하라고 요청하는 질적 진로평가 모델을 제안한다. 생각은 진로 실무자에게는 고도의 경청 기술을 요청하고 내담자에게는 자신의 미래에 대해 생각할 여지를 제공한다. 이 장에서는 진로사고 다루기(Career Thinking Session: CTS)라는 모델을 소개한다. 이 모델의 배경을 논의하고 모델에 대해 기술하며 설명할 것이다. 특히 자기 및 진로를 제한시키는 가정에 도전할 것을 강조하는 모델의 독특한 측면을 탐색한다. 이후 사람들이 자신과 환경을 다르게 생각할 수 있도록 제한된 가정에 어떻게 효과적으로 도전할 수 있는지를 보여 주면서 셜리에 대한 사례연구가 제시되고 분석될 것이다. 이 장은 실무에 관한 모델의 제한점을 논의하면서 마무리하고, 진로상담 맥락에서 모델의 잠재적 사용 가능성을 평가하기 위한 추가연구의 필요성에 집중한다.

2. 배경

2007년에 셜리(가명)라는 친구가 나에게 『생각할 시간(Time to think)』이라는 클라인(Kline, 1999)의 책을 소개하였다. 이 책에서 클라인은 사고 다루기에 대한 세부적인 분석과 구조를 제공하는 모델을 제시하였다. 클라인은 여러 해 동안 인적자원 관리와 조직 개발의 실무를 하면서 이 모델을 개발하였다. 초기에 나는 이 모델이 진로상담과 실제에서 꽤 다르고 특별한 무언가를 제공한다는 인상을 받았다. 특히 가정에 도전하기와 관련하여 비판적 성찰 연습에 대한 학문적이고 전문가적 관심이 많았다. 그 당시 셜리와 나는 좋은 친구가 되었을 뿐만 아니라 정보적 멘토링 관계를 수립하고 있었고, 다음 해의 목표와 계획을 논의하기 위해 매해 만나고 있었다. 이 과정의 일부로, 특히 그해에 우리는 클라인의 사고 다루기 6단계를 시험해 보기로 결정하였다.

진로사고 다루기를 연구하는 도서(Reid & Bassot, 2011)의 편찬은 진로상담의 이론과 실제의 혁신적인 방법을 검토하기 위한 ERASMUS 'NICE'(Network for Innovation in Career Counselling and Counselling in Europe)의 일부에서 시작되었다. 이것은 모델을 검증하고 좀 더 발전시키기 위해 진행했던 2011년의 파일럿 연구의 결과이다. 일부는 2007년에 진행했던 진로사고 다루기에서 자신의 기억을 성찰하고 진로발달 영향요인에 대해 생각하기 위해 만나자고 셜리에게 요청하였다. 이 장은 셜리와 함께했던 진로사고 다루기에 초점을 맞추었으며 후반에 사례연구의 형식으로 논의하였다.

3. 비판적 성찰연습과 가정에 도전하기

전문적 실무의 관점에서 일에 대한 자신의 경험을 성찰하고 실무의 향상과 개발을 촉진하는 것과 더불어 비판적 성찰연습은 우리의 가정 혹은 당연하다고 믿는 것에 의문을 제기하고(Thompson & Thompson, 2008), 일을 액면 그대로 받아들이는 것에 대한 주의를 요청한다. 이 과정은 문제를 좀 더 깊이 검토하도록 격려하고 내담자 중심적이며 편파적이지 않은 방식으로 일을 하기 위해 필수적이다. 특히 진로상담에서 고정관념의 이슈를 피하고자 할 때 필수적이며 평등을 촉진할 때 필요하다.

아지리스(Argyris, 1982)의 추론의 사다리는 가정이 만들어지는 방법을 설명하는 데 유용하다. 7단계의 사다리는 우리가 상황을 경험하고 선택적으로 관찰하고 의미를 부여하는 것을 보여 주며, 우리가 세상을 이해하는 방법에 대한 가정과 신념의 일부가 된다. 그는 유사한 상황이 일어날 때 선택적으로 관찰하기 위해 건너뛰는 경향이 있다고 주장하였다. 이러한 경향이 우리가 원하고 기대하는 것을 보게 하여 상황을 강화한다.

메지로(Mezirow, 1978, 1981)는 사람과 상황, 특히 과거 경험의 결과로 만든 가정에 접근하는 방법을 검토하는 데 도움이 되는 성찰의 7단계를 제시하였다. 이 단계는 상황에 감정이 관여되는 것, 우리의 인식이 정확한지에 대한 의문, 문화적 · 심리적 가정을 토대로 사람에 대해 쉽게 판단할 때를 인식하는 것을 포함한다. 각 단계에서 사고를 검토함으로써 우리는 가정, 특히 우리가 정확한지 아닌지에 대한 질문을 시작한다. 이 과정은 우리가 정의롭지 못하다고 느끼는 가정에 도전할 수 있게 해 준다.

4. 진로사고 다루기 모델

클라인처럼 진로사고 다루기 모델을 논의할 때 진로 실무자에게는 청취자(listener)라는 용어를 사용하고 내담자에게는 사유자(thinker)라는 용어를 사용한다. 이렇게 용어를 구분하는 것은 이 과정의 협력적 특성을 강조하기 위한 것이다. 청취자는 과정의 각 단계에서 주의 깊게 청취하고 사유자가 생각을 표현하도록 인내심 있게 기다리며, 사유자가 말하는 것을 액면 그대로 받아들이기보다는 그들이 만든 가정에 의문을 제기하는 것이 필요하다. 진로사고 다루기는 다음의 6단계로 진행된다.

1) 1단계

'당신은 무엇에 대해 생각하기를 원하나요?' 여기서 사유자는 생각과 문제를 표현한다. 청취자는 특히 사유자가 제시한 첫 번째 아이디어로 급하게 나아가거나 진행하지 말아야 한다는 점이 중요하다. 그것은 꽤 피상적인 수준의 사고일 수 있기 때문이다. 또한 청취자는 너무 빨리 해결책으로 움직이려는 시도에 저항할 필요가 있다. 해결책은 의심의 여지없이 사유자가 아닌 청취자의 관점에서 나오게 됨을 강조하는 것이 중요하다. 이렇게 행한 해결책은 결국 변화로 이어지지 않는다. 1단계에서는 다른 단계와 마찬가지로 사유자가 말하도록 기다리는 것과 관련 문제에 대해 좀 더 깊이 생각하도록 적절한 때에 긍정적인 말과 열린 질문을 끈기 있게 추가하여 개입하는 것이 포함된다. 일단 사유자가 말하기를 마치고 더 이상 추가할 것이 없다면 2단계로 이동할 준비가 되어 있는 것이다.

2) 2단계

'남은 회기에서 달성하고 싶은 것이 무엇인가요?' 이것은 사유자가 목표와 진로사고 다루기에서 바라는 결과를 표현할 기회가 된다. 청취자는 또다시 사유자의 반응을 기다리는 것이 중요하다. 진로문제와 관련하여 사유자에게서 나올 수 있는 많은 예시 반응은 '미래에 대해 좀 더 이해하고 싶어요.' '미래의 일과 관련해 좀 더 명료함을 얻고 싶어요.' '일에서 자신감을 어떻게 얻을 수 있는지 탐색하고 싶어요.' '일과 삶의 균형을 조화롭게 하는 것에 대해 생각하고 싶어요.' 등이 포함된다.

3) 3단계

'당신에게 목표의 성취를 가로막는 생각이 있다면 그것은 무엇일까요?' 이 의문은 사유자가 제한하는 가정에 대해 생각하도록 한다. 클라인(1999)은 제한하는 가정의 세 유형을 명료화하였다. '나는 필요한 자질을 가지지 못했다'는 사실(fact)과 '내 가족은 나를 지지하지 않는다'는 있을 수 있는 사실(possible fact), '나는 충분하지 않다' 혹은 '나 같은 사람은 그것을 해낼 수 없다'는 자신과 삶의 작동 방식에 대한 기저 가정(bedrock assumptions)이다. 기저 가정들은 뿌리 깊어서 종종 표면으로 떠오르는 데 시간이 필요할 것이다. 종종 기저 가정은 진로발달의 장벽으로 작용하고 자신감과 자존감을 약화시킨다. 이러한 가정은 오랜 기간 발달되어 온 것이고, 우리의 신념과 사실이라고 이해하는 것에 대한 정보를 주기 때문에 매우 중요하다. 3단계에서는 기저 가정을 명료화하는 것이 핵심이다. 이것은 사실과 있을 수 있는 사실 저변에 깔려 있다. 사유자는 사실을 찾아내고 명료화할 시간을 필요로 하며, 어떤 상황에서는 그렇게 하기 위해 조용히 있을 수도 있다. 이런 점에서 청취자가 기저 가정을 인식하고 기억하는 것이 필수적이다.

청각적 학습 유형

4) 4단계

'당신이 ……을 알고 있다면, 목표에 대해 어떤 생각을 하게 하나요?' 여기서 청취자는 사유자가 제한하는 가정과 반대되는 긍정적인 것을 찾도록 요청한다. 4단계의 궁극적인 목적은 청취자가 기저 가정과 관련하여 예리한 질문을 만드는 것이다. 3단계의 예시와 관련한 긍정적인 반론 중 몇 가지는 '당신이 필요한 자격 과정에 등록할 수 있다는 것을 안다면(사실)……' '당신의 가족이 당신을 지지한다는 것을 안다면(있을 수 있는 사실)……' '당신이 충분하다는 것을 안다면(기저 가정)……' '당신과 비슷한 사람이 그것을 한다는 것을 안다면(기저 가정)……'이 될 수 있을 것이다. 이러한 질문은 사유자가 제한하는 가정에 도전하도록 격려하고 그들이 자신의 관점을 바꾸도록 도울 수 있다. 그러므로 사유자가 자신의 언어로 질문을 명료화할 필요가 있음을 강조해야 한다. 또한 개인에 따라 제한하는 가정이 다르기 때문에 청취자가 아니라 사유자가 세상을 보는 방식에 주의를 기울여야 한다. 청취자는 사유자가 긍정적인 반론에 대해 가장 적절한 단어를 선택하도록 격려할 필요가 있다. 4단계에서 청취자는 사유자가 기저 가정과 반대되는 긍정적인 반론을 명료화하고 회기의 목표와 관련하여 진술하도록 요청한다. 이 진술이 예리한 질문을 형성한다. 이것은 제한하는 기저 가정을 관통하여 제거하고 새로운 것으로 대체하며 가정에서 자유롭게 해 준다. 또한 사유자가 목표와 미래에 대해 긍정적으로 생각할 수 있도록 해방시킨다.

5) 5단계

예리한 질문은 매우 중요해서 기록할 필요가 있다. 만약에 기록하지 않으면 잊게 되거나 진로사고 다루기를 논의할 경우에 초점과 긍정적인 자극을 잃어버릴 수 있는 위험이 있다. 질문은 사유자 자신의 언어로 기록될 필요가 있다. 청취자는 목표와 관련해 새로운 긍정적인 아이디어를 낼 때까지 여러 번 예리한 질문을 제기한다.

6) 6단계

평가는 많은 진로 실무자에게 특별하고 의외인 것이 될 수 있다. 제한하는 가정을 공유하는 것은 민감하면서도 도전적이다. 그것은 양측의 신뢰와 개방성을 요구한다. 클라인(1999)은 "평가가 사람들을 생각하게 한다."(p. 62)라고 진술하였다. 이 마지막 단계는 두 참여자에게 회기 중에 서로에게서 발견한 가치 있는 긍정적 자질을 공유하도록 요청한다. 이것은 사유자가 자신과 미래와 관련하여 긍정적인 것에 초점을 맞추고, 진로사고 다루기를 마치고 나서 계속 생각하도록 격려하기 위한 것이다.

5. 셜리

셜리(Shirley)의 직업적 배경은 인적 자원 관리이다. 몇 해 동안 남편과 공동으로 그래픽 디자인 회사를 운영하였다. 불황으로 인해 회사가 문을 닫은 후 셜리는 직업을 구하다가 기독교 단체의 행정직을 발견하였다. 15년 동안 일한 후 인적 자원의 부국장으로 승진하였다. 몇 년 후 그녀는 인적 자원 관리 전문가(Chartered Institute of Personnel and Development: CIPD) 자격을 갖추게 되었다.

2007년에 진로사고 다루기를 할 무렵, 셜리는 그녀와 일하는 방식이 다른 새로운 최고 책임자와의 어려움을 경험하고 있었으며, 극도의 압박을 받으면서 일을 구하고 있었다. 그녀는 자신의 미래, 특히 조직에 머물지 혹은 프리랜서로 일을 시작할지에 대해 생각하길 원했다. 프리랜서로 일하는 것은 많은 이유와 시간 면에서 그녀에게 매력적이었지만 선택을 확신할 수 없었다.

진로사고 다루기의 세부사항을 기억하는 것은 어렵지만 셜리의 기억은 몇

몇 측면에서는 매우 명확하였다. 특히 그녀는 '생각할 시간이라는 선물'과 진로사고 다루기가 그녀의 제한하는 가정들에 도전함으로써 그녀가 직면하고 있는 장벽을 재구성하도록 어떻게 도왔는지에 대해 이야기하였다. 진로사고 다루기의 3단계 동안에 프리랜서로 일을 시작하는 것에 대한 불안을 명료화할 수 있었다. 그녀는 '주방에 앉아서 일을 하는 자신(있을 수 있는 사실)'을 바라보면서 '소외될 것에 대한 걱정(있을 수 있는 사실)'과 더 이상 팀의 구성원이될 수 없음(사실)에 대한 걱정을 표현하였다. 특히 중요한 것은 프리랜서 자격으로 일하는 것이 그녀와 남편에게 경제적으로 실현 불가능하고(있을 수 있는 사실) 그녀가 프리랜서가 되는 것이 불가능하다(기저 가정)는 관점이었다.

4단계에서 우리는 가능한 사실 중 하나에 대한 긍정적인 반론을 공동구성하였다. "당신 남편이 프리랜서를 계속하지 않을 것이라는 것을 안다면 무엇이 달라질까요?" 셜리는 이 질문에 대해 다음과 같이 말하였다. "그 질문은 내가 진짜 생각하게 만들었어요. 그 질문은 마법이었어요. 이제는 유연해졌어요. 더 이상 장벽이 없어졌죠. 그 질문은 내가 처음으로 프리랜서에 대해 생각하도록 허락했어요." 그녀는 다르게 생각할 자유에 대해 이야기하였다. 이것은 진로사고 다루기의 과정이 어떻게 개인의 제한하는 가정을 관통하는지에 대한 명확한 예시가 된다. 유사하게 4단계의 몇 가지 보충질문 중 "당신이 프리랜서가 될 수 있다는 것을 안다면 그게 상황을 어떻게 바꿀까요?"에 대한 반응이 그녀에게 자신감을 느끼게 만들었다고 대답하였다.

셜리는 진로사고 다루기의 영향을 성찰하면서 미래를 다르게 생각하게 만드는 도구가 될 수 있다고 말하였다. "진로사고 다루기 후 나는 프리랜서로의 도전을 준비해야 함을 느꼈죠. 그것이 나에게 자유, 다른 사고, 다른 태도, 사고방식을 주었어요. 나의 능력에 대한 인식을 바꿨어요. 할 수 있다고 말이죠." 그녀는 그것이 좀 더 풍부한 태도와 많은 자신감을 주었다고 느꼈고, 진로사고 다루기 이후에 자신의 능력을 팔 수 있다고 느끼기 시작하였다.

셜리는 진로사고 다루기가 행동 계획을 수립하는 데에는 약하다는 문제를 제기하였고, 초기에 우리는 이 점에 대해 의문을 가지고 있었다. 또한 우리는 사고 과정에서 그것을 고려하는 것은 너무 빠르다는 것에 동의한다. 행동을 취하기 전 어떤 것에 대해 충분히 생각할 시간을 갖는 것이 유익하다고 느끼지만, 가능한 한 행동에 대한 논의는 결국 너무 어렵다는 섣부른 결론을 도출하며 끝날 수도 있을 것이다. 흥미롭게도 아무도 그 예리한 질문을 기억하지 못하였다. 진로사고 다루기를 수행한 지 1년도 못 되어 셜리의 남편은 기대치 않게 고용되었고 그녀는 조직을 떠나 프리랜서로 일을 시작하였다.

6. 실무에 대한 적용 방안

진로사고 다루기 모델에 대한 연구는 여전히 초기 단계이고, 그것이 실제로 어떻게 도움이 되는지를 이야기하기에는 너무 이르다. 그러나 셜리의 사례는 사람들의 주요 진로변화를 고려할 때 그것이 유용할 수 있음을 보여 주었다. 제한하는 가정의 점검은 앞으로 나아가는 삶을 시작하기 위해 내담자가 자신과 가능한 미래에 대한 현재의 이해를 재구성하도록 도울 수 있다.

의심의 여지없이 진로상담에서 시간이 촉박하고 특정 해결책과 결과를 요구하는 맥락에서는 진로사고 다루기를 사용하는 것이 특히 쉽지 않다. 진로사고 다루기는 시간에 쫓기지 않고 편안하고 방해받지 않으며 신뢰할 수 있는 환경에서 진행될 필요가 있다는 것은 명확하다. 일부 측면에서 진로사고 다루기는 개입을 위한 다른 '단계' 혹은 과정모델과 유사해 보인다(예: Egan, 2007; Reid & Fielding, 2007). 그러나 제한하는 가정에 도전한다는 것은 이 분야에서 매우 독특해 보이며 분명한 차이가 있다.

7. 결론

이 장에서는 아직 개발의 초기 단계에 있는 진로사고 다루기 모델을 소개

청각적 학습 유형

하였다. 초기 연구에서는 질적 진로평가인 진로사고 다루기가 진로상담에 제공하는 중요한 것, 즉 잠재적으로 내담자가 제한하는 가정에 도전하도록 해 준다는 것을 보여 주었다. 그러나 이러한 점을 보여 주기 위해 정확하게 평가할 수 있는 추가 연구가 필요하다. 하나의 모형이 모든 내담자의 욕구를 충족할 수 없음은 명확하지만 현 시점에서 진로사고 다루기는 일부에게 유용할 수 있을 것이다. 특히 어떤 유형의 개별 내담자가 진로사고 다루기로부터 도움을 받을 수 있는지를 확인하는 작업은 진로 실무자가 관심을 가져야 할 전문적 기술과 평가의 한 부분으로 계속될 것이다.

참고문헌

Argyris, C. (1982). *Reasoning, learning and action: Individual and organizational*. San Francisco, CA: Jossey-Bass.

Egan, G. (2007). *The skilled helper: A problem-management and opportunity-development approach to helping* (8th ed.). Pacific Grove, CA: Brooks/Cole.

Kline, N. (1999). *Time to think*. London: Ward Lock.

Mezirow, J. (1978). *Education for perspective transformation: Women's re-entry programs in community colleges*. New York, NY: Teacher's College, Columbia University.

Mezirow, J. (1981). A critical theory of adult learning and education. *Adult Education, 32*(1), 3-24.

Reid, H. L., & Bassot, B. (2011). Reflection: A transitional space for career development. In M. McMahon, & M. Watson (Eds.), *Career counselling and constructivism: Foundational constructs*. New York, NY: Nova Science.

Reid, H. L., & Fielding, A. J. (2007). *Providing support to young people: A model for structuring helping relationships*. London, UK: Routledge.

Thompson, S., & Thompson, N. (2008). *The critically reflective practitioner*. Basingstoke, England: Palgrave Macmillan.

제16장

초기기억 기법

JACOBUS G. (KOBUS) MAREE

1. 도입

이 장에서는 진로상담에서 질적 진로평가인 초기기억 기법을 사용하는 것에 대해 기술한다. 먼저, 이 기법의 이론적 배경을 논의한 후 주요 생애주제를 명료화하고, 자신의 진로 관련 질문에 대하여 스스로 조언하도록 돕기 위해 집단에 이 기법을 사용하는 방법을 논의한다. 이후 기법에 수반된 것과 사례연구에 기반하여 기법이 실제에 어떻게 적용될 수 있는지에 대해 설명한다. 나는 이 기법이 진로개입 상담을 위한 유망한 전략이 될 것이라고 결론을 내린다.

2. 기법의 이론적 배경

1) 진로구성 상담

환경이 개인에게 변화를 요구하고 반복되는 전환에 직면할 때 내담자의 삶을 재설계하도록 돕기 위해 사비카스(2009a)는 진로상담 접근에 개인차를 반영하는 발달적·정신역동적 접근을 접목시켰다. 그의 접근인 진로구성주의는 진로상담에 초기기억 기법을 사용한다. 이것은 내담자가 삶에서 성공하기 위해 버틸 수 있는 환경을 발견하고 개인적으로 추리하여 자신의 생애 이야기를 작성함으로써 삶의 의미를 발견하는 데 유용하다고 밝혀졌다. 종종 회상은 잠자고 있는 정서적으로 억눌린 경험으로 나타난다(Freud, 1910/1957). 드라이커스(Dreikurs, 1923)는 개인의 초기경험은 의미를 가지고 있고 그들의 삶의 방식을 드러낸다고 주장하였다. 분명한 기억은 개인의 삶의 이야기를 나타낸다(Adler, 1937; Androutsopoulou, 2013). 이러한 관점에서 본다면 초기기억은 내담자의 진로이야기를 구성하기 위한 사건들이 어떻게 진행되었는지를 보여 준다(Adler, 1931, 1937).

진로 상담자들은 내담자의 초기기억을 들을 때 그 속에서 주요 생애주제를 명료화하기 위해 노력한다. 모든 이야기는 선형적 사건(플롯-구성)과 내재된 주제(연대기)를 가진다. 진로 상담자는 내담자의 고통과 집착을 명료화하여 그들이 '수동적으로 고통받던 것에서 적극적으로 지배하도록' 도와야 한다(Savickas, 2011, p. 33). 진로상담에 가지고 온 내담자의 현안문제는 그들의 삶의 의미라는 큰 패턴에 맞춰져야만 한다(Savickas, 2009b). 사비카스(2009a, 2009b)는 사람들이 자신을 '지지'하고 삶의 변화에 대처하기 위해 이야기를 사용한다고 주장하였다. 진로 상담자의 주요 목적은 내담자가 자신의 이야기를 하는 것과 듣는 것을 돕고, 생애주제를 명료화하여 직업에서 생애주제를 실현하도록 돕는 것이다. 이 과정에서 진로 상담자 자신도 다른 사람을 돕는 데 일을 사용할 수 있게 된다.

3. 잠재적인 내담자 집단과 기법의 사용

1) 기법의 사용

진로 상담자는 진로상담의 맥락에서 내담자와 상호작용할 때 다 알고 있다는 태도를 취하는 것은 어리석고 실제로도 비윤리적임을 명심해야 한다. 내담자들은 자기 내부에서 충고와 지침을 찾고 자신의 강점에 기반하여 약점을 강점으로 전환시켜야만 한다.

(1) 초기기억 기법의 이점

초기기억은 진로상담에서 평가의 일부일 뿐만 아니라 임상적 도구로서 사용될 수 있다(Androutsopoulou, 2013). 초기기억은 독립성을 촉진하는 데 사용할 수 있다. 독립성은 내담자가 회상 내용에 대해 이해하고 나서 자기주도 행동에 착수하기 위해 필요하다. 또한 변화에 대한 내담자의 자연스러운 저항을 받아들이고 초월하기 위해 사용될 수 있고, 내담자가 습관적으로 통제적 관계의 방법을 사용하는 것을 막을 수 있다. 게다가 회상은 유연성과 창의성을 촉진하고, '이야기'(회상)의 본질(주요 주제)을 표현하기 위한 '헤드라인' 혹은 이름 붙이기 사용은 진로 상담자와 내담자가 내담자의 주요 생애주제를 추출하도록 돕는다.

(2) 회상의 기능

내담자에게 요청된 3가지 회상(Maree, 2014)은 정보를 모으고 진로이론을 실제로 전환하기 위해 사용된다. 삶의 이야기를 구성하는 수많은 헐거워진 '지점'이 연결된다(Savickas, 2011). 첫 번째 회상은 내담자의 '삶의 중심 문제'

와 연결되고, 두 번째와 세 번째 회상은 보통 내담자의 삶의 중심 문제에 대한 잠재적인 해결책, 즉 내부에서 나온 자신의 충고와 연결된다. 그렇긴 하지만 두 번째 회상은 때때로 이러한 문제를 확인하거나 세 번째 회상처럼 문제에 대한 해결책을 제안한다.

겉보기에 단순한 이야기들은 매우 심오한 것 같다. 이것은 진로 상담자가 내담자를 본질적으로 반대되는 생각의 양극단에 위치한 집착으로 안내하도록 돕는다. 진로 상담자로서 우리는 정-반(논제와 대항논제)의 패러다임을 사용한다. 마치 삶의 모든 것에서 반대 부분을 가지는 것처럼 모든 논제는 대항논제를 가진다. 우리의 임무는 내담자의 관심이 고통에서 치유, 희망, 행복으로의 변화에 이어 사회적 기여로 변화하도록 돕는 것이다.

4. 기법에 대한 진술

진로상담 회기는 진로 상담자가 내담자에게 "내가 당신에게 어떤 도움이 될 수 있을까요?"라고 질문하면서 시작한다. 마찬가지로 진로상담 회기는 이 질문으로 되돌아와서 마쳐야 한다(Savickas, 2011). 이상적으로 일단 진로 상담자와 내담자 사이에 신뢰의 분위기가 수립되었을 때에만 초기기억과 관련된 질문을 해야 한다.

초기기억의 질문은 전형적으로 다음과 같은 방법을 따른다. "당신이 삶에서 기억하는 최초의 일은 무엇입니까? 어린 시절에 일어난 것 중 당신이 회상하는 세 가지 이야기를 듣고 싶습니다." 대부분의 경우 내담자는 자신의 삶에서 나중에 일어난 일에 대해 이야기하려고 할 것이고, 진로 상담자는 이러한 선호를 존중하고 수용해야만 한다. 내담자의 반응을 주의 깊게 주목하고 기록해야 한다. 첫 번째로 사용된 동사는 내담자의 주제와 관련된 반복되는 행동 혹은 세상으로 나아가는 방식 등의 행동을 밝혀 주기 때문에 특별히 중요하다.

코프와 딩크마이어(Kopp & Dinkmeyer, 1975)는 내담자에게 주어진 시간에 두드러지게 나타나는 구체적인 사건을 요청해야만 한다고 주장하였다. 클락(Clark, 2002)도 진로 상담자는 회상을 단일 사건 혹은 "우리는 일요일 정오에 항상 농장에 간다."와 같은 반복되는 사건을 나타내는 보고(report)와 구별해야만 한다고 주장하였다. 스위니(Sweeney, 1975)는 진로 상담자는 내담자가 적극적인지 수동적인지, 주는지 받는지, 관찰하는지 참여하는지, 홀로 있는지 다른 사람과 함께하는지를 결정해야만 한다고 권고하였다. 사건을 특징짓는 정서 유형, 정서의 창의적 감각을 나타내는 색깔(Sweeney & Myers, 1986)과 세부사항이 사용되거나, 우월감 혹은 위축감의 존재도 명료화되어야 한다. 반복되는 단어와 표현이 주의 깊게 주목되어야 한다. 일단 내담자가 회상 혹은 이야기를 하면, 진로 상담자는 "이 이야기 각각이 내일 신문에 실린다고 가정해 보세요. 각 이야기에 헤드라인이 붙여질 것이고, 각 헤드라인에는 동사가 포함되어야 합니다. 당신이 이 세 가지에 헤드라인을 작성해 주세요."라고 말한다. 마지막으로 내담자에게 이 세 이야기에 대한 전반적인 제목에 대해 생각할 것을 요청한다.

피드백하는 동안 진로 상담자는 이 회상 내용(비밀)이 피상적으로 보일지라도 그것은 실제로 의미를 가지고 반복되며, 내담자 자신에게 조언을 전하는 평생의 주제가 드러날 것이라는 것을 지적한다. 예를 들어, "당신의 첫 번째 이야기는 거부받았던 주제를 가지고 있는 것 같아요."라고 말해 줄 수 있다. 대부분의 내담자는 스스로 자신의 주제들을 명료화할 수 있다.

1) 내담자가 종종 반복되는 자신만의 단어로 자신에 대해 말하는 것을 듣는지 확인하기

진로 상담자는 종종 내담자의 언어와 표현을 되풀이해야만 한다. 내담자는 언어와 표현을 정확히 만들기 위해 밖으로 꺼내 말하도록 초대받는다. 그래서 내담자들은 좀 더 명확하거나 다른 사람이 진지하게 받아들일 수 있는 방식으로 자신의 충고에 주의를 기울여야 한다.

2) 참여자 관찰하기: "몸은 결코 거짓말하지 않는다"

내담자는 항상 주의 깊게 관찰되어야만 한다. 발언, 한숨, 몸의 위치 변화 혹은 시선의 방향은 세부적으로 기록되어야만 한다(Savickas, 2009b). 몸의 움직임과 다른 비언어적인 단서는 진로 상담자가 내담자를 '이해하는(read)'데 도움이 되며, 진로상담 회기에 포함되어야만 한다.

3) 진로스토리 인터뷰를 아우르는 은유 사용하기

은유는 인터뷰 동안에 내담자가 말하는 것을 주의 깊게 들음으로써 꽤 쉽게 만들어질 수 있다(Yapko, 2003). 은유의 예시로는 "당신은 곧 드러날 걸작품이다."라고 할 수 있다.

5. 사례연구

1) 참여자와 맥락

의도적으로 표집된 참여자인 제임스(가명)는 33세의 백인 남성으로 영어를 사용한다. 제임스는 신학뿐만 아니라 교육심리 석사과정을 끝마쳤다. 그는 2014년에 진로구성 상담과정의 일부로 만들어진 시연에서 '내담자' 역할에 자원하였다.

2) 3가지 초기기억

"내가 당신에게 어떻게 도움이 될 수 있을까요?"에 대한 답변으로 제임스는 "전 현재 석사학위 논문을 쓰기 위해 연구를 수행 중이에요. 슈퍼바이저가 최근에 내 연구에 대한 지도를 다른 사람에게 의뢰해서 실망스러워요. 연구하는 동안에 내가 선호하는 창의적인 연구 방법을 사용하고자 하는 욕구를 이전 슈퍼바이저가 승인하지 않았기 때문에 생긴 일이죠. 특히 내 첫 번째 슈퍼바이저가 점진적 이완요법이 포함된 에릭슨의 최면요법을 인정하지 않았어요." (한숨, 희미한 웃음) (또 한숨) "나는 틀 안에 갇혀 있는 것을 좋아하지 않아요." 제임스의 3가지 초기기억과 그 해석은 다음과 같다.

청각적 학습 유형

- **세발자전거 타기가 자유에 대한 시각을 제공하였다**

  (한숨) "내가 3~4세 때 앞마당에서 원을 그리며 **세발자전거**를 탔어요. 이때가 내가 처음으로 자전거를 탄 기억이에요. 자전거를 타는 동안 특별히 밖으로 크게 내뱉었던 말이 기억나요. '나는 언젠가 큰 학교에 이 자전거를 타고 갈 거야.' 이 말이 나를 흥분시켰어요." (한숨) "이 이야기는 어떤 진전을 나타내는 것처럼 보이지 않아요. 단지 원을 그리며 운전할 뿐……."

- **녹색 소파 아래에서 잃어버린 개를 찾았다**

  (미소를 띠며 생각함) "이것은 그냥 떠오른 기억이라 목적이나 의미가 없어 보여요." (한숨) "전 3~4세이고……."(바라보면서) "할머니가 누나와 나를 보고 있는 동안 거실에서 일어난 일이에요. 나는 녹색 소파 아래에서 (위를 쳐다보며) 으르렁거리는 개를 찾았던 것이 구체적으로 떠오르네요." (웃음) "난 무슨 일이 일어났는지 구체적으로 기억할 수 없어요. 단지 내가 개의 소리를 들었고 그 소리가 나는 곳을 찾았어요." (통찰력 있게 웃으며 마무리함) "나는 **구체적으로**라는 단어를 꽤 많이 반복했네요."

• 창의성이 세탁실에서 놀라움을 만들어 내다

(웃음) "내가 5세 때였어요. 남동생과 나는 엄마에게 우리가 세탁을 도와도 되는지 물었죠. 엄마는 잠시 생각했을 테고 다른 생각을 했을 수 있지만 좋다고 했죠. 내가 빨랫감을 세탁기에 넣었던 것은 기억나지 않지만, 세탁기 밖으로 나와 아름답게 떠다니는 거품과 빨랫감을 봤던 것은 기억나요. 세탁기의 물이 모든 집안을 잠기게 했죠. 또 나는 세탁기 밖으로 나온 아름다운 거품에 흥분했던 것이 기억나요."

3) 3가지 초기기억 분석

최초의 질문에 대한 제임스의 반응은 현안문제뿐만 아니라 그 문제를 해결하기 위한 계획을 밝혀 준다. 그가 논문에서 의미 있는 진전을 만들기 위해서는 창의적인 전략이 필요하다. 첫 번째 슈퍼바이저에 의해 "갇혀 있다."라고 느끼기(삶의 핵심 문제) 때문에 그는 창의적이고 혁신적인 방식(또 다른 삶의 핵심 주제)으로 도전을 다룰 수 있는 자유를 추구하고 있다. 원을 그리며 타는 대신에 '언젠가' 큰 학교에 자전거를 타고 갈(교육을 받는다는 것에 대한 은유) 거라는 그의 바람은 또 다른 삶의 핵심 주제로 출현되었다.

제임스의 첫 번째 동사는 '자전거를 타다(cycle)'이다. 그는 빠르고 리듬 있게 움직이는 것에 흥미가 있지만, 슈퍼바이저가 바뀌는 것은 한 번 더 원 안에서 그가 움직여야 함을 반영한다. 그것이 진로 상담자에게 상담받고 싶은 진짜 이유이다. 그는 좌절되고 방해를 받으면서 미래 연구의 진전에 대해 불안을 느끼고 걱정하고 있다.

두 번째 이야기에 대한 회상을 요청받았을 때 제임스는 다음과 같이 말했다. "나는 잃어버린 무언가를 찾고 있었죠. 녹색 소파 아래에서 그것을 발견하려고 하면서……." 녹색은 제임스의 창의적인 감각과 쉬고 싶은 욕구를 보여 준다. 그의 회상에서 개(신뢰의 상징)를 찾는 것은 자신에게 충고를 해 주는 것으로 해석할 수 있다. 제임스가 앞으로 나아가기 위해 에릭슨의 최면요법(녹색=이완, 소파=놔두는 것)을 진행하는 것과 마음의 평화를 찾고 제임스의 연구와 슈퍼바이저에 대한 신뢰와 믿음을 회복하는 것, 게다가 그는 자신의 좌절과 수동적인 공격성을 다루기 위해 긴장을 풀고 이완되어야 하고 스스로 돌봐야 한다는 것을 떠올린다.

세 번째 이야기를 떠올리도록 요청받았을 때 제임스는 다음과 같이 언급하였다. "저는 혁신적이고 창의적인 방식으로 생각하고 행동하길 선호하는 사람이에요. 저의 창의적인 행동의 결과를 보았을 때 그게 너무 좋아요. 그래요. 전 아직 신참 심리학자이고, 기법을 익히기 위해 연습이 필요하지만 내가 창의적인 전략을 사용함으로써 다른 사람들(세탁)을 돕는(깔끔하게 하는) 데 기여했다고 확신해요. 그것이 나에게 활기를 주고 나를 흥분시켜요." 그때 제임스는 덜 형식적이어서 창의성을 위한 여지가 있으면서도 자기처럼 특별한 생각을 가진 '창의적인' 사람들로 구성된 다른 집회에서 파트타임 설교사가 되기 위해 원래의 교회를 떠났다는 것이 밝혀졌다.

요약하자면, 제임스는 그의 연구를 다시 시작하기 위해 좁은 사고방식을 가진 사람에게 부득이하게 강요되는 것에 실망하고 화가 났다(원을 그리며 운전해야 함). 자신에게 하는 그의 충고는 다음과 같다. "가라. 긴장을 풀라. 그런 방식으로 분노를 다루면서 연구 참여자들의 깊은 욕구를 처리하기 위해 창의적인 연구 방법을 사용하려는 그의 의도를 강화하라."

세 이야기에 대한 전반적인 제목을 요청하였을 때 제임스는 잠시 질문에 대해 생각한 후 자전거 바꾸기라는 제목을 제안했다. 편안함이라는 그의 욕구를 살피고 창의적 감각에 자유를 주는 것은 엄격한 구조와 형식에 갇혀 있고 순응하는 것보다는 그의 고통을 더 잘 다루도록 도와줄 것이다.

6. 도구를 지지하는 연구 증거

내담자가 주요 삶의 주제와 집착을 명료화하도록 돕기 위해 초기기억 기법을 사용하는 것은 꽤 새로운 접근이다. 사실상 아들러(1937)와 다른 사람들이 이미 20세기 초반에 이 기법을 기술하였다. 그러나 사비카스(2011)는 진로구성 상담에서 내담자의 주요 삶의 주제를 명료화하기 위해 이 접근을 어떻게 사용할 수 있는지를 보여 준 첫 번째 사람이다. 초기기억 기법의 사용에 대한 수많은 질적 진로평가 연구와 양적 진로평가 연구가 수행되었고 (예: Adler, 1931; Hartung, 2011; Langs, 1967; Maree, 2014; Mosak & Di Pietro, 2006 참조) 신뢰도와 타당도에 대해 긍정적으로 보고하고 있다. 그러나 개인뿐만 아니라 집단상담을 하는 과정 동안 초기기억의 장기적인 영향에 대한 추후연구가 필요하다.

참고문헌

Adler, A. (1931). *What life should mean to you*. Boston, MA: Little, Brown and Company.

Adler, A. (1937). Significance of early recollections. *International Journal of Individual Psychology, 3*, 283-287.

Androutsopoulou, A. (2013). The use of early recollections as a narrative aid in psychotherapy. *Counselling Psychology Quarterly, 26*, 313-329. doi: 10.1080/09515070.2013.814086

Clark, A. J. (2002). *Early recollections: Theory and practice in counseling and psychotherapy*. New York, NY: Brunner-Routledge.

Dreikurs, R. (1923). *Fundamentals of individual psychology*. New York, NY: Greenberg.

Freud, S. (1910/1957). Leonardo da Vinci and a memory of his childhood. In J. Strachey (Ed.), *The standard edition of the complete psychological works of Sigmund Freud* (Vol. 11, pp. 63-137). London, England: Hogarth.

Hartung, P. J. (2011). Career construction: Principles and practice. In K. Maree (Ed.), *Shaping the story: A guide to facilitating narrative career counselling* (pp. 103-120). Pretoria, South Africa: Van Schaik.

Kopp, R., & Dinkmeyer, D. C. (1975). Early recollections in life style assessment and counselling. *The School Counselor, 23*, 22-27.

Langs, R. J. (1967). Stability of earliest memories under LSD-25 and placebo. *Journal of Nervous and Mental Disease, 144*, 318-320.

Maree, J. G. (2014). Career construction with a gay client: A case study. *British Journal of Guidance and Counselling, 42*, 436-449. doi: 10.1080/03069885.2014.886670

Mosak, H. H., & Di Pietro, R. (2006). *Early recollections: Interpretative method and application.* New York, NY: Routledge.

Savickas, M. L. (2009a). Career-story counseling. In T. J. Sweeney (Ed.), *Adlerian counseling and psychotherapy: A practitioner's approach* (5th ed., pp. 183-207). New York, NY: Routledge.

Savickas, M. L. (2009b, April). *Utilising early recollections in counselling in the 21st century.* Keynote presentation, SA Society for Clinical Hypnosis, Pretoria, South Africa.

Savickas, M. L. (2011). *Career counseling.* Washington, DC: American Psychological Association.

Sweeney, T. J. (1975). *Adlerian counseling.* Boston, MA: Houghton-Mifflin.

Sweeney, T. J., & Myers, J. E. (1986). Early recollections: An Adlerian technique with older people. *The Clinical Gerontologist, 4*(4), 3-12.

Yapko, M. (2003). *Trancework: An introduction to the practice of clinical hypnosis.* New York, NY: Brunner/Mazel.

청각적 학습 유형

운동감각적 학습 유형

여기에서는 내담자의 적극적인 참여를 유도할 목적으로 내담자에게 도움이 된다고 생각하는 운동감각적 학습 유형의 도구들을 진술하였다.

제**17**장

진로글쓰기
−질적 진로평가와 지도에 대한 창의적 · 표현적 · 성찰적 접근−

REINEKKE LENGELLE and FRANS MEIJERS

1. 도입

진로글쓰기는 진로에 대한 내적 대화를 촉진하기 위해 내담자 혹은 학생 집단에서 창의적이고 성찰적이며 표현적인 글쓰기 형식을 사용함으로써 질적 진로평가를 시도하는 내러티브 접근이다. 진로글쓰기는 생애주제를 밝히고 동기와 바람을 평가하며 더 이상 유효하지 않은 이야기(즉, 내러티브 진실들)를 재진술함으로써 개인의 진로정체성을 구성하는 데 도움을 준다. 이 학습 과정은 대개 위기에서 시작되는데 그 위기는 일을 둘러싼 상황, 사건, 태도 또는 선택 갈등 등이 될 수 있다. 연구에서는 진로글쓰기가 진로 형성과 방향을 설정하는 과정에 있는 대학생에게 효과가 있고 실직에 직면한 성인을 도울 수 있다는 것을 보여 준다.

2. 도구의 이론적 기초

21세기의 진로평가와 지침은 현재의 직업 시장의 복잡성과 불안정성을 고려해야만 한다. 기술을 개발하고 개인을 현존하는 직업과 매칭하는 산업화시대의 관례만으로는 더 이상 충분하지 않다. 사람들은 생애주제에 대한 인식(Savickas, 2005)을 발달시켜야 하고 생애이야기, 즉 진로정체성을 구성해야만 한다. 한때는 지리적 위치, 인종 혹은 종교의 확장으로서의 공동체에서 공유되는 '거대 내러티브'가 우리의 생활에 도움이 되었던 이야기였다. 그러나 개인화된 사회(Beck, 2000)에서는 개인적 의미와 사회적 방향감 모두를 제공하는 보다 개인적인 내러티브에서 자신을 확인할 수 있는 능력이 절실히 필요하다(Wijers & Meijers, 1996).

따라서 내적이고 외적인 대화를 촉진하여 진로정체성의 형성을 돕기 위해 근거 있는 이론을 토대로 만들어진 타당한 진로평가 도구(Meijers & Lengelle, 2012)가 필요해졌다. 사람들은 의미 있는 경험에 대한 대화를 통해 자기를 진로행동을 이끄는 내러티브 속에 넣기 시작한다. 이러한 맥락에서 대화적 자기이론에 기반하여 자기를 '마음이라는 풍경 속에서 **자율적으로** 존재하는 다양하고 역동적인 내 입장(I-position)'으로 정의할 필요가 있다(Hermans & Hermans-Konopka, 2010, pp. 173-174). 그곳에는 다양한 자기 간의 관계도 존재한다. 렌즈로 통해 볼 때 각 개인은 다양한 목소리가 조합되어 한 사람이 된 다면적 소설로 구체화된다(Hermans & Kempen, 1993). 일부 자기들은 내적 자원과 바람으로 표현되지만, 다른 자기들은 그림자 자기처럼 거부되거나 보이지 않는다(Ford, 1998). 그러나 모든 자기는 의미 있는 내러티브의 구성에 기여한다(McIlveen & Patton, 2007a). 진로정체성이라는 측면에서 자기[소위 '내 입장(I position)']가 표현되고 확장될 때 개인적 통찰['초월적 입장(meta position)']이 나타나는 곳에서 진로행동['주창자 입장(promoter position)']을 가능하게 하는 유익한 내러티브가 형성된다(Winters, Meijers, Lengelle, &

Baert, 2012).

지난 몇십 년 동안 진로 전문가와 연구자들은 다수의 내러티브 접근을 개발함으로써 진로정체성의 구성을 촉진하는 실무적 방법들을 제공하였다(Cochran, 1997; Law, 2008; McIlveen, Patton, 2007b; McMahon & Watson, 2013; Savickas, 2005 참조). 이러한 질적 진로평가 도구들은 내담자의 요구를 평가하고 상담의 방향을 탐색할 수 있는 방법이다(McMahon, Watson, Chetty, & Hoelson, 2012). 진로글쓰기는 최근에 추가된 내러티브 접근의 한 분야이다. 진로글쓰기에는 내담자와 학생들이 내적 대화를 시작하도록 하는 창의적이고 표현적이며 성찰적인 글쓰기 방식이 포함된다(Lengelle & Meijers, 2014). 내적 대화는 그들에게 의미 있는 내용이며, 노동시장에서 기회를 잡기 위해 스스로에 대해 배운 것을 사용할 수 있게 해 주는 방법이기도 하다.

진로글쓰기는 개인에게 정서적으로 현저한 것을 밝히는 것, 즉 생애주제를 명료화하는 데 도움이 되는 것을 목적으로 한다. 또한 직업세계를 항해하기 위한 유용한 내러티브를 공동구성하도록 사람들을 도울 수 있다는 점에서 다른 질적 진로평가 접근과 많은 공통점이 있다. 진로글쓰기의 토대가 되는 이론은 슬픔, 스트레스 또는 우유부단함의 내러티브인 '첫 번째 이야기'에서 '두 번째 이야기'를 향하도록 돕는 인지적 · 정서적 학습 과정을 포함한다. 첫 번째 이야기의 촉발요인은 종종 이전의 문제해결 전략이 더 이상 작동하지 않는 생활상의 어려움이다. 촉발요인 혹은 위기는 실업, 특정 학업 분야를 선택하라는 부모의 압력, 불확실한 상황에서 진로선택을 해야 하는 것과 같은 일이 포함될 수 있다. VERB(Victimhood: 희생, Entitlement: 자격, Rescue: 구조, Blame: 비난)라는 머리글자는 무력감을 영속화하는 내러티브를 확인하기 위해 적절히 사용된다. 개인이 'VERB' 안에 있는지, 즉 그들의 이야기가 VERB의 특징을 지니고 있는지를 확인함으로써 내담자 또는 학생이 첫 번째 이야기에 갇혀 있는지를 평가할 수 있다(Baker & Stauth, 2003, p. 156).

진로글쓰기가 촉진하려고 하는 학습 단계들은 감지, 전환, 초점, 이해 단계이고[이 단계들에 대한 설명은 메이저스와 렝겔(Meijers & Lengelle, 2012)이 쓴 이 책의 제5장 참조], 경험을 받아들이고 구성하여 앞으로 나아갈 수 있는 과정을 나타낸다. 무언가 의미를 부여할 수 있는 것을 발견했을 때 내담자가 흥미를 보이며 사용하는 단어들에 적절하게 주목할 필요가 있다. '두 번째 이야기'는 생기를 주는 내러티브를 나타내고 잠재적인 진로진전이라는 통찰과 방향을 제공해 준다. 이러한 글쓰기가 좀 더 넓게 '내 입장'을 표현하기 시작하고, 궁극적으로 '초월적 입장'과 '주창자 입장'이 표현될 때 이미 언급한 것처럼 대화적 자기이론의 관점에서 학습의 결과가 나타났다고 여긴다 (Hermans & Hermans-Konopka, 2010). 표현적 글쓰기의 유익함에 대해 수행된 연구(Pennebaker, 2011)에 따르면, 유익한 내러티브는 일부 부정적 정서를 포함하는 풍부한 정서적인 단어와 통찰적이며 인지적인 단어들을 표현하는 것으로 시작된다. 그리고 그들의 작품은 그, 그녀, 우리, 나와 같은 대명사를 교대로 사용하고 있다. 다음에서 우리는 진로글쓰기에 대한 연구를 논의하면서 이러한 성과를 다시 언급하고자 한다.

3. 도구에 대한 기술

1) 글쓰기의 3가지 유형

진로글쓰기는 창의적 글쓰기, 표현적 글쓰기, 성찰적 글쓰기라는 3가지 유형으로 구분할 수 있다. 창의적이라는 것은 소설 혹은 허구적인 자서전 쓰기를 말한다. 이것은 사비카스(2005)가 생애설계 작업에서 많이 사용한 것처럼 내담자 혹은 학생들이 가상의 인물과 사건에 대한 탐색을 통해 생애주제를 밝히도록 초대하기 위한 것이다. 창의적 글쓰기는 직접적 혹은 우연적으로 생애주제를 드러낸다. 예를 들어, 렝겔(Lengelle)의 학생 중 여학생 한 명이 글에서 남자들이 가득 찬 작업환경을 나타내는 한 장면을 묘사하였다. 그곳에서 한 여성이 젊은 여성 보조원을 돕고 있었다. 그녀는 나중에 다음과 같이 기록하였다. "보조원은 젊은 나 중에 하나의 버전이에요. 나는 1960년 대 초에 네 명의 오빠가 있는 가부장적인 가정에서 태어났고, 직장에서 단 한 명의 남성과 함께 일하고 있죠. 내가 나이든 나의 자아를 멘토로 간절히 원하고 있다는 것을 깨달았어요. 그것은 허구를 통해서죠. 나의 잃어버린 어린 시절의 자아를 지원하고 돌보기 위해 돌아갈 수 있어요. 아! 내 성찰이 완전히 정확하죠"(Lengelle & Meijers, 2014, pp. 61-62). 피카소가 얘기했듯이 "예술은 우리에게 진실을 깨닫게 하는 거짓이다"(Chipp, 1968, p. 264에서 인용함).

표현적 글쓰기는 트라우마와 고통에 대한 글쓰기의 효과를 점검하는 연구자가 사용하는 용어이다(Pennebaker, 2011). 건강에 유익한 글쓰기는 무엇이 일어나고 그것에 대해 어떻게 느꼈는지를 말로 표현하는 것이다. 표현적 글쓰기는 폭넓게 연구되고 있으며 그 이점은 심리적 건강뿐만 아니라 신체적 건강 향상을 포함한다(Lepore & Smyth, 2002). 고통스러운 경험에 대한 글쓰기가 생애주제를 드러내는 한 방법이기 때문에 이러한 유형의 글쓰기는 진로와 관련된다. 현재 우리를 추동하는 것은 종종 과거의 잊히지 않는 고통스러운 경험에 근거한다(Savickas, 2011).

성찰적 글쓰기는 직접적인 통찰과 관찰을 탐색하는 방식으로 생애사건에 대해 글 쓰는 것을 말한다. 그것은 '내 가족의 공통 주제는 여성이 아이를 갖는 것을 두려워한다는 것이다. 이 선택은 우리의 진로를 방해할 수도 있기 때문이다. 직업을 결정할 때 이것이 나를 궁지로 몰아넣는가?'와 같은 생각의 확장이 포함될 수 있다.

글쓰기의 유형마다 유용하고도 구조화된 실습들이 있고 그중 일부는 앞에 언급된 특정 학습 단계와 부합된다. 예를 들어, 감정과 생각이 처음으로 펼쳐지고 여전히 혼돈스럽게 배열되는 감지 단계에서는 자기수용적 글쓰기가 유용하다(Trichter-Metcalf & Simon, 2002). 그런 글쓰기는 어디에서든 시작할 수 있고, 질문을 하지 않으면 마치 자명한 것처럼 지나쳐 버렸을지 모르는 단어나 구절들을 깊고 넓게 이해하기 위해 "내 말이 무슨 뜻인가 하면요……."

(예: 두려움, 좌절됨, 기진맥진함, 희망참)에 대해 질문할 수 있다. 또한 이 연습에는 4가지의 마무리 질문이 포함된다. ① 쓴 것 외에 들었던 생각은 무엇인가?, ② 현재 어떻게 느끼나 혹은 현재 무엇을 느끼나?, ③ 이것은 더 큰 이야기의 일부인가?, ④ 앞으로 어떤 글을 쓸 것인가?(Trichter-Metcalf & Simon, 2002, pp. 39-41)가 그것이다.

또한 시 쓰기는 핵심 통찰을 요약하듯 단어 선택이 탄탄하고 신중해지는 초점 및 이해 단계에 종종 더 적합할 수 있지만, 감지 단계에서 생각과 감정을 표현하는 연습으로 사용될 수도 있다. 희곡과 대본 쓰기는 '자기들(selves)' 사이의 상호작용에 접근하고 평가하며 확장하는 방식이 될 수 있고, 이것은 종종 암묵지식을 더 명확하게 인식하도록 이끈다. '나의 현명한 자기가 나에게 말하는 것을 읽을 때 다음 단계에 뭘 하고 싶은지를 내가 이미 알고 있다는 것을 깨닫게 된다.'

촉진자에 의해 만들어진 것이든 풍부하게 성장하고 있는 개인적 발달을 위한 글쓰기 분야(Bolton, Field, & Thompson, 2006; Hunt & Sampson, 2002)에서 발견된 것이든 연습은 모두 내적 대화를 일으키고, 개인을 두 번째 이야기로 향하는 학습 국면으로 이동하도록 하려는 의도가 있다. 이것을 염두에 두고 다음의 몇 가지를 추가적으로 고려해야 한다. 이 작업은 통상적인 진로상담처럼 일대일로 행해질 필요 없이 집단에 적합하다고 할지라도 그 과정에 촉진자가 필요하다. 또한 안전한 학습 환경이 핵심이고 제안된 연습 순서는 심사숙고하여 신중하게 고려해야 한다.

3가지 요점에 대해 간단히 설명하면 다음과 같다.

첫째, 촉진자는 글쓰기가 편해야 하고, 개인적인 글쓰기를 해 본 사람이어야 한다. 진로 평가와 상담에서 내러티브 접근으로 작업하는 사람이 적절하다. 물론 진로글쓰기를 사용하고자 하는 진로 전문가들은 개인적·전문적 발전을 목적으로 하는 시 치료 워크숍이나 표현적 글쓰기 워크숍을 수강해서 도움을 받을 수도 있다.

둘째, 촉진자는 특히 종종 진로글쓰기가 집단작업으로 수행되기 때문에 쓴 글을 나누기 위한 안전한 공간을 마련해야만 한다. 촉진자가 비판단적 자세로 피드백할 것을 명확하게 요구하고 비밀보장 이슈에 대해 언급하며, 적절하게 개인적 경험을 공유할 때 안전이 보장된다.

셋째, 연습 순서는 학습 단계임을 기억하고 초점화하는 쪽으로 만들되, '당신의 미래 진로에 대한 짧은 시를 써 주세요'처럼 너무 직접적인 문학적 접근으로 시작하지 말아야 한다.

4. 진로글쓰기 연구

1) 초기 프로젝트들과 연구

실직(Spera, Buhrfeind, & Pennebaker, 1994)과 직장의 불평등(Barclay & Skarlicki, 2009)에 대한 표현적 글쓰기의 긍정적 효과에 대한 연구도 진행되었다. 렝겔의 학생 중 한 명에 의해 수행된 사례연구와 글쓰기 프로젝트는 진로전환기에 진로글쓰기의 가능성에 대한 추가적인 일화적 증거를 제공한다(Lengelle & Meijers, 2014). 질적 진로평가와 지도를 위한 도구로 진로글쓰기를 사용하는 것에 대한 연구가 헤이그 응용과학 대학교에서 시작되었다. 몇 해 전 네덜란드에서 수행된 첫 번째 연구 결과에서는 진로글쓰기가 고등교육을 받는 학생들의 진로내러티브 구성에 효과가 있다고 보고하였다(다음 참조). 또한 캐나다 앨버타의 개방대학 강좌 및 진로 교사들과 다른 진로 전문가를 위한 훈련 프로그램으로 진로글쓰기의 장점을 평가하기 시작하였다.

2) 헤이그(Hague) 대학교의 연구와 초기 결과

진로글쓰기 연구 프로젝트를 수행하기 위해 대학교 3학년 학생들을 대상으로 실험집단과 통제집단을 모집하였다. 참여자들의 평균 나이는 23세이

운동감각적 학습 유형

며 모두 진로글쓰기 강좌에 적극적으로 참여하였다. 통제집단은 개인 일정이나 근무 일정이 맞지 않아서 실제 강좌에 참여할 수 없는 학생들로 구성되었다. 진로글쓰기 강좌는 이틀 과정이었고 5개월의 직업 연수 전후에 실시되었다. 연구를 시작하면서 두 집단에게 20분 동안 학업과 곧 있을 직업 연수에 대해 쓰도록 하였다. 이때 작성한 글은 행운준비도 지표(Pryor & Bright, 2011)와 함께 수집되었다. 또한 두 집단 모두는 직업 연수 말미에 또 다른 글을 제출하였다. 아울러 고용주들에게 학생들을 평가하도록 요청하였고, 실험집단은 각 과정마다 추가로 두 개의 글을 제출하여 총 여섯 편의 글을 제출하였으며, 통제집단은 두 개의 글을 제출하였다. 최종적으로 두 집단의 참여자들에게 공식적인 직업 연수 보고서를 제출하도록 하였고 성찰 촉진을 위한 정규 과제였다.

대화적 자기이론 코딩과 언어 색인 단어 수(Linguistic Index Word Count: LIWC) 분석을 사용하여 진로글쓰기를 분석한 결과는 학생들의 내러티브가 바람직한 방향으로 발전되었음을 보여 주었다(Lengelle, Meijers, Poell, & Post, 2014). 실험집단의 학생들은 초월적·주창자적 입장과 의미를 지향하는 입장을 두드러지게 표현하였다. 예를 들어, 통제집단의 어떤 학생은 "나는 시간 관리 기술을 배울 필요가 있음을 깨달았다."라고 말한 반면, 실험집단의 한 학생은 "나는 작업 멘토의 피드백을 잘 수용하지 않는 사람이지만, 지금은 그러한 비판이 나를 돕기 위한 것이었음을 깨달았다."라고 말하였다. LIWC 분석은 진로글쓰기 강좌를 받은 학생들이 처음의 나를 고수하는 대신에 나에서 우리로, 그에서 당신으로 전환하는 대명사 간의 변화가 쉽게 일어난다는 것을 보여 주었다. 이러한 전환은 인지적(예: ……라고 생각한다. 그 이유는……)이고 통찰적인 단어(예: 깨닫는다, 이해한다, 지금 알게 되었다)가 출현함으로써 넓은 관점으로 변화 혹은 발전하는 능력을 보여 준다. 비록 연구집단이 비교적 작고 약간의 탈락이 있었지만, 진로글쓰기 강좌를 완수한 학생들은 행운준비도도 높고 고용주들이 좀 더 긍정적으로 평가했다는 것을 보여 주었다(Lengelle, Meijers, Poell, Geijsel, & Post, 출간 중).

5. 결론

정체성 발달을 촉진하는 내러티브 접근으로서 진로글쓰기의 잠재력을 평가하기 위해 더 많은 연구가 요구되지만, 잠재적 효과에 대한 초기 증거가 나타나고 있다. 진로글쓰기의 두드러진 이점은 집단에서 수행될 수 있어서 집단역동을 활용할 수 있다는 것이고, 시간과 비용이 절약되는 접근이라는 것이다. 시간이 많이 소요되는 일대일 지도 대신에 질적 진로평가와 지도 방식은 학교, 대학교 같은 기관과 작업장에서의 전문성 개발을 위해 제공될 수 있다. 이런 방식의 글쓰기는 질적 진로평가가 될 수 있으며 감지 · 전환 단계처럼 탐색을 시작하게 하는 학습을 구성한다. 그리고 이러한 글쓰기가 초점과 이해 단계로 계속되게 하여 두 번째 이야기를 발전시키기 때문에 창의적이고 표현적이며 성찰적 글쓰기는 진로지도의 한 형태가 될 수 있다.

참고문헌

Baker, D., & Stauth, C. (2003). *What happy people know*. New York, NY: St Martin's Griffin.

Barclay, L., & Skarlicki, D. P. (2009). Healing the wounds of organizational injustice: Examining the benefits of writing. *Advances in Psychiatric Treatment, 11*, 338–346.

Beck, U. (2000). *The brave new world of work*. Cambridge, England: Polity Press.

Bolton, G., Field, V., & Thompson, K. (2006). *Writing works: A resource handbook for therapeutic writing workshops and activities*. London, UK: Jessica Kingsley.

Chipp, H. B. (Ed.) (1968). *Theories of modern art: A sourcebook by artists and critics*. Berkeley, CA: University of California Press.

Cochran, L. (1997). *Career counseling: A narrative approach*. Thousand Oaks, CA: Sage.

운동감각적 학습 유형

Ford, D. (1998). *The dark side of the light chasers*. New York, NY: Riverhead Books.

Hermans, H. J. M., & Kempen, H. (1993). *The dialogical self-meaning as movement*. San Diego, CA: Academic Press.

Hermans, H. J. M., & Hermans-Konopka, A. (2010). *Dialogical self-theory: Positioning and counterpositioning in a globalizing society*. Cambridge, England: Cambridge University Press.

Hunt, C., & Sampson, F. (Eds.) (2002). *The self on the page: Theory and practice of creative writing in personal development*. London, UK: Jessica Kingsley.

Law, B. (2008). *Narratives for well-being: Why we need stories, how we can use them, and what we can learn from them*. Retrieved from www.hihohiho.com/moving%20on/cafnarrative.pdf

Lengelle, R., & Meijers, F. (2014). Narrative identity: Writing the self in career learning. *British Journal of Guidance and Counselling, 42*(1), 52–72.

Lengelle, R., Meijers, F., Poell, R., & Post, M. (2014). Career writing: The effects of creative, expressive and reflective approaches on narrative identity formation in students in higher education. *Journal of Vocational Behavior, 85*, 75–84.

Lengelle, R., Meijers, F., Poell, R., Geijsel, F., & Post, M. (in press). Career writing as a dialogue about work experience: A recipe for luck readiness?. *International Journal for Educational and Vocational Guidance*.

Lepore, S. J., & Smyth, J. M. (Eds.) (2002). *The writing cure: How expressive writing promotes health and emotional well-being*. Washington, DC: American Psychological Society.

McIlveen, P. F., & Patton, W. A. (2007a). Dialogical self: Author and narrator of career life themes. *International Journal of Educational and Vocational Guidance, 7*(2), 67–80.

McIlveen, P. F., & Patton, W. A. (2007b). Narrative career counselling: Theory and exemplars of practice. *Australian Psychologist, 42*(3), 226–235.

McMahon, M., & Watson, M. (2013). Story telling: Crafting identities. *British Journal of Guidance & Counselling, 41*(3), 277–286.

McMahon, M., Watson, M., Chetty, C., & Hoelson, C. (2012). Story telling, career assessment and career counselling. *South African Journal of Higher Education, 26*(4), 729–741.

Meijers, F., & Lengelle, R. (2012). Narratives at work: The development of career identity. *British Journal of Guidance and Counselling, 40*(2), 157–177.

Pennebaker, J. (2011). *The secret life of pronouns.* New York, NY: Bloomsbury Press.

Pryor, R. G. L., & Bright, J. E. H. (2011). *The chaos theory of careers.* New York, NY: Routledge.

Savickas, M. L. (2005). The theory and practice of career construction. In S. D. Brown & R. W. Lent (Eds.), *Career development and counseling: Putting theory and research to work* (pp. 42–70). Hoboken, NJ: John Wiley.

Savickas, M. L. (2011). *Career counseling.* Washington, DC: American Psychological Association.

Spera, S. P., Buhrfeind, R. D., & Pennebaker, J. W. (1994). Expressive writing and coping with job loss. *Academy of Management Journal, 37*, 722–733.

Trichter–Metcalf, L., & Simon, T. (2002). *Writing the mind alive: The proprioceptive method of finding your authentic voice.* New York, NY: Ballantine Books.

Wijers, G., & Meijers, F. (1996). Career guidance in the knowledge society. *British Journal of Guidance and Counselling, 24*(2), 185–198.

Winters, A., Meijers, F., Lengelle, R., & Baert, H. (2012). The self in career learning: An evolving dialogue. In H. J. M. Hermans & T. Gieser (Eds.), *Handbook of dialogical self theory* (pp. 454–469). Cambridge, England: Cambridge University Press.

운동감각적 학습 유형

제**18**장

미래진로자서전

−진로개입으로 인한 내러티브 변화 평가하기−

MARK C. REHFUSS

1. 도입

이 장은 미래진로자서전(Future Career Autobiography: FCA)의 이론적 배경으로 시작한다. 일단 도구에 대해 기술하고, 진로개입의 결과로 나타나는 개인들의 진로내러티브의 변화를 측정하기 위한 도구로 미래진로자서전의 사용에 대해 논의한다. 주제를 평가하고 분석하는 방법과 관련 연구를 검토함으로써 논의를 마치고자 한다.

2. 배경

1) 자기정체성

진로상담과 직업심리학은 100여 년 동안 자기정체성이라는 개념에 의해 이끌어져 왔다. 각 관점은 그들이 위치해 있는 사회, 문화, 역사적 시간 과 함께 야기되고 조화를 이룬다(Burke & Stets, 2009; Savickas, 2011b, 2011c). 그러나 이 시기 동안 자기정체성의 개념은 대상에서 주체이자 하나의 과제로 전환되었다(Savickas, 2011b, 2011c). 자기는 내러티브 과정을 통해 구성되고 언어를 통한 자기 만들기는 우리 삶의 과제이다(Savickas, 2011a). 자기의 핵심은 말과 글을 통해 내러티브로 나타나고 개인이 사는 곳에서 그 영역을 만들고 개선하며 자신과 진로에 대해 이해하는 과정이다(McAdams, 1997; McAdams, Josselson, & Lieblich, 2006; Savickas et al., 2009).

2) 이론

정체성의 본질인 내러티브는 아문슨(Amundson, 2010), 코크런(Cochran, 1997), 두아르테(Duarte, 2009), 귀차드(2005, 2009), 맥마흔과 왓슨(McMahon & Watson, 2010), 피비(Peavy, 1997), 프라이어와 브라이트(Pryor & Bright, 2011), 사비카스(Savickas, 2005, 2010, 2013) 및 영과 동료들(Young et al., 2011)과 같은 많은 진로이론가에게 영향을 주었다. 내러티브 진로상담의 완전한 이해와 적용을 이끌기 위해 내러티브 진로 이론과 개입의 사용이 계속 증가하고 있으며, 시간에 따라 정교화되고 있다(Rehfuss & Di Fabio, 2012; McMahon & Watson, 2011, 2012; Meijers & Lengelle, 2012). 내러티브 진로개입과 접근에 대한 다수의 편찬본이 계속 등장하고 있다(예: Brott, 2005; Di Fabio & Maree, 2013; Maree, 2011; McMahon & Patton, 2006; McMahon & Watson, 2011). 내러티브 이론과 개입의 핵심은 개인적 이야기이다.

자기 이야기에 대해 말하는 것은 개인이 자신의 현재, 과거, 미래와 관련된 자기에 대한 감각을 창조하고 얻는 과정이기 때문에 내러티브의 토대가 된다(McAdams, 1997; Rehfuss & Di Fabio, 2012; Savickas, 2013). 그러므로 내러티브 개입의 핵심은 개인의 이야기가 지닌 힘을 이해하고 강화하는 것이다(McAdams, 1997; Rehfuss, 2009; Sarbin, 1986). 사람들이 좀 더 명확하게 자신의 삶과 진로를 얘기하도록 하기 위해 완전하고 심층적으로 자기를 이야기하도록 돕는 데 초점을 두어야 한다. 그들은 자기에 대한 밀도 있는 내러티브를 가진 이야기를 탐색하고 확대하는 과업을 수행하는 개인을 돕고자 한다. 종종 이러한 과정은 미래의 움직임과 행동의 자원과 토대로 제공될 수 있는 개인의 삶과 진로에서 지속되는 이야기를 확인하도록 촉진한다(Savickas, 2013).

개인은 진로개입 과정에 참여하면서 자기에 대한 내러티브가 확장되고 분명해진다. 그들은 삶과 진로에서의 움직임과 변화를 촉진하는 자기에 대한 완전한 내러티브를 만들어야 한다. 그러므로 진로개입의 결과로 나타나는 개인의 삶과 진로에 대한 자기 내러티브는 한층 뚜렷하고 측정 가능한 명료함과 자세한 묘사 혹은 확장을 반영해야만 한다(Rehfuss, 2009; Rehfuss & Di Fabio, 2012).

내러티브의 변화는 구체적인 진로 적용과 해석에서 기술되지만, 현재의 이론들과 개입들은 개인의 이야기에서 예상되는 변화를 측정하는 데 필요한 도구를 제공하지 않는다(Rehfuss, 2009). 전통적인 양적 수치는 개인의 삶과 진로이야기에서의 내러티브 변화를 측정하고 기록하며 반영하는 데 적합하지 않다(Rehfuss, 2009). 내러티브는 본질적으로 질적이기 때문에 질적 진로평가 도구들은 개인의 진로와 삶의 내러티브에서 변화를 측정하기 위해 사용되어야만 한다. 그래서 미래진로자서전은 내러티브의 변화를 측정하고 내러티브로 구성된 모델과 개입의 타당성 및 효과를 결정할 수 있는 질적 도구로 개발되었다(Rehfuss, 2013; Rehfuss & Di Fabio, 2012).

3. 도구

1) 개발

미래진로자서전은 특정 진로개입의 결과로 나타난 직업과 삶의 내러티브에서의 변화를 측정하기 위해 고안된 최초의 간단한 질적 진로평가 도구이다(Rehfuss, 2009). 이것은 내러티브와 구성주의 이론과 일관되게 진로개입의 결과로 직업과 삶에 대한 개인의 내러티브가 수정되는지를 확인하고 평가하며 측정하기 위해 개발되었다(Rehfuss, 2009).

측정의 개념 자체는 미래진로자서전과 그것이 개인에게 미치는 영향에 대한 모(Maw, 1982)의 탐색에서 나왔다. 그의 연구는 에제키엘(Ezekiel, 1968)과 에버드(Evered, 1977)의 연구를 확대하고 명료화한 것이다. 모의 연구에서는 10년 전에 각 개인이 써 놓은 짧은 자서전적 내러티브를 검토하였는데, 그 내러티브들에 대한 설명은 검토 대상에서 제외하였다. 개인은 원래 내러티브의 일부를 실행하고 있다고 보고하였다(Maw, 1982). 모의 연구 결과는 미래 삶에 대한 개인적 내러티브의 영향력을 반영하였다. 이 결과는 개인이 짧은 자서전적 내러티브를 쓸 때 그들이 만든 이야기가 종종 개인의 핵심 구성, 가치, 자기개념을 반영할 것이라는 것을 보여 주었다(Rehfuss, 2009). 그러므로 미래진로자서전은 미래의 특정 시기에 삶과 진로와 관련된 목표나 바람에 대한 개인의 짧은 내러티브에 초점을 맞춘다. 현재 자신이 될 거라고 예상하는 자기를 만들기 위해 개인으로 하여금 과거와 현재의 내러티브를 이용하여 미래에 초점을 맞추도록 한다. 시간상 다른 지점에서 미래진로자서전을 완수하고 내용을 비교하는 것은 개인적 내러티브의 변화나 변화의 부족함을 확인할 수 있다.

2) 설명

미래진로자서전의 측정은 개인들에게 인생에서 있고 싶은 곳과 5년 후 직업적으로 하고 싶은 것을 간단하게 기술하는 문단을 쓰도록 요청함으로써 개인의 미래 내러티브를 이끌어 낸다. 미래진로자서전은 종이 한 장으로 구성된다. 종이에는 '미래진로자서전'이라는 제목, 서명란과 다음과 같은 지시문이 적혀 있다. '당신이 인생에서 있고 싶은 곳과 지금부터 5년 후 직업적으로 하고자 하는 것에 대해 간단한 문단을 완성해 주세요'(Rehfuss, 2009; Rehfuss & Di Fabio, 2012 참조). 초기에 레푸스(Rehfuss, 2009)는 대학생들에게 미래진로자서전을 사용하였고, 마지막 문장에 "졸업 후 5년"이라고 제시하였다. 삶의 특정 지점에서 그것이 유용해지도록 문장을 바꾸어만 했다(Rehfuss & Di Fabio, 2012). 진술문은 삶과 진로에 대한 간단한 미래 내러티브를 만들어 내거나 촉진하기 위한 것이다. 짧고 집중적이며 간결한 내러티브가 바람직하기 때문에 미래진로자서전은 의도적으로 제한을 두기도 한다. 진로 실무자와 개인이 현재 삶과 진로목표를 확인하는 데 도움을 주기 위해 개인의 짧은 내러티브가 선택되고, 나중에 개인의 변화나 변화의 결여를 확인하기 위해 내러티브 간 비교를 촉진할 것이다.

3) 실시

미래진로자서전은 진로상담 개입 전후에 사용되기 위해 고안되었다. 일단 초기 및 이후에 만들어진 미래진로자서전의 쌍이 비교되고 개인 내러티브에서의 변화, 확장 혹은 명료화에 주목하여 질적으로 점수를 매긴다. 개인 혹은 집단으로 실시될 수 있다(상세한 기술은 Di Fabio, 2012; Rehfuss, 2009; Rehfuss & Di Fabio, 2012 참조). 실시자는 초기에 개인의 현재와 미래의 이야기를 이끌기 위해 평가가 이루어질 것이고, 모든 개입이 끝난 후에 다시 평가가 수행된다는 것을 알려야 한다. 실시자는 미래진로자서전을 완수하는 데 10분을 주고 개인이 4~5개의 문장에 대한 반응을 쓰도록 격려한다. 일단 수집된 미래진로자서전은 개인에게 돌려주지 않고 이후에 마지막 버전과의 비교 및 검토를 위해 보관해야만 한다. 모든 개입이 완성된 후 똑같은 절차에 따라 개인은 두 번째 미래진로자서전을 완성한다.

운동감각적 학습 유형

4. 결과 평가하기

1) 분석

두 번째 미래진로자서전을 완성한 후 내러티브 비교를 위해 각 개인의 초기 및 이후의 미래진로자서전의 반응을 짝지어서 정리한다. 이 작업은 각 개인과 일대일로 행해져야만 한다. 그러나 집단이라는 제한점이 있다면 각 개인 스스로 실시자의 안내에 따라 비교작업을 완성할 수 있다.

질적 진로평가 측정으로서 미래진로자서전의 비교를 이끄는 고유한 규칙이 존재한다(Rehfuss, 2009; Rehfuss & Di Fabio, 2012). 각 개인별 미래진로자서전의 쌍은 두 번째 것이 좀 더 길 수 있지만 간단해야 하고 4~5 문장으로 기술되어야만 한다(Rehfuss, 2009; Rehfuss & Di Fabio, 2012; Riessman, 1993). 내용을 점검하는 가장 쉬운 방법은 직접 미래진로자서전의 형식을 파악하는 것이다. 다른 질적 진로평가와 마찬가지로 내러티브를 읽고, 다시 읽고, 비교하는 것에 초점을 맞춰야 한다(Kelle, 1995; Miles & Huberman, 1994). 실시자 혹은 개인은 동사에 동그라미하고, 구절에 밑줄을 긋고, 문장에 네모를 치고, 삶의 주제 특히 직업에 대한 주제를 강조함으로써 각 미래진로자서전에 대한 구체적인 내러티브를 강조해야만 한다. 초기 미래진로자서전을 작성하고 나서 미래진로자서전을 다시 작성한다. 이후 내러티브 내용에서 유사점과 변화에 주목하기 위해 두 미래진로자서전은 나란히 비교된다.

또한 분석은 각 미래진로자서전의 총 단어 수세기를 포함할 수 있다. 레푸스와 디파비오(2012)는 단어 수가 개인의 이야기에 내러티브 변화를 드러낸다는 것을 발견하였다. 그러나 단어 수세기 방법은 변화를 타당화한다기보다는 단지 이차적인 기술적 목적을 위해 내러티브의 변화 정도를 양적으로 명료화하여 제공된다는 것을 기억할 필요가 있다.

2) 질적 주제

미래진로자서전에 대한 레푸스의 초기 연구(2009)에서는 미래진로자서전을 아우르는 일반적인 질적 주제가 되풀이된다는 것뿐만 아니라 직업 변화에 대한 구체적인 8개의 질적 주제를 발견하였다(레푸스의 2009년 연구의 표 설명 참조). 개인의 초기 및 이후의 미래진로자서전은 종종 삶의 질과 욕구라는 보편적 측면과 관련된 똑같은 단어, 구절, 바람, 주제의 반복을 포함한다.

삶의 질이라는 주제는 그들의 가치를 반영하며 가장 빈번한 4가지 주제, 즉 성취, 관계, 안전, 경험 중 하나로 나타나게 된다. 덧붙여 일반적 주제에는 2가지 직업적 욕구인 긍정적 욕구와 부정적 욕구라는 주제를 포함한다. 미래진로자서전의 내러티브들에 차이가 있을 때 보통 그것은 여덟 개 주제의 변화 정도를 반영한다. ① 일반적 분야와 구체화 및 탐색의 욕구, ② 일반적 흥미를 구체화하기, ③ 특징 없는 직업에서 구체적인 직업으로, ④ 무관심에서 방향성을 찾음, ⑤ 모호함에서 초점을 찾음, ⑥ 방해받는 데에서 희망으로, ⑦ 집착에서 개방으로, ⑧ 정체가 변화 주제이다. 이 여덟 가지가 질적 분석을 통해 나타난 개인들의 미래진로자서전에 가장 자주 반영되는 직업적 주제이며, 모든 주제가 모든 개인 혹은 표본 집단에 나타나지 않는다는 것을 알 필요가 있다(Rehfuss, 2009). 연구 목적으로 미래진로자서전을 사용한다면 질적 측정과 일관되게 주제의 내용에 대한 평가자 간 신뢰도와 개인에 대한 예시가 보고되어야 한다.

5. 연구

1) 연구와 응용

레푸스와 디파비오(2012)의 연구에서는 미래진로자서전이 내러티브와 구성주의 진로개입의 결과로 오랜 기간 지속되어 온 개인의 직업 및 생애 내러티브가 수정되었음을 확인하고 평가하며 측정하는 도구라는 것을 강력하게 지지한다. 이러한 결과는 레푸스의 2009년 초기 연구 및 내러티브 이론과 일관된 것이다(Cochran, 1997; Savickas, 2005, 2013; White & Epston, 1990). 미래진로자서전은 진로개입에 앞서 개인의 현재 삶과 직업적 내러티브를 간단히 평가하기 위해 직업 심리학자와 진로 실무자가 사용할 수 있다. 또한 개인에게 내러티브의 이동과 변화가 일어났는지 확인하기 위해 개입 후 다시 사용할 수 있다.

미래진로자서전은 진로상담을 받은 개인의 내러티브에 변화가 부족했다는 것을 보여 준다는 것에 주목하는 것이 중요하다(Rehfuss, 2009; Rehfuss & Di Fabio, 2012). 개인의 내러티브의 변화 부족은 정체의 주제를 반영하며, 개인적 삶에서 움직일 수 없게 하는 장벽, 도전, 무관심에 대한 토론에 내담자를 참여시키기 위해 구체적인 개입이 필요하다는 것을 나타낸다. 추가 개입은 이후에 미래진로자서전을 사용하여 다시 측정될 수 있는 개인적 내러티브의 확장을 촉진할 수 있다.

미래진로자서전에 의해 도출되고 레푸스(2009)에 의해 확인된 질적 주제에 대한 연구는 2가지를 보여 준다.

첫째, 각 개인은 다른 삶과 진로도전에 직면하고 그들의 내러티브가 이런 것들을 반영하기 때문에 8개 각각에 대한 주제의 변화 정도를 보고하는 것은 모든 개인표본에서 나타날 수 없다(Di Fabio, 2012; Di Fabio & Maree, 2013; Rehfuss & Di Fabio, 2012). 대부분의 개인은 변화 정도 중 하나에 속할 뿐이고, 일부는 그것들 중 어느 쪽에도 속하지 않을 수 있다.

둘째, 미래진로자서전이 삶의 변화를 측정하지만 레푸스(2009)는 단지 삶의 질에 대한 4가지 주제를 확인하였고 이 주제의 구체적인 차이에 대해 집중하지 않았다. 8개의 직업 관련 변화 주제와 삶의 질에 대한 4가지 주제는 개인적 삶의 주제의 확장과 변화를 적절하게 기술하지 못한다는 것을 보여 주었다(Di Fabio, 2012; Di Fabio & Maree, 2013; Rehfuss & Di Fabio, 2012). 따라서 생애내러티브의 변화를 측정하기 위해 미래진로자서전이 사용될 때, 개인의 미래진로자서전 내러티브에 나타난 생애주제의 미세한 변화를 판단하기 위해서는 추가적인 내러티브 성찰과 질적 분석이 요구된다. 장래의 연구들은 삶의 질이라는 주제를 더 깊이 묘사하고, 어떤 삶의 변화나 확장된 주제가 개인의 미래진로자서전에 나타난 생애주제와 일관되는지에 초점을 두어야 한다.

3가지의 연구 결과(Di Fabio, 2012; Di Fabio & Maree, 2013; Rehfuss & Di Fabio, 2012)는 개인의 내러티브에서 변화가 나타나는지를 알아보기 위해 2차적으로 단어 수세기를 권하였다. 연구 결과는 그들의 모델과 일관되게 각 개인이 내러티브 혹은 생애설계 활동에 참여하면 내러티브가 확장되고, 미래진로자서전의 단어 수도 유의하게 증가된다는 것을 보여 주었다(Guichard, 2009; Savickas et al., 2009). 이 연구의 통제집단은 미래진로자서전 내러티브에서 단어 수가 유의하게 증가하지 않았고, 사전·사후 내러티브에서 내용과 단어 수가 모두 유사하게 지속되었다. 이 결과는 개인 내러티브들이 구체적인 개입 혹은 삶의 경험 없이는 시간이 지나도 변화되지 않는 경향이 있다는 것을 지지한다(Cochran, 1997; Rehfuss, 2009; Sarbin, 1986; Savickas, 2005, 2010). 권장사항에 따라 내러티브 변화 정도를 확인하기 위해 미래진로자서전의 평가에 양적 방법인 단어 수세기 기법을 포함하는 것은 도움이 된다. 그러나 이것은 구체적인 내러티브 변화를 타당화하는 것은 아니다.

전반적으로 미래진로자서전은 개인의 생애 및 직업 내러티브에 대한 빠르고 간편한 평가이다. 내러티브 이론과 일관된 진로개입 전후에 하는 이런

운동감각적 학습 유형

측정은 개인의 삶과 진로이야기에서 변화 혹은 변화의 결여를 나타낼 수 있
다. 측정은 진로 실무자와 연구자가 진로개입이 개인의 이야기에 변화가 일
어나도록 도움으로써 삶을 변화시키는 데 효과적인지를 확인할 수 있도록
해 준다.

참고문헌

Amundson, N. E. (2010). *Metaphor making: Your career, your life, your way*. Richmond, Canada: Ergon Press.

Brott, P. E. (2005). A constructivist look at life roles. *The Career Development Quarterly, 54*, 138-149. doi: 10.1002/j.2161-0045.2005.tb00146.x

Burke, P. J., & Stets, J. E. (2009). *Identity theory*. New York, NY: Oxford University Press.

Cochran, L. R. (1997). *Career counseling: A narrative approach*. Thousand Oaks, CA: Sage.

Di Fabio, A. (2012). Effectiveness of the Career Construction Interview from the perspective of life designing. *South African Journal of Higher Education, 26*(4), 717-728.

Di Fabio, A., & Maree, J. G. (2013). Effectiveness of the career interest profile. *Journal of Employment Counseling, 50*(3), 110-123. doi: 10.1002/j.2161-1920.2013.00030.x

Duarte, M. E. (2009). The psychology of life construction. *Journal of Vocational Behavior, 75*, 259-266. doi: 10.1016/j.jvb.2009.06.009

Evered, R. (1977). Personal scenarios: An empirical study of their relation to individual performance and to organizational activism. *Human Relations, 30*, 1057-1069.

Ezekiel, R. (1968). The personal future and peace corps competence. *Journal of Personality and Social Psychology Monograph Supplement, 8*(2, pt.2), 1-26.

Guichard, J. (2005). Life-long self-construction. *International Journal for*

Educational and Vocational Guidance, 5, 111–124. doi: 10.1007/s10775-005-8789-y

Guichard, J. (2009). Self-constructing. *Journal of Vocational Behavior, 75,* 251–258. doi: 10.1016/j.jvb.2009.03.004

Kelle, U. (Ed.) (1995). *Computer-aided qualitative data analysis theory, methods, and practice.* Newbury Park, CA: Sage.

Maree, K. (Ed.) (2011). *Shaping the story: A guide to facilitating narrative career counseling.* Rotterdam, The Netherlands: Sense.

Maw, I. (1982). The future autobiography: A longitudinal analysis. *Journal of College Student Personnel, 23,* 3–6.

McAdams, D. P. (1997). *The stories we live by: Personal myths and the making of the self.* New York, NY: The Guilford Press.

McAdams, D. P., Josselson, R., & Lieblich, A. (Eds.) (2006). *Identity and story: Creating self in narrative.* Washington, DC: American Psychological Association.

McMahon, M., & Patton, W. (Eds.) (2006). *Career counselling: Constructivist approaches.* Abingdon, England: Routledge.

McMahon, M., & Watson, M. (2010). Story telling: Moving from thin stories to thick and rich stories. In K. Maree (Ed.), *Career counselling: Methods that work* (pp. 53–63). Cape Town, South Africa: Juta.

McMahon, M., & Watson, M. (Eds.) (2011). *Career counseling and constructivism: Elaboration of constructs.* New York, NY: Nova Science.

McMahon, M., & Watson, M. (2012). Story crafting: Strategies for facilitating narrative career counseling. *International Journal of Education and Vocational Guidance, 12,* 211–224. doi: 10.1007/s10775-0129228-5

Meijers, F., & Lengelle, R. (2012). Narratives at work: The development of career identity. *British Journal of Guidance & Counselling, 40,* 157–176. doi: 10.1080/03069885.2012.665159

Miles, M., & Huberman, A. (1994). *Qualitative data analysis: An expanded sourcebook* (2nd ed.). Newbury Park, CA: Sage.

Parsons, F. (1909). *Choosing a vocation.* Boston, MA: Houghton-Mifflin.

운동감각적 학습 유형

Peavy, R. (1997). *Sociodynamic counselling: A constructivist perspective for the practice of counselling in the 21st century*. Victoria, Canada: Trafford.

Pryor, R., & Bright, J. (2011). *The chaos theory of careers: A new perspective on working in the twentyfirst century*. New York, NY: Routledge.

Rehfuss, M. C. (2009). The Future Career Autobiography: A narrative measure of career intervention effectiveness. *The Career Development Quarterly, 58*, 82–90. doi: 10.1002/j.21610045.2009.tb00177.x

Rehfuss, M. (2013). The role of narrative in career counseling: Career as story. In K. Maree & A. Di Fabio (Eds.), *Psychology of career counseling: New challenges for a new era* (pp. 61–68). New York, NY: Nova Science.

Rehfuss, M. C., & Di Fabio, A. (2012). Validating the Future Career Autobiography as a measure of narrative change. *Journal of Career Assessment, 20*, 452–462. doi: 10.1177/1069072712450005

Riessman, C. (1993). *Narrative analysis*. Newbury Park, CA: Sage.

Sarbin, T. R. (1986). The narrative as a root metaphor for psychology. In T. R. Sarbin (Ed.), *Narrative psychology: The storied nature of human conduct* (pp. 3–21). New York, NY: Praeger.

Savickas, M. L. (2005). The theory and practice of career construction. In S. D. Brown & R. W. Lent (Eds.), *Career development and counseling: Putting theory and research to work* (pp. 42–70). Hoboken, NJ: Wiley.

Savickas, M. L. (2010, July). Life designing: Framework and introduction. *27th International Congress of Applied Psychology*. Lecture conducted from Melbourne Convention and Exhibition Centre, Melbourne, Australia.

Savickas, M. L. (2011a). Critical constructs in career construction. Foreword to M. McMahon & M. Watson (Eds.), *Career counseling and constructivism: Elaborating constructs* (pp. vii–ix). New York, NY: Nova Science.

Savickas, M. L. (2011b). *Career counseling*. Washington, DC: American Psychological Association.

Savickas, M. L. (2011c). The self in vocational psychology: Object, subject and project. In P. J. Hartung & L. M. Subich (Eds.), *Developing self in work and career: Concepts, cases and contexts* (pp. 17–33). Washington, DC: American

Psychological Association Press.

Savickas, M. L. (2013). The theory and practice of career construction. In S. D. Brown & R. W. Lent (Eds.), *Career development and counseling: Putting theory and research to work* (2nd ed., pp. 147–186). Hoboken, NJ: Wiley.

Savickas, M. L., Nota, L., Rossier, J., Dauwalder, J. P., Duarte, M. E., Guichard, J., Soresi, S., Van Esbroeck, R., & van Vianen, A. E. M. (2009). Life designing: A paradigm for career construction in the 21th century. *Journal of Vocational Behavior, 75*, 239–250. doi: 10.1016/j.jvb.2009.04.004

White, M., & Epston, D. (1990). *Narrative means to therapeutic ends*. New York, NY: Norton.

Young, R. A., Marshall, S. K., Valach, L., Domene, J. F., Graham, M. D., & Zaidman-Zait, A. (2011). *Transition to adulthood: Action, projects and counseling*. New York, NY: Springer.

운동감각적 학습 유형

제**19**장
지능형 직업카드 분류

POLLY PARKER and MICHAEL B. ARTHUR

1. 도입

우리의 진로는 구조, 의미, 목적으로 이루어진 삶의 직물이다. 진로가 "개인의 일 경험이 시간에 따라 전개되는 순서"로 정의되면서(Arthur, Hall, & Lawrence, 1989, p. 8) 진로를 종종 유급 고용에 초점을 맞춘 개인적인 것으로 이해해 왔지만, 진로는 사람들과 그들이 사는 사회를 연결하는 삶을 포함하기 위해 그러한 이해를 넘어 확장되고 있다. 시간에 대한 강조는 진로의 여러 측면을 통합하기 위한 과거, 현재, 미래 사이의 연결을 반영한다. 비록 진로가 다양한 직업, 분야, 산업을 포함하지만, 우리는 진로라는 용어를 모든 사람은 하나의 진로, 즉 유일한 하나의 진로만을 갖는다는 의미로 사용한다.

지능형 진로(Intelligent careers; Arthur, Claman, & DeFillippi, 1995; DeFillippi & Arthur, 1994)는 이름이 보여 주는 것처럼 인지적인 어떤 것들이 아니다. 오히려 그 용어는 처음 글로벌 지식주도 경제를 보여 준 제임스 브라이언 퀸(James Brian Quinn)의 영향력 있는 책인『지능형 기업(Intelligent Enterprise)』

(1992)에서 유래되었다. 혁신의 속도가 빨라지고 종신고용이 사라지면서 지능형 진로라는 틀은 개인이 일에 대한 정체성과 동기에 대한 인식을 발전시키고, 직장을 기술과 지식을 개발하기 위한 무대로 바라보며, 개인적·직업적 관계가 어떻게 진로결정을 지지하고 진로개발을 강화할 수 있는지 이해하는 데 초점을 맞춘다(Amundson, Parker, & Arthur, 2002; Ghosh, Haynes, & Kram, 2013; Parker, 2008).

　지능형 진로는 개인의 행복, 성공에 기여하는 경험, 학습, 관계 형성의 독특한 조합과 성인 발달 간의 연결을 강조한다. 또한 지능형 진로 틀은 개인의 진로투자가 지식경제에서 조직, 직업, 산업, 사회의 발달에 어떻게 기여하는지에 주목한다. 지능형 진로는 전 생애에 걸친 직업세계를 스스로 안내하는 여행이다. 그것은 전체적이고, 경제적으로 중요하고, 개인이 개발한 진로이야기의 독특성을 강조한다(Parker, 2002; Savickas, 2001, 2012).

　이 장에서는 세 영역으로 제시된다. 첫째, 지능형 진로 틀의 개발에 대해 기술하고, 둘째, 지능형 진로 카드분류 및 관련 특성을 기술하며, 셋째, 이 도구에 대한 연구 증거를 기술한다.

2. 이론적 배경

　지능형 직업카드 분류(Intelligent Career Card Sort: ICCS)의 진로탐색 시스템은 지능형 진로라는 기본 모델에 기반한 온라인 접근 방법이다(Arthur et al., 1995). 다음의 독자적인 3가지 역량군을 통해 기여하는 고용주 조직은 퀸(1992)이 말한 '지능형 기업'이라는 세상에 기여한다. 첫째, 조직의 사명과 목적을 지지하는 문화, 둘째, 조직의 상품과 서비스를 공급할 수 있는 능력, 셋째, 조직의 업무 추진을 통한 공급자, 고객, 자문가와 조직 구성원 사이의 연결(Arthur et al., 1995; DeFillippi, Arthur, & Lindsay, 2006)이 독자적인 역량군이다.

　　3가지 핵심역량군은 연결되어 있다. 즉, 이상적인 상황에서 조직 문화는 새로운 관계(새로운 고객 등)를 이끌고, 조직의 문화를 강화하거나 개선하는 새로운 역량을 개발시킨다(DeFillippi et al., 2006; Hall, 1992). 예를 들어, 대학 환경은 다음을 포함한다. ① 대학교의 학자와 직원의 협력을 통한 비교적 분명한 문화, ② 대학교의 서로 다른 학과들을 아우르는 역량, ③ 학자들이 그들 분야의 발전을 인지하고, 학과들이 교육과정을 개발하며, 직원들이 새로운 학생을 모집하는 것을 통해 연결하는 것이 대학 환경에 속한다.

　　개인이 어떤 조직에 고용되었든지 간에 그들은 조직의 그러한 핵심역량에 기여하고자 하고, 때때로 핵심역량에서 이탈하기도 한다. 그들은 노잉 와이, 노잉 하우, 노잉 홈이라는 3가지 '앎의 방식(ways of knowing)'을 통해 행한다. 개인들은 자신의 진로를 개발하기 위해 3가지 앎의 방식 각각에 투자한다. 이러한 틀은 어떤 단일 고용주와 관련되기도 하지만 독립적이기도 하다.

1) 노잉 와이

　　노잉 와이(Knowing-why)는 조직의 문화와 맞물리게 된다. 그것은 가족에 대한 태도, 직업의 안정성, 인정, 변화하는 고용환경뿐만 아니라 그들이 지닌 동기, 흥미, 가치를 포함한다(Parker, 2008). 또한 일에 대한 경험을 쌓아가면서 발달시킨 일-정체성(Ibarra, 2003)이 포함되는데 변화하지 않는 내적 자기와는 달리 역동적이다(Savickas, 2012).

2) 노잉 하우

　　노잉 하우(Knowing-how)는 조직의 능력에 기여한다. 직무 관련 기술과 전문성에 대한 투자를 포함한다. 전문적 · 직업적 지식을 아우르고(Gold, Thorpe, Woodall, & Sadler-Smit, 2007), 외현적 · 암묵적인 이해를 모두 포함하는(Nonaka & Takeuchi, 1995) 인적 자원을 연상시킨다(Becker, 1962). 또한 지

運動感覺的 學習 유형

식 중심 세계에서 멀어지지 않게 해 주는 계속 학습을 요구한다(Parker, 2008).

3) 노잉 훔

노잉 훔(Knowing-whom)은 조직의 연결로 구현된다. 직업 네트워크와 개인적 지지를 만드는 개인적 · 직업적 관계를 포함한다. 관계는 정보를 교환하고 평판을 만들기 위한 경로를 제공한다(Parker, Khapova, & Arthur, 2009). 또한 노잉 훔은 진로전환을 쉽게 할 수 있고 진로가 중단되었을 때 지지해 주며 관련 학습을 가속화한다(Parker, Kram, & Hall, 2014).

3가지 앎의 형태는 개인의 고유성을 이해하고 그들의 진로상황에 대한 주관적 해석을 반영하는 통합적인 진로의 틀을 구성한다. 이것은 특정 진로문제보다는 개인에 초점을 두는 관점인 '큰 그림(big picture)'을 제공한다. 시간이 지나면서 진로가 펼쳐질 때 3가지 앎의 형태 사이의 상호 연결은 지속적으로 발생되고 조율될 것이다(Parker, 2000).

앞의 주장이 확장되면서 직업에 대한 대안적 · 사회과학적 접근을 한데 모으기 위해 지능형 진로 틀을 사용하게 되었고, 학제 간 접근을 강조하게 되었다. 예를 들어, 전통적 진로지도는 개인의 흥미(노잉 와이)가 직업선호도(노잉 하우)에 영향을 줄 것이라고 예측한다. 그러나 직업 설계에 대한 경쟁의 아이디어는 디자이너 일을 잘 수행하는 것(노잉 하우)은 동기(노잉 와이)에 영향을 받을 것이라고 제안한다. 리더십 이론은 효과적인 리더십 기술(노잉 하우)이 리더를 따르는 사람(노잉 훔)에 영향을 미친다고 제안한다. 반대로 멘토링 이론은 관계(노잉 훔)에서부터 제자의 기술군(노잉 하우)으로 작용한다고 제안한다.

이 모델에서 노잉 훔을 포함한 것은 이 접근의 학제 간 특성을 지지한다. 왜냐하면 개인적 동기(노잉 와이) 혹은 수행(노잉 하우)에 미치는 사회적 참조 집단(노잉 훔)의 영향력 및 대인 간 관계의 발생, 네트워크와 노잉 훔의 영향에 대한 다양한 사회심리적 아이디어를 포함하기 때문이다(Parker et al.,

2009). 진로 컨설턴트는 이미 이 아이디어에 대한 직관적 이해를 가지고 있다. 그러나 지능형 직업카드 분류를 통한 지능형 진로 틀과 적용은 내담자가 그들 각자에게 중요한 것을 보여 줄 기회를 제공한다.

3. 도구와 잠재적인 내담자에 대한 기술

지능형 직업카드 분류 과정은 면허가 있는 진로 컨설턴트 혹은 진로 상담자나 교육자가 내담자를 등록하면, 내담자가 개별적인 사용자 이름과 패스워드를 받아 지능형 직업카드 분류 웹사이트(www.intelligentcareer.net)에 접속한 후에 시작된다. 내담자는 배경이 되는 인적사항, 직업, 학력에 대해 입력한다. 이 자료는 통계 데이터베이스에 저장되고 비밀이 보장된다. 이후 내담자는 40장 정도의 카드를 3가지 색깔로 된 하위 영역으로 분류한다. 파란색의 노잉 와이 카드(예: '나는 다른 사람을 돕는 것을 즐긴다'), 노란색의 노잉 하우 카드(예: '나는 더 나은 리더가 되고 싶다'), 초록색의 노잉 홈 카드[(예: '나는 가족과의 관계를 유지한다'; Amundson et al., 2002; Parker, 2002)]로 분류할 수 있다. 진로 컨설턴트는 각 하위 영역이 분류되는 시간과 순서를 통제할 수 있다.

각 카드마다 그 카드가 내담자에게 얼마나 중요한지에 따라 '예' '아마도' '아니오'라는 세 꾸러미 중 반드시 하나의 항목을 선택하여 옮겨야 한다. 이후 7장의 카드만 남을 때까지 선택된 카드들은 다시 배열되고 재분류된다. 다음 세트로 이동하기 전에 내담자는 이 카드들의 순위를 매겨야 한다. 3가지 하위 세트의 카드 선택 과정은 약 45분 정도 소요된다.

분류 활동이 끝나면 내담자가 카드의 의미를 명료화하고 설명할 수 있는 예시를 제공하면서 활발한 대화가 시작된다. 진로 컨설턴트-내담자 관계에서 직접적으로 진로 컨설턴트는 내담자가 선택한 각 카드가 그들에게 가지는 의미를 설명하고, 자신의 경험에서 관련된 예시를 제공하도록 초대한다.

비록 그 과정이 과제 부여로 신속하게 처리될 수 있지만 이를 위해 4회기의 컨설팅을 진행할 수도 있다(내담자를 알기 위한 한 회기와 3가지 앎의 형태 각각에 대한 세 개의 회기). 대화는 쌍방의 참조자료로 지능형 직업카드 분류 웹사이트에 기록된다. 일련의 회기는 내담자가 대화에서 중요한 진로 주제로 이해한 것을 확인하고, 각 주제와 관련된 일련의 실행 단계를 세우기 위해 내담자와 함께 작업한다.

지능형 직업카드 분류 체계는 앞서 소개된 컨설팅 과정에서 다양한 응용 방법을 제공한다. 하나는 전화나 비디오 컨설팅에 참여하는 것으로, 내담자와 진로 컨설턴트 모두가 시스템에 들어가서 관련 자료를 볼 수 있다. 또는 진로 컨설턴트와 내담자가 연속적으로 온라인에서 작업하고 각자 일정 기간은 다른 사람이 기입한 것에 반응한다. 교육과정이나 워크숍 적용을 위해 자격을 갖춘 진로 컨설턴트는 동료 코칭 협력을 해 보도록 하고 감독한다. 진로 컨설턴트의 감독 아래 동료들은 서로 협력한다. 교육과정이나 워크숍은 전통적인 강의식 혹은 온라인, 두 가지의 결합이 될 수도 있다. 각각의 경우에 지능형 직업카드 분류 웹사이트는 진로 컨설턴트가 사용하는 특정 접근을 따를 수 있다.

지능형 직업카드 분류의 근본적인 가정은 내담자가 이미 지능형 진로에 참여하고 있다는 것이다. 이것은 이미 채택한 전문영역에서 몰두하고 있는 MBA와 경영자 프로그램의 참여자들을 통해 검증되었다. 또한 학부대상 프로그램에서 검증되었는데, 이것은 그 직업이 어떠한 개인적인 이득이 있는지와 어떠한 개인적 · 사회적 비용을 요구하는지에 대해 넓게 검증함으로써 직업 탐색에 대한 전통적인 진로상담에서의 대화를 보완한다. 또한 특정 직업이나 흥미 집단, 전환기를 겪고 있는 사람, 실직자, 준고령 노동자, 맞벌이 부부를 대상으로 한 전문적인 활동으로 사용될 수도 있다. 이러한 적용의 유연성은 지능형 직업카드 분류가 내담자의 현재 진로상황에 집중하여 작용하도록 고안되었기 때문이다(Parker, 2008, 2011; Wnuk & Amundson, 2003).

기본 과정의 다양한 특징은 개별 내담자를 성공적인 경험으로 이끌도록 돕는다. 카드분류는 사람들이 선택하는 적극적인 참여 과정에서 자신의 진로에서 원하는 것에 대한 우선순위를 정하는 것이 필요하다(Amundson, 2003, 2006). 생생한 의미와 새로운 목적을 자극하기 위해 진로 내러티브를 전개하도록 이끄는 접근에서(Cochran, 1997; Savickas, 2001, 2005) 진로 컨설턴트들과 동료 코치들 각자는 '흥미와 호기심 있는 잠정적인 질문자이고 공손한 경청자이며 잠정적인 관찰자'의 역할을 한다(McMahon & Patton, 2002, p. 59). 지능형 직업카드 분류에서 나온 실행 단계는 측정할 수 있는 성과목표와 소요 시간이 제시되어 있다(Parker, 2011). 의미와 예시에 대한 주장은 렌트(Lent, 2013)의 사회인지 접근과 유사하다. 앞서 기술된 컨설팅 과정은 생애설계 패러다임에서 기술된 것과 유사하다(Savickas, 2012).

또한 지능형 직업카드 분류 과정은 노잉 와이에 기여하는 가치나 강점 검사와 같은 다른 도구들, 노잉 하우를 다루는 360개의 피드백 보고서(Schipper, Hoffman, & Rotondon, 2007), 노잉 홈으로 고려되는 네트워크 분석에서 이전에 생성된 자료를 함께 가지고 올 수 있다(Holland, 1973, 1978). 학습양식 검사(Honey & Mumford, 1982)와 MBTI 같은 성격 프로파일도 컨설팅 관계에서 사용될 수 있다.

지능형 직업카드 분류는 현재 영어, 덴마크어, 프랑스어, 독일어, 이탈리아어, 포르투갈어로 제공된다. 앞으로는 더 많은 언어로 제공될 수 있을 것이고 우리는 그것을 돕고자 하는 진로 전문가로부터 질문을 환영한다.

4. 지능형 직업카드 분류의 연구 증거

지능형 진로 틀은 처음에 '무경계 진로'를 반영하기 위해 개발되었다. 무경계 진로에서는 기회를 고용환경의 경계를 넘어 확장시켜 바라본다(DeFillippi & Arthur, 1994, p. 307). 이론에 대한 중요한 검증이 조지아 대학교의 릴리안 에비(Lillian Eby)와 동료들에 의해 계속해서 수행되고 있다. 연구에서 3가지 앎의 형태 각각은 인식된 진로성공의 강한 예측변수라는 것을 보여 준다. 게다가 근본적인 틀과 일관되게 3가지 앎의 형태 각각은 다른 두 개와 관련된다(Eby, Butts, & Lockwood, 2003). 플라이서, 카포바와 잰슨(Fleisher, Khapova, & Jansen, 2014)은 앎의 3가지 형태 각각을 4문항 척도로 검증하였고, 인지적인 진로투자가 진로만족을 매개로 어떻게 고용주를 위한 긍정적인 성과를 이끌 수 있는지 보여 주었다.

또한 다양한 집단을 포함한 다양한 질적 진로평가 연구에서 이러한 틀의 유용성을 확인해 왔다. 예를 들어, 딕맨과 동료들의 연구에서 어떻게 국제적 과제의 임원들이 3가지 앎의 형태를 자신의 진로에 도움이 되도록 개발하는지를 밝혔다(예: Dickmann & Doherty, 2008; Dickmann & Harris, 2005). 지능형 진로 틀을 밀접하게 따르는 자격을 갖춘 이민자에 대한 비교연구에서 현지 적응을 위한 6가지 주제를 확인하였다(Zikic, Bonache, & Cerdin, 2010). 여성 광부에 대한 연구에서는 그녀들이 직장에서 더 많이 인정받기 위해 노잉 하우, 노잉 와이, 노잉 홈이라는 진로 투자를 어떻게 적용하고 적응하는지를 보여 주었다(Richardson, McKenna, & Dickie, 2014). 첨단 기술군에 대한 연구에서는 기업 간 프로젝트에 고용자의 참여와 성과에 3가지 앎의 형태의 적용 가능성을 보여 주었다. 종종 여기에는 고용주에 대한 충성이 강해지는 것이 포함된다(Culié, Khapova, & Anthur, 2014).

지능형 직업카드 분류는 초기에 여러 초점집단을 통해 개발되었고, 제1저자에 의해 문헌검토가 수행되었다(Parker, 1996). 초점집단은 초기 참여자로, 지식기반 경제와 고용 가능성을 주도하는 MBA로 구성하였다. 별도의 대화가 앎의 3가지 형태 각각에 대해 이루어졌고 이후에 지능형 직업카드 분류의 초기 문항군을 제시하기 위해 내용 분석과 요인 분석을 연이어 진행하였다. 문헌 검토는 무경계 진로와 관련 개념에 대한 초기 연구들(Arthur & Rousseau, 1996)과 특히 변화하는 고용의 특성에 대한 연구가 포함된다. 이후 지능형 직업카드 분류는 성적 학대 전문가 집단인 상담자, 계약직 간부들, 태평양 섬 주민을 연구하는 전문가를 대상으로 검증하였다(Parker, 2000). 각 집단은 구별되는 진로특성들을 보여 주지만, 세 집단 모두 지능형 직업카드 분류가 이러한 차이를 기술하는 유용한 도구임을 발견하였다(Parker, Arthur, & Inkson, 2004). 우리가 알고 있는 한 지능형 직업카드 분류를 사용한 후에 어떤 내담자도 그들의 생각을 표현할 기회가 부족했다고 불평한 적이 없었다.

마지막으로, 지능형 직업카드 분류는 미국 국가 진로개발 협회의 진로평가 도구에 대한 안내서에서 평가되었다(Wood & Hayes, 2013). 검토자는 다음과 같이 결론을 내렸다.

> 지능형 직업카드 분류는 내담자에게 구성 틀 내에서 수많은 대안으로부터 선택할 자유를 준다. 지능형 직업카드 분류는 선택된 카드에 부여된 의미가 내담자로부터 나와야만 한다는 점을 인정했다는 점에서 대부분의 다른 카드분류와 차이가 있다. 카드 진술이 내담자에게 의미하는 것을 기술하고, 내담자의 선택을 지지하기 위해 하나 혹은 그 이상의 관련 예시가 제공될 때까지 어떠한 가정도 하지 않는다. 또한 지능형 직업카드 분류는 적극적인 내담자의 참여를 요구하고, 내담자의 진로발달 과정에 적극적으로 참여하는 진로 상담자/컨설턴트를 필요로 한다(Berríos-Allison, 2013, p. 478).

결론적으로 지능형 직업카드 분류는 다양한 진로 컨설턴트—내담자 워크숍 혹은 강의실 상황 등 다양한 곳에 적용되어 온 온라인 진로탐색과정이다. 이 과정은 엄격한 연구에서 개발된 통합적인 접근법을 제공하고 재직 중인 노동자는 물론 예비 지식노동자에 의해 점검되었다. 이론적 배경에 앎에 대한 3가지 상호 의존적인 방식이 포함되고, 분류 및 일련의 컨설팅 과정에서 진로상황에 대한 내담자의 깊은 이해와 주인의식을 이끌어 낸다. 컨설팅은 이해를 통해 개인적 주제와 실행 단계의 개발을 이끈다. 지능형 직업카드 분류는 이 접근의 유용성뿐만 아니라 실용성에 대한 상당한 연구에 의해 지지를 받는다.

운동감각적 학습 유형

참고문헌

Amundson, N. E. (2003). *Active engagement: Enhancing the career counselling process*. Richmond, Canada: Ergon Communications.

Amundson, N. E. (2006). Active engagement and the influence of constructivism. In M. McMahon & W. Patton (Eds.), *Career counselling constructivist approaches* (pp. 85-93). Abingdon, England: Routledge.

Amundson, N. E., Parker, P., & Arthur, M. B. (2002). Merging two worlds: Linking occupational and organizational career counselling. *The Australian Journal of Career Development, 11*(3), 26-35.

Arthur, M. B., Claman, P. H., & DeFillippi, R. J. (1995). Intelligent enterprise, intelligent career. *Academy of Management Executive, 9*(4), 7-20.

Arthur, M. B., Hall, D. T., & Lawrence, B. S. (1989). Generating new directions in career theory: The case for a transdisciplinary approach. In M. B. Arthur, D. T. Hall, & B. S. Lawrence (Eds.), *Handbook of career theory* (pp. 7-25). Cambridge, England: Cambridge University Press.

Arthur, M. B., & Rousseau, D. M. (Eds.) (1996). The boundaryless career. *A new employment principle for a new organizational era*. New York, NY: Oxford University Press.

Becker, G. S. (1962). Investment in human capital: A theoretical analysis. *Journal of Political Economy, 70*, 9-49.

Berríos-Allison, A. C. (2013). Intelligent Career Card Sort. In C. Wood & D. L. Hayes (Eds.), *A Counselor's guide to career assessment instruments* (6th ed., pp. 475-480). Broken Arrow, OK: National Career Development Association.

Cochran, L. (1997). *Career counseling: A narrative approach*. Thousand Oaks, CA: Sage.

Culié, J.-D., Khapova, S. N., & Arthur, M. B. (2014). Careers, clusters and employment mobility: The influences of psychological mobility and organizational support. *Journal of Vocational Behavior, 84*, 164-176.

DeFillippi, R. J., & Arthur, M. B. (1994). The boundaryless career: A competency-based perspective. *Journal of Organizational Behaviour, 15*, 307-324.

DeFillippi, R. J., Arthur, M. B., & Lindsay, V. (2006). *Knowledge at work: Creative collaboration in the global economy*. Oxford, England: Blackwell.

Dickmann, M., & Doherty, N. (2008). Exploring the career capital impact of international assignments within distinct organizational contexts. *British Journal of Management, 19*, 145-161.

Dickmann, M., & Harris, H. (2005). Developing career capital for global careers: The role of international assignments. *Journal of World Business, 40*, 399-408.

Eby, L. T., Butts, M., & Lockwood, A. (2003). Predictors of success in the era of the boundaryless career. *Journal of Organizational Behavior, 24*(6), 689-708.

Fleisher, C., Khapova, S. N., & Jansen, P. (2014). Effects of employees' career competencies development on organizations: Does satisfaction matter?. *Career Development International, 19*(6), 700-717.

Ghosh, R., Haynes, R. K., & Kram, K. E. (2013). Developmental networks at work: Holding environments for leader development. *Career Development International, 18*(3), 232-256.

Gold, J., Thorpe, R., Woodall, J., & Sadler-Smit, E. (2007). *Continuing professional development in the legal profession: A practice-based learning perspective*. *Management Learning, 38*(2), 235-250.

Hall, R. (1992). The strategic analysis of intangible resources. *Strategic Management Journal, 13*, 135-144.

Holland, J. L. (1973). *Making vocational choices*. Englewood Cliffs, NJ: Prentice-Hall.

Holland, J. L. (1978). *The occupations finder*. Palo Alto, CA: Consulting Psychologists Press.

Honey, P., & Mumford, A. (1982). *Manual of learning styles*. London, UK: P Honey.

Ibarra, H. (2003). *Working identity*. Boston, MA: Harvard Business School Press.

Lent, R. (2013). Career-life preparedness: Revisiting career planning and adjustment in the new workplace. *The Career Development Quarterly, 61*, 2-14.

McMahon, M., & Patton, W. (2002). Using qualitative assessment in career counselling. *International Journal for Educational and Vocational Guidance, 2*, 51-66.

Myers, I. B. (1962). *Manual: The Myers–Briggs Type Indicator*®. Princeton, NJ: Educational Testing Service.

Nonaka, I., & Takeuchi, H. (1995). *The knowledge–creating company*. New York, NY: Oxford University Press.

Parker, P. (1996). *The new career paradigm: An exploration of "intelligent career" behaviour among MBA graduates and students*. Unpublished manuscript, The University of Auckland, New Zealand.

Parker, P. (2000). *Career communities* (Unpublished doctoral thesis). The University of Auckland, New Zealand.

Parker, P. (2002). Working with the Intelligent Career Model. *Journal of Employment Counseling, 39*(2), 83–96.

Parker, P. (2008). Promoting employability in a "flat" world. *Journal of Employment Counseling, 45*(1), 2–14.

Parker, P. (2011). Qualitative career assessment. In M. McMahon & M. Watson (Eds.), *Career counseling and constructivism: Elaboration of constructs* (pp. 131–144). New York, NY: Nova Science.

Parker, P., Arthur, M. B., & Inkson, K. (2004). Career communities: A preliminary exploration of memberdefined career support structures. *Journal Organization Behavior, 25*, 489–514.

Parker, P., Khapova, S., & Arthur, M. B. (2009). The Intelligent Career Framework as a basis for interdisciplinary inquiry. *Journal of Vocational Behavior, 75*(3), 291–302.

Parker, P., Kram, K. E., & Hall, D. T. (2014). Peer coaching: An untapped resource for development. *Organizational Dynamics, 43*(2), 122–129.

Quinn, J. B. (1992). *Intelligent enterprise: A knowledge and service based paradigm for industry*. New York, NY: The Free Press.

Richardson, J., McKenna, S., & Dickie, C. (2014). "They always look at you a bit oddly": Women developing career capital through international mobility in the mining industry. In K. Hutchings & S. Aichailova (Eds.), *Research handbook on women in international management* (pp. 367–394). Cheltenham, UK: Edward Elgar.

Savickas, M. L. (2001). Toward a comprehensive theory of career development: Dispositions, concerns and narratives. In F. T. L. Leong & A. Barak (Eds.), *Contemporary models in vocational psychology* (pp. 295-320). Mahwah, NJ: Erlbaum.

Savickas, M. L. (2005). The theory and practice of career construction. In S. D. Brown & R. W. Lent (Eds.), *Career development and counseling: Putting research and theory to work* (pp. 42-70). Hoboken, NJ: Wiley.

Savickas, M. L. (2012). Life design: A paradigm for career intervention in the 21st century. *Journal of Counseling & Development, 90*, 13-19.

Schipper, F., Hoffman, R. C., & Rotondon, D. M. (2007). Does the 360 feedback process create actionable knowledge equally across cultures?. *Academy of Management Learning and Education, 6*(1), 33-50.

Wnuk, S., & Amundson, N. (2003). Using the Intelligent Careers Card Sort® with university students. *The Career Development Quarterly, 51*(3), 274-284.

Wood, C., & Hayes, D. G. (Eds.) (2013). *A counselor's guide to career assessment instruments*. Broken Arrow, OK: National Career Development Association.

Zikic, J., Bonache, J., & Cerdin, J.-L. (2010). Crossing national boundaries: A typology of qualified immigrants' career orientations. *Journal of Organizational Behavior, 31*, 667-686.

운동감각적 학습 유형

제**20**장
나의 진로영향요인 체계

MARY MCMAHON, WENDY PATTON and MARK WATSON

1. 도입

나의 진로영향요인 체계(My System of Career Influences: MSCI)는 진로 발달의 체계이론 틀(System Theory Framework: STF)을 토대로 하는 청소년과 성인 내담자를 위한 질적 성찰과정이다(McMahon & Patton, 1995; Patton & McMahon, 1999, 2006, 2014). 진로상담에서 좀 더 통합적인 이론과 모델로 향하는 경향을 반영하여 나의 진로영향요인 체계는 사용자가 그들의 진로영향요인을 확인하고 우선순위를 매겨서 이야기할 수 있도록 함으로써 그들이 진로 결정 및 전환을 분석하도록 돕는다. 이 장은 나의 진로영향요인 체계, 체계이론 틀, 질적 진로평가에 적용되는 이론적 배경을 개관하면서 시작한다. 두 번째로 나의 진로영향요인 체계의 두 가지 버전인 청소년용(McMahon, Patton, & Watson, 2005a, 2005b)과 성인용(McMahon, Watson, & Patton, 2013a, 2013b) 개발 및 구조와 과정에 대해 기술한다.

2. 나의 진로영향요인 체계의 체계이론 틀

체계이론 틀(McMahon & Patton, 1995; Patton & McMahon, 2014)은 진로발달이론이 아니다. 그것은 이성적인 실증주의 세계관과 구성주의 세계관 모두에서 나타난 진로이론을 수용하는 진로발달에 대한 메타이론적 설명을 나타낸다. 명확하게 체계이론 틀에서 묘사되는 것은 진로발달에 대한 내용과 과정이다([그림 20-1] 참조). 내용영향요인들은 진로발달에 영향을 미치는 상호 연결된 일련의 체계들로 제시된다. 구체적으로 광범위한 개인 내 영향요인들을 묘사하는 개인체계, 가족과 동료 같은 개인과 상호작용하는 중요한 타자를 나타내는 사회체계, 환경-사회체계가 있다. 반면, 과정영향요인들은 지속복합반복성(recursiveness), 시간에 따른 변화, 기회를 포함한다. 체계이론 틀에 대한 이해의 기본은 각 체계가 외부로부터 영향을 받고 또한 경계를 넘어 영향을 줄 수 있는 열린 체계라는 개념이다. 이 상호작용은 체계이론 틀에서 지속복합반복성이라는 용어로 볼 수 있으며, 각 체계에서 경계의 투과성을 표현하는 점선에 의해 묘사된다. 개인에 대한 영향요인들의 특성과 영향의 정도는 시간에 따라 변화한다. 마지막으로 과정영향요인인 우연은 번개로 표현된다. 영향요인체계 모두 과거, 현재, 미래라는 시간 맥락 내에 위치하고 각각은 불가분하게 연결되어 있다.

진로발달에 대한 체계이론 틀(Patton & McMahon, 2014)은 진로상담에 개념과 실무적인 지도를 제공한다(McMahon & Patton, 2006). 이 틀은 전통적인 진로상담 모델뿐 아니라 진로상담의 구성주의 접근을 융합한다. 더욱이 체계이론 틀은 질적 진로평가로 적용되어 왔으며, 수많은 진로평가 도구가 이 체계이론 틀의 이론적 원리 내에서 개발되었다. 예를 들어, 반구조화 진로평가 인터뷰(McIlveen, Mcgregor-Bayne, Alcock, & Hjertum, 2003)와 내러티브 문장 완성(McIlveen, Ford, & Dun, 2005)은 체계이론 틀이 개인적 진로체계에 대한 내담자의 탐색을 촉진한다는 것에서 유래한다. 체계이론 틀을 토대로 한 나의 진로 챕터(McIlveen, 2011; McIlveen & Patton, 2010)는 내담자와 진로 실무자가 자신의 삶을 성찰할 기회를 제공한다. 체계이론 틀을 적용하는 가장 널리 사용되고 잘 알려진 질적 진로평가는 이론과 실제의 간극을 연결하는 질적 진로성찰 과정인 나의 진로영향요인 체계(McMahon, Patton, & Watson, 2005a, 2005b; McMahon, Watson, & Patton, 2013a, 2013b)이다.

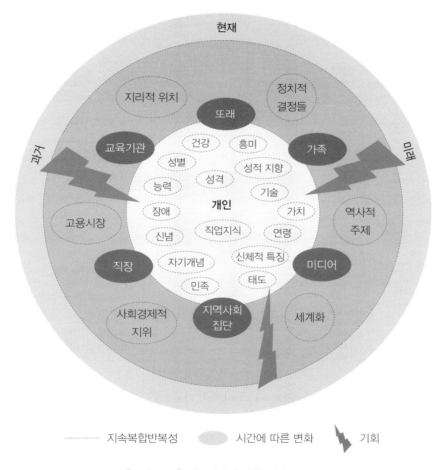

[그림 20-1] 진로발달에 대한 체계이론 틀

출처: Patton & McMahon (1999).

* 그림 수정: 지속복합반복성.

3. 진로영향요인 체계

　나의 진로영향요인 체계는 구성주의 원리에 의해 안내되는 질적 진로평가 과정(McMahon & Patton, 2006)이고, 내담자가 성찰을 통해 자신의 진로이야기를 의미 있게 만들 기회를 제공한다(McMahon, Patton, & Watson, 2004 참조). 체계이론 틀의 구조는 자신의 진로발달 영향요인에 대해 성찰하도록 안

표 20-1 │ 체계이론 틀과 나의 진로영향요인 체계의 관계

체계이론 틀	나의 진로영향요인 체계
내용 영향요인(content influence)	
개인체계 (individual system)	내가 누구인지 생각하기 (thinking about who I am)
사회체계 (social system)	내 주변 사람에 대해 생각하기 (thinking about the people around me)
환경-사회체계 (environmental-societal system)	환경과 사회에 대해 생각하기 (thinking about the environment and society)
과거, 현재, 미래 (past, present and future)	과거, 현재, 미래에 대해 생각하기 (thinking about my past, present and future)
과정 영향요인(process influence)	
지속복합반복성(recursiveness) 시간에 따른 변화(chage over time) 기회(chance)	나의 진로영향요인 체계 그리기(representing my system of career influence)
	나의 진로영향요인 체계 1 (my system of career influence-1)
	나의 진로영향요인 체계-1 성찰하기(reflecting on my system of career influence-1)
	나의 실행 계획(my action plan)
	나의 진로영향요인 체계 2 (my system of career influence-2)

내하는 나의 진로영향요인 체계 질적 진로평가 과정의 개발을 촉진하였다. 중심 구조로 체계이론 틀의 하위 체계를 사용하면서(〈표 20-1〉 참조) 나의 진로영향요인 체계의 초기 실행버전은 저자들이 기술하는 과정을 거친 후(McMahon, Watson, & Patton, 2005) 질적 진로평가 과정의 발달을 위해 제공된 제안에 기초하여 개발되고 검증되었다(McMahon, Patton, & Watson, 2003).

시행 과정에서 나의 진로영향요인 체계가 이론에 근거하며, 내담자 지향적이고, 전체적이고, 계열적이며, 개인에게 의미 있는 학습 경험이 된다는 것을 보여 주었다(McMahon, Watson, & Patton, 2005). 초기에 나의 진로영향요인 체계의 청소년용 버전(McMahon, Patton, & Watson, 2005a, 2005b)이 먼저 출판되었다. 이후 진로 실무자들의 요청에 따라 성인용 버전이 개발되어 시행되었다(McMahon, Watson, & Patton, 2013a, 2013b). 이후에 기술되는 내용은 나의 진로영향요인 체계의 두 버전 모두 유사한 구조에 토대를 두었기 때문에 둘 다에 적용이 가능하다.

나의 진로영향요인 체계 성찰 활동은 개인에게 안내된 성찰과정을 통해 자신의 진로영향요인 체계를 구성하도록 할 수 있다. 체계이론 틀이 하위 체계별로 구성하는 것과 같은 방법으로(Patton & McMahon, 2014에 있는 이 이론의 발달 과정에 대한 설명 참조) 개인들은 하위 체계별로 자신의 나의 진로영향요인 체계를 구성하도록 초대된다(〈표 20-1〉 참조). 개인과 진로 상담자들을 위한 절차는 질적 진로평가 도구의 개발을 위해 맥마혼, 패튼과 왓슨(2003)이 중요하다고 기술한 준거들을 도표화하였다. 최근 검토(Henfield, 2013)에서는 나의 진로영향요인 체계가 준거들을 상당히 충족한다는 점을 인정한다.

나의 진로영향요인 체계는 개인이 자신의 현재 진로발달과 자신의 삶과 관련된 영향요인들에 대해 성찰할 기회를 촉진하기 위해 조직된 소책자이다. 기본적으로 개인은 소책자의 한 페이지를 작업한다. 간단한 정보, 지시사항에 대한 예시, 성찰을 기록할 수 있는 공간을 제공함으로써 개인의 성찰을 안내한다. 안내된 과정은 직업적 포부, 일 관련 경험, 삶의 역할, 이전의 진로결정, 지지하는 네트워크와 관련된 일련의 질문에 대해 개인이 성찰하

운동감각적 학습 유형

는 나의 현재 진로상황(My present career situation)이라는 제목의 페이지로 시작한다. 이후 개인은 내가 누구인지 생각하기, 내 주변 사람에 대해 생각하기, 사회와 환경에 대해 생각하기(Thinking about who I am, Thinking about the people around me, and Thinking about society and the environment)라는 제목의 일련의 페이지를 통해 작업함으로써 영향요인을 확인하고 우선순위를 매기도록 촉진된다. 다음 페이지는 내 과거, 현재, 미래에 대해 생각하기(Thinking about my past, present and future)로 개인은 과거의 진로영향요인, 현재의 상황과 예상되는 미래의 생활양식에 대해 성찰한다. 이 페이지 각각에 가능한 영향요인에 대한 예시가 제공되어 개인들은 그 예시에서 고를 수도 있고 자신만의 영향요인을 추가할 수도 있다. 다음 페이지로 넘어가기 전에 개인들은 자신이 적은 영향요인들에 대해 우선순위를 매기도록 요청받는다.

나의 진로영향요인 체계의 구조와 과정은 체계이론 틀을 반영한다. 본질적으로 나의 진로영향요인 체계의 각 페이지는 〈표 20-1〉에 설명된 것처럼 체계이론 틀의 체계를 반영한다. 체계이론 틀의 연속적인 발전이 개인 내 체계에서 사회체계, 환경-사회체계, 과거, 현재, 미래의 영향을 거쳐 개인 내 체계의 연결까지로 기술되는 것처럼(McMahon & Patton, 1995; Patton & McMahon, 2014 참조), 나의 진로영향요인 체계도 이런 방식으로 구조화된다. 개인들은 자신의 진로상황과 연결된 영향요인 군집을 시각적으로 표상할 수 있다(McMahon & Patton, 1995; Patton & McMahon, 2014 참조).

영향요인 각 체계에 대한 성찰 이후에 개인은 이전 페이지에서 작업한 영향요인들을 모으기 위한 지시사항과 예시를 제공하는 나의 진로영향요인 체계 그리기(representing my system of career influences)라는 제목의 페이지로 넘어가서 나의 진로영향요인 체계(my system of career influences)라는 제목에 있는 하나의 원에 영향요인을 그린다. 자신의 진로영향요인에 대한 개인적 성찰을 도표로 합치는 것은 본질적으로 개별적인 체계이론 틀이다. [그림 20-2]와 [그림 20-3]은 호주의 16세 여자 청소년과 남아공의 25세 코카시안 남성의 나의 진로영향요인 체계 그림에 대한 예시를 보여 주며, 이 그림은

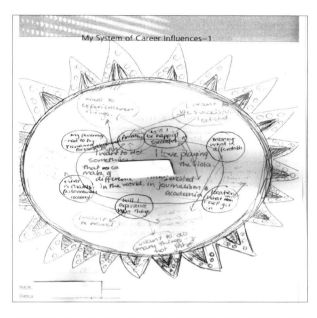

[그림 20-2] 호주 여자 청소년의 나의 진로영향요인 체계 그림

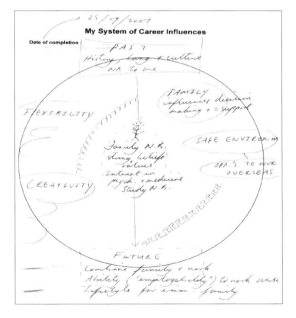

[그림 20-3] 남아공의 코카시안 남성의 나의 진로영향요인 체계 그림

운동감각적 학습 유형

아주 개별적인 특성을 보여 준다.

이 과정의 다음 단계에서 각 개인이 나의 **영향요인체계에 대해 성찰하기**(reflecting on my system of career influences)라는 제목의 페이지에서 얻은 통찰에 대해 성찰할 기회를 제공한다. 여기서 개인은 성찰질문에 대한 반응을 쓸 공간을 제공받고, 자신의 진로이야기를 말하면서 의미를 이끌어 내고 학습을 한다. 이후에 나의 **실행 계획**(my action plan)은 개인이 결정한 진로를 위해 취해야 할 다음 단계들을 기록하도록 해 준다. 예를 들어, 개인은 자신의 나의 진로영향요인 체계를 그의 영향요인체계에 있는 다른 사람들과 함께 의논하고, 영향요인체계를 보다 넓게 고려하여 실행 계획을 세우도록 안내받는다. 진로발달이 유동적이고 전 생애적 과정이라는 인식에서 나의 진로영향요인 체계의 마지막 페이지는 개인들이 훗날 현재의 성찰을 다시 논의하고 완성하고 영향요인체계의 시간에 따른 변화에 대해 성찰할 기회를 제공한다.

포괄적인 촉진자 가이드는 나의 진로영향요인 체계의 청소년용 버전과 성인용 버전 모두에 있다. 나의 진로영향요인 체계 촉진자 가이드(McMahon, Patton, & Watson, 2005b; McMahon, Watson, & Patton, 2013b)는 진로발달 촉진자들에게 구성주의 평가에 대한 개관, 나의 진로영향요인 체계에 대한 이론적 개관, 개인뿐만 아니라 강의실이나 집단환경에서 나의 진로영향요인 체계 적용을 위한 안내, 사례연구와 학습활동, 개발과 시행 과정에 대한 상세한 설명을 제공한다. 청소년용 버전의 시행과 개발은 4년의 기간 동안 세 단계로 호주와 남아공에서 수행되었다. 성인용 버전의 시행과 개발은 대규모 공공부문 조직과 민간조직을 포함한 호주, 남아공, 영국의 다양한 내담자와 함께한 진로 상담자에 의해 수행되었다.

나의 진로영향요인 체계는 개별 내담자, 집단, 강의실 상황에서 사용하기에 적합하다. 개별 내담자와 작업하는 것은 진로 실무자가 내담자에게 의미 있는 과정을 격려하는 촉진자로 함께하는 협력적 과정이 될 수 있다. 유사하게 집단상황에서 진로 상담자 혹은 지도 교사가 다른 관점의 집단 토론을 촉진할 수 있다. 헨필드(Henfield, 2013)는 최근 검토에서 다음과 같이 결론을 내렸다.

> 일반적으로 나의 진로영향요인 체계의 목적은 개인이 자신과 때로는 통제 불가한 다양한 요인이 어떻게 진로결정에 영향을 주는지에 대해 학습할 수 있도록 돕는 것이다. 이런 점에서 평가는 꽤 잘 작용하는 것처럼 보인다. 질적 전통과 일관되게 나의 진로영향요인 체계는 진로 상담자와 내담자 사이의 관계를 촉진하기 위해 사용할 수 있는 도구로 개발되었기 때문에 구체적인 지시가 필요하다면 책임은 촉진자에게 있는 것처럼 보인다. 더욱이 도구는 다양한 집단에 잠재적인 효과를 가지는 것처럼 보인다……. (pp. 501-502)

4. 연구 증거

나의 진로영향요인 체계의 강점은 2가지 버전이 장시간에 걸쳐 국가 간 시행 및 개발 과정을 거쳤다는 것이다. 시행 과정의 결과는 촉진자 가이드에 제공되었다. 초기 시행의 중요한 성과는 젊은이들이 체계적으로 생각하도록 가르칠 필요성에 대한 발견이다. 그래서 개인들을 체계적으로 생각하도록 돕는 과정을 촉진하는 세 가지 사례연구가 청소년과 성인 촉진자 안내서에 각각 제공되었다. 광범위한 시행과 일련의 연구에서는 빈곤한 남아공 청소년(McMahon, Watson, Foxcroft, & Dullabh, 2008), 남아공 흑인 여성 대학생(McMahon, Watson, Chetty, & Hoelson, 2012), 호주 시골 청소년과 성인 육체 노동자(McMahon, Watson, & Patton, 2013a), 중국의 대학생(제27장 참조: Yim, Wong, & Yuen, 2015)을 포함한 다양한 집단에 나의 진로영향요인 체계의 적용을 강조하였다. 예를 들어, 남아공에서 나의 진로영향요인 체계는 보육원에 있는 빈곤한 청소년이 자신의 진로발달 영향요인을 기술하면서 효과적으로 사용되었다(McMahon et al., 2008). 남아공에서 진행된 다른 연구에서 맥마흔과 동료들(2012)은 나의 진로영향요인 체계가 남아공 흑인 여성 대학생이 통합적 이야기를 하도록 어떻게 촉진하는지, 그녀에게 유용한 진로평가의 특성을 확인하는 데 얼마나 유용한지를 보여 주었다. 또한 나의 진로영향요인 체계는 네덜란드어, 프랑스어, 독일어, 아이슬란드어, 이탈리아어, 광둥어를 포함한 많은 언어로 번역되어 연구 목적으로 사용되었다.

5. 결론

진로상담에서 진로결정에 대한 맥락적 관점의 필요성에 대한 인식이 증가하고 있다. 내러티브와 이야기 접근들은 진로상담 수행 방법을 제공한다. 나의 진로영향요인 체계는 개인이 자신의 진로를 시각화하고 이야기하도록 하는 성찰과정을 제공한다. 더욱이 나타나는 증거들은 다양한 집단과 상황에 나의 진로영향요인 체계의 적용 가능성을 보여 준다.

참고문헌

Henfield, M. S. (2013). My System of Career Influences. In C. Wood & D. G. Hays (Eds.), *A counselor's guide to career assessment instruments* (6th ed., pp. 499-502). Broken Arrow, OK: National Career Development Association.

McIlveen, P. (2011). Life themes in career counselling. In M. McMahon & M. Watson (Eds.), *Career counselling and constructivism: Elaboration of constructs* (pp. 73-85). New York, NY: Nova Science.

McIlveen, P., Ford, T., & Dun, K. (2005). A narrative sentence-completion process for systems career assessment. *Australian Journal of Career Development, 14*(3), 30-39.

McIlveen, P., McGregor-Bayne, H., Alcock, A., & Hjertum, H. (2003). Evaluation of a semi–structured career assessment interview derived from Systems Theory Framework. *Australian Journal of Career Development, 12*(3), 33-41.

McIlveen, P., & Patton, W. (2010). My career chapter as a tool for reflexive practice. *International Journal for Educational and Vocational Guidance, 10*(3), 147-160.

McMahon, M., & Patton, W. (1995). Development of a systems theory of career development. *Australian Journal of Career Development, 4*, 15-20.

McMahon, M., & Patton, W. (2006). The Systems Theory Framework: A conceptual and practical map for career counsellors. In M. McMahon & W. Patton (Eds.), *Career counselling: Constructivist approaches* (pp. 94-109). London, UK: Routledge.

McMahon, M., Patton, W., & Watson, M. (2003). Developing qualitative career assessment processes. *The Career Development Quarterly, 51*(3), 194-202.

McMahon, M., Patton, W., & Watson, M. (2004). Creating career stories through reflection: An application of the Systems Theory Framework of career development. *Australian Journal of Career Development, 13*(3), 13-16.

McMahon, M., Patton, W., & Watson, M. (2005a). *My System of Career Influences.* Camberwell, Australia: ACER Press.

McMahon, M., Patton, W., & Watson, M. (2005b). *My System of Career Influences (MSCI). Facilitators' Guide.* Camberwell, Australia: ACER Press.

McMahon, M., Watson, M., Foxcroft, C., & Dullabh, A. (2008). South African adolescents' career development through the lens of the Systems Theory Framework: An exploratory study. *Journal of Psychology in Africa, 18*(4), 531-538.

McMahon, M., Watson, M., Chetty, C., & Hoelson, C. (2012). Story telling career assessment and career counselling: A higher education case study. *South African Journal of Higher Education, 26*(4), 729-741.

McMahon, M., Watson, M., & Patton, W. (2005). Developing a qualitative career assessment process: The My System of Career Influences reflection activity. *Journal of Career Assessment, 13*, 476-490.

McMahon, M., Watson, M., & Patton, W. (2013a). *My System of Career Influences (MSCI): Adult Version. Facilitators' Guide.* Samford, Australia: Australian

Academic Press.

McMahon, M., Watson, M., & Patton, W. (2013b). *My System of Career Influences (MSCI): Adult Version. Workbook.* Samford, Australia: Australian Academic Press.

Patton, W., & McMahon, M. (1999). *Career development and systems theory: A new relationship.* Pacific Grove, CA: Brooks/Cole.

Patton, W., & McMahon, M. (2006). *Career development and systems theory: Connecting theory and practice* (2nd ed.). Rotterdam, The Netherlands: Sense.

Patton, W., & McMahon, M. (2014). *Career development and systems theory: Connecting theory and practice* (3rd ed.). Rotterdam, The Netherlands: Sense.

제**3**부

양적 진로평가를 질적으로 활용하기

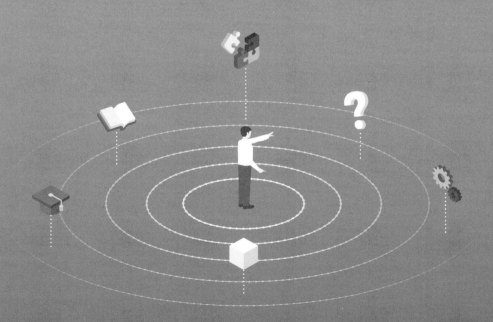

제3부 '양적 진로평가를 질적으로 활용하기'에서는 양적 및 질적 진로평가 도구의 잠재적인 상호 보완 가능성을 고려하는 장을 제시하였다. 질적 진로평가와 양적 진로평가를 불필요하게 구분하기보다는 실무에서 내담자가 원하는 미래로 나아가도록 내담자의 진로결정을 돕는다는 공유된 목표를 위해 두 평가의 통합을 고려한다. 제3부는 특정 이론적 틀을 통해 질적 진로평가와 양적 진로평가를 상호 보완하는 접근 방법들을 소개하는 장들로 구성되어 있다. 또한 평가가 수행되는 문화적 맥락을 구체적으로 고려하는 장이 포함되어 있다.

제**21**장
진로이론을 활용하여
질적 · 양적 진로평가 통합하기

JAMES P. SAMPSON, JR., GARY W. PETERSON, DEBRA S. OSBORN
and SETH C. W. HAYDEN

1. 도입

　질적 · 양적 진로평가는 서로 다른 과학철학들에 근거하고 있다. 질적 진로평가는 포스트모더니즘 가정에 근거하고 있고 양적 진로평가는 모더니즘 가정에 근거하고 있다. 문자 그대로 생각하면 두 접근의 철학적 가정은 양립할 수 없다. 진로 실무자가 양자 중 하나를 수용하면 다른 하나를 거부해야 한다. 그러나 진로상담 과정을 지지하기 위해 진로평가를 선택할 때 양자택일의 입장을 취하는 것은 불필요하며(Sampson, 2009), 내담자에게 최선의 이익이 되지 않을 수 있다. 진로 실무자와 내담자들이 내담자의 구체적인 필요에 가장 잘 맞는 특징을 지닌 진로평가를 자유롭게 선택할 때, 우리는 질적 · 양적 진로평가가 잠재적으로 권장할 만한 것이 되는 좀 더 실용적인 전략을 지지한다(McMahon & Watson, 2012). 우리는 철학적 가정들에 초점을 두는 대신에 진로개입의 성과와 성과가 발생하는 과정에 초점을 두어야 한다고 주장한다. 가장 원하는 것을 결정하고 나서 그곳에 도달하는 최선의 방법을 결정하고자 한다.

진로상담의 가장 공통적인 성과는 내담자가 직업, 교육, 훈련, 취업에 대해 알고서 신중하게 결정하고 실행하기 위한 행동을 시작하도록 해 주는 것이다(Sampson, 2008). 이 성과는 경험과 중요한 타자로부터의 지지를 받으면서 잠재적으로 성장하는 내담자의 의사결정 역량에 따라 여러 번의 선택을 통해 점차 얻어질 수 있다(Sampson, Reardon, Peterson, & Lenz, 2004). 진로개입은 자기에 대한 지식을 명료화하고, 선택지들을 만들어 내며, 정보 탐색 행동을 하게 하는 구체적인 결과들을 통해 성과에 기여한다(Sampson et al., 2004). 학습은 이 모든 성과에 대한 공통적인 결정인자이다. 학습은 평가와 정보의 원천으로부터 통찰을 얻고 진로의사결정에 대한 준비도를 명료화하고, 배운 것을 사회적 맥락 속에서 성찰하는 반복적인 과정이다. 질적·양적 진로평가 모두 자기에 대한 지식을 명료화하고 대안을 생성하며, 정보 탐색 행동을 증진하고 진로의사결정을 위한 준비도를 명료화하는 성과를 증진시킬 수 있다. 진로평가에서 얻은 개별화된 해석은 긍정적인 진로상담 성과에 기여하는 것으로 나타났다(Brown & Krane, 2000). 탐색을 촉진하기보다 제한하는 빠르고 단순한 짝짓기 과정으로 양적 진로평가를 오용함으로써(Sampson, 2009) 양적 진로평가에 대한 적절한 활용을 방해하면 안 된다.

질적·양적 진로평가를 통합하려는 노력이 나타나고 있다. 통합적 구조화 면접(integrated structured interview; McMahon & Watson, 2012)은 양적 진로평가인 진로탐색검사(Holland & Messer, 2013a)에서 나온 자료들이 질적 진로평가, 즉 이야기 만들기를 활용한 이야기하기 접근법과 어떻게 통합될 수 있는지를 보여 준다. 진로이론을 활용하면 진로 실무자가 내담자의 필요에 맞춰 이론에 기반한 개념을 연결시키는 진로개입을 선택하는 데 도움이 된다(Sampson, Dozier, & Colvin, 2011).

이 장의 목표는 질적·양적 진로평가를 이론에 기반하여 통합하는 또 하나의 예시를 보여 주는 것이다. 우리가 사용할 이론들은 진로문제 해결과 의사결정에 대한 인지적 정보처리(CIP)이론(Sampson et al., 2004)과 RIASEC

이론(Holland, 1997)이다. 자기에 대한 지식을 명료화하고 대안들을 생성하며 정보탐색 행동을 촉진하기 위해 진로평가를 활용하는 것에 더하여 우리는 또한 진로의사결정을 위한 준비도를 명료화하기 위해 진로평가를 활용하고자 한다. 샘슨, 매클레인, 무쉬 그리고 리어든(Sampson, McClain, Müsch, & Reardon, 2013, p. 99)은 "진로의사결정 준비도는 다양한 직업, 교육, 훈련, 고용 대안을 탐색하고 선택하는 데 필요한 학습과정에 참여할 개인의 준비 상태를 반영한다."라고 언급하였다. 이 장은 인지적 정보처리이론과 RIASEC이론의 핵심 개념이 질적 · 양적 진로평가 개입의 성과인 자기이해 명료화, 대안 생성, 정보탐색 행동 촉진 그리고 진로의사결정 준비도에 어떻게 기여하는지를 검토하는 것으로 시작한다. 이어서 인지적 정보처리이론과 RIASEC이론이 2개의 질적 진로평가 및 2개의 양적 진로평가를 통합하기 위해 어떻게 사용될 수 있는지에 대한 예시를 제시하며, 결론으로 직원 훈련과 슈퍼비전이 질적 · 양적 진로평가 개입을 성공적으로 통합하는 데 어떻게 기여할 수 있는가를 제시한다.

2. 질적 · 양적 진로평가의 성과에 대한 이론의 기여

진로이론은 자기이해 명료화, 대안 생성, 정보탐색 행동 촉진 그리고 진로의사결정 준비도의 명료화와 관련된 진로평가 개입에 기여할 수 있는 잠재력을 지니고 있다. 여기에서는 인지적 정보처리이론을 먼저 검토하고 다음으로 RIASEC이론을 검토한다.

1) 인지적 정보처리이론

인지적 정보처리(Cognitive Information Processing: CIP)이론(Peterson, Sampson, & Reardon, 1991; Sampson et al., 2004)은 경제적 틀을 제공하며 진

로문제 해결과 진로의사결정 과정을 제공한다. 인지적 정보처리이론의 2가지 핵심 가정은, ① 진로문제와 진로의사결정은 정서적·인지적 과정의 상호작용으로 이루어진다는 것, ② 진로상담의 목표는 정보처리 기술의 증진에 있다는 것이다(Peterson, Sampson, Lenz, & Reardon, 2002). 그래서 진로평가는 호소하는 진로문제의 폭과 깊이를 포착하기 위해 포괄적이면서도 다차원적이어야 한다. 그리고 진로평가 수행의 궁극적인 목적은 내담자가 효과적인 진로문제 해결자이자 진로의사결정자가 되도록 돕는 것이다.

인지적 정보처리이론의 기본 구조는 2개의 속성으로 구성된다. ① 이론의 구성요소를 포함하는 정보처리 피라미드, ② 의사소통(Communication), 분석(Analysis), 종합(Synthesis), 가치 평가(Valuing) 그리고 실행(Execution)으로 구성되는 진로의사결정 과정을 구체화해 주는 CASVE 사이클이다. 피라미드는 3개의 위계적 영역을 포함한다. 2개의 지식 영역은 피라미드 밑바닥에 있고, 자기지식과 직업지식을 포함하며 진로의사결정 과정을 수행하는 데 필요한 자료를 제공한다. 피라미드의 중간층에는 반복되는 순환 과정의 형태로 CASVE라는 정보전환 요인 또는 기술이 있다. 이 영역은 당초의 진로문제를 적절한 해결책으로 전환시키고 그것을 실행하기 위한 계획을 수립한다. 피라미드의 꼭대기는 정보전환 기제를 통제하고 점검하며 순서에 맞게 배치하여 아래 영역들을 조정하는 실행과정 영역이다. 실행과정 영역은 또한 진로문제 해결자이자 진로의사 결정자로서의 자기효능감 등의 의사결정 활동 자체와 관련된 태도와 사고를 포함한다. 영역 중 한곳에서의 결함은 효과적인 의사결정을 저해한다. 피라미드의 각 영역에는 내담자가 만족스러운 진로선택과 성공적인 실행에 도달하게 하는 진로의사결정을 수행하는 데 필요한 기술, 지식, 태도(Skill, Knowledge, Attitude: SKAs)를 충분히 지녔는지 확인하기 위해 이론에서 추출된 명확한 질적·양적 평가도구들이 있다.

이 장의 목적을 위해 5개의 정보처리 기술(CASVE)로 구성된 피라미드의 중간층이 특히 강조된다. 각 단계는 진로의사결정 과정을 통한 성공적인 진전을 위해 내담자가 습득해야 할 SKAs를 확인하는 독특한 평가 전략들을 포함한다.

첫 번째 단계는 현재의 결정 상태와 바람직한 상태 사이의 차이 내지는 불일치에 경각심을 갖도록 하는 내외적 신호들에 대하여 민감성을 갖도록 해 주는 의사소통 과정(Communiation: C)이다. 진로의사결정 준비도를 평가하는 것이 이 단계에서 중요하다.

두 번째 단계인 분석(Analysis: A)은 자기에 대한 지식과 직업에 대한 지식을 나타내며 피라미드 중 지식을 검토하는 것으로 구성된다. 이 단계는 전형적으로 자기에 대한 지식을 증진하기 위해 흥미, 능력 그리고 가치를 평가하며, 직업에 대한 내담자의 친숙성의 정도를 탐색하기 위해 카드분류를 사용하는 것을 포함한다.

세 번째 단계인 종합(Synthesis: S)은 가능한 선택지를 공식화하는 정교화 과정과 몇 가지를 선택하기 위해 선택지를 좁히는 공고화 과정이다. 여기서는 분석 단계에서 수행한 평가에서 얻은 결과들이 대안을 확인하고 선택하기 위해 적용된다. 내담자와 함께 선호하는 직업을 확인하기 위해 카드분류, 컴퓨터 기반 진로지도 시스템, 직업 현장 체험, 섀도잉(shadowing) 등을 더 활용하는 것은 내담자가 가능한 선택지들에 도달하도록 돕기 위한 진로개입의 예시들이다.

네 번째 단계인 평가(Valuing: V)는 네 부분의 중요 질문(이 선택은 나/내게 중요한 사람들/나의 문화집단이나 사회에 어떤 영향을 주는가? 내가 이 직업을 추구하는 의미는 무엇인가?)으로 종합 단계에서 확인한 선택지들을 검토하는 단계이다. 역기능적 사고, 가족 선호도 또는 문화적 인식을 확인하기 위해 관련된 평가를 사용하면 진로평가 과정을 촉진시킬 수 있다.

다섯 번째 단계인 실행(Execution: E)은 1순위 선택지를 실행하기 위한 계획을 세우고 계획을 수행하는 것을 포함한다. 교육이나 훈련 프로그램에 합격하기 위해 지원하고 선택된 진로 분야에서 직장을 얻고자 하는 등 개인적 목표나 교육과 진로 목표를 향해 의도적으로 움직일 때 결정이 내려진다.

(1) 준비도 평가

CASVE의 의사소통 단계의 진로문제 해결과 결정을 위한 준비도 평가에는 2개의 독립된 구인에 대한 측정이 포함된다. 2개의 구인은 개인의 진로발달에 영향을 미친 가족, 사회, 경제, 기관 요인의 복잡성과 적절한 선택을 내리기 위한 개인의 역량이다(Sampson, Peterson, Reardon, & Lenz, 2000). 두 요인 모형에서 역량은 적절한 선택을 하는 개인의 능력에 영향을 미치는 내적 요인을 포함하는 반면, 복잡성은 그 선택과 관련된 외적·맥락적 요인이다. 준비도 상태가 높으면 진로의사결정 과정을 관리하는 개인의 역량 수준이 사회적 맥락의 복잡성 수준을 넘어선다. 반면, 준비도 상태가 낮으면 복잡성 수준이 진로선택 과정을 관리하는 개인의 역량을 초과한다.

인지적 정보처리이론에서 진로사고검사(Career Thoughts Inventory: CTI; Sampson, Peterson, Lenz, Reardon, & Saunders, 1996a)는 역량 측정도구로 사용되고, 의사결정공간 워크시트(Decision Space Worksheet: DSW; Peterson, Leasure, Carr, & Lenz, 2000)는 복잡성 측정도구로 사용된다. 양적 평가도구인 진로사고검사는 48개의 부정적인 진로 관련 사고 문항으로 구성되어 있다. 문항에는 "나는 나에게 맞는 학업이나 직업 분야가 무엇인지 생각할 수 없다." "나는 하나의 학업이나 직업을 선택하는 것이 괴로워서 시작할 수 없다." 등이 포함된다. 점수가 높을수록 부정적인 생각이 크고, 진로문제 해결과 진로의사결정에 참여할 역량이 낮다는 것을 의미한다. 진로사고검사는 총점과 의사결정혼란(Decision Making Confusion: DMC), 수행불안(Commitment Anxiety: CA), 외적 갈등(External Conflict: EC)의 세 하위 척도 점수를 제공한다. 의사결정혼란 척도는 진로의사결정 과정을 시작하거나 지속하는 능력이 부족하다는 것을 의미하고, 수행불안 척도는 진로결정의 결과에 대한 일반적인 불안이나 1순위 선택지를 선택하는 데에서 겪는 어려움을 나타낸다. 외적 갈등 척도는 개인적 선택과 중요한 타자의 선택 간에 균형을 맞추는 데에서 겪는 내담자의 어려움을 평가한다. 하위 척도 점수들은 내담자가 CASVE 과정의 단계를 진전해 나가는 능력의 손상을 경험하게 하는 부정적인 생각의 유형에 관한 정보를 제공하는 데 유용하다. CASVE 과정에 진로사고검사 점수를 관련시킬 때 의사결정혼란 점수는 의사소통, 분석 그리고 종합의 단계를 진행할 때 가능한 선택지들을 형성하는 능력과 관련된다. 외적 갈등 점수는 평가과정을 알려 준다. 수행불안 점수는 평가 단계의 첫 시도에 도달하는 것에서 그것을 실행 단계에서 구현하는 것으로 이동하는 것과 관련된다.

의사결정공간 워크시트는 복잡성에 대한 질적 진로평가이며 두 페이지로 구성되어 있다. 첫 번째 페이지에서는 내담자에게 진로문제를 쓰고, 그다음에 그 결정과 직접 관련된 생각, 감정, 상황, 사람 그리고 사건의 목록을 적도록 요청한다. 두 번째 페이지에는 큰 원이 그려져 있다. 내담자에게 목록에 적힌 각 항목에 대하여 그 결정에 영향을 미친 중요도에 따라 큰 원 안에 작은 원을 그리라고 지시한다. 의사결정공간 워크시트는 내담자가 현재 진로문제에 영향을 미친 요인들에 대하여 명확한 그림을 갖도록 해 주는 데 효과적인 진로문제 도표이다. 의사결정공간 워크시트를 실시한 후 후속 질문을 하면서 진로 상담자는 내담자와 함께 다음의 사항들을 탐색할 수 있다. ① 각 요소는 결정에 어떤 영향을 미치는가?, ② 각 요소가 지닌 영향의 수준은 어느 정도인가?, ③ 각 요소는 어떻게 관련되어 있는가?, ④ 의사결정공간 워크시트 해석과 다른 평가들과의 관련성은 어떠한가?, ⑤ 내담자와 함께 진로 선택과 수행에 도달하기 위해 내담자가 취해야 할 조치들을 정리한 개별화된 학습 계획(Individual Learning Plan: ILP)을 어떻게 수립할까? 의사결정공간 워크시트는 또한 진로 상담자가 개별화된 학습 계획 수립에 필요한 내담자의 결정을 둘러싼 개인적 · 사회적 · 상황적 요인을 더 잘 이해하는 데 도움이 된다.

개별화된 학습 계획을 수립하기 위해서는 양적 · 질적 진로평가의 통합이 필요하다. 진로사고검사는 진로문제 해결과 진로의사결정을 저해할 수도 있는 역기능적 사고의 정도와 관련된 정보를 이론적 개념과 연결시켜 제공한다. 의사결정공간 워크시트는 개인의 진로의사결정에 영향을 미친 사회와 맥락에 관한 다양한 정보를 제공한다. 둘 다 내담자가 준비된 상태에 이르고 적절한 진로결정을 내리고 수행하여 목표에 도달할 수 있도록 경로를 만드는 진로개입들을 구체화해 준다.

2) RIASEC이론

인지적 정보처리이론이 직업선택에 대한 포괄적이고 중요한 이론이라면, RIASEC이론(Holland, 1997)은 CASVE 과정의 분석과 종합의 단계에 대한 정보를 준다. 기본적으로 홀랜드의 유형 이론은 유유상종이라는 오래된 격언에 기반하여 직업에 성격 특징을 연결시켜 준다. 홀랜드 연구의 기본적인 가정은 개인이 특성 검사를 통해 어떤 직업 범주에 속하는 것으로 분류된다면, 그 범주 안에 있는 많은 직업 대안과 연결될 수 있다는 것이다. 그러한 경험적 짝짓기 과정은 개인 스스로가 어떤 직업 하위 집단에 속하는지 빨리 확인하고 그에 상응하는 직업 대안을 고려하도록 해 준다. RIASEC이론의 핵심적 가정은 대부분의 개인은 현실적, 탐구적, 예술적, 사회적, 기업적, 관습적으로 구성되는 6개의 성격 유형 중 하나에 배치될 수 있다는 것이다. 여섯 성격 유형 간의 관계는 육각형 안에 배치된다. 육각형 위의 인접한 직업 집단이 하나 건너서 인접하거나 반대편에 있는 것보다 성격 특성에서 더 공통점이 많다.

인지적 정보처리이론으로 다시 돌아와서 CASVE 과정의 분석 단계에서 RIASEC이론은 내담자가 자신의 흥미와 직업의 관계를 명료화하도록 돕기 위해 육각형 형태로 된 시각적 모형을 제공한다. 양적 진로평가인 진로탐색검사(Holland & Messer, 2013a)는 홀랜드의 육각형 각각의 측면을 측정한다. 진로탐색검사는 6개의 RIASEC 범주와 관련하여 각각의 흥미의 강도를 측정하는 264개의 문항으로 이루어져 있다. 문항은 활동, 역량, 직업 그리고 능력에 대한 자기평가를 언급한다. 여기서 개인은 강한 흥미 영역과 약한 흥미 영역을 확인하고 비교할 수 있다. 카드분류를 활용하는 것 또한 직업 지식을 평가하는 인지적 지형화 과제로 활용될 수 있다(Peterson, 1998). 홀랜드의 육각형 각각에서 6개씩 구성된 36개의 카드가 사용된다. 카드분류를 질적 방법으로 활용하면 내담자의 직업세계와 그곳에서의 자신의 위치에 대한 사고방식뿐 아니라 카드에 나타나는 직업과의 친숙도도 드러난다.

가능한 선택지들을 확인하는 CASVE 과정의 종합 단계에서 진로탐색검사를 사용하면 SAE(사회형, 예술형, 기업형) 또는 ICR(탐구형, 관습형, 현실형) 등의 점수가 높은 흥미 영역을 상위 점수로부터 차례로 보여 주는 홀랜드 코드를 받을 수 있다. 직업 검색기(the occupation finder; Holland & Messer, 2013b)에는 직업목록이 3개 코드로 포함되어 있다. 개인은 진로탐색검사에서 받은 홀랜드 코드 3개에 맞는 잠재적 직업을 발견하여 심층 탐색과 검토 작업에 활용할 수 있다. 진로 실무자는 내담자가 카드를 '선택할' '선택할 수도 있는' 그리고 '선택하지 않을'이라는 세 더미로 분류하도록 할 수 있다. 진로 실무자는 내담자와 함께 잠재적 직업 목록을 확장하기 위해 직업 검색기뿐 아니라 카드분류에서 '선택할' 것으로 분류한 직업 더미에서 내담자가 찾아낸 직업들을 내담자와 함께 검토할 수 있다. 그리고 나서 이 목록들은 공고화(crystallization) 과정을 거쳐서 3~5개로 좁혀진다. 양적 · 질적 진로평가 모두 분석 단계에서 흥미를 명료화하고 종합 단계에서 직업 대안을 확장하며 축소하도록 촉진하기 위해 통합된다.

3. 질적 · 양적 진로평가를 통합하는 이론기반 사례

인지적 정보처리이론과 RIASEC이론에 기반한 진로평가는 진로상담 개입에 통합될 수 있다. 다음의 예시는 진로사고검사(Sampson, Peterson, Lenz, Reardon, & Saunders, 1996a), 의사결정공간 워크시트(Peterson, Leasure, Carr, & Lenz, 2000), 진로탐색검사(Holland & Messer, 2013a) 그리고 카드분류(Peterson, 1998)를 사용한다. 의사결정공간 워크시트와 카드분류는 질적 진로평가이고 진로사고검사와 진로탐색검사는 양적 진로평가이다.

보니는 진로와 학업 프로그램 결정에 도움을 받으려고 캠퍼스 진로센터에 왔다. 진로 실무자는 그녀가 당장 확실하게 결정할 능력이 없어서 좌절하고 압도되어 있는 것에 대하여 몇 가지 이야기를 하였다. 진로 실무자는 진로결정 과정을 구조화하기 위해 인지적 정보처리이론의 내담자 버전을 보여 주었다(https://career.fsu.edu/techcenter/designing_career_services/basic_concepts/index.html). 각 요소에 대하여 설명한 후에 그녀는 보니에게 물었다. "어떤 영역에 시간을 들이는 게 유익할 것 같은가요?" 보니는 대답했다. "모든 영역이요!" 진로 실무자는 피라미드의 꼭대기부터 시작하여 그녀가 자신의 진로결정에 대해 어떤 생각을 가지고 있는지를 살펴보자고 제안하였다. 보니는 찬성하였다. 진로 실무자는 진로사고검사를 실시하였다. 보니의 t점수 결과는 상당한 정도의 부정적인 진로사고를 지니고 있음을 보여 주었다. 총점 72, 의사결정혼란 75, 수행불안 45 그리고 외적 갈등이 65였다.

진로 실무자는 이 검사의 목적을 다시 이야기하고, 점수를 전반적으로 검토하며 보니에게 강하게 찬성하는 문항 몇 개를 말해 달라고 요청하면서 결과를 설명하였다. 그리고 나서 진로 실무자는 "당신이 가지고 있는 생각 중 일부는 당신이 진로결정을 내릴 수 있는 길을 방해하고 있는 것 같아요. 재정이나 타인의 기대 등 당신의 선택에 영향을 미치는 다른 요인들이 있는지요?"라고 말하였다. 보니는 그렇다고 대답하였다. 진로 실무자는 어떤 요인들이 그런지를 설명하기 위해 의사결정공간 워크시트를 소개하였다. 의사결정공간 워크시트 결과에서 그 대부분의 공간이 실패에 대한 두려움으로 채워져 있고, 그녀의 결정에 긍정적 및 부정적으로 영향을 미치는 가족 구성원이 그다음이었다. 의사결정공간 워크시트에 대한 논의는 그 두 측면이 밀접히 관련되어 있다는 것을 보여 주었다. 그녀는 자신이 잘못된 선택을 하면 가족 구성원을 실망시킬까 봐 두려워하고 있었다. 진로 실무자는 부정적인 생각이 크고 그로 인해 원에 남은 여백이 매우 작다는 것에 대해서 논의하였다. 이 두 가지가 그녀의 생각에서 너무 많은 공간을 차지하고 있기 때문에 다른 요인들을 고려할 수 있는 여지가 얼마나 적게 남아 있는지를 보니에게 지적하였다. 진로 실무자는 보니가 이런 생각을 관리하는 방법을 아는 것이 유익하다고 생각하는지 물었고, 보니의 동의를 얻어서 그녀에게 진로사고검사 워크북(Sampson, Peterson, Lenz, Reardon, & Saunders, 1996b)과 인지적 재구조화를 소개하였다. 이 지점에서 회기를 마무리할 시간이 가까워져서 워크북 진행에 초점을 맞추고, 진로탐색과정을 시작하기 위해 다음 주에 만나기로 하였다.

다음 주에 보니와 진로 실무자는 간단한 점검을 하였다. 보니는 "나는 내가 얼마나 많이 '항상' '전혀' 그리고 '해야 해'라는 말을 사용하는지 몰랐어요. 아직도 그렇게 말하고 있어요. 하지만 지난주의 기억을 돌이켜 보니 그것을 조금 알게 되었어요."라고 하였다. 진로 실무자는 보니가 그런 생각을 다시 말해 줄 수 있는지 물었고 보니는 자신이 했던 생각을 말해 주었다. 그들은 워크북의 일부를 검토하고, 그녀는 워크북 작업을 계속 진행하면서 한편으로 그녀의 진로와 전공을 알아보기 위해 흥미를 살펴보기 시작했다. 그다음에 보니는 직업 선호도 확인차 직업과의 친숙성을 탐색하기 위한 카드분류를 실시하였다. 보니가 진로탐색검사를 실시한 후 나타난 코드는 SIE였으며, 가장 높은 코드인 사회형 코드 점수는 50점이었고, 다른 두 코드는 각각 28과 25인 중간 정도의 편평한 프로파일이 나타났다. 진로 실무자는 보니에게 사회형 코드에 대한 설명을 읽어 보라고 요청하였다. 그녀는 "나랑 비슷한 것 같아요. 그런데……."라고 말하며 목소리가 작아졌다. "그런데?"라고 진로 실무자는 물었다. 보니는 "그런데 내가 은행이나 공학 대신 남을 돕는 진로로 가면 우리가 지난주에 이야기했던 '그 사람들'이 실망할 것 같아요."라고 하였다. 이런 진술은 진로사고검사, 의사결정공간 워크시트, 카드분류와 연결되어 이 4개의 평가가 진로문제 이해 및 지속적인 개입의 구조화와 어떻게 서로 연관될 수 있는지를 보여 준다. 이후의 진로상담 전략에는 흥미 있는 진로들을 탐색하고 자기와 직업지식을 높이기 위해 자원봉사를 하며, 그 과정 동안 보니의 부정적인 생각들을 진로 실무자와 보니가 계속 관리해 나가는 것이 포함되었다.

4. 질적·양적 진로평가 통합에서의 성공

질적·양적 진로평가 개입의 성공은 직원 훈련과 슈퍼비전의 효율성에 의해 영향을 받는다. 다음에서는 진로상담에서 질적·양적 진로평가 모두를 사용하기 위해 직원 훈련과 구체적인 슈퍼비전 전략들을 점검한다.

1) 직원 훈련

서비스를 제공할 때 질적·양적 진로평가가 상호 보완적으로 통합될 수 있기 때문에(McMahon & Watson, 2012) 현장에서 직원을 훈련하는 과정은 고려할 만한 가치가 있다. 진로사고검사(Sampson, Peterson, Lenz, Reardon, & Saunders, 1996a), 의사결정공간 워크시트(Peterson, Leasure, carr, & Lenz, 2000), 진로탐색검사(Holland & Messer, 2013a) 등의 인지적 정보처리이론 및 RIASEC이론과 연합된 진로평가 각각은 진로상담에서 활용하는 것이 적절하다는 것을 광범위하게 검토받았다는 이점이 있다. 진로개입에 영향을 미치기 위해 개별 평가를 통합하여 내담자 상황에 대한 포괄적인 설명을 작성하는 것은 추가적인 지원이 필요하다. 질적·양적 진로평가를 뒷받침하는 철학이 다르기 때문에 직원 훈련 시간에는 진로결정의 요인을 검토하기 위해 두 유형의 방법 모두의 근원에 초점을 두어야 한다. 진로사고검사, 진로탐색검사, 의사결정공간 워크시트, 카드분류 같은 진로평가에 대한 이론과 이들의 통합을 위한 전략과 함께 실무와 관련된 정보를 제시하면 진로상담에 이를 효과적으로 적용하는 방법에 대한 이해를 확장할 수 있다.

2) 직원 슈퍼비전

직원 슈퍼비전은 질적 · 양적 진로평가를 통합하는 실무에서 기술을 발달시킬 수 있게 해 주는 또 다른 맥락이다. 슈퍼바이저는 논문, 단행본, 온라인 수련과 같은 자원들을 제공하고 진로사고검사, 진로탐색검사, 의사결정공간 워크시트 등 다양한 진로평가의 상호 연관된 요소들을 포괄하여 서비스를 제공하는 방안을 토의하면서 실무 지침을 제공할 수 있다. 질적 · 양적 진로평가를 적절하게 종합적으로 사용할 수 있도록 롤플레이 같은 슈퍼비전 활동을 구조화하면 슈퍼바이지가 다양한 진로평가를 활용하는 것의 장점을 이해하는 데 도움을 줄 수 있다. 이러한 실무에 참여하는 것은 전체적인 진로 서비스를 제공하기 위해 꼭 필요하다.

5. 결론

이 장에서는 질적 · 양적 진로평가를 양자택일보다는 상호 보완적으로 바라보는 실용적 입장을 제안한다. 진로 실무자와 내담자는 진로평가의 철학적 기초에 관계없이 내담자의 확인된 욕구를 가장 잘 충족시키는 진로평가를 선택하는 것이 좋다. 이 장에서는 질적 · 양적 진로평가(Holland, 1997)가 어떻게 통합될 수 있는지를 보여 주려고 진로문제 해결과 진로의사결정에 대한 인지적 정보처리이론(Sampson et al., 2004)을 사용하였지만, 다른 이론적 접근들과 관련된 진로평가들 또한 실무에 유사하게 적용될 수 있다. 사용되는 이론이나 평가가 무엇이든 관계없이 효과적인 직원 훈련과 슈퍼비전을 실시하는 것이 매우 중요하다.

참고문헌

Brown, S. D., & Krane, N. E. R. (2000). Four (or five) sessions and a cloud of dust: Old assumptions and new observations about career counseling. In S. D. Brown & R. W. Lent (Eds.), *Handbook of counseling psychology* (3rd ed., pp. 740–766). New York, NY: John Wiley.

Holland, J. L. (1997). *Making vocational choices: A theory of vocational personalities and work environments* (3rd ed.). Odessa, FL: Psychological Assessment Resources.

Holland, J. L., & Messer, M. A. (2013a). *Self-Directed Search® 2013 Fifth Edition (SDS)® professional manual.* Odessa, FL: Psychological Assessment Resources.

Holland, J. L., & Messer, M. A. (2013b). *Self-Directed Search® occupations finder.* Odessa, FL: Psychological Assessment Resources.

McMahon, M., & Watson, M. (2010). Story telling: Moving from thin stories to thick and rich stories. In K. Maree (Ed.), *Career counselling: Methods that work* (pp. 53–63). Cape Town, South Africa: Juta.

McMahon, M., & Watson, M. (2012). Telling stories of career assessment. *Journal of Career Assessment, 20,* 440–451.

Peterson, G. W. (1998). Using a vocational card sort as an assessment of occupational knowledge. *Journal of Career Assessment, 6,* 49–67.

Peterson, G. W., Leasure, K., Carr, D., & Lenz, J. G. (2000). The decision space worksheet: An assessment of context in career decision making. *Career Planning and Adult Development, 24,* 87–96.

Peterson, G. W., Sampson, J. P., Jr., Lenz, J. G., & Reardon, R. C. (2002). A cognitive information processing approach to career problem solving and decision making. In D. Brown (Ed.), *Career choice and development* (4th ed., pp. 312–372). New York, NY: John Wiley & Sons.

Peterson, G. W., Sampson, J. P., Jr., & Reardon, R. C. (1991). *Career development and services: A cognitive approach.* Pacific Grove, CA: Brooks/Cole.

Sampson, J. P. (2008). *Designing and implementing career programs: A handbook for effective practice.* Broken Arrow, OK: National Career Development

Association.

Sampson, J. P. (2009). Modern and post-modern career theories: The unnecessary divorce. *The Career Development Quarterly, 58*, 91-96.

Sampson, J. P., Jr., Dozier, V. C., & Colvin, G. P. (2011). Translating career theory to practice: The risk of unintentional social injustice. *Journal of Counseling and Development, 89*, 326-337.

Sampson, J. P., Jr., McClain, M. C., Müsch, E., & Reardon, R. C. (2013). Variables affecting readiness to benefit from career interventions. *The Career Development Quarterly, 61*, 98-109. doi: 10.1002/j.2161-0045.2013.00040.x

Sampson, J. P., Peterson, G. W., Lenz, J. G., Reardon, R. C., & Saunders, D. E. (1996a). *Career Thoughts Inventory*. Odessa, FL: Psychological Assessment Resources.

Sampson, J. P., Peterson, G. W., Lenz, J. G., Reardon, R. C., & Saunders, D. E. (1996b). *Career Thoughts Inventory workbook*. Odessa, FL: Psychological Assessment Resources.

Sampson, J. P., Jr., Peterson, G. W., Reardon, R. C., & Lenz, J. G. (2000). Using readiness assessment to improve career services: A Cognitive Information Processing approach. *The Career Development Quarterly, 49*, 146-174.

Sampson, J. P., Reardon, R. C., Peterson, G. W., & Lenz, J. G. (2004). *Career counseling and services: A cognitive information processing approach*. Pacific Grove, CA: Brooks/Cole.

제**22**장

무질서 진로평가
–양적 · 질적 진로평가의 통합–

ROBERT G. L. PRYOR and JIM E. H. BRIGHT

1. 도입

심리학적 평가의 역사 중에서 지속적인 이슈 중 하나는 올포트(Allport, 1937)가 제기한 개별성 대 보편성 논쟁이다. 그 문제는 심리학자들이 인간의 행동과 특정 성격에 대한 연구를 할 때 취하는 접근 방식의 차이이다. 개별적 접근은 개별적인 개인에 대해 강조점을 두며, 사고와 행동에 대한 영향요인으로서 주관성, 개별성, 독자성, 독특성, 개성, 구체성 그리고 상황에 초점을 둔다. 반대로 보편적 접근은 식별 가능한 집단 구성원으로서의 개인에 주목하며, 여러 집단에 속한 개인들을 비교함으로써 개성을 이해한다. 집단은 추론 능력, 직업흥미, 성격 특징 등의 일반화가 가능한 측면들로 개념화된다. 진로평가의 측면에서 개별적 접근은 대부분 질적 진로평가 기술로 확인되며, 세상이 구조화되고 이해되는 방식에 대한 선입견 없이 그들의 세상으로 들어감으로써 개인을 이해하고자 한다. 이런 의미에서 진로평가는 측정보다는 탐색과 발견에 더 가깝다(Peavy, 1996).

최근 진로발달 상담에 대한 내러티브 접근의 강조점은 내담자가 생애 주제와 목적을 확인하고 의미를 만들도록 돕는 개별적인 방법으로 이해할 수 있다(Savickas, 2005). 한편, 심리측정학에 기원을 두고 있는 보편적 평가는 개인 간 일반화가 가능한 특징을 확인하고 측정하며 개인에게 다른 사람과 비교할 수 있는 양적 결과를 제공하고자 하였다. 그 결과 한편으로는 통계기법을 심리학 연구에 적용하는 데에서 큰 발전을 이루었고, 또한 인지적 능력에 대한 위계적 모델(Vernon, 1950), 성격 5요인(Digman, 1990), 홀랜드의 직업흥미 육각형 모델(Holland, 1997) 그리고 삼원 지능 모형(Sternberg, 1985) 등과 같은 인간 심리의 특징에 대한 인상적인 분류체계를 발전시켰다.

현재 진로실무에서 진로 실무자들이 질적·양적 진로평가 중 어떤 것을 선호하는지는 그들이 인간의 행동과 그중에서도 특히 진로발달을 이해하는 방법상의 차이를 여전히 반영하고 있다. 이러한 경향은 모더니즘적 양적 관점과 포스트모던적 질적 관점을 구분하는 이분법적 용어에서 거의 공통적으로 확인된다(Isaacson & Brown, 2000). 가끔 이 접근들을 통합하라는 요청이 등장한다(Jacques & Kauppi, 1983; Pryor & Bright, 2004; Sampson, 2009). 최근 연구자들(Bright & Pryor, 2007; Pryor & Bright, 2011)은 진로무질서 이론(Chaos Theory of Career: CTC)이 통합을 위한 이론적 틀을 제공할 수 있다고 제안하였다. 진로무질서 이론은 현실을 구조와 발전, 안정성과 변화, 예측 가능성과 우연 사이의 상호작용에 의한 복합적이고 역동적인 체계로 바라본다. 개인은 복잡하고 역동적인 시스템들이 중첩된 패턴이며, 스스로 가족, 지역, 학습, 고용, 노동시장 그리고 문화와 같은 다른 체계 속에 존재한다(Patton & McMahon, 2014 참조). 개인이 세상과 상호작용할 때 진로무질서 이론이 유인가라고 부른 상호작용 패턴이 나타난다(Pryor & Bright, 2007). 유인가들은 개인이 생각하고 느끼고 행동하는 특징적인 방법이다. 유인가가 작동한 결과는 유인가의 영향에 대한 기록이나 흔적인 프랙털 패턴(fractal pattern)이다. 심리학자와 진로 실무자가 질적·양적 진로평가 모두를 통해 확인하려고 하는 것이 바로 프랙털 패턴이다. 그러나 과거의 진로평가는 양적·질적 진로평가를 위한 다양한 수단이 지니는 복잡성과 변화 가능성 모두를 과소평가하고 있다(Krumboltz, 1998; Leong, 1996).

2. 프랙털 평가하기

진로무질서 이론은 현실의 복잡성과 변화뿐 아니라 체계적 특성에도 주의를 기울인다. 일반적으로 체계이론은 상호 관련성과 전체적인 사고로 현실을 이해하는 데 초점을 둔다. 본드라첵, 슐렌버그 그리고 러너(Vondracek, Lerner, & Schulenberg, 1986)는 체계적 관점의 초점에 대하여 다음과 같이 기술하였다.

> "……개인과 맥락 간의 영향은 상호적이다. 영향의 상호성은 아마도 체계이론이 지닌 독보적으로 중요한 특징이다. 개인과 맥락의 계속적인 상호작용이 변화 또는 안정성에 어떤 결과를 가져오는지를 생각하게 해 주기 때문이다."(p. 157)

프라이어와 브라이트(Pryor & Bright, 2011)는 복잡성이 항상 인간의 지식과 통제를 제한하기 때문에 개성적이고 질적인 것과 보편적이고 양적인 기법을 통합하는 다양한 관점의 접근을 사용하여 프랙털(fractal)을 확인하려고 노력함으로써 평가(assessing)의 목적이 가장 잘 달성될 수 있다고 제안하였다. 고대 그리스인들이 주장했고 프리고진(Prigogine, 1997)이 다시 요청한 '과학은 구조와 변화를 통합해야 한다'는 요구를 진로무질서 이론은 충족시킨다. 이 이론은 진로발달 영역을 복합적ㆍ역동적 체계의 분명한 특징인 존재(being, 안정성)와 생성(becoming, 변화)으로 이해하였다.

1) 복잡성 평가에 대한 2가지 관점의 접근

복잡성은 우리 모두를 패배시킨다. 진로무질서 이론은 인간의 지식과 통제의 한계에 주목한다. 즉, 우리가 현실의 생활체계와 기능의 복잡성을 이해하는 다양한 방법을 찾기 위해 노력할 것을 요구한다. 이는 진로평가가 하고자 하는 바이다. 그래서 브라이트와 프라이어(2007)는 수렴적 측면의 안정성과 확산적 측면의 변화 모두에 초점을 두는 진로평가를 위해 2가지 관점의 접근을 제안하였다. 수렴적 접근은 사람과 상황에 대한 공통적인 지식에 초점을 둔다. 그것은 예측이 가능하고 복사가 가능하다. 수렴적 평가 기법은 가능한 성과에 초점을 두고 분석, 개인 간 비교, 구체적인 대안을 추출하기 위해 삭제 및 논리적 선택을 사용한다(Pryor, Amundson, & Bright, 2009). 이와 달리 확산적 관점은 개인과 그들의 상황에 맞는 독특한 지식에 초점을 둔다. 관심을 개인 내부의 변화에 돌린다. 미리 예측할 수는 없지만 발전하고 명확해지면서 분별할 수 있게 된다(Morowitz, 2002). 확산적 평가 기술은 상상, 직관, 창조 그리고 개방성의 발달을 추구한다. 목적은 가능성을 창출하고 탐구하며 의미와 목적을 발견하기 위한 변화의 기초를 자극하는 것이다. 〈표 22-1〉은 진로평가와 관련된 2가지 관점을 요약한 것이다.

실제 진로평가에서 두 관점을 분리시켜서 제시하는 것의 위험성은 그렇게 함으로써 그들이 분리되어 사용되어야 한다는 것을 시사하기 때문이다. 사비카스(2011)와 같은 사람들은 양적 진로평가를 사용한 '직업지도'와 질적 진로평가를 사용한 '진로상담' 사이를 구분함으로써 양적·질적 진로평가 기법에 대하여 이와 비슷한 제안을 하였다. 진로무질서 이론의 관점에서는 진로평가에 대한 구분은 불필요하고 부적절하다고 본다. 복잡한 역동적 체계 내에서의 평가는 수렴적인 관점과 확산적인 관점이 서로 경쟁하기보다는 상호 보완적으로 함께 사용될 것을 요구한다. 다음은 두 관점이 상호 보완할 수 있는 방법을 기술한다.

표 22-1 수렴적 평가 관점과 확산적 평가 관점의 특징

수렴적 평가 관점	확산적 평가 관점
질서와 안정성에 초점	변화와 기회에 초점
가능한 성과-직업 선택	가능한 성과-진로 창조
공유된 특질(흥미, 능력, 직업 정보 등)	개별적 특질(주제, 의미, 목표 등)
단체와의 비교-짝짓기	개인 내적 비교-발견
양적 결과-매트릭스	질적 결과-패턴, 내러티브
외적/객관적 준거	내적/주관적 준거
세상과 자료의 관련	자기와 자료의 관련

3. 직업흥미평가: 수렴적 관점과 확산적 관점

지난 세기 대부분의 직업흥미평가는 스트롱의 연구로 시작하여 홀랜드의 영향력 있는 연구로 이어진 양적 진로평가의 독점적인 영역이었다. 직업흥미평가에 대한 보다 융통성 있는 접근을 제공하기 위해 프라이어(Pryor, 1995)는 로(Roe, 1956)의 흥미분류체계의 8가지 측면을 평가하기 위해 고안된 일과 레저활동 문항을 발전시켜서 조화흥미분류(Congruence Interest Sort: CIS)를 구성하였다. 이 문항들을 학교 이탈자와 성인들에게 실시한 후, 표준화된 심리측정적 문항 분석 절차를 거쳐서 동질성과 신뢰도가 높은 64문항을 선별하였다. 8개의 흥미 차원 각각에 동질성에 따라 8개의 문항이 적재되었다(Pryor, 2007).

'해변에서 시간 보내기'와 같은 활동 항목이 별도의 카드에 제시되어 있다. 개인에게 5개의 서로 다른 제목 아래에 각 활동을 얼마나 좋아하는지 싫어하는지에 따라 카드를 놓으라고 요청한다. 카드분류는 매우 안 끌리는(나는 이 활동을 싫어한다), 대체로 끌리지 않는(나는 이 활동을 좋아하지 않는다), 끌리지도 안 끌리지도 않는(나는 이 활동에 느낌이 없다), 대체로 끌리는(나는 이 활동을 좋아한다), 매우 끌리는(나는 이 활동을 사랑한다)의 다섯 가지 기준

으로 구성되어 있다. 개인은 만일 카드에 적힌 활동을 할 기회가 생기면 그 활동을 하기를 좋아하거나 싫어할 것 같은 정도에 따라 카드를 분류하라고 요청받는다. 정리된 카드는 1점에서 5점까지(가장 싫은=1점, 가장 좋은=5점)로 8개의 흥미척도 각각에 배치된다. 높은 점수를 받은 3개를 사용하여 직업 목록에 있는 다양한 분야에서 일하는 사람들에게 우세하게 나타나는 흥미와 비교한다(Pryor, 2010). 직업 목록에서 대안을 추출하여 3개의 최상위 흥미 점수를 산출하고 그에 맞는 6개의 2차원 코드를 산출해 낸 결과를 사용하여 비교 작업을 진행한다. 이 방법으로 개인은 단일한 세 차원의 코드를 사용하기보다는 더 넓은 기반에서 탐색할 것을 요청받는다. 이 과정의 결과로 개인은 다른 자료들, 온라인 데이터베이스, 정부 통계, 고용 웹사이트, 산업체와 근로자 집단 그리고 비공식적 네트워크와 인력 자원을 통해 여러 직업에 종사하는 사람들과 접촉하는 등 다양한 직업 정보를 사용하여 심층적인 탐색을 하고 싶은 직업 목록을 추출할 수 있다.

앞의 설명에서 알 수 있듯이 조화흥미분류(Congruence Interest Sort: CIS; Pryor, 1995)를 이런 식으로 사용하면 심리측정 분석으로 추출한 공통적인 선호 활동 중에서 전형적으로 유사한 것에 수렴적 정보를 산출하는 양적 방식으로 개인을 평가하고, 다양한 직업군의 근로자 흥미준거집단과 비교한다. 사용된 평가 척도의 안정성을 확립하기 위해 조화흥미분류의 흥미척도에 신뢰도 검증(Cronbach α)을 실시한 결과, 8개 척도의 신뢰도는 .69∼.83이었다. 개인에게서 얻은 결과는 개인의 흥미가 다양한 직업에 종사하는 사람들과 유사하면 그 직업 역시 개인이 흥미를 가질 수 있는 직업인지를 논리적으로 유추하기 위해 예언적으로 활용하였다.

그러나 조화흥미분류는 보다 확산적 정보를 추출하기 위해 질적인 방법으로 사용될 수 있다. 양적 접근을 보완하는 접근으로서 조화흥미분류를 질적으로 사용하는 여섯 가지 기법을 다음과 같이 정리하였다.

1) 주제 연습

내담자가 조화흥미분류 카드를 선호도에 따라 다섯 더미로 분류하면, 진로 실무자는 내담자에게 각 더미에 있는 카드의 주제와 유사성을 찾으면서 읽어 보라고 요청한다. 진로 상담자는 암시하는 단서들 그리고 확인된 주제에 대하여 내담자가 보여 주는 자신감이나 열정의 정도를 기록한다. 그러면 이 주제들은 이후의 토의를 위한 기반이 된다. 예를 들어, 내담자가 매우 싫어한다고 평정한 것들은 내담자 스스로 평가한 자신의 역량 범위를 넘어서는 것으로 보이는 반면, 좋아한다고 평정한 대부분의 카드는 그들에게 거의 도전을 주지 않는 활동임을 확인할 수 있다. 자기 한계, 경험, 자기효능감, 현실 점검에 대한 토론이 이어질 수 있다. 이 연습은 내담자가 카드를 자신의 생각에 따라 조직하도록 해 주며, 그로 인해 내담자의 구체적인 흥미나 장애에 대한 개인적으로 중요한 정보를 제공할 수 있다.

2) 개인 구성 연습

개인 구성 연습(personal constructs exercise)은 개인구성이론(Kelly, 1955)에서 나왔으며, 자신과 세상에 대한 개인의 지각 중 개인적으로 중요한 측면들을 이해하기 위한 목적을 지닌다. 일단 모든 카드가 매력에 따라 다섯 더미로 구분되면, '매우 안 끌리는' 더미에서 2개의 카드와 '매우 끌리는' 더미에서 1개의 카드를 비교한다. 같은 더미에서 나온 두 카드 사이의 유사성, 그 카드들과 극도로 매력적으로 분류된 카드 사이의 차이점을 언급한다. 내담자에게 그가 확인한 양극단의 측면 각각에 명명하라고 요청한다. 내담자의 반응을 기록하고 내담자가 새로운 측면을 찾아내지 못할 때까지 반복한다. 또는 시간이나 토의 분량, 라포를 위해서 일찍 끝낼 수도 있다. 양극단 측면들에 대한 토론은 내담자의 의미 만들기 관점과 생각을 이끌어 낸다. 이 연습은 개인적 중요성, 사고의 역동, 내담자의 행동 선택 추동을 제한하는 요인들에 대한 세부적이고 구체적인 이해를 제공함으로써 보편적 방법으로 추출한 흥미 범주를 깊이 있게 생각하도록 해 준다.

3) 비상대비 연습

비상대비 연습(contingency exercise)은 내담자가 인위적으로 변화된 환경에서 자신의 의사결정을 다시 생각해 보도록 한다. 프라이어, 아문슨 그리고 브라이트(Pryor, Amundson, & Bright, 2009)는 진로상담은 변화에 대한 것이며, 특히 내담자에게 적절하고 유익하며 긍정적인 변화를 격려하는 것이라고 주장하였다. 보편적인 평가는 변화 경험을 다루지 않는 경향이 있지만, 개별적인 평가는 변화에 대한 내담자의 반응을 포착하기에 유리하다. 다섯 더미로 카드를 분류한 후에 내담자에게 '그러면 어쩌지' 질문을 가지고 가설적인 시나리오를 생각하라고 요청하면서 환경이 변화되었다고 알려 준다. 예를 들어, "만일 당신이 허리에 상당한 부상을 입어서 움직임에 제한을 받으면 어쩌지요? 그것은 당신의 카드분류에 어떤 영향을 미칠까요?" 또는 역으로 "당신의 고통이 사라졌다고 상상해 보세요."와 같은 질문을 할 수 있다. 진로 실무자는 또한 내담자에게 계획되지 않았던 일이 일어나는 대안적 시나리오를 상상해 보라고 요청할 수 있다. 이 연습은 융통성, 전략, 자기효능감, 인내심, 행운, 낙관성, 창의성과 재창조에 대한 토론을 하도록 정보를 줄 수 있다.

4) 원래대로의 꿈 연습

원래대로의 꿈 연습은 내담자가 자신이 5개로 분류한 카드 더미들을 고려하여 만일 자신이 원하는 대로 꿈이 이루어질 수 있다면 카드분류가 어떻게 달라질 수 있을지 탐색하라고 하는 것이다. 내담자가 다르게 분류하면 진로실무자는 이 점에 주목하여 현실적 또는 상상된 장벽, 전략, 자기제한적 사

고, 낙관주의, 실패와 성공에 대한 두려움에 대하여 토론할 수 있는 기반을
마련할 수 있다.

5) 중요 타자 연습

중요 타자 연습은 내담자의 삶에 중요한 역할을 하는 다른 사람들이 내
담자를 어떻게 지각하는지를 탐색하는 활동이다. 부모, 교사 그리고 친구
등의 중요한 타자들은 개인의 진로의사결정에 영향을 미친다(Bright, Pryor,
Wilkenfeld, & Earl, 2005; Patton & McMahon, 2014). 진로 실무자는 내담자에게
중요한 사람의 신발에 발을 넣으라고 요청하고, 자기가 마치 그 사람이라고
생각하여 중요한 타자가 생각하기에 내담자가 흥미를 느끼는 정도에 따라
다섯 더미로 카드를 분류하라고 요청한다. 이 연습은 내담자가 타인의 관점
을 채택하도록 해 주며 완전하게 표현되지 않은 불일치나 암묵적 흥미를 드
러내 준다. 이것은 탈렙(Taleb, 2007)의 세 번째 지식 사분면, 즉 '자신이 아는
것을 인식하지 못하는 면'을 다룬다. 또한 불일치하는 기대나 지나친 영향력
및 제한과 관련되어 일어날 수 있는 문제들을 드러낼 수 있다.

6) 인도된 이야기 연습

인도된 이야기 연습은 내담자가 하나의 특정 더미에 있는 모든 카드를 통
합하여 진로에 대한 이야기를 하도록 해 준다. 매우 매력 없는 카드 더미부
터 시작하는 것이 사람들이 좋아하는 것보다 좋아하지 않는 것에 대하여 분
명해지도록 하는 데 가장 효과적이다(Tversky, 1972). 각 카드가 놓인 맥락과
이야기에서 나오는 주제들은 내담자의 진로의사결정과 흥미에 관하여 많은
것을 드러낼 수 있다.

4. 결론

진로무질서 이론에 기반한 평가(Pryor & Bright, 2011)는 개인의 프랙털 패턴을 복합적으로 이해하는 것을 목적으로 한다. 개인은 혼자서 존재하지 않는다. 개인은 기관, 지역사회, 국가 안팎의 집단 사람들과의 역동적 · 복합적 체계 안에 존재하며 상호작용한다. 유인가들은 그러한 복합적인 체계 안에서의 복잡한 상호작용을 통해 생성된다. 프랙털 패턴의 복합성은 무한하기 때문에 결과적으로 어떤 형태의 평가이든 분리된 상태에서는 불완전하고 부적절하기까지 하다. 그래서 평가에 대한 무질서 접근은 사비카스(2005)가 모더니스트와 포스트모더니스트, 양적 접근과 질적 접근 사이의 인식론적 전쟁이라고 부른 것을 반대한다. 수렴적인 특징을 지닌 보편적 접근과 확산적 특징을 지닌 개별적 접근 모두가 필요하며 상호 보완적이다. 우리는 내러티브 사용에 대한 고찰에서 스노든(Snowden, 2011)이 주장한 "의미를 만들기 위해 풍부한 맥락의 내러티브를 활용하고 인지적 편향을 최소화하는 객관적 자료를 만들어 내는 것이 목표이며 그렇게 이끌어진 결론을 신뢰할 수 있다."(p. 228)라는 의견에 찬성한다.

우리는 조화흥미분류가 양적 · 질적 방법 모두에서 어떻게 사용될 수 있는지, 더 중요하게는 내담자의 직업흥미에 대한 풍부한 이해를 제공하는 상호 보완적인 방법으로 어떻게 사용될 수 있는지에 대하여 기술하였다. 더 나아가 우리는 평가에 대한 무질서기반 접근과 일관된 질적 기법들을 소개하고, 개인의 진로발달을 이해하기 위해 무질서기반 평가들이 양적 · 질적 방법을 어떻게 사용하는지를 두루 보여 주고자 하였다.

참고문헌

Allport, G. W. (1937). *Personality: A psychological interpretation*. New York, NY: Holt.

Bright, J. E. H., & Pryor, R. G. L. (2007). Chaotic careers assessment: How constructivist and psychometric techniques can be integrated into work and life decision making. *Career Planning and Adult Development Journal, 23*(2), 46–56.

Bright, J. E. H., Pryor, R. G. L., Wilkenfeld, S., & Earl, J. (2005). Influence of social context on career decision making. *International Journal for Educational and Vocational Guidance, 5*(1), 19–36.

Digman, J. M. (1990). Personality structure: Emergence of the five-factor model. *Annual Review of Psychology, 41*, 417–440.

Holland, J. L. (1997). *Making vocational choices: A theory of vocational personalities and work environments* (3rd ed.). Odessa, FL: Psychological Assessment Resources.

Isaacson, L. E., & Brown, D. (2000). *Career information, career counseling, and career development* (7th ed.). New York, NY: Allyn & Bacon.

Jacques, M. E., & Kauppi, D. R. (1983). Vocational rehabilitation and its relationship to vocational psychology. In W. B. Walsh & S. H. Osipow (Eds.), *Handbook of vocational psychology* (Vol. 2, pp. 207–258). Hillsdale, NJ: Erlbaum.

Kelly, G. (1955). *The psychology of personal constructs*. New York: Norton.

Krumboltz, J. D. (1998). Serendipity is not serendipitous. *Journal of Counseling Psychology, 4*, 390–392.

Leong, F. (1996). Challenges to career counseling. In M. L. Savickas & W. B. Walsh (Eds.), *Handbook of career counseling theory and practice* (pp. 333–346). Palo Alto, CA: Davies-Black.

Morowitz, H. J. (2002). *The emergence of everything: How the world became complex*. New York, NY: Oxford University Press.

Patton, W., & McMahon, M. (2014). *Career development and systems theory: Connecting theory and practice* (3rd ed.). Rotterdam, The Netherlands: Sense.

Peavy, V. (1996). Constructivist career counseling and assessment. *Guidance & Counseling, 11*(3), 8-14.

Prigogine, I. (1997). *The end of certainty: Time, chaos, and the new laws of nature.* New York, NY: Free Press.

Pryor, R. G. L. (1995). *Congruence Interest Sort (CIS): Manual.* Sydney, Australia: Congruence.

Pryor, R. G. L. (2007). Assessing complexity: Integrating being and becoming. *Journal of Employment Counseling, 14,* 126-134.

Pryor R. G. L., Amundson, N. E., & Bright, J. E. H. (2009). Possibilities and probabilities: The role of chaos theory. *The Career Development Quarterly, 56*(4), 309-318.

Pryor, R. G. L., & Bright, J. E. H. (2004). "I had seen order and chaos, but had thought they were different". The challenges of the chaos theory for career development. *Australian Journal of Career Development, 13*(2), 18-22.

Pryor, R. G. L., & Bright, J. E. H. (2007). Applying chaos theory to careers: Attraction and attractors. *Journal of Vocational Behavior, 71*(3), 375-400.

Pryor, R. G. L., & Bright, J. E. H. (2011). *The chaos theory of careers: A new perspective on working in the twenty-first century.* New York, NY: Routledge.

Roe, A. (1956). *The psychology of occupations.* New York, NY: Wiley.

Sampson, J. P. (2009). Modern and postmodern career theories: The unnecessary divorce. *Career Development Quarterly, 58*(1), 91-96.

Savickas, M. L. (2005). The theory and practice of career construction. In S. D. Brown & R. W. Lent (Eds.), *Career development and counseling: Putting theory and research to work* (pp. 42-70). Hoboken, NJ: Wiley.

Savickas, M. L. (2011, April). *Career development: Retrospective and prospective.* Presentation presented at the Career Development Association of Australia Conference, Cairns, Queensland.

Snowden, D. (2011). Naturalizing sensemaking. In K. L. Mosier & U. M. Ischer (Eds.), *Informed by knowledge: Expert performance in complex situations* (pp. 223-234). New York, NY: Psychology Press.

Sternberg, R. J. (1985). *Beyond IQ: A triarchic theory of human intelligence.*

Cambridge, England: Cambridge University Press.

Taleb, N. N. (2007). *The black swan: The impact of the highly improbable*. New York, NY: Random House.

Tversky, A. (1972). Elimination by elements: A theory of choice. *Psychological Review, 79*, 281–291.

Vernon, P. E. (1950). *The structure of human abilities*. New York, NY: Wiley.

Vondracek, F. W., Lerner, R. M., & Schulenberg, J. E. (1986). *Career development: A life-span developmental approach*. Hillsdale, NJ: Erlbaum.

제**23**장
통합적 구조화 면접[*] 과정

MARK WATSON and MARY MCMAHON

1. 도입

진로평가의 역사와 그 역사에서 양적 진로평가의 지배적인 역할을 이 책
의 여러 장에서 기술하였다. 진로평가에 대한 논의의 통합은 잠재적으로 충
돌되는 관점이 2가지 있다. 한 관점은 측정에서 객관성과 선형적 인과관계
를 강조하는 논리적 실증주의 철학 접근에 기반을 둔 양적 진로평가를 강조
하는 지배적인 분위기가 분명하다고 한다. 다른 관점은 주관적 평가에 대한
내러티브 형태를 강조하는 구성주의와 사회구성주의 접근이 점차 넓어지고
있다고 한다(예: Amundson, 2009; Savickas et al., 2009). 후자의 움직임은 지난
세기가 시작될 때보다 현 세기에 일의 세계가 훨씬 더 복잡해지고 있다는 인
식을 반영한다. 현재 개인의 진로는 지속적으로 빠르게 변화하는 맥락과 확
장되는 세계 시장 내에서 개발되어야만 한다.

---

* Integrative Structured Interview: ISI

　　이런 다른 관점들은 점진적으로 증가하는 다양한 내담자와 유동적이고 복잡한 직업세계에 양적 진로평가 접근의 적절성에 대한 계속되는 논쟁으로 이끌었다(예: Savickas, 1993). 논쟁은 새로운 것이 아니다. 지난 세기 중반에 슈퍼(1954)는 진로 실무자들에게 "가끔은 하나를 강조하고, 가끔은 다른 것을 강조하면서 두 가지 방법을 사용"할 것을 요청하였다(p. 16). 그러한 요청은 주의를 끌지 못했고, 왓슨과 맥마흔(2014)이 기술한 "도움이 되지 않는 분리"로 이어졌다(p. 631). 진로평가의 상보적 방법을 탐색하기 위해 양적 진로평가와 질적 진로평가의 이분화된 입장을 다룰 필요가 있다(McMahon & Watson, 2012). 이 장에서는 질적으로 구조화된 인터뷰 과정(McMahon & Watson, 2012; Watson & McMahon, 2014)의 개발에 대해 기술하고, 양적 진로평가 도구인 홀랜드(1985)의 진로탐색검사(Self-Directed Search: SDS)와 슈퍼(1970)의 직업가치 검사-개정판(Work Values Inventory-Revised: SWVI-R; Zytowski, 2006)과 함께 사용할 수 있는 잠재적인 방법을 보여 준다.

2. 이론적 배경

　　통합적 구조화 면접 과정은 맥마흔과 왓슨(2010, 2011a, 2011b)에 의해 개발된 이야기하기로 알려진 내러티브 진로상담 접근에 기반한다. 이야기하기 접근은 그 자체가 체계이론 틀이라는 메타이론에 근거한다(Patton & McMahon, 2014). 이 접근은 내담자가 의미 만들기, 연결성, 주도성 같은 내러티브 진로상담의 핵심 구인을 촉진하는 이야기를 하면서 자신의 진로발달을 맥락 속에서 바라볼 수 있게 해 주는 진로상담의 성찰적 과정을 고려한다. 또한 중요한 것은 이야기하기 접근이 학습을 강조한다는 점이다. 학습은 체계이론 틀 적용의 핵심이며(Patton & McMahon, 2014), 미래의 진로발달에 대한 자신의 인식을 구성할 수 있도록 내담자에게 이야기하도록 함으로써 일어날 수 있다. 이 구성은 내담자가 맥락화(자신을 맥락 속에서 이해하는)

과정을 통해 자신의 진로발달을 성찰하고 학습할 수 있도록 격려한다. 내담자는 자신의 삶의 경험과 자신을 둘러싼 진로발달 영향요인을 더 잘 이해할 수 있도록 돕는 틀을 만든다. 개인적인 삶과 내담자의 진로이야기에 주어진 많은 영향요인은 여전히 복잡하다. 이 이야기에는 세부사항이 풍부하지만, 그로 인해 내담자가 이야기를 연결하고 이해하는 것을 어렵게 만들 수 있다. 맥마흔과 왓슨(2012)은 유사하게 진로평가가 진로와 삶의 경험에 대한 내담자의 이해와 구분될 수 있음을 지적하였다. 이 말은 진로평가가 맥락과 연결되어야 한다는 요구이며, 진로 실무가들에게 고려해야 할 중요한 문제를 "의미 있는 이야기가 진로평가 과정에서 어떻게 구성될 수 있나요?"라고 제기한다(McMahon & Watson, 2012, p. 444).

진로상담과정에 질적 진로평가를 통합하는 방법에 대한 진로 실무자를 위한 지침이 있다. 예를 들어, 맥마흔과 패튼(2002, 2006)은 9개의 지침을 제시하였다. 이 지침은 내담자의 과정을 개별화하기, 진로상담과정에 평가 소개하기, 진로평가과정 수행하기의 세 단계에 집중한다. 그러나 왓슨과 맥마흔(2014)은 양적 진로평가에 질적 접근을 적용하기 위한 실무지침이 없다는 것을 지적하였다. 통합적 구조화 면접은 이러한 점에서 진로 실무자들을 돕는 구조화된 모델을 제공한다.

3. 통합적 구조화 면접 과정

통합적 구조화 면접은 내담자가 적극적인 주도자가 되도록 격려하고 진로 실무자가 촉진적인 안내자가 되도록 격려하기 위해 9가지의 지침을 따른다(McMahon & Paton, 2002; Watson & McMahon, 2014). 통합적 구조화 면접의 목적은 내담자가 양적 진로평가 점수를 자신을 둘러싼 맥락 속에서 이해할 수 있도록 맥락화하는 내러티브 과정을 만드는 것이다. 그렇게 하면서 통합적 구조화 면접은 양적 진로평가가 맥락과 동떨어진 점수를 제공하여 대부분 내담자를 심리측정적으로 규정한다는 지속된 비판을 다룬다. 통합적 구조화 면접이 진로발달의 체계이론 틀에 기반한 이야기하기 접근을 반영하기 때문에 내담자는 그들의 과거, 현재, 미래의 관점에서 이야기를 통합하고 맥락화할 수 있다. 내담자의 주도성은 지금까지 진로발달 이야기에 대한 성찰과 의미 만들기뿐만 아니라 적극적인 주도자로 격려받는 학습 과정과 미래의 이야기를 구성하는 것에서 나타난다.

본질적으로 통합적 구조화 면접은 이야기를 만들도록 자극하는 일련의 질문을 제공한다(McMahon & Watson, 2012; Watson & McMahon, 2014). 이러한 핵심 질문들은 진로 실무자들이 적용해 온 구체적인 양적 진로평가 측정을 위해 채택될 수 있다. 현재 채택과정은 홀랜드(1985)의 진로탐색검사(McMahon & Watson, 2012)와 슈퍼의 직업가치검사-개정판(Zytowski, 2006)과 관련된 진로 문헌에 나타나 있다(Watson & McMahon, 2014). 통합적 구조화 면접의 핵심 질문들은 다음에 요약하였다. 통합적 구조화 면접 과정의 포괄적인 질문은 상호 관련된 여섯 가지 영역으로 묶을 수 있다. 진로 실무자는 초기 양적 진로평가 과정에서 나타난 결과를 보고하고 내담자와 이 영역들을 탐색할 것이다. 통합적 구조화 면접의 여섯 영역과 각 영역에서 제안하는 구체적인 질문들은 다음과 같다.

첫 번째 영역은 양적 점수에 대한 이야기 만들기로 진로 실무자가 보고한 양적 점수에 관심을 갖도록 내담자를 자극하는 것이다. 이 점수에 대한 개인적인 설명을 제공하면서 내담자는 점수에 대한 주관적인 의미를 구성하기 시작한다.

두 번째 영역은 양적 점수의 상대적 가치에 대한 이야기 만들기로 내담자가 전반적인 심리측정학적 검사 프로파일의 관점에서 점수를 이해하도록 한다. 이를 통해 내담자는 자기이해와 그들이 점수에 두는 가치와 관련하여 점수에 대한 주관적 의미를 구성하기 시작한다. 내담자는 점수들이 서로 얼마나 다른지, 어떤 점수가 다른 것보다 더 강한지 혹은 더 중요한 것으로 나타나는지에 대해 생각한다.

세 번째 영역은 **삶의 맥락에서 양적 점수에 대한 이야기 만들기**로 서로 관련된 점수에 대하여 내담자가 맡은 다중 역할 및 대인관계를 고려한 점수를 좀 더 넓은 맥락 속에서 이해하도록 하는 것이다.

네 번째 영역은 **일 맥락에서 양적 점수에 대한 이야기 만들기**로 내담자에게 그들의 직업생활이라는 구체적인 맥락과 양적 점수를 관련지을 기회를 제공한다. 이러한 맥락은 과거, 현재, 미래의 관점에서 정의되고 유급, 무급, 자원봉사, 재택이라는 일의 모든 형태를 포함한다.

다섯 번째 영역은 **개인적 성찰을 통해 양적 점수에 대한 이야기 만들기**로 내담자는 내러티브 진로상담 접근의 중요한 단계인 성찰을 수행하도록 자극받는다. 내담자는 이 지점에서 양적 점수를 맥락과 구체적으로 관련지어 생각하며, 개인적 특성, 강점 및 약점과 관련하여 맥락이 어떻게 이해되는지를 생각한다.

여섯 번째 영역은 **양적 점수와 과거, 현재의 경험을 이용한 통합적인 미래 이야기 만들기**로 내담자는 미래의 진로이야기를 구성하기 위해 양적 점수와 맥락과의 관련성을 생각하도록 자극을 받는다. 다음 절에서는 통합적 구조화 면접의 여섯 가지 질문을 구체적인 두 가지 측정, 즉 진로탐색검사와 직업가치검사-개정판에 적용하는 것을 보여 준다.

4. 통합적 구조화 면접 적용

홀랜드(1985)의 진로탐색검사와 슈퍼의 직업가치검사-개정판(Zytowski, 2006)에 통합적 구조화 면접을 적용하는 구체적인 기술은 문헌에 나타난 것을 활용할 수 있다(McMahon & Watson, 2012; Watson & McMahon, 2014). 다음 〈표 23-1〉과 〈표 23-2〉는 독자들에게 통합적 구조화 면접의 여섯 가지 이야기 만들기 영역에서 요청할 수 있는 구체적인 질문을 보여 준다.

1) 통합적 구조화 면접과 진로탐색검사

〈표 23-1〉은 내담자가 구조화된 인터뷰 과정에서 양적 진로평가인 진로탐색검사(Holland, 1985)에 나타난 흥미의 세 코드를 기반으로 이야기를 만들도록 자극하는 여섯 단계의 13가지 질문이다.

표 23-1   홀랜드의 진로탐색검사를 활용한 통합적 구조화 면접 과정

코드에 대한 이야기 만들기
1. 당신의 세 가지 코드는 무엇입니까?
2. 당신은 이 코드 각각에 대해 어떻게 설명할 수 있습니까?
3. 당신은 이 세 가지 코드의 순서를 어떻게 설명할 수 있습니까?
코스 순서에 대한 이야기 만들기
4. 당신의 코드들을 1점(가장 덜 중요함)에서 10점(가장 중요함) 사이에 배치해야 한다면 첫 번째, 두 번째, 세 번째 코드는 각각 몇 점입니까?
5. 척도에서는 당신의 코드들의 위치를 어떻게 해석합니까? 예를 들어, 코드들의 위치가 서로 가깝습니까, 간격이 일정합니까, 상당히 거리가 있습니까?
삶의 맥락에서 코드들에 대한 이야기 만들기
6. 당신의 삶에서 첫 번째 코드는 어떤 방법으로 나타납니까?
7. 당신의 삶에서 두 번째 코드는 어떤 방법으로 나타납니까?
8. 당신의 삶에서 세 번째 코드는 어떤 방법으로 나타납니까?
9. 당신은 세 코드와 당신의 일, 학습, 다른 삶의 역할과 같은 다양한 삶의 측면 사이에 어떤 관련성이 존재한다고 봅니까?
개인적 성찰을 통해 코드에 대한 이야기 만들기
10. 당신이 성찰하기에 지금까지 당신에게 가장 중요한 개인적 특성은 무엇입니까?
일 맥락에서 코드에 대한 이야기 만들기
11. 일반적으로 당신의 직업에서 우세한 코드가 있다면, 당신의 일에서 어느 정도 그 코드를 반영합니까? 이 코드와 부합하는 일에서 맡은 책임은 무엇입니까? 당신이 맡고 있는 다른 중요한 일의 코드는 무엇입니까?
12. 당신이 책임지고 있는 모든 일 중에서 당신에게 가장 만족스럽거나 보상이 되는 것은 어떤 것이고, 가장 덜 만족스럽거나 덜 보상받는 것은 무엇이며, 당신은 세 코드와 이것을 어떻게 연결할 수 있습니까?

흥미 코드와 과거,현재의 경험을 이용한 통합적 미래 이야기 만들기

13. 이전 질문에 대한 당신의 성찰을 토대로 일에서 더 나은 만족감을 얻기 위해 장차 어떤 직업 기회를 추구할 수 있습니까?

출처: McMahon & Watson (2010).

2) 통합적 구조화 면접과 직업가치검사-개정판

〈표 23-2〉는 구조화된 인터뷰 과정에서 내담자가 직업가치검사-개정판의 점수를 사용하여 직업가치에 대한 양적 진로평가를 기반으로 이야기를 만들도록 자극하는 여섯 단계의 15가지 질문이다.

표 23-2   직업가치 검사-개정판을 활용한 통합적 구조화 면접 과정

직업가치 점수에 대한 이야기 만들기

1. 직업가치 중 당신에게 가장 중요한 것은 무엇입니까?
2. 당신은 직업가치를 각각 어떻게 설명할 수 있습니까?
3. 직업가치 중 당신에게 가장 중요하지 않은 것은 무엇입니까?
4. 당신은 직업가치를 각각 어떻게 설명할 수 있습니까?

직업가치 점수 순서에 대한 이야기 만들기

5. 직업가치의 전체적인 순위에 대해 당신은 어떻게 설명할 수 있습니까?
6. 각각의 직업가치에 대해 10점 척도로 점수를 준다면, 당신은 어떤 점수를 줄 수 있습니까?
7. 이 척도에서 각 직업가치의 순위는 어떻게 해석할 수 있습니까?(예를 들어, 그들이 서로 가까운가, 고르게 간격을 두는가, 상당히 먼가?)

삶의 맥락에서 직업가치에 대한 이야기 만들기

8. 가장 중요한 직업가치는 당신의 삶에서 어떤 방식으로 드러나고 있습니까?
9. 가장 중요하지 않은 직업가치는 당신의 삶에서 어떤 방식으로 드러나고 있습니까?
10. 당신의 다양한 삶과 가장 중요한 직업가치(가장 중요하지 않은 직업가치) 사이에는 어떤 관계가 있습니까?

일 맥락에서 직업가치에 대한 이야기 만들기
11. 당신의 직업에서 맡은 책무 중에 가장 만족스럽거나 보상을 받는 부분은 무엇입니까? 그리고 가장 불만족스럽거나 보상을 받지 못하는 부분은 무엇입니까? 이것이 당신의 직업가치 순위와 어떻게 연관될 수 있습니까?
개인적 성찰을 통한 직업가치에 대한 이야기 만들기
12. 지금까지 당신이 가장 중요한 것으로 생각해 온 직업가치는 무엇입니까?
13. 지금까지 당신이 가장 중요하지 않게 생각해 온 직업가치는 무엇입니까?
14. 직업가치 목록에는 없지만 당신의 진로계획에서 고려하고 싶은 다른 직업가치는 무엇입니까?
직업가치와 과거 · 현재의 경험을 이용한 통합적 미래 이야기 만들기
15. 이전 질문에 대한 당신의 성찰을 토대로 일에서 더 나은 만족감을 얻기 위해 장차 어떤 직업기회를 추구할 수 있습니까?

출처: McMahon & Watson (2014).

〈표 23-1〉과 〈표 23-2〉는 통합적 구조화 면접 과정과 똑같은 일반적인 질문들을 보여 주지만, 이 질문을 양적 측정의 특정 목적에 활용하는 방법을 제시한다.

5. 결론

통합적 구조화 면접은 양적 · 질적 진로평가가 직면한 도전에 대한 반응이다. 양적 진로평가는 맥락에 대한 고려가 부족하고 개인의 진로발달을 제한적으로 해석한다는 비판을 받아 왔다. 내러티브 심리학의 언어에서 양적 진로평가는 비용 효율성과 구조는 잘 갖추고 있지만 개인의 진로발달에 대한 피상적인 이야기도 제공한다. 통합적 구조화 면접은 진로 실무자와 내담자가 이야기를 풍부하고 깊이 있게 만들 기회를 제공한다. 또한 통합적 구조화 면접은 구조화된 방법이고 이야기 만들기를 실행하는 실용적인 수단을 제공하는 보다 질적이고 내러티브적인 진로접근을 통해 직면한 도전에 반응한다. 이와 같이 통합적 구조화 면접은 내러티브 진로상담 접근이 실제로 적용되기보다는 이론에 가깝다는 지속적인 비판에 효과적으로 대응한다 (McMahon & Watson, 2012; Reid, 2006; Watson & McMahon, 2014).

참고문헌

Amundson, N. E. (2009). *Active engagement* (3rd ed.). Richmond, Canada: Ergon Communications.

Holland, J. L. (1985). *The Self-Directed Search: A guide to educational and vocational planning*. Odessa, FL: Psychological Assessment Resources.

McMahon, M., & Patton, W. (2002). Using qualitative assessment in career counselling. *International Journal for Educational and Vocational Guidance, 2*(1), 51–66.

McMahon, M., & Patton, W. (2006). Qualitative career assessment. In M. McMahon & W. Patton (Eds.), *Career counselling: Constructivist approaches* (pp. 163–175). Abingdon, England: Routledge.

McMahon, M., & Watson, M. (2010). Story telling: Moving from thin stories to thick and rich stories. In K. Maree (Ed.), *Career counselling: Methods that work* (pp. 53–63). Cape Town, South Africa: Juta.

McMahon, M., & Watson, M. (Eds.) (2011a). *Career counseling and constructivism: Elaboration of constructs*. New York, NY: Nova Science.

McMahon, M., & Watson, M. (2011b). Career counselling: What's the story?. In M. McMahon & M. Watson (Eds.), *Career counselling and constructivism: Elaboration of constructs* (pp. 13–24). New York, NY: Nova Science.

McMahon, M., & Watson, M. (2012). Telling stories of career assessment. *Journal of Career Assessment, 20*(4), 440–451.

Patton, W., & McMahon, M. (2014). *Career development and systems theory: Connecting theory and practice* (3rd ed.). Rotterdam, The Netherlands: Sense.

Reid, H. L. (2006). Usefulness and truthfulness: Outlining the limitations and upholding the benefits of constructivist approaches for career counselling. In M.

McMahon & W. Patton (Eds.), *Career counselling: Constructivist approaches* (pp. 30-41). Abingdon, England: Routledge.

Savickas, M. L. (1993). Career counseling in the postmodern era. *Journal of Cognitive Psychotherapy: An International Quarterly, 7*, 205-215.

Savickas, M. L., Nota, L., Rossier, J., Dauwalder, J.-P., Duarte, M. E., Guichard, J., Soresi, S., Van Esbroeck, R., & van Vianen, A. E. M. (2009). Life designing: A paradigm for career construction in the 21st century. *Journal of Vocational Behavior, 75*, 239-250.

Super, D. E. (1954). Career patterns as a basis for vocational counseling. *Journal of Counseling Psychology, 1*, 12-20.

Super, D. E. (1970). *Manual, Work Values Inventory*. Chicago, IL: Riverside Publishing.

Watson, M., & McMahon, M. (2014). Making meaning of quantitative career assessment in career counseling through a storytelling approach. In G. Arulmani, A. J. Bakshi, F. T. L. Leong, & A. G. Watts (Eds.), *Handbook of career development: International perspectives* (pp. 631-644). Dordrecht, The Netherlands: Springer.

Zytowski, D. G. (2006). *Super's Work Value Inventory Revised. Technical Manual.* Adel, IA: Kuder. Retrieved from http://www.kuder.com/downloads/SWV-Tech-Manual.pdf

제24장

평가에 대한 문화적 준비:
질문이 답이다

GIDEON ARULMANI

1. 도입

진로 실무자와 내담자의 관계에서는 효과적인 진로결정에 대한 자기인식을 날카롭게 해 주는 정보를 모으는 데 초점을 두는 것이 중요하다. 이러한 정보를 모으고 조직하기 위한 방법은 진로 실무자가 관심을 갖고 있는 철학적·이론적 모델에 의해 영향을 받을 수 있다. 평가와 측정의 방법에 내재한 근거는 심오한 논쟁의 주제가 되어 왔고, 심리측정학적인 양적인 입장과 비심리측정학적인 질적인 입장으로 구분되었다. 이 장에서는 이 방법에 대한 간단한 비평을 제시하고, 문화적 준비 모델에서 나온 진로지도를 위해 평가에 대한 혼합적 접근법의 예시를 제공한다.

2. 평가에 대한 양적 접근

특성요인이론에 기반하여 먼저 나타난 양적 학파는 개인은 정확히 측정될 수 있고 수량화될 수 있는 개별적인 내적 특성과 자질을 가지고 있다는 전제 위에서 설립되었다. 그러므로 특성요인 입장에서 등장한 평가 방법은 보통 양적인 심리측정이다. 관찰된 것은 보통 숫자로 표현한다(1Q=121 또는 언어 적성=23/40). 검사는 표준화된 방법으로 적용되며 검사 조건, 검사 지시, 점수, 해석은 수검자와 검사 환경에 무관하게 동일할 것이라고 기대된다. 개인 점수의 의미는 대표 표본의 수행인 '규준'과 수행을 비교함으로써 얻어진다 (예: 검사 규준에 따르면 언어적성 검사에서 23/40이라는 점수는 평균보다 낮다고 해석할 수 있다). 〈글상자 24-1〉은 양적 측정이 어떻게 적용되는지에 대한 예시를 제공한다.

심리측정 도구의 핵심적인 유용성은 그것을 사용하는 집단과 검사의 관련 성이다. 심리학적 검사는 다음과 같은 상황에서 유용하다.

- 검사가 의도한 집단에서 표준화되고 통계적으로 타당화될 때
- 연령과 성별에 적합할 때
- 검사가 적용되는 사람들의 문화적 배경에 적합할 때
- 훈련받은 사람이 검사를 적용할 때
- 적절한 규준을 기초로 정확히 채점되고 해석될 때

양적 접근은 자연과학을 따르려는 시도로 심리학 분야에서 받아들인 경험적 입장인 논리실증주의를 반영한다. 심리측정 도구의 중요한 특징은 검사의 제한점과 그것의 효과적인 기능의 범위를 분명히 밝힌다는 것이다. 심리측정 접근은 통계적 수준에서의 다양한 오류와 특정 검사의 제한점을 분명히 할 거라고 기대된다. 예를 들어, 표준오차, 신뢰도와 타당도 추정치를 보

고한다. 그러므로 **객관성**은 양적 방법의 핵심이다. 그러나 심리검사의 수행은 많은 요인이 영향을 미치고 심지어 그 성과를 손상시킨다.

심리검사의 타당도와 신뢰도는 대부분 통계적·수학적 구인이어서 결과가 타당하고 신뢰할 수 있어야 한다는 조건을 충족하기 위해서는 몇 가지 가정이 필요하다. 양적 방법의 통계에 대한 의존성은 한계로 지적되어 왔는데, 특히 검사가 초기에 구성된 맥락 밖에서 채택되고 사용될 때 의존성이 보인다. 예를 들어, 많은 심리검사가 주로 백인 미국인을 표본으로 하여 개발되었으며, 다른 민족과 인종 집단에서는 이 도구의 사용에 대한 규준 자료가 거의 개발되지 않았다(Hansen, 2005). 진로평가 도구가 미국과 유럽에서 직접 번안되는 일은 드물지 않다(예: Leong & Hartung, 2000). 번안이 유용한 경우는 드물지만 번안과 적용의 질은 천차만별이다(Cheung & Leong, 2003). 햄블턴(Hambleton, 2005)은 검사가 채택되기 위해서 번역자는 검사가 개발된 원래의 언어가 지닌 심리학적·언어학적 의미를 정확히 포착하는 동일한 구조, 단어 그리고 표현을 사용해야 한다는 것을 관찰하였다.

실무 수준에서 주목해야 하는 다른 경향은 오늘날 심리평가가 영리를 목적으로 하는 사업이 되었다는 것이다. 시장을 포착하고 심리검사 상품을 판매하다 보면 심리검사에 존재하는 과학적 원리를 무시하게 된다. 특히 진로상담이 걸음마 단계에 있는 나라에서 종종 무시된 현실은 특정 검사의 적용에 대한 훈련과 자격의 엄격성을 저해한다.

인식론적 수준에서 심리학 분야의 철학적 변화는 담론을 기능적 물질주의에서 실존적 인본주의 입장으로 이동시켰다. 특성요인이론의 중요 특징인 객관성은 심리검사가 기계적이고 환원주의자가 되게 한다는 비판을 받기 때문에 그 자체로 의문시된다.

또한 양적 방법에 대한 비판은 정치적 수준에서 고려되어야만 한다. 문헌에 대한 갓프레드슨(Gottfredson, 2003)의 비평에서 그녀는 그 시대의 정치적 입장에 대해 지적하였다. 그녀의 의견은 "……시민권과 여성운동은 상담 심리학자들이 내담자에게 되고 싶다고 무엇이나 될 수는 없다고 말하는 것을 거리도록 만들었다"(p. 116). 이러한 배경에 반하여 심리검사에 의존하는 것은 정치적으로 '옳지 않게' 되었다. 그래서 **전체적인 행동**을 이해하기 위해 행동 **표본**을 객관적으로 점검하는 양적 학파의 중심 가정은 인기를 잃었고, 서구의 진로상담에서는 이 접근을 사용하는 것이 지양되었다. 양적 평가에 대한 입장은 한계뿐만 아니라 광범위한 정치적 입장의 변화 때문에 인기를 잃었다는 것에 주목해야만 한다.

글상자 24-1

"그들 모두 '평균 이하'이다……."

개인 일기에서 발췌(ARULMANI, FEBRUARY, 1993)

몇 해 전. 임상심리학 고등교육을 마친 후 얼마 되지 않아 나는 부족 자녀들에게 그들이 더 나은 교육을 위해 필요한 장학금을 받을 수 있는 잠재력이 있는지 확인하기 위한 평가를 실시하였다. 86세 된 그 지역 왕가의 수장으로부터 요청을 받았는데, 그는 이 지역의 광대한 철광석 광산의 소유주였다. 아이들의 아버지는 이 광산의 미숙련 노동자였고, 광산 주인의 소망은 그들의 재능과 잠재력이 결실을 맺을 수 있도록 좀 더 나은 교육을 지원하는 것이었다. 심리검사에 대한 새로운 지식으로 가득 차서 나는 지능 · 적성 · 흥미 · 기질 검사를 수행하였다. 모든 검사는 표준화된 방식으로 수행되었고 검사 지시를 꼼꼼하게 따랐다. 그러나 검사를 시행하는 동안에 나는 어린 수검자 거의 대부분이 '저성취자'라는 것을 알아차렸다. 그들 대부분이 검사키트의 다양한 블록과 카드를 사용할 수 없었다. 그들의 그림은 '연령에 적합'하지 않았다. 사실상 그들은 제공된 연필을 똑바로 잡을 수조차 없었다. 검사가 채점되었고 예상했던 것처럼 거의 모든 집단은 "평균 수준 이하"라고 기록되었다. 나는 다양한 심리측정 보고서를 적어 그들에게 건네주었다. 며칠 후 나는 평가 의뢰자를 만났다. 그는 나에게 "당신의 보고서에 따르면, 아이들 중 아무도 장학금을 받을 자격이 없는 것처럼 보여요." "당신이 꽤 과학적인 접근을 했기 때문에 아마도 당신이 옳을 수 있어요. 그러나 우리가 이러한 결론을 내리기 전에 당신이 아이들의 집에 방문하여 어떤 인상을 받았는지 말해 줄 수 있겠어요?"라고 말했다. 나는 "꽤 과학적인 접근"을 취했기 때문에 인상에 대한 느낌이 왜 필요한지 몰랐다. 어쨌든 이 아이들의 집이 있는 멀고도 아주 작은 마을을 방문하였다. 내가 도착했을 때 보았던 바위의 낙서, 신난 동물들, 날아오르는 새, 휘감겨 있는 식물들, 춤추는 인간에 대한 아이들의 그림은 연령에 적합하고 정교하다는 것을 나는 이해하기 시작했다. 아이들과 가족은 나를 보고 감격했고 나는 신성한 손님으로 대접을 받았다. 나는 그 놀라운 그림을 보고 누가 무엇을 가지고 그린 것인지 질문하였다. 집단에서 '예술가' 세 명이 수줍게 일어나더니 그림 도구인 철광석 덩어리를 나에게 보여 주었다. 이 아이들이 지필검사에서 '저수행'을 보인 이들이다. 더욱이 나는 도시 환경에서는 성인의 일이라고 간주되는 마당 청소, 가축과 동생 돌보기, 불 붙이기 같은 것에 아이들이 거의 원활하게 참여하고 있는 것을 알아차렸다. 이 모든 활동에 아이들이 꽤 자연스럽게 참여하고 있었다. 나는 체스 마스터 정도의 인지적 기량을 요구하는 복잡한 보드게임을 소개하였다. 작은 마을에서 내가 본 것은 이보다 훨씬 더 많다. 이 아이들의 86세 후원자가 지닌 지혜가 나에게도 비춰져서 나는 나의 검사에 문제가 있는 것이지 반짝이는 눈동자를 가진 이 아이들이 저성취자가 아니라는 것을 깨닫게 되었다.

3. 평가에 대한 질적 접근

질적 학파는 평가과정의 핵심을 검사 방법과 도구보다는 개인과 맥락에 두었다. 질적 접근은 양보다는 질에 초점을 두고, 측정하거나 수량화하는 것보다는 기술하는 것을 목표로 한다. 그것은 숫자보다 언어와 비수학적인 기술에 의존한다. 초기 예시로 돌아가서 질적 관찰자는 언어적성이 23/40이라고 말하기보다는 언어에 대한 개인의 유창성, 숨은 의미에 대한 민감성 등의 관점에서 적성을 기술할 것이다. 양적 접근은 주로 횡단적이지만, 질적 접근은 종단적 관점을 취하려고 시도한다. 양적 접근은 심리측정 검사에 의존하지만 질적 접근은 언어적 접근을 취하고 질적 접근은 의도적으로 주관적이다.

질적 방법들은 문제가 세부적이고 깊이 있게 고려되도록 허용한다. 진로상담자와 내담자의 상호작용이 표준화된 질문으로 제한되지 않기 때문에 인터뷰의 방향을 따라갈 수 있어 내담자가 필요로 하는 시간에 보다 민감하게 반응하게 된다. 한편, 오류 가능성에 대한 의문으로 거슬러 올라가면 얻은 자료의 질은 진로 상담자나 평가자에게 달려 있다. 평가자의 편견, 특이한 방식, 선입견은 인터뷰의 방향에 영향을 미칠 수 있다. 평가자가 단서를 놓칠 가능성이 강하고, 또한 이것이 오류에 기여할 수 있다. 양적 방법의 경우 오류는 최소한으로 추정된다고 알려져 있다. 질적 접근에서 오류는 알려지지 않고 남아 있을 수 있다.

실무적 관점에서 질적 방법은 '실제 경험'을 포착하고 미묘하고 복잡한 사안들을 확인하는 것이 유리하다. 이것은 표준화된 양적 절차에서 얻은 자료보다 좀 더 유연하고 설득력이 있다. 그러나 이것은 객관성을 유지하면서 동시에 주관적 자료를 끌어내는 고도의 훈련을 받고 경험이 많은 평가자를 필요로 한다. 질적 접근에서는 대량의 정보가 나올 수 있고 이 정보가 '자료'로 고려되기 전에 분석되고 해석된다. 이 방법은 시간이 오래 걸릴 수 있고 평가자에게 높은 역량이 요구된다. 더욱이 이 방법은 일대일 수준 혹은 최적의 소집단에서만 가능한 진로 상담자와 내담자의 강한 참여를 필요로 한다. 이 점은 진로지도가 필요한 내담자가 수천에 달하는 상황에서 급격하게 느낄 수 있는 제한점이다. 개입방법을 경제적으로 평가한다면 엄격히 말해서 질적 방법은 곤란할 수도 있다.

질적 학파는 주관성에 대한 인식론적 개념에 의존한다. 그러나 이론적이고 방법론적 수준에서 모순이 나타난다. 앞의 관점에서 보면 비수량적 방법인 질적 평가의 본질에서 객관성은 존재하기가 어렵다. 예를 들어, 질적 평가자는 중립성을 유지하고 개인적 편견이 정보의 수집과 해석에 영향을 미치지 않도록 해야 한다고 훈련을 받는다(예: Guba, 1981). 이것이 객관성을 추구하려는 노력을 나타낸다. 양적 학파에 의해 사용되는 신뢰도와 타당도 대신에 신뢰성과 정확한 대표성이 사용될 수 있음을 제안해 왔다(Agar, 1986). 용어는 다르지만 내재된 인식론적 의미는 같다. 그래서 질적 접근과 양적 접근은 주로 방법론적 수준에서 차이가 있다는 관점을 취한다. 인식론적으로는 두 접근 모두 객관성을 추구한다.

요약하면 양적·질적 접근에 대한 비판적 평가는 두 접근 모두 가치가 있으며 어느 하나만을 가지고는 한계가 있다는 것을 지적한다. 만약 평가가 이런 방법 중 하나에만 의지한다면 실무에서 평가는 저조해질 것이다. 다음 절에서는 이러한 관점을 한층 더 고려한다.

4. 평가와 문화적 접점

지금까지 진술된 문단에서 문화는 인식되지 않지만 종종 강력한 중재적 요소가 된다는 사실이 간과되었다. 특정 문화에서 측정되는 구인이나 사용되는 방법은 알려지지 않고 이상하게 생각되거나 심지어 다른 문화에서는 부적합할 수도 있다. 〈글상자 1〉의 예시에서 기술된 것과 같이 문화적 요소에 대한 민감성 부족은 전적으로 선한 의도인 평가과정을 뒤엎을 수 있다. 앞서 언급된 이론적 입장들은 서구 사회의 문화적 과정에 뿌리를 두고 있고, 개인은 문화적 자유와 자발적으로 진로발달에 참여할 수 있는 경제적 자원을 가진다고 가정한다. 왓슨(2013)은 이렇게 많은 개념은 후기 산업화 시기에 일의 세계에서 가능한 것이라고 지적하였다. 이러한 생각은 집단주의 사회 조직을 배경으로 하고 있는 산업화 이전, 산업화, 산업화 이후의 환경에 있는 개발도상국의 경제에 적절하지 않을 수도 있다.

실무 수준에서 평가의 방법과 결과에 대한 내담자의 반응은 문화적 선호도와 뚜렷하게 관련된다. 앞서 언급된 문헌의 보고에 따르면, 질적 접근은 서양의 맥락에서 잘 받아들이는 것처럼 보인다. 그러나 다른 문화에서는 잘 수용되지 않는 것 같다. 예를 들어, 인도의 교육체계에서는 공식적인 양적 검사를 기대한다. 가족이 고등학생을 진로상담에 데리고 올 때 부모와 청소년 모두 적성검사를 기대한다. 만약 산출된 '검사 결과'를 주지 않고 상담이 끝나면 그들은 혼란스럽고 갈피를 잡지 못할 것이다. 진로보고서가 아동의

적성과 흥미의 '수준'에 대한 양적 정보를 다루지 않을 때 가족은 꽤 자주 불만을 표현한다.

이와는 별개로 진로 실무자가 되고자 하는 사람들도 진로상담학 과목에서 적성, 흥미, 성격이라는 심리측정 검사를 훈련받을 수 있을 거라고 기대한다. 예를 들어, 인도에서 우리가 실시했던 교육 중에 가장 크게 지적을 받았던 '빈틈'은 심리측정 검사에 **충분히** 집중하지 않았다는 것이다. 인도의 진로지도 서비스에 대한 설문조사에서도 인도에서는 심리측정 평가가 기대되고 가치 있게 여겨지며 신뢰된다는 사실이 동일하게 나타나고 있다(예: Almeida, Marques, & Arulmani, 2014).

5. 진로지도를 위한 문화적 준비도와 평가

문화적 준비도 접근은 개인과 집단은 문화가 준비시키는 방식으로 일과 진로에 헌신한다고 전제한다(Arulmani, 2014a). 이 모델은 문화적응이라고 일컫는 집단기반의 영향력이 문화적 준비도 상태인 **평형**(equilibrium)을 만들어 주고, 평형은 외부의 문화적 영향력에 의해 수정될 수 있다는 점을 시사한다.

〈글상자 1〉의 설명은 평가자가 문화적으로 준비되지 않은 아동에게 평가틀을 어떻게 부과하는지를 보여 준다. 또한 이 예시는 문화에 기반을 둔 관찰의 초점을 다양하게 보여 준다. 즉, 그 아동들이 **자연스럽게** 참여하는 집안일, 게임, 그들이 서로에게 관여하는 방식 등이 있다. 풍부한 **질적** 정보를 산출하는 모든 지점은 평가자가 그들의 문화적 준비도에 민감해지도록 해 준다. 이러한 정보의 대다수는 표준화된 양적 접근에 의해 기록될 수 없다. 동시에 평가자에게 주어진 업무는 아동 각각의 잠재적인 프로파일을 확인하고 정교화하도록 하는 것이다. 프로젝트를 객관적으로 달성하기 위해 질적 접근을 사용하는 것은 시간과 자원의 제한으로 어려울 수 있다. 또한 평가자가 평가에 적절하게 접근하기 위해 문화적으로 준비되어 있는지를 인식하는 것이 중요하다. 문화는 그가 참여하고 있는 학문적 훈련 환경을 말한다. 문화적 준비도 관점에서 보면 질적 방법이든 양적 방법이든 둘 중 하나만으로는 평가의 목표를 달성하는 데 충분하지 않다. 문화적 준비도 관점은 두 개의 문화적 배경이 모두 가치가 있는지, 하나의 시도로 전체적인 프로젝트의 요구사항들을 충족할 수 있는지, 이러한 결과의 변화가 그 집단의 진로준비 상태인 평형성과 조화를 이룰 수 있는지를 질문한다(Arulmani, 2013).

6. 강점과 성과 질문지: 평가에 대한 혼합 접근 방법

1) 방법의 핵심 특징

문화적 준비도 모델을 토대로 하는 강점과 성과 질문(The Strengths and Accomplishments Questionnaire: SAQ; Arulmani, 2006, 2010)는 질적·양적 방법을 혼합하고자 하는 적성평가 접근이다. 이 방법의 목적은 평가자에게 맥락적으로 근거가 있으면서도 객관적인 측정 방법을 제공하는 것이다. 도구의 구조는 리커트 척도의 논리를 기초로 한다. 따라서 도구는 '활동'을 나타내는 문항과 각 활동에 대한 '수행 수준'을 나타내는 반응 범주의 두 부분으로 구성된다. 각 문항은 활동 수준에 따라 높은 점수를 받도록 구성되어 있다. 평가의 틀은 언어적, 분석적-논리적, 공간적, 개인적, 신체적-기계적이라는 5가지 요인을 사용하는 다중 잠재 틀(Multiple Potentials Framework: MPF)에 기초한다(Arulmani & Nag-Arulmani, 2004). 다중 잠재 틀은 가드너(Gardner, 1983)의 다중지능이론을 토대로 한다. 이 기법은 실제 생활에서 인간의 성취가 그들의 재능과 잠재력을 반영한다는 가정에 의존한다. 성취는 개인이 지속적으로 참여하는 어떤 활동과 다른 사람에 의해 인식된 활동으로 정의된다. 그래서 문항은 개인이 성취를 등록할 수 있도록 하는 **활동들의**

표 24-1 베트남의 진로지도 프로젝트 파일럿에서 추출한 강점과 핵심 특징 질문지

문항	활동	설명	성취 수준				
			나는 개인적 수준에서 이 활동에 참여한다.	나는 학교에서의 이벤트/경쟁에 참여한다.	나는 학교에서 상을 받았다, 혹은 내 작품이 학교 신문 등에 선발되었다, 혹은 나는 이 관련 활동에서 학교에서 인정을 받는다.	나는 교외에서 상을 받았다(예: 청소년 단체나 다른 공적인 인정); 혹은 내 작품이 청소년 단체나 신문 등에 선발되었다. 혹은 나는 이 활동에서는 학교 공적으로 인정을 받는다.	내 성취는 지역구, 도, 국가라는 상위 수준에서 인정받는다. 혹은 나는 이 활동의 전문가 식으로 인해 직업을 얻었다.
	언어적 성취		1	2	3	4	5
1	생각과 아이디어를 말로 전달하기	사람들이 당신이 쓴 것을 읽도록 아이디어, 생각, 경험을 단어로 쓰기(이것은 에세이, 논문, 이야기기, 시, 보고서의 형태일 수 있음)	✓	✓			
2	집단에게 말하기	사람들이 당신의 말을 듣는 것을 좋아하도록 매력적으로 말하기. 정확한 언어 사용하기. 명료하게 말하기.	✓				
3	토론과 토의	질문에 대해 토의하기. 논점을 증명하기 위해 신뢰할 수 있는 정보에 기반하여 주장을 만들기	✓	✓	✓		
4	다른 사람을 가르치고 훈련시키기	교습, 강의, 설명, 시범을 통해 다른 사람을 교육하기. 다른 사람이 지식을 적용할 기술을 개발하도록 돕기	✓	✓	✓	✓	
5	언어 사용하기	새로운 단어 학습 해서, 단어의 의미 확인하기. 문법과 스펠링이 옳은지 확인하기			✓		
6	드라마와 연극에 참여하기	단어, 행동, 노래를 사용하여 아이디를 실연하기					

출처: Arulmani (2014b).

목록으로 구성된다. 반응 범주는 실제로 개인 삶의 상황에 존재하는 기회를 반영한다. 그들은 다양한 수준의 성취를 기록할 수 있다. 내담자는 그들이 경험한 활동을 선택할 필요가 있고 그 활동들에 대한 성취 수준을 제시해야 한다.

〈표 24-1〉은 베트남 젊은이를 위한 강점과 성과 질문지의 언어 영역에 대한 예시를 제공한다(Arulmani, 2014b). 이 예시에서 내담자는 자신의 삶에서 주어진 여섯 가지의 활동이 일어나는 빈도를 토대로 4가지를 선택하는 것이 필요하다. 성취의 수준은 증가하는 수치로 표시된다. 수검자 선택지의 총합은 주어진 요인에 대한 성취 수준을 나타내기 위해 만들어졌다. 이 예시에서 수검자는 언어 요인에서 60점 만점 중 20점을 얻었다. 점수는 다른 요인에 대해서도 유사하게 표시된다. 평가의 목적은 개인의 점수가 얼마나 높은지를 확인하는 것이 아니다. 그 대신 목표는 다섯 가지 요인을 아우르는 점수 패턴을 확인하는 것이다. 그래서 강점과 성과 질문지는 개인의 잠재적 프로파일의 높이보다 모양을 훨씬 더 강조한다. 점수 해석은 규준에 토대를 두지 않는다. 대신에 강점과 성과 질문지는 개인을 자신의 규준으로 사용한다. 목표가 규준을 토대로 한 비교라기보다는 사람 중심 프로파일링이기 때문이다. 진로 상담자는 이 프로파일을 내담자에게 보고하고 그들과 함께 결과를 논의한다. 또한 프로파일링은 내담자와 진로 상담자의 협력적 과정과 내담자가 직업세계를 좀 더 탐색하는 틀이 될 수 있다. 예를 들어, 언어적-개인적 프로파일을 가진 개인은 저널리즘, 법, 사회사업, 심리학 같은 진로를 탐색할 수 있고, 공간적-신체적-기계적 프로파일을 가진 개인은 그래픽디자인, 건축, 토목공학, 가구디자인을 탐색할 수 있다.

2) 문항 생성: 혼합적 접근

강점과 성과 질문지는 양적인 것과 질적인 것을 혼합하고 문화적이고 맥락적으로 적절한 도구를 구성하려는 시도이다. 활동 목록과 반응 범주는 체계적 관찰, 포커스그룹 토의, 체크리스트와 개방질문 같은 질적이고 양적인 방법에서 생성되었다. 문항 생성의 참여자들은 목표집단의 대표자, 지역사회 원로, 교사, 부모, 관련 정부 기관의 대표, NGO와 다른 복지사들의 표본을 포함한다. 교재에 대한 검토, 보고서, 다른 관련 자료도 제작되었다. 수집된 정보는 문항으로 구성되고, 최종 문항 선정을 위해 지역사회의 공식적인 전문가 집단에 반복적으로 제시되었다. 목표집단에 대한 활동과 반응 범주의 관련성에 대한 보편성은 문항 선정의 중요한 기준이다. 최종 문항과 반응 범주는 잠재적인 수검자의 경험 범위 내에서 선택되는 것이 중요하다. 그런 도구를 구성할 때 제한점을 명확하게 제시하는 것이 중요하다. 예를 들어, 〈표 24-1〉의 베트남 젊은이를 위한 강점과 성과 질문지의 수많은 반응 범주는 다른 맥락과 관련되지 않을 것이다. 그래서 이 강점과 성과 질문지의 사용은 베트남에 제한된다.

요약하면, 강점과 성과 질문지는 평가자가 수검자의 사회경제적 환경, 학교교육, 문화적 배경에 의해 제공된 기회에 조화되는 평가 프로토콜을 구성하도록 하는 방식에서 질적이다. 개인이 그의 상황과 관련 없는 문항에 반응하도록 하는 것은 기대되지 않는다. 대신에 개인의 살아 있는 경험과 연계하도록 노력한다. 진로 상담자는 내담자와 대화하고 내담자가 자신의 경험과 관련된 측면을 확인하고 평정하도록 안내한다. 동시에 평정 척도를 심리측정 논리에 근거하여 만들었기 때문에 이 방법은 양적 방법론을 이용하기도 한다.

7. 결론

평가 실무가 내담자를 평가하거나 내담자에 대해 말하는 것에서 멈춘다면 평가 자체는 일방소통이 된다. 결과는 내담자가 유용한 것을 이해하고 발견하는 방식으로 내담자에게 해석되고 설명될 필요가 있다. 그래서 진로 실무자가 직면한 중요한 임무는 내담자(진로에서 성공하려는 사람)가 평가과정과 결과에서 의미를 이끌어 내도록 실질적으로 돕는 것이다. 내담자를 평가하는 진로 상담자의 행동을 안내하는 질문은 무엇인가? 이 질문의 답은 평가에 유지된 철학적 입장에서 나올까 혹은 내담자와 관련 있고 의미 있는 답에 도달하고자 하는 동기에서 나올까? 만약 후자라면, 다양한 질문은 그에 맞는 다양한 방법에 의해 가장 잘 응답될 것이라는 점을 인정하는 것이 중요하다. 일부 질문은 질적 접근에 가장 잘 반응하지만 다른 것은 측정과 수량화하는 것이 필요할 것이다. 이 장의 궁극적인 목표는 이러한 관점을 제목에 수록하는 것이다. 답이 거짓일 수도 있다는 의문을 품고 있기 때문이다.

참고문헌

Agar, M. (1986). *Speaking of ethnography*. Beverly Hills, CA: Sage.

Almeida, N., Marques, A., & Arulmani, G. (2014). Evaluation of the quality of career guidance centers. In G. Arulmani, A. J. Bakshi, F. T. L. Leong, & A. G. Watts (Eds.), *Handbook of career development: International perspectives* (pp. 659-670). New York, NY: Springer.

Arulmani, G. (2006). *Employment skills training project (Asian Development Bank 2028-MLD): Career guidance and social marketing component*. Malé, Maldives: Ministry of Higher Education Employment and Social Security.

Arulmani, G. (2010). *The Jiva approach to career guidance and counselling: An Indian model (Project Report)*. Bangalore, India: The Promise Foundation.

Arulmani, G. (2013). Career psychology: A cultural approach for India. *Psychological Studies, 58*(4), 395–405.

Arulmani, G. (2014a). The cultural preparation process model and career development. In G. Arulmani, A. J. Bakshi, F. T. L. Leong, & A. G. Watts (Eds.), *Handbook of career development: International perspectives* (pp. 81–104). New York, NY: Springer.

Arulmani, G. (2014b). *Strengths and accomplishments questionnaire: Pilot career guidance project, International Labour Organisation, Vietnam.* Manuscript in preparation.

Arulmani, G., & Nag-Arulmani, S. (2004). *Career counselling: A handbook.* New Delhi, India: Tata McGraw-Hill.

Cheung, F. M., & Leong, F. T. L. (2003). Psychological assessment in Asia: Introduction to the special section. *Psychological Assessment, 15*(3), 243–247.

Cheung, F. M., Leong, F. T. L., & Ben-Porath, Y. S. (2003). Psychological Assessment in Asia: Introduction to the Special Section. *Psychological Assessment, 15*(3), 243–247.

Gardner, H. (1983). *Frames of mind: The theory of multiple intelligences.* New York, NY: Basic Books.

Gottfredson, L. S. (2003). The challenge and promise of cognitive career assessment. *Journal of Career Assessment, 20*(10), 1–21.

Guba, E. G. (1981). Criteria for assessing the trustworthiness of naturalistic inquiries. *Educational Resources Innovation Center Annual Review Paper, 29*, 75–91.

Hambleton, R. (2005). Issues, designs and technical guidelines for adapting tests into multiple languages and cultures. In R. Hambleton, P. Merenda, & C. Spielberger (Eds.), *Adapting educational and psychological tests for cross-cultural assessment* (pp. 3–38). Hillsdale, NJ: Erlbaum.

Hansen, J. C. (2005). Assessment of interests. In S. D. Brown & R. W. Lent (Eds.), *Career development and counseling: Putting theory and research to work.* New York, NY: John Wiley.

Leong, F. T. L., & Hartung, J. P. (2000). Cross-cultural career assessment: Review and prospects for the new millennium. *Journal of Career Assessment, 8*(4), 391–401.

Watson, M. (2013). Deconstruction, reconstruction, co-construction: Career construction theory in a developing world context. *Indian Journal of Career and Livelihood Planning, 2*(1), 3–14.

제4부

다양한 맥락에서의 질적 진로평가

제4부 '다양한 맥락에서의 질적 진로평가'에서는 '장애가 없는 서양 중산층 이외의 다른 맥락에서 질적 진로평가'에 대해 생각해 본다. 특히 제4부의 장에서는 장애를 가진 사람, 불이익을 경험한 사람, 비서구 국가의 맥락에 있는 사람들과의 질적 진로평가 사용에 초점을 맞춘다. 지금까지 진로발달의 영역에서 질적 진로평가는 제한적으로만 사용되었기 때문에 이 장에서는 시기적절하고도 중요한 내용으로서 전통적인 평가에서는 주목받지 못했던 내담자 집단을 위해 진로발달과 평가를 확장하도록 제안한다.

제**25**장

장애를 가진 사람에 대한 질적 진로평가

LAURA NOTA, SARA SANTILLI and SALVATORE SORESI

1. 도입

우리가 살고 있는 시대를 생각하면 변화는 중요한 요인이다. 역사상 변화는 늘 있어 왔지만, 지금은 변화가 너무 빨리 진행되어서 사회, 안녕, 미래, 일에 대한 새로운 사고방식까지 나타나고 있다(Nota, Soresi, Ferrari, & Ginevra, 2014).

최근 몇 년 동안 적어도 서양에서 기대 수명은 증가되었고, 사람들은 질병이나 배고픔, 학대에 덜 직면하고 있으며, 어린이들은 계획적인 방식으로 태어나서 다문화적 맥락에서 살고 있다. 직업 활동뿐만 아니라 직업 생활도 변화하고 있는데, 이는 각양각색의 사람들과 각양각색의 맥락에서 각양각색의 활동이 동시에 존재한다는 것이 특징이다. 새로운 기술과 가상세계는 모두에게 다양한 장점을 가지고 우리 사회에서 지배적인 역할을 하고 있다 (Serres, 2012).

그러나 동시에 우리는 기회와 가능성이 줄어들 것이라는 걱정과 함께 미래에 대해 점점 더 부정적으로 생각하고 있다. 그리고 이 모든 것은, 특히 청소년, 노인, 교육 수준이 낮은 사람들, 건강문제나 장애를 가진 사람 같은 가장 취약한 집단에 영향을 미치는 것처럼 보인다(Nota, Ginevra, & Santilli, 출간 중).

일과 교육체계의 발전을 예측하기 위해 부정확한 선형적 예측에 더 이상 의존할 수 없다는 주장이 제기되고 있다(Soresi, Nota, Ferrari, & Sgaramella, 2013). 학자들과 진로 실무자들이 의존했던 과거의 전략들은 도움이 되지 않는다. 심지어 상담이나 진로상담의 맥락에서조차 실패자가 되지 않기 위해 지속적인 혁신, 인적 자원의 집중적인 활용, 창의성 그리고 낡은 패턴을 극복하는 것이 필요하다(Moretti, 2012).

그러므로 진로상담, 재활, 심리적 어려움의 예방에 대해 관심을 가지고 있는 사람들은 높은 비율로 존재하는 불평등에 대해 분노를 표방하고, 현 시대를 대처하기 위해 사용될 수 있는 것에 투자해야 한다고 주장한다. 진로 실무자들은 가장 취약한 내담자들에게 희망과 낙관성을 심어 주고, 특히 어려움에 직면했을 때 단호하고 용기 있게 저항하도록 도와야 하며 연대와 협력을 도모해야 한다.

이러한 고려에 따라 우리의 성찰을 확고하게 하기 위해 이론적 접근법을 제시한 후 진로 실무자가 장애를 가진 사람들에게 적용할 수 있는 몇 가지 질적 절차를 설명할 것이다.

2. 포용 및 진로구성: 장애인과 비장애인의 삶에서 중요한 연합

장애를 가진 개인들의 직업적 미래에 대한 상담은 두 가지 의미를 갖는다. 첫째, 맥락적 결정요인들에 주의를 기울인다는 것이다. 만약 적절한 자극과 관여가 있다면 소외의 위험을 줄일 수 있다. 둘째, 개인과 그들의 권리의 중요성을 존중하는 예방 및 지원 개입을 선호한다는 것이다. 이는 강력하게 개별화된 도움을 받을 권리를 포함한다. 진로상담에 참여하고 어려움을 가진 사람을 돕는 것은 모든 사람이 배우고 일하고 다른 사람과 협력할 수 있도록 하기 위해 인적 자원을 개발하고 활용하는 것을 목표로 하며, 모든 사람을 호의적으로 포용하고 그들에게 맞는 맥락을 만들기 위해 일한다는 것을 의미한다(Shogren, 2013). 소외시키는 사회적 장벽을 제거하고 모든 개인의 적극적인 참여를 강화시키기 위해 사회문화적 편견을 다루기 위한 노력, 선택, 전략이 필요하다(Nota, Soresi, & Ferrari, 2014).

최근에 페라리, 스가라멜라와 소레시(Ferrari, Sgaramella, & Soresi, 출간 중)가 주장한 것처럼 생애설계(Life Design: LD) 접근법이 이 방향에 중요하게 기여하였다(Savickas et al., 2009). 이것은 현 시대의 위기에서 진로구성이라는 이슈에 대처하기 위해 고안되었다. 생애설계 접근법은 좀 더 순환적이고 맥락적 개념에 찬성하면서 선형적이고 개인적인 관점을 포기하도록 제안하고, 전체적이고 다학제 간, 메타이론의 형태를 찬성하면서도 너무 구체적이고 엄격한 언어나 분석은 피하도록 제안한다. 개인들의 정체성 체계 구성을 특징짓는 방법인 이야기하기(narration)가 강조되며 정체성 체계 구성은 사람들이 스스로 발견한 맥락에 따라 발달하고 발현된다. 이러한 접근에서는 장애가 있는 사람이든 없는 사람이든 이야기하기를 통해 개인으로서 자신을 재정의하고 자신의 삶의 중요한 측면을 확인하며, 그들의 어려움에 새로운 감각과 의미를 부여할 수 있다(Dunn & Burcaw, 2013). 게다가 생애설계에서는 희망, 자기결정성, 적응성 같은 차원, 장애를 가진 사람들(Santilli, Nota, Ginevra, & Soresi, 2014)뿐만 아니라 용기, 협력, 연대의 역할에 대한 인식에도 주의를 기울인다.

우리가 주목하고자 하는 것은 이러한 측면들뿐만 아니라 일반적으로 격한 언어 사용 및 의사소통에 어려움을 가진 개인, 위임과 수동적 경향을 보이는 개인들에게 권장되는 질적 절차이다.

3. 장애를 가진 사람의 적응성, 생애주제, 희망, 용기를 위한 질적 절차

생애설계 접근법과 진로구성이론에서 최근 몇 년간 생애설계 상담에 특별히 적용되는 소수의 기법과 도구가 약간의 개정을 거쳐 감각·운동·지적장애를 가진 개인에게 사용될 수 있음을 보여 주었다. 그러한 도구 중에 가장 흥미로운 것은 진로이야기, 적응성, 생애주제, 희망, 용기 같은 측면을 고려한다는 점이다.

1) 적응성 및 생애주제에 대한 진로이야기와 내러티브

다양한 장애를 가진 개인들과 상호작용할 때 사용할 수 있고 타당성이 입증된 도구는 진로스타일 인터뷰(Career Style Interview: CSI)이다(Savickas, 2011). 진로스타일 인터뷰는 내담자가 말하는 이야기 속에서 생애구성(역할들), 적응전략, 동기, 성격 유형에 관한 정보를 모은다. 파도바(Padova) 대학교의 장애 서비스 연구 센터: 재활 및 통합에서 수행된 연구는 진로스타일 인터뷰가 경도 지적 장애를 가진 개인들에게 성공적으로 사용될 수 있음을 보여 주었다(Santilli, 2014).

사람들의 삶에서 중요한 주제를 도출하도록 도울 수 있는 진로내러티브를 자극하기 위해 '속담, 모토, 사상 카드'를 제안할 수 있다(Soresi & Nota, 2010). 200개 이상의 카드가 미래와 계획에 대한 개인적 인식에 영향을 줄 수 있는 개인적 측면에 대한 성찰을 자극한다. 내담자의 관심과 문제를 토대로 진로실무자는 구체적인 카드를 선택할 수 있다. 예비 선택은 일부 속담이나 모토의 의미를 완전히 이해할 수 없는 지적장애를 가진 개인과 작업할 때 특히 중요하다(Santilli, 2014). 선택된 카드(최소 10개에서 최대 50개)는 다음과 같은 주제와 연합될 수 있다. ① 내적 통제/외적 통제(예: '뭔가 하고 싶다면 직접 하라' '모든 사람은 자신의 운명의 건축가이다' '인간은 일을 계획하지만 신은 성패를 가르친다'), ② **주장성/수동성**(예: '불운은 한꺼번에 닥친다' '마지막 말은 내 것이다' '당신이 그렇게 생각한다면 당신이 옳다' '침묵하라!'), ③ **외향성/내향성**(예: '저자를 찾아서' '침묵은 찬성이다'), ④ **결정/미결정**(예: '이것저것 너무 많은 일에 손대다' '조건과 이의 없이'), ⑤ **대처 전략**(예: '일과 사생활 혼동하기' '일찍 일어나는 새가 벌레를 잡는다' '토끼와 함께 달리고 사냥개와 함께 사냥한다' '장벽은 무너지게 되어 있다'), ⑥ **자기주장/자기결정**(예: '실현하다' '비켜라' '흰 까마귀 되기' '내 이름은 본드, 제임스 본드이다' '상황이 어려워지면 강한 사람은 더 강해진다'), ⑦ **낙관주의/비관주의**(예: '돌이킬 수 없는 결심을 하다' '바람보다 먼저 항해하다' '전속력으로 이동하기 위해' '임무는 불가능함' '예스, 우리는 할 수 있다'), ⑧ **자신감과 희망**(예: '굉장한 생각' '난쟁이보다 곡예사라고 믿는 것이 낫다' '모험을 하지 않으면 아무것도 얻을 수 없다')이 그것이다. 그 사람에게 가장 적합한, 적합하지 않은, 약간 적합한 속담이나 격언을 선택한 후에 진로 실무자는 중요한 사건, 중요한 타자, 두려움, 확실한 것과 불확실한 것들에 대해 점검할 수 있다.

2) 희망

반복적으로 이야기했듯이, 진로상담 활동은 개인의 인적 자원과 강점에 자신감을 불어넣고 미래에 대한 긍정적인 비전을 촉진해야만 한다. 특히 진로 실무자가 장애물, 장벽, 언어장애, 직업적 가능성에 대한 피상적이고 정형화된 관점에 직면한 사람들과 작업할 때 그렇다. 이런 상황에서 희망 그리고 성과와 목표 달성의 가능성을 높이는 동기(Snyder, 2000)에 특별히 주의를 기울이는 것이 중요하다. 이러한 이유로 질적 절차의 사용이 장려된다. 보통 우리는 사람들에게 그들과 그들의 미래를 표상하는 방법을 특징짓는 긍정적이고 희망찬 생각을 기술하도록 요청한다(Capozza & Ginevra, 2014). 로페즈, 치아렐리, 코프먼, 스톤과 와이엇(Lopez, Ciarlelli, Coffman, Stone, & Wyatt, 2000)에 의해 수행된 이 작업은 〈표 25-1〉에 요약한 '희망과 꿈에 대하여'라

표 25-1   희망과 꿈에 대한 인터뷰

- 당신의 직업적 미래에 대한 희망을 적거나 말해 주실 수 있나요?
- 우리가 사는 동안 미래에 대해 다른 목표를 찾거나 수립할 수 있습니다. 목표는 필요한 혹은 정말 원하는 어떤 것을 사기 위해 충분히 돈을 모으는 것 같은 단기 목표를 추구하는 것일 수 있습니다. 또한 학업 과정 완수, 직업에 대한 학습, 새로운 가정을 시작하는 것 등과 같은 장기적인 일과 관련될 수도 있습니다.

당신에게 가장 중요한 목표는 무엇입니까?

중요한 목표를 달성하기 위해 당신이 완수했거나 현재 하고 있는 것을 설명해 주는 최근의 사건이나 사실을 요약해 주세요. 예를 들면, 어떤 사람에게 가장 중요한 목표는 아버지와의 관계를 향상시키는 것이고, 이 목표를 달성하기 위해 그는 아버지와 최근에 대화를 나누었던 것을 설명할 수 있습니다.

당신의 목표와 목표를 달성하기 위해 최근에 했던 것을 설명할 때 약간의 세부사항을 추가하세요. 당신의 가장 중요한 목표가 무엇인지와 왜 그것이 그렇게 중요한지에 대해 이야기함으로써 '당신의 이야기'를 시작할 수 있습니다. 이후 일어난 사건 및 그것과 목표와의 관련성, 어디서 일어났고, 누가 관련되었으며, 당신이 가졌던 생각, 감정, 행동을 설명함으로써 당신의 이야기는 계속될 수 있습니다. 마침내 당신은 이것이 당신과 당신의 미래 삶에 가지는 의미를 설명할 수 있습니다.

당신이 완수했거나 참여하고 있는 것, 자신의 생각, 느낌, 행동을 기술하는 최근 사건이나 사실을 요약하세요. 그러면 당신은 이것이 당신과 당신 미래의 삶에 가지는 의미를 기술할 수 있습니다.

는 우리의 인터뷰에 영감을 주었다(Soresi, 2013). 제공된 답변은 미래에 대한 희망, 사람들이 일어나길 원하는 사건과 관련된 이유, 삶과 직업의 궤적을 결정하는 단기적 · 중기적 · 장기적 목표를 탐색하는 능력 그리고 그것들을 달성하기 위한 유용한 전략들을 찾으면서 분석될 수 있다.

3) 용기

현재의 직업환경은 미래에 대한 긍정적인 관점뿐만 아니라 가혹하고 복잡한 현실에 대처할 능력을 필요로 한다. 근로자들은 점점 그들의 직업적인 열망과 맞지 않는 직책을 가지도록 요청을 받고 있다. 더욱이 현재의 직업 맥락에서 부패, 불법적 고용, 노동 착취, 사업 실패 같은 현상들이 발생하고 있다. 도전은 용기 내는 사람들의 희망을 '무장시킬' 필요성에 대해 강조한다. 용기 있는 행동을 위해서 먼저 개인적인 두려움이나 불확실성을 극복하고, 위험이 있음에도 불구하고 공동의 이익을 위해 일부 행동에 참여하려는 동기가 필요하다(예: 범죄와 싸우기, 불공평에 대해 항의하기, 적극적인 시민 행동에 참여하기; Hannah, Avolio, & Walumbwa, 2011).

카포자와 지네브라(Capozza & Ginevra, 2014)의 제안을 검토해 보면, 진로상담 활동에서 용기의 역할을 강조하는 것은 중요하다. 대개 본질상 심리적 장벽에 직면해야만 하는 장애를 가진 사람들을 포함할 때 더욱 그렇다. 그래서 우리는 이런 측면에 주의를 기울이는 데 도움이 되는 문헌상의 제언을 기술하기로 했다. 예를 들어, 용기 인터뷰(Muris, 2009)에서 용기에 대해 정의한 후("용기는 두려움에도 불구하고 어떤 것에 맞서는 것이다") 인터뷰 대상자들은 다음의 질문에 대해 대답하였다. "이런 용기 있는 상황에 대해 말해 줄 수 있나요?" "당신은 이 상황에서 얼마나 용기 있다고 생각하는지 1~9점 사이의 점수로 표현해 주세요." 참여자들의 대답은 개인을 강화하기 위한 용기 있는 행동을 강조하거나, 신체적 위험이 있는 행동의 실행이나 두렵고 무서운 경험을 다루는 방법을 성찰하는 데 도움을 주거나, 비슷한 어려움을 겪는 다른 사람들을 돕기 위한 고통스러운 치료로 논의될 수 있다(Capozza & Ginevra, 2014).

다른 예시는 근로자의 용기를 발견하기 위해 그들의 이야기를 자극하는 코너(Koerner, 2014)의 연구에 제공되어 있다. 저자는 참여자에게 개인적으로 혹은 다른 사람에게서 용기를 경험했던 것을 기술하도록 부탁하였다. 또한 그런 경험을 했을 때의 상황, 관련된 사람, 감정과 정서, 중요성과 결과를 기술하도록 하였다. 마지막으로 저자는 참여자들이 기술한 행동과 관련된 용기의 정도를 4점 리커트 척도로 평가하도록 하였으며 그 점수를 준 이유를 간단히 설명하도록 하였다. 응답을 분석하는 것은 결과에 대한 두려움과 불확실성의 존재, 인내가 필요하다고 보는 경향, 장애물에 대처하는 능력, 특히 힘이 있는 사람들이 새롭고 창의적인 아이디어를 가지고 다른 사람의 입장에 서기와 같은 수많은 용기의 측면을 강조하였다.

앞에 기술된 도구들은 진로상담에 장애를 가진 개인이 적극적으로 참여하도록 한다. 더욱이 그 도구는 모든 사람이 개인적 차이를 배울 수 있는 소집단 환경에서 사용될 수 있다(Soresi & Nota, 2010).

4. 장애를 가진 사람의 진로구성을 촉진하기 위한 맥락의 관여

장애에 대한 심리사회적 관점, 직업의 정체성에 대한 구성주의 접근, 미래 계획에 대한 생애설계 접근은 사회적 · 직업적 포용 활동을 통한 '미래를 위한 프로젝트 수행'을 위해 맥락에 부여된 중심 역할을 인식하였다. 우리는 진로상담 활동이 다양한 사람을 직업에 포함시키고자 하는 목표와 분리될 수 없다고 생각한다. 이런 이유로 한편에서는 장애를 가진 사람들이 자신의 특수함, 기대, 바람을 보여 줄 수 있는 도구가 필요하고, 다른 한편으로는 부모, 고용주, 동료와 이 프로젝트에 호의적인 관심을 보이는 모든 사람의 참여가 필요하다.

1) 고용주와 동료의 협력에 대한 생각, 태도, 관심

고용주와 동료들을 고려하면 직업 포용에 대한 그들의 생각과 태도에 주의를 기울이는 것은 중요하다(Nota, Santilli, Ginevra, & Soresi, 2013). 길브리드, 스텐스루드, 반 데르구트와 골든(Gilbrid, Stensrud, Vandergoot, & Golden, 2003)은 장애보다는 다양성, 직업의 유연성, 근로자의 요구, 개인화와 성과에 초점을 맞추도록 제안하였다. 게다가 근로자와 고용주가 더 만족하기 위해 직업 포용의 자질을 모니터하고 감독하는 것, 훈련 기회, 지역사회 서비스와 협력하는 역할에 초점을 맞추는 것이 중요하다.

〈표 25-2〉에 장애를 가진 사람들에 대한 포용을 찬성하기 위해 고용주와

표 25-2) **직업적 포용에 대한 긍정적인 성찰을 자극하기 위한 제안**

장애를 가진 근로자를 소개합니다.

　C. F. 씨는 지적 장애와 읽기 및 이해의 어려움에도 불구하고 기계 과정에 등록하여 직업 훈련 학교에 다닐 수 있었습니다. 교사들은 그를 체계적이고 끈질기며 우호적인 관계를 맺었다고 설명했습니다. 그는 금속가공회사의 창고관리인으로서의 직업 경험을 가지고 있습니다. 불행하게도 경제적 위기로 인해 그 회사가 파산하고 전 직원이 해고되었습니다.

　C. F. 씨는 금속가공회사에서의 경험을 즐겁게 회상하는데, 그 이유는 감독으로부터 찬사를 받았고, 그 기간에 관계를 맺기 시작했기 때문입니다. 그의 상관들은 그를 믿을 수 있고, 시간을 잘 지키는 착실한 사람이라고 묘사했습니다. 또한 그에게 일임된 간단한 업무를 정확하게 처리했다고 하였습니다. 특히 그는 창고에서 일부 생산품의 출고 단계에서 포장하고 확인하고 검수하는 일을 하였습니다. 시간이 지나면서 수행의 정확성이 향상되었고 업무 실행 시간이 점차 단축되었습니다. 그가 가장 좋아했던 일은 (A)이었고, 특히 그의 동료들은 (B)를 위해 그를 찾았습니다.

※ 진로실무자는 (A)에 그가 선호하는 활동을, (B)에 동료들이 그의 도움과 지원을 필요로 했던 특정행동을 기록한다.

　당신의 회사에서 C. F. 씨가 처음에 수행할 수 있는 활동들은 무엇입니까?
　C. F. 씨가 독립적으로 일하기 위해 어떤 업무를 배워야 할까요?
　누가 그를 감독하고 지원할 수 있을까요?
　C. F. 씨는 어떻게 당신의 자원이 될 수 있을까요?
　직장이 C. F. 씨를 포용하도록 누가 지원할 수 있을까요?

의 협력을 시작하면서 통상적으로 사용하는 인터뷰를 요약하였다. 무엇보다도 장애를 가진 근로자에 대한 주의를 끌기 위해 부정적 태도와 낮은 기대를 야기하는 진단명과 문제를 나타내는 용어를 피하면서 그런 근로자의 강점, 그들이 할 수 있는 것, 그들의 관심, 그들이 학습하는 것 등에 대해 강조한다(Nota et al., 2013).

장애에 대한 심리사회적 관점과 포용 모델에서는 고용 가능성, 진로 준비도, 위기와 어려움 관리를 강화할 수 있는 연대와 협력을 고려해야 한다고 제안한다. 사실 하위 집단을 만들어 내고 경쟁적 역동을 강화시키는 맥락에서도 다른 집단과 조화롭게 목표를 추구하는 능력인 협력을 필요로 한다. 타일러와 블레이더(Tyler & Blader, 2013)는 협력 수준이 낮은 사람들은 이기적이고 집단을 하나의 실체로 고려하지 않는 경향이 있다고 주장하였다. 반대로 협력 수준이 높은 사람들은 집단의 복지를 촉진하고, 공동 목표를 성취하려는 경향이 있다. 일의 맥락에서 협력은 강제적인 것과 자유재량에 의한 것의 형태로 구분하는 것이 가능하다. 강제적인 협력은 사람들이 규범과 사회적 역할에 따라 행동할 때 나타나고, 자유재량에 의한 협력은 개인적인 역할과 관계없이 협력적인 방식으로 행동할 때 나타난다. 계획된 직업 업무가 아닐 때라도 지지하고 다른 방식으로 설명하고 도움을 주는 것은 자유재량에 의한 협력의 형태이다. 많은 고용주와 근로자가 자유재량에 의한 협력을 촉진하고 지지할수록 많은 사람은 이질성을 실제적 자원으로 전환할 수 있고 포용적인 맥락이 될 수 있다. 이와 일관되게 〈표 25-3〉에 제시된 촉진질문들은 협력적 작업환경을 만들기 위해 다른 사람보다 협력적인 사람을 확인하는 데 사용할 수 있다.

오늘날 수백만 명의 사람, 특히 장애를 가진 사람들에게 영향을 미치는 사회적 비극은 고용 부족이다. 이것은 종종 내담자가 직업을 찾고 유지할 가능성에 대한 부정적인 기대에 전염되어 있는 전문가들 사이에서 장애에 대한 부정적인 고정관념을 계속해서 확산시키고 있다(Santilli et al., 2014).

우리는 그런 상황을 극복하고 장애를 가진 사람들에게 부유하고 풍요로운

표 25-3 협력에 대한 성찰을 촉진하는 제안

직원/동료 및 협력해 온 업무에 대해 생각해 보세요. 당신은 사용 가능한 100개의 '협력' 토큰을 가지고 있고, 중요한 목표를 추구하는 데 그들이 얼마나 도움이 되는지에 따라 토큰을 사람들에게 나누어 주세요.

만약 당신이 적극적으로 협력하고 있다면 토큰이 할당되는 사람들 사이에 당신을 포함할 수 있습니다.

각 사람에게 얼마나 많은 토큰이 수여되었나요? 왜 그랬나요?

목표를 추구하는 데 그들 각각은 무슨 역할을 하나요?

그들이 각자 보여 준 기술은 무엇인가요?

협력은 어떤 이점을 이끌었나요? 협력을 어떻게 불러일으킬까요?

협력을 향상시키기 위해 당신은 얼마나 투자했나요?

직업적 삶을 보장하기 위해 포용 모델과 참여의 가치를 언급할 필요가 있다. 우리는 진단명을 넘어서야만 한다. 오늘날 진단명은 부정적인 요소가 많고, 결핍과 특별한 요구 및 의사소통 과정에 특별히 불이익이 초래될 거라는 것을 강조하고, 흥미로운 능력과 특성을 확인하는 것에 거의 초점을 맞추지 않게 한다(Soresi et al., 2013). 또한 개인, 그들의 꿈, 관심사, 희망 그리고 그들의 직업적 삶의 구성을 사용할 수 있는 전략에 목소리를 부여하는 것이 필요하다(Ferrari et al., 출간 중; Nota et al., 출간 중; Savickas et al., 2009). 그것은 지원을 증가시키고 장벽을 감소시키기 위해 가족과 일의 맥락을 포함함으로써 개인 자신이 가장 원하는 것을 깨닫도록 돕는 것만큼이나 중요하다.

또한 우리는 제안된 도구들이 포용과 장애의 이슈 및 진로구성과 생애설계 같은 현재의 이슈 모두에 준비된 '미래의 진로 실무자'가 되기 위해 필요하다는 것을 강조하고 싶다. 진로 실무자들은 현 시점에서 중요한 차원을 강조할 수 있어야만 한다. 특히 그들은 직업적 계획이 실현될 수 있는 포용적인 맥락을 만들기 위해 일하면서 장애를 가진 사람들의 편익을 위해 행동해야만 한다. 다시 말하면 그들은 변화의 주체 및 성찰과 포용의 촉진자로서 행동해야만 할 것이다.

참고문헌

Capozza, D., & Ginevra, M. C. (2014, May). *"Encourage" the courage in the activity of counseling*. Paper session presented at the Seminar on Future Counseling, Padova.

Dunn, D. S., & Burcaw, S. (2013). Disability identity: Exploring narrative accounts of disability. *Rehabilitation Psychology, 58*(2), 148–157.

Ferrari, L., Sgaramella, T. M., & Soresi, S. (in press). Disability and work: A difficult but possible association. Contribution and challenges of life design. In L. Nota & J. Rossier (Eds.), *Life design and career counseling*. Göttingen, Germany: Hogrefe.

Gilbride, D., Stensrud, R., Vandergoot, D., & Golden, K. (2003). Identification of the characteristics of work environments and employers open to hiring and accommodating people with disabilities. *Rehabilitation Counseling Bulletin, 46*(3), 130–137.

Hannah, S. T., Avolio, B. J., & Walumbwa, F. O. (2011). Relationships between authentic leadership, moral courage, and ethical and pro-social behaviors. *Business Ethics Quarterly, 21*(4), 555–578.

Koerner, M. (2014). Courage as identity work: Accounts of workplace courage. *Academy of Management Journal, 57*, 63–93.

Lopez, S. J., Ciarlelli, R., Coffman, L., Stone, M., & Wyatt, L. (2000). Diagnosing for strengths: On measuring hope building blocks. In C. R. Snyder (Ed.), *Handbook of hope* (pp. 57–84). San Diego, CA: Academic.

Moretti, E. (2012). *The new geography of jobs*. Boston, MA: Houghton Mifflin Harcourt.

Muris, P. (2009). Fear and courage in children: Two sides of the same coin? *Journal of Child and Family Studies, 18*(4), 486–490.

Nota, L., Ginevra, M. C., & Santilli, S. (in press). Life Design and prevention. In L. Nota & J. Rossier (Eds.), *Life design and career counseling*. Göttingen, Germany: Hogrefe.

Nota, L., Santilli, S., Ginevra, M. C., & Soresi, S. (2013). Employer attitudes towards the work inclusion of people with disability. *Journal of Applied Research in Intellectual Disabilities, 7*, 511-520.

Nota, L., Soresi, S., & Ferrari, L. (2014). What are emerging trends and perspectives on inclusive schools in Italy?. In J. McLeskey, N. L. Waldron, F. Spooner, & B. Algozzine (Eds.), *Handbook of effective inclusive schools. Research and practice* (pp. 521-534). London, England: Routledge.

Nota, L., Soresi, S., Ferrari, L., & Ginevra, M. C. (2014). Vocational designing and career counseling in Europe: Challenges and new horizons. *European Psychologist, 19*(4), 248-259. doi: 10.1027/10169040/a000189

Santilli, S. (2014, May). *Il couneling oltre le etichette. [Counseling beyond the labels].* Il counseling del futuro, Padova.

Santilli, S., Nota, L., Ginevra, M. C., & Soresi, S. (2014). Career adaptability, hope and life satisfaction in workers with intellectual disability. *Journal of Vocational Behavior, 85*(1), 67-74.

Savickas, M. L. (2011). *Career counseling.* Washington, DC: American Psychological Association.

Savickas, M. L., Nota, L., Rossier, J., Dauwalder, J. P., Duarte, M. E., Guichard, J., Soresi, S., Van Esbroeck, R. V., & van Vianen, A. E. (2009). Life designing: A paradigm for career construction in the 21st century. *Journal of Vocational Behavior, 75*(3), 239-250.

Serres, M. (2012). *Petite poucette.* Paris, France: Le Pommier.

Shogren, K. A. (2013). Considering context: An integrative concept for promoting outcomes in the intellectual disability field. *Intellectual and Developmental Disabilities, 51*(2), 132-137.

Snyder, C. R. (Ed.) (2000). *Handbook of hope: Theory, measures, and applications.* San Diego, CA: Academic.

Soresi, S. (2013, June). Helping people build their future. In M. Watson (Chair), *About the future.* Symposium conducted at the meeting of Life Design Research Group, Padova.

Soresi, S., & Nota, L. (2010). Alcune procedure qualitative per il career counseling [Some qualitative procedures for career counseling]. In L. Nota & S. Soresi

(Eds.), *Sfide e nuovi orizzonti per l'orientamento. Metodologie e nuove pratiche* (pp. 100–135). Firenze, Italy: Giunti O.S.

Soresi, S., Nota, L., Ferrari, L., & Sgaramella, T. M. (2013). Career development and career thoughts. In M. L. Wehmeyer (Ed.), *Oxford handbook of positive psychology and disability*. Oxford England: Oxford University Press.

Tyler, T., & Blader, S. (2013). *Cooperation in groups: Procedural justice, social identity, and behavioral engagement*. Oxon, England: Psychology Press.

Watson, M., & McMahon, M. (2014). Making meaning of quantitative assessment in career counseling through a storytelling approach. In G. Arulmani, A. J. Bakshi, F. T. L. Leong, & T. Watts (Eds.), *Handbook of Career Development* (pp. 631–644). New York, NY: Springer.

제**26**장

취약한 개인에 대한 질적 진로평가
–다중 건강장애를 가진 개인을 위한 적용–

TERESA M. SGARAMELLA, LEA FERRARI and
MARIA CRISTINA GINEVRA

1. 도입

직업세계의 변화는 진로 상담자에게 최신의 변화 추세와 보조를 맞추고 관련성을 유지하기 위해 자신의 실무에 대해 성찰할 것을 요구한다. 진로 상담자는 직접적이고 적극적으로 내담자를 참여시키고 그들의 요구를 세밀하게 이해하고 다룰 필요가 있다.

게다가 진로 상담자는 신경장애나 정신장애같이 잘 알려진 어려운 생활조건 외에도 새롭게 부상하고 종종 발생하는 조건인 식이장애, 물질사용장애 같은 쪽에도 주의를 기울여야 한다. 역학연구에서 점점 수많은 사람이 다원적인 건강장애를 경험하고 있다는 것을 보여 주고 있지만, 진로 실무자들은 미래에 이러한 어려움을 가진 내담자를 만날 가능성과 생애설계나 미래의 계획에 대한 그들의 질문을 다룰 준비를 해야 한다는 것을 잘 인식하지 못하고 있다(Adams, 2009; Hall, Fong, Yong, Sansone, Borland, & Siahpush, 2012).

여러 질적 접근법은 질적 진로평가에 대한 관심, 특히 개인적 내러티브에서 패턴 혹은 주제를 찾고 내담자 삶의 맥락이라는 현실에서 삶의 이야기를 설계하는 것이 서로 관련되어 있다는 것을 인식하고 있다(예: Savickas et al., 2009; Watson & McMahon, 출간 중). 이 장에서는 주로 정체성 구성과 미래 시간과 관련된 관점에서 해체, 재구성, 공동구성 절차를 활성화하기 위해 내러티브 절차와 주제 및 새로운 의미의 확인을 강조하는 생애설계(Savickas et al., 2009)를 언급할 것이다.

정체성과 관련하여 자기구성은 개인과 환경 사이의 상호작용 결과이고, 진로구성은 결국 자기를 표현하는 것이며, 새로운 경험과 역할 모델로 인해 계속 수정해야 한다(Savickas et al., 2009). 과거, 현재, 미래의 사건 간의 연결성에 대한 감각(Savickas, 1997)은 많은 진로 관련 선택(Hesketh, 2000)뿐만 아니라 장기 진로목표와 전략의 계획에 포함된 가치(de Bilde, Vansteenkiste, & Lens, 2011)에 영향을 미친다. 이 장에서 이런 조건이 개인의 진로와 생애설계에 미치는 영향을 이해하기 위해 우리는 질적 진로평가 연구와 그것의 기여에 초점을 맞출 것이다. 우리는 처음에 식이장애를 다루고 이후에 물질사용장애를 다룰 것이다.

2. 식이장애

신경성 식욕부진(anorexia nervosa), 신경성 폭식증(bulimia nervosa), 폭식증(binge eating) 같은 식이장애(Eating Disorders: EDs)는 식이와 관련된 부적절한 행동군으로 특징짓는다. 그것의 다양한 원인은 아직 불명확하다. 세계 정신건강 조사 계획(World Mental Health Survey initiative: ESEMeD-WMH)의 프로젝트 중 일부인 정신장애 역학연구에서 수집된 유럽의 자료를 보면 신경성 식욕부진증(거식증), 신경성 폭식증, 폭식장애, 한계점 이하의 폭식장애, 특정 종류의 폭식 같은 식이장애의 평생 유병률 추정치는 각각 0.48%, 0.51%, 1.12%, 0.72%, 2.15%였다(Preti et al., 2009). 미국 인구에 대한 최근 추정치는 0.6~4.5%이다(Hudson, Hiripi, Pope, & Kessler, 2007). 좀 더 지적이고 사회
적이며 인기 많은 사람이 매력적이라고 생각되며(Bell, 2012), 그런 사람들은
취직이 더 잘되고 직업에서 더 성공하는 것처럼 보인다(Bell, 2012; Fletcher,
2009). 날씬하고 매력적이게 되라는 압력은 여자 청소년이 식이장애의 위험
에 노출되게 한다(Sabik & Tylka, 2006).

1) 식이장애에 대한 질적 연구에서의
정체성, 직업적 정체성 및 미래 지향 이슈

식이장애에서 정체성에 대한 연구는 주로 사회적 정체성과 여성주의 정체
성에 초점을 맞춰 왔다. 사회정체성이론에 기반한 연구(Tajfel, 1982)에서는
여성들이 여러 사회적 맥락에서 자신의 정체성을 오점으로 인식하고, 그들
중 일부는 거식증을 홍보하는 친거식증 웹사이트(pro-ana websites)에 가입
하여 식이장애라는 내집단 정체성을 새롭고 긍정적으로 받아들인다는 것을
강조한다(Giles, 2006; Rich, 2006). 이스온과 켄트(Ison & Kent, 2010)는 8명의
젊은 여성과 반구조화 인터뷰를 수행한 후 해석적·현상학적 방법으로 분석
하였는데(Smith & Osborn, 2003), 그들의 사회적 정체성은 3가지 주요 주제를
중심으로 전개되었다. ① 사회적 정체성의 이동, 즉 찬반양론에서 정신적으
로 아픈 것으로 받아들이면서 장애가 진행되는 동안에 나타나는 변화, ② 그
들이 다른 사람에게 어떻게 인식되는지에 대한 감정과 가족, 친구, 전문가에
게 장애를 노출하는 것의 어려움을 나타내는 외집단 인식과 영향, ③ 그들이
장애를 바라보는 방식뿐만 아니라 비슷한 장애를 가진 다른 사람들에게 제
공하는 지지와 이해를 나타내는 내집단 인식으로서 식이장애가 그것이다.

여성주의 정체성에 대한 연구에서는 식이장애가 마른 것에 대한 알아차
림의 부족과 긍정적인 신체 이미지와 연합되었다는 것을 보여 준다(Murnen
& Smolak, 2009). 식이장애에 대한 보호 역할을 하는 것은 역량 강화와 적극
적인 참여(Sabik & Tylka, 2006) 및 자기효능감 신념(Kinsaul, Curtin, Bazzini, &

Martz, 2014) 같은 삶에서의 행동과 통제를 포함하는 특정한 정체성 구성요소이다. 이 연구는 문제에 대한 승인과 불승인을 오가는 개인적이고 사회적인 복잡한 요인군을 제시하였다. 이와 관련하여 패칭과 롤러(Patching & Lawler, 2009)는 식이장애에서 회복 중인 20명의 호주 여성과 생애사 인터뷰를 하였고, 그들이 질병과 회복 경험에 두는 의미가 다음의 3가지 주요 주제에 초점을 둔다는 것을 발견하였다. ① 자신의 삶에 대한 통제감을 느끼고 삶의 활동에 참여한 덕분에 그것을 재발견할 수 있다, ② 갈등을 해결하고 삶의 기술 개발을 통한 평온감과 가족과 친구와의 연결감을 발견한다, ③ 직업에서 새롭고 자기결정적 참여를 통해 자기감각과 고유한 정체성을 재발견한다는 것이다. 분석 결과를 요약하면, 정체성 이슈가 생애설계와 관련하여 역할을 수행하고 회복 과정에 중요하게 기여하는 것으로 명확하게 나타났다.

언뜻 보면 진로이슈가 중심 역할을 하는 것처럼 보이지 않을지라도 식이장애는 진로구성에 강력하게 영향을 미친다. 환경적 제한(예: 치료로 인한 오명, 편견, 결석)과 함께 인지적 기능, 신체적인 힘과 지구력, 심리사회적 기술에서의 제한(예: 효능감 신념, 사회적 기술) 같은 개인적 요인들은 진로탐색 행동 감소, 고려할 수 있는 선택 범위 제한, 연구와 직업 생활에 참여를 제한할 수 있다(Tsitsika, Tzavela, Apostolidou, Antonogeorgos, Sakou, & Bakoula, 2013).

식이장애를 가진 사람들에게 성공적으로 사용되는 질적 진로평가 도구는 식이장애를 가진 사람들과 관련된 진로이슈를 강조한다. 여기에는 여성이 가지고 있는 여러 걱정, 걱정이 일어날 가능성, 걱정이 야기할 스트레스의 강도와 양을 탐색하는 것에 목적을 두는 재앙화 인터뷰(catastrophizing interview; Vasey & Borkovec, 1992)가 포함되고, 나타나는 주제를 명료화하는 것을 목표로 하는 귀납적 방식인 주제 분석(Braun & Clarke, 2006)을 포함한다. 예를 들어, 슈테른하임과 동료들(Sternheim et al., 2012)은 재앙화 인터뷰를 통해 식이장애를 가진 45명의 젊은 성인과 식이장애가 없는 젊은 성인의 걱정을 탐색하였다. 그들의 분석에 따르면, 식이장애가 없는 사람들에게는 진로에 대한 걱정이 가장 컸고, 식이장애를 가진 사람들에게는 진로에 대한 걱정이 식이장애 자체에 대한 걱정 다음으로 나타나는 두 번째 걱정이었다. 유사하게 브라운과 크락은 질적 주제 분석을 사용하여 식이장애가 없는 54% 와 식이장애를 가진 28%에서 언급된 진로걱정은 주로 일(즉, 자신이 직무를 잘 수행할 수 없거나 승진할 수 없을 것 같음)과 교육(즉, 과정을 끝마치지 못하고, 시험에 합격하지 못하여 진로에서 진전을 만들지 못하는)을 언급한다는 것을 발견하였다. 음식에 대한 강박이 줄어들기 시작할 때 그들의 에너지와 시간이 다시 성공적으로 진로이슈 쪽으로 향할 수 있다(Sonnenberg & Chen, 2003).

3. 물질사용장애

물질사용장애(Substance Use Disorders: SUDs)는 약물 중독 및 알코올과 다른 물질 사용과 남용을 포함한다. 물질 사용 남용과 관련된 물질 사용의 비적응적인 방식은 임상적으로 중요한 손상 혹은 스트레스로 이끌고, 결국 직업, 학교 혹은 집에서 중요한 역할을 수행할 수 없게 만든다(DSM-5; American Psychiatric Association, 2013). 유럽 약물 및 약물 중독 감시센터(European Monitoring Centre for Drugs and Drug Addiction: EMDDA, 2014)의 최근 보고에 따르면, 전 유럽을 통틀어 1,210,000명 이상이 물질 사용 결과에 대한 개입을 요청하거나 개입 중인 것으로 나타나고 있으며, 40세 이하가 70% 이상을 차지한다. 이 상황은 가족, 교육과 경제 체계를 포함한 사회 기관에 심각한 부담으로 자리 잡고 있다(Birnbaum, White, Schiller, Waldman, Cleveland, & Roland, 2011; Slaymaker & Owen, 2006).

1) 물질사용장애에 대한 질적 연구에서의 정체성, 직업적 정체성 및 미래 지향 이슈

정체성 이슈는 물질사용 문헌에 나타난 관련 주제이다. 정체성은 변화를 유지하고(Moos & Moos, 2007; White & Cloud, 2008), 총체적인 삶의 과정 접근으로 치료하기 위한 중요한 변인으로 이해된다(Toriello, Bishop, & Runrill, 2012).

질적 연구에서 물질사용장애를 가진 사람들의 사회적 정체성은 피곤함, 질병, 일탈, 위험함, 게으름, 의지 부족과 함께 주사 약물 사용으로 특징짓는 정체성인 '마약중독자' 정체성과 유사하게 발달된다. 마린스, 피츠제럴드와 스레드골드(Malins, Fitzgerald, & Threadgold, 2006)는 14명의 약물 사용 여성을 인터뷰하여 그들은 자신이 '마약중독자'처럼 보일까 봐 의도적으로 처치에서 탈락하는 등의 회피 전략을 사용한다는 것을 발견하였다. 그들 자신을 '마약중독자' 범주에서 배제하는 것은 불명예스러운 정체성에 대한 정보를 조심스럽게 다루도록 돕는다(Radcliff & Stevens, 2008).

덧붙여 매킨토시와 맥케가니(McIntosh & McKeganey, 2000)는 70명에 대한 반구조화 인터뷰 결과를 분석하여 비중독 정체성을 형성하는 것은 3가지 핵심 영역에 초점을 맞추고 있음을 발견하였다. ① 약물 사용 생활양식에 대한 재해석, ② 자기감에 대한 재구성, ③ 회복에 대한 설득력 있는 설명 제공이 핵심 영역이다.

오랜 약물 중독력이 있는 38명의 집단[헤로인 중독: 27명, 코카인 중독: 11명, 평균 나이 34.82세(SD=8.47)]에서 시간 조망(Time Perspective: TP)을 연구하기 위해 디마지오, 지네브라, 노타(Di Maggio, Ginevra, & Nota, 2013)에 의해 최근에 개발된 반구조화 인터뷰(Nota & Soresi, 2007)가 사용되었다. 5년 후의 자신에 대해 생각하도록 요청했을 때 참여자 중 19명(50%)은 현재의 상황과 비교하여 미래의 변화 가능성에 대해 보고하였고, 미래 사건과 관련한 세부 사항을 구체화하였다(예: 난 내가 이미 알고 있는 지지적인 고용센터에서 일하고 있는 자신을 상상한다). 6명(15.8%)은 이전의 삶(일, 관계 등)으로 돌아가거나 코치 혹은 말 운전사 등 재활 프로그램에서 배운 직업을 계속하고자 하는 바람을 언급하였다. 11명(28.9%)의 참여자는 미래를 내다볼 수도 없었고, 중기적인 미래를 생각할 수도 없었다("나는 어디에도 없을 것이다." "모든 것이 암흑처럼 보인다.")，. 이와 유사하게 10년 후의 자신을 계획하도록 요청했을 때 나타나는 패턴은 눈에 띄었다. 전체적으로 볼 때 다른 최근 연구들과 일관되게 (예: Beenstock, Adams, & White, 2010; Sansone et al., 2013) 이 자료는 물질사용장애를 가진 사람들은 미래를 조망하는 데에서 어려움을 겪는다는 것을 확인해 주었다.

덧붙여 다양한 물질 남용의 개인력을 가진 젊은 성인 집단에서 삶의 영역 전반에 걸친 미래의 목표를 분석했을 때(Sgaramella, 2013), 그들의 대답은 정서적인 관계(약 24%), 자유시간에 할 수 있는 흥미 있는 활동(14%), 사회적 관계(14%)와 관련한 목표를 강조한다고 하였다. 그들의 우선순위는 삶에서 제한된 적극적이고 책임 있는 역할에 의해 특징짓는 독특한 패턴을 보여 준다. 더욱이 목록을 만들고 우선순위를 매긴 목표에 도달하는 데 몰두하는 정도와 유형을 다루는 몇 가지 개방질문을 했을 때, 그들의 대답은 목표에 적극적으로 전념하더라도 목표를 끈기 있게 추구하는 데 대한 자기신뢰와 구체적인 행동 및 필요한 전략에 대한 지식이 부족하다는 것을 강조하였다. 마지막으로 우선순위가 높은 목표의 의미를 직접적으로 질문함으로써 인터뷰는 목표에 대한 감각과 의미가 그들에게 분명하지 않았고 이것이 일이나 가족 관련 목표 같은 특히 장기 목표에 도달할 가능성에 영향을 미칠 수 있음을 강조하였다.

최근 다른 연구(Sgaramella, 2014)에서 물질사용장애를 가진 20명의 성인 (25~45세)들은 나의 진로영향요인 체계(McMahon, Watson, & Patton, 2013)라는 질적 진로성찰 소책자에 답하도록 요청을 받았다. 그들은 차근차근 시각적인 과정을 통해 커리어맵을 구성하고 진로발달에 대한 현재 영향요인군과 맥락적 영향요인군에 대해 성찰하도록 요구를 받았다. 과거, 현재, 미래에 대해 생각할 때 그들의 과거는 다른 체계로부터 사건과 영향요인으로 가득 했고, 그들의 현재에는 재활 프로그램 활동과 논의된 주제가 특징적으로 나타났다. 또한 내러티브에서 점진적으로 그들 중 절반 정도(47%)가 실직에 따르는 전환기에 반복적으로 직면했고(평균적인 변화 빈도는 3~5회), 건강한 동료보다 이미 그들의 직업 활동에서 더 많은 변화에 직면하는 것이 강조되었다. 전환기에 반응하고 새로운 상황에 적응하는 동안에 겪는다고 보고된 태도와 행동에는 무엇을 해야 할지 결정하고 환경을 통제하는 데에서의 어려움이 강조된다. 끈기 있고 지지적이며 기회를 잡을 준비가 되어 있는 성인은 드물었다.

활동을 하면서 구성된 나의 진로영향요인 체계에 대해 성찰한 후에 젊은 남성이 제공한 언급(Sgaramella, 2014)이 특징적이었고 다음을 강조하였다. "나는 과거보다 좋은 아버지가 된다는 것이 더 중요하다는 것을 깨달았어요. 나는 나의 진로영향요인 체계에 그것을 매우 강조했어요. 과거에는 불가능하다고 믿었지만 지금은 약물 없는 나의 삶을 상상할 수 있어요. 내 삶에 많은 것을 채우기 위해 나의 진로영향요인 체계에 많은 것을 채울 필요가 있어요……." 이런 말은 질적 성찰과정을 통해 이 젊은 성인이 그의 이야기를 이해하고 시각화하고 생애설계에서 새로운 에피소드나 단계를 위한 다음 장을 계획할 기회를 가졌다는 것을 강조한다.

4. 결론

연구의 초점과 강조점은 다르지만, 우리의 분석에서 보고된 질적 진로평가 연구는 정체성과 미래지향 이슈의 관련성을 이해하기 위해 질적 평가방법론이 유용하다는 것을 강조한다. 사실상 다중 건강장애를 가진 각 개인이 가진 걱정의 본질은 그들의 사회적 이미지, 자기와 대처기술에 대한 낮은 관심 같은 것이다. 회복 과정에 설정된 목표에는 사실상 자기존중감 향상, 신체 만족감, 문제해결 기술, 식이문제 극복을 위한 동기가 포함된다(Vanderlinden, Buis, Pieters, & Probst, 2007). 식이문제에 대한 관심이 줄어들기 시작할 때 진로이슈가 떠오르고 자신과 관련성이 있다고 생각한다.

반대로 물질 사용과 남용에 대한 연구들은 긍정적인 변화를 촉진하는 데 정체성 구성이 관련된다는 것을 좀 더 지지한다. 물질사용장애를 가진 각 개인이 새로운 비중독 정체성을 만들고 유지하는 데 성공하면 이런 활동을 줄일 가능성이 있고 심지어 아예 참여하지 않기도 한다. 정체성은 회복을 위한 자본, 예를 들어, 개인이 접근할 수 있는 개인적이고 사회적인 자원(Atherton & Toriello, 2012; Hser, Longshore, & Anglin, 2007)의 개발 및 안전한 행동, 절제, 금욕 등의 변화 유지에 결정적인 변인인 것처럼 보인다.

질적 진로평가 연구 결과에 따르면, 식이장애 및 물질사용장애를 다루는 진로 상담자는 기대 또는 삶을 고양시키는 대안을 억압하는 잘못된 생각을 지배하는 이야기를 확인하도록 도움으로써 내담자가 중독 정체성을 해체하는 데 적극적으로 참여하도록 도울 것을 제안한다. 작업은 새로운 비중독 정체성을 구성할 수 있게 할 것이다. 식이장애나 물질사용장애를 가진 개인들이 의도성을 개발하도록 돕는 것은 그들이 가능한 자기와 관련된 의도와 기대를 분명히 하도록 도울 수 있다(Savickas et al., 2009). 문제를 새로운 이야기 안에 놓고 새로운 관점으로 생각하고 수립된 정체성을 실현하기 위한 활동을 구체화하는 것은 미래 목표를 공동구성하도록 촉진할 것이다(Savickas et al., 2009).

미래에는 진로구성과 생애설계에서 주제와 세부적인 진로개입 목표를 깊이 이해하기 위해 질적 진로평가 절차를 사용하는 체계적 연구들이 필요할 것이다.

참고문헌

Adams, J. (2009). The role of time perspective in smoking cessation amongst older English adults. *Health Psychology, 28,* 529–534.

American Psychiatric Association. (2013). *Diagnostic and statistical manual of mental disorders* (5th ed.). Arlington, VA: American Psychiatric Publishing.

Atherton, W. L., & Toriello, P. J. (2012). Re-conceptualizing the treatment of substance use disorders: The impact on employment. In P. J. Toriello, M. L. Bishop, & P. D. Rumrill (Eds.), *New directions in rehabilitation counselling* (pp. 282-304). Linn Creek, MO: Aspen Professional Services.

Beenstock, J., Adams, J., & White, M. (2010). The association between time perspective and alcohol consumption in university students: Cross-sectional study. *European Journal of Public Health, 21*(4), 438-443.

Bell, M. P. (2012). *Diversity in organizations* (2nd ed.). Mason, HO: South Western Cengage Learning.

Birnbaum, H. G., White, A. G., Schiller, M., Waldman, T., Cleveland, J. M., & Roland, C. L. (2011). *Societal costs of prescription opioid abuse, dependence, and misuse in the United States. Pain Medicine, 12*(4), 657-667.

Braun, V., & Clarke, V. (2006). Using thematic analysis in psychology. *Qualitative Research in Psychology, 3*, 77-101.

de Bilde, J., Vansteenkiste, M., & Lens, W. (2011). Understanding the association between future time perspective and self-regulated learning through the lens of self-determination theory. *Learning and Instruction, 21*(3), 332-344.

Di Maggio, I., Ginevra, M. C., & Nota, L. (2013, June). *Adaptability, time perspective and hope in a group of drug addicted.* Paper presented at the international conference "Life Design and career counseling: Building hope and resilience", Padova.

European Monitoring Centre for Drugs and Drug Addiction (EMDDA). (2014). *European Drug Report 2014.* Retrieved from http://www.emcdda.europa.eu/edr2014

Fletcher, J. M. (2009). Beauty vs. brains: Early labor market outcomes of high school graduates. *Economics Letters, 105*(3), 321-325.

Giles, D. (2006). Constructing identities in cyberspace: The case of eating disorders. *British Journal of Social Psychology, 45*, 463-477.

Hall, P. A., Fong, G. T., Yong, H. H., Sansone, G., Borland, R., & Siahpush, M. (2012). Do time perspective and sensation-seeking predict quitting activity among smokers? Findings from the International Tobacco Control (ITC) four country survey. *Addictive Behaviors, 37*, 1307-1313.

Hesketh, B. (2000). Time perspective in career-related choices: Applications of time-discounting principles. *Journal of Vocational Behavior, 57*(1), 62-84.

Hser, Y.-I., Longshore, D., & Anglin, M. D. (2007). The life course perspective on drug use: A conceptual framework for understanding drug use trajectories. *Evaluation Research, 31*, 515-547.

Hudson, J. I., Hiripi, E., Pope, H. G., & Kessler, R. C. (2012). The prevalence and correlates of eating disorders in the national comorbidity survey replication: Erratum. *Biological Psychiatry, 61*(3), 348-358.

Ison, J., & Kent, S. (2010). Social identity in eating disorders. *European Eating Disorders Review, 18*(6), 475-485.

Kinsaul, J. A. E., Curtin, L., Bazzini, D., & Martz, D. (2014). Empowerment, feminism, and self-efficacy: Relationships to body image and disordered eating. *Body Image, 11*(1), 63-67.

Malins, P., Fitzgerald, J., & Threadgold, T. (2006). Spatial 'folds': The entwining of bodies, risks and city spaces for women injecting drug users in Melbourne's Central Business District. *Gender, Place and Culture, 13*(5), 509-527.

McIntosh, J., & McKeganey, N. (2000). Addicts' narratives of recovery from drug use: Constructing a non-addict identity. *Social Science & Medicine, 50*(10), 1501-1510.

McMahon, M., Watson, M., & Patton, W. (2013). *The My System of Career Influences MSCI (Adult)*. Samford, Australia: Australian Academic Press.

Moos, R. H., & Moos, B. S. (2007). Treated and untreated alcohol use disorders: Course and predictor of remission and relapse. *Evaluation Research, 31*, 564-584.

Murnen, S. K., & Smolak, L. (2009). Are feminist women protected from body image problems? A metaanalytic review of relevant research. *Sex Roles, 60*, 186-197.

Nota, L., & Soresi, S. (2007). Intervista sul futuro [Interview about future]. In S. Soresi & L. Nota (Eds.), *Portfolio per l'assessment, il trattamento e l'integrazione delle disabilità* [A Portfolio for the assessment of disability, treatment and disability inclusion]. Firenze, Italy: Giunti OS.

Patching, J., & Lawler, J. (2009). Understanding women's experiences of developing an eating disorder and recovering: A life history approach. *Nursing Inquiry, 16*(1), 10–21.

Preti, A., Girolamo, G., Vilagut, G., Alonso, J., Graaf, R., Bruffaerts, R., Demyttenaere, K., Pinto-Meza, A., Haro, J. M., & Morosini, P. (2009). The epidemiology of eating disorders in six European countries: Results of the ESEMeD–WMH project. *Journal of Psychiatric Research, 43*(14), 1125–1132.

Radcliff, P., & Stevens, A. (2008). Are drug treatment services only for 'thieving junkie scumbags'? Drug users and the management of stigmatized identities. *Social Science & Medicine, 67*, 1065–1073.

Rich, E. (2006). Anorexic dis(connection): Managing anorexia as an illness and an identity. *Sociology of Health and Illness, 28*, 284–305.

Sabik, N. J., & Tylka, T. L. (2006). Do feminist identity styles moderate the relation between perceived sexist events and disordered eating?. *Psychology of Women Quarterly, 30*(1), 77–84.

Sansone, S., Fong, G. T., Hall, P. H., Guignard, R., Beck, R., Mons, U., & Jiang, Y. (2013). Time perspective as a predictor of smoking status: Findings from the International Tobacco Control (ITC) Surveys in Scotland, France, Germany, China, and Malaysia. *BMC Public Health, 13*, 346.

Savickas, M. L. (1997). Career adaptability: An integrative construct for life–span, life–space theory. *The Career Development Quarterly, 45*, 247–259.

Savickas, M. L., Nota, L., Rossier, J., Dauwalder, J. P., Duarte, M. E., Guichard, J., Soresi, S., Van Esbroeck, R., & van Vianen, A. E. M. (2009). Life designing: A paradigm for career construction in the 21st century. *Journal of Vocational Behavior, 75*(3), 239–250.

Sgaramella, T. M. (2013, June). Qualitative assessment in complex situations: Designing the future in case of reduced personal resources and uncertain future time perspective. *Proceedings of the International Conference Life Designing and Career Counseling: Building Hope and Resilience* (p. 78). Padua, Italy: University of Padova.

Sgaramella, T. M. (2014, November). *Vulnerabilità e inclusione lavorativa e sociale: quale career counselling per il futuro e come valutarne l'efficacia* [Vulnerabilities, work and social inclusion: What future for career counselling and how to evaluate effectiveness]. Paper presented at the XIV National Conference of the Italian Association of Career Counselling (SIO) "Processes and contexts in constructing future", Pavia.

Slaymaker, V. J., & Owen, P. L. (2006). Employed men and women substance abusers: Job troubles and treatment outcomes. *Journal of Substance Abuse Treatment, 31*, 347–354.

Smith, J. A., & Osborn, M. (2003). Interpretative phenomenological analysis. In J. A. Smith (Ed.), *Qualitative psychology: A practical guide* (pp. 51–80). London, England: Sage.

Sonnenberg, S. L., & Chen, C. P. (2003). Using career development theories in the treatment of clients with eating disorders. *Counselling Psychology Quarterly, 16*(2), 173–185.

Sternheim, L., Startup, H., Saeidi, S., Morgan, J., Hugo, P., Russell, A., & Schmidt, U. (2012). Understanding catastrophic worry in eating disorders: Process and content characteristics. *Journal of Behavior Therapy and Experimental Psychiatry, 43*(4), 1095–1103.

Tajfel, H. (1982). Social psychology of intergroup relations. *Annual Review of Psychology, 33*, 1–39.

Toriello, P. J., Bishop, M. L., & Rumrill, P. D. (Eds.) (2012). *New directions in Rehabilitation Counselling: Creative responses to professional, clinical, and educational challenges*. Linn Creek, MO: Aspen Professional Services.

Tsitsika, A. K., Tzavela, E. C., Apostolidou, E., Antonogeorgos, G., Sakou, I. I., & Bakoula, C. (2013). The career aspirations of adolescents with eating disorders: An exploratory study and suggested links to adolescent self-concept development. *International Journal of Adolescent Medicine and Health, 26*(1), 85–92.

Vanderlinden, J., Buis, H., Pieters, G., & Probst, M. (2007). Which elements in the treatment of eating disorders are necessary 'ingredients' in the recovery process? A comparison between the patient's and therapist's view. *European*

Eating Disorders Review, 15, 357–365.

Vasey, M. W., & Borkovec, T. D. (1992). A catastrophising assessment of worrisome thoughts. *Cognitive Therapy and Research, 16*, 505–520.

Watson, M., & McMahon, M. (in press). From narratives to action and a Life design approach. In L. Nota & J. Rossier (Eds.), *Life design and career counseling.* Göttingen, Germany: Hogrefe.

White, W., & Cloud, W. (2008). Recovery capital: A primer for addictions professionals. *Counselor, 9*(5), 22–27.

제**27**장

홍콩에서의 질적 진로평가 접근

−유교 문화유산 관점에서의 성찰−

ALAN YIM, SHUI-WAI WONG and MANTAK YUEN

1. 도입

우리는 먼저 현재의 진로평가 활용 현황을 전반적으로 고찰하고, 구체적으로 홍콩에 있는 중국 학생의 맥락에서 질적 진로평가를 고찰한다. 우리는 현재 제공되는 것의 강점과 약점을 요약하면서 중국 학교, 대학교에서의 진로평가, 지침과 지원에 대한 일반적인 접근을 검토한다. 이후 중국 중등 학생을 대상으로 한 나의 진로영향요인 체계의 중국 버전 성찰 활동(Patton & Watson, 2005)에 대한 평가를 간단히 논의할 것이다. 마지막으로 아시아 유교 문화 맥락의 진로상담에서 질적 진로평가 이슈에 주목할 것이다.

진로평가는 "진로선택, 결정 혹은 이슈와 관련하여 사람에 대한 자료를 모으는 과정"이다(Leong & Leung, 1994, p. 247). 진로평가의 주요 목적은 진로대안과 기회의 탐색을 촉진하고 효과적인 진로선택을 하도록 조력하며 개인이 가지고 있는 진로걱정을 해결하는 것이다(Walsh & Betz, 1990). 수년 동안 진로평가는 진로상담에 통합된 일부로 고려되어 왔으며(Whiston & Rahardja,

2005), 목적을 위해 전통적으로 양적 진로평가 도구가 사용되어 왔던 반면, 질적 접근은 덜 부각되어 왔다(McMahon, Patton, & Watson, 2003). 이 영향은 아시아의 상황에서도 분명히 해당된다.

양적 진로평가는 서로 다른 사람들의 심리적 특성과 적성을 가진 사람들의 집단을 구별하는 데 사용될 수 있는 점수를 산출하기 위해 주로 표준화된 심리측정 도구(시험, 검사, 척도)에 의존한다(Hartung & Borges, 2005). 양적 진로평가의 주요 관심은 적용 절차의 표준화, 검사의 신뢰도와 타당도, 결과에 대한 점수와 해석, 구체적인 집단이나 개인에 대한 검사 규범의 적용 가능성과 관련된다.

반면, 질적 진로평가는 인터뷰, 인생사, 삶의 패턴과 주제를 나타내는 이야기를 산출하는 내러티브를 통한 주관적인 평가를 수반한다(Hartung & Borges, 2005, p. 440). 질적 진로평가 도구의 예로는 카드분류, 진로가계도, 생애선(McMahon, Patton, & Watson, 2003), 생애진로평가(Life Career Assessment: LCA), 생애역할분석(Life Role Analysis: LRA; Gysbers, 2006) 등이 있다. 질적 진로 접근을 사용할 때 검사의 표준화와 심리측정적 관점의 이슈는 주요 관심이 아니다. 그렇다고 질적 진로평가 도구의 사용 과정에 엄격성이 결여되었다는 것을 의미하지는 않는다. 질적 진로평가 절차의 개발은 여전히 관련 이론에 기초한 평가과정, 진로평가 과정에 대한 광범위한 테스트와 타당화, 평가수행을 위한 합리적인 시간 확보, 평가수행 과정에서 쉽게 이해되는 설명 제공, 진로 실무자와 내담자 사이에 협력을 촉진하기 위한 전략 개발과 같은 적절한 준거와 기준을 충족해야만 한다(McMahon, Patton, & Watson, 2003). 덧붙여 효과적인 질적 진로평가에는 보통 인터뷰 혹은 내러티브 과정 동안 야기될 수 있는 이슈에 대해 추적하는 요약 회기가 필요하다.

2. 홍콩의 학교와 대학교에서의 진로 지도와 상담

홍콩에서는 매해 약 17,000명의 대학교 졸업생과 61,000명의 중등학교 졸업생이 노동시장에 진입하거나 학업을 계속하고자 한다. 전통적으로 진로준비를 위한 주요 책임은 졸업자 자신과 그들의 가족에 있다. 그러나 고용 혹은 이후 학업으로의 순조로운 이행을 촉진하기 위해 중등학교와 대학교 및 홍콩 특별 행정구의 노동부에 의해 학생들에게 유용한 진로서비스가 점진적으로 만들어지고 있다. 노동부(Labour Department, 2014)에서는 15~29세를 위한 원스톱 자문 및 지원 서비스(Youth Employment Start: YES 프로그램)를 제공하여 그들의 고용 가능성을 강화하고, 최근 노동시장의 정보를 보급함으로써 적절한 진로를 시작하도록 돕는다. 서비스는 사회사업가와 노동부 공무원에 의해 제공된다.

과거에 중등학교의 진로개발 서비스는 진로토크, 세미나, 잠재적인 고용주와의 토의, 회사 혹은 조직을 보기 위한 온-오프 방문이라는 대규모 단일 프로그램에 의존하는 피상적인 것이었다. 자기탐색에 초점을 맞추는 포괄적이고 개인화된 개입은 드물었다(Leung, 2002). 그러나 최근 홍콩 진로 및 지도 전문가협회에 의해 개발된 생애 계획과 지도에 대한 교재를 사용하면서 진로교육 프로그램이 뿌리를 내리고 있다(Ho, 2008).

학교에서의 진로 지도와 상담은 대부분 일상적인 교육의무도 가지고 있는 진로교사에 의해 전달된다(Yuen, Chan, & Lee, 2014). 보통 진로교사들은 교육국의 지원을 받는 진로 지도와 상담을 통해 훈련을 받아 왔다. 그러나 그들은 질적 진로평가 도구를 적용할 자질은 갖추지 못했다. 그래서 질적 진로평가 도구들이 학교에서 드물게 사용된다. 대신에 질적 진로평가 도구들은 홍콩 진로 및 지도 전문가협회에서 제공되는 진로계획 워크북과 교재 같은 것으로 사용된다(Yuen, Leung, & Chan, 2014).

대학교에서 제공되는 진로서비스는 좀 더 포괄적으로 접근한다. 전형적으로 진로 지도와 상담, 심리검사, 진로평가, 직업 탐색 워크숍, 진로교육 프로그램, 모집 서비스와 인턴십 프로그램을 포함한다. 홍콩에서 거의 모든 공립대학교는 학생이 진로개발 계획을 공식화하도록 돕고 그들의 고용 가능성을 강화하는 진로서비스를 제공한다. 서비스는 대학교에서 직업으로의 순조로운 이행에 중요한 역할을 한다. 대학교 내 총학생회의 지원 아래 작동하고, 진로 조언가에 의해 실행된다.

지금 진로 실무자들은 대학 시기 동안에 다른 단계에 있는 학생들의 요구에 맞추기 위해 폭넓은 다양한 서비스를 제공함으로써 발달된 관점을 채택하려고 시도하고 있다. 전형적인 진로서비스는 직원들에게 평가, 개인상담, 정보 보급을 위해 광범위한 개입 기술을 사용하도록 요구한다(Leung, 2002). 컴퓨터 보조 진로평가 체계와 PROSPECTS 플래너와 TARGET 직업 같은 e-플랫폼도 사용된다. 그러나 공식적인 진로평가 도구가 흥미, 적성, 가치, 성격을 포함한 내담자의 다양한 측면을 이해하는 데 도움이 된다는 전통적인 신념이 남아 있다. 그래서 여전히 평가는 진로 실무자의 주요 역할로 드리워져 있다. 홍콩 대학교의 진로센터에 대한 웹사이트를 서핑해 보면, 양적 진로평가 도구는 거의 대부분 언급되어 있지만 질적 진로평가에 대한 언급은 극소수인 것으로 밝혀졌다. 경력차원™(Career Dimension™, 업무환경 선호도 탐색; McKim, 2005) 같이 널리 사용되는 표준화된 심리측정 척도가 있다. 이 도구들은 서양에서 개발되었고 설명 도구로 영어를 사용한다. 모든 경우에 중국어로 번역된 버전은 지역 맥락에서 재표준화와 타당화가 진행되지 않았다(Leung, 2002). 그래서 이 도구들은 여전히 홍콩 집단에 대한 신뢰도와 타당도를 지지하는 심리측정학적 증거가 부족하다.

홍콩의 대학교 규정 이외에 진로평가키트는 YES(Youth Employment Start) 프로그램(청년들을 위한 원스톱 자문 및 지원서비스)에서 사용하기 위해 홍콩 중국 대학교의 교수 웡치섬(Wong Chi-sum)이 개발하였다. 이 도구는 젊은이들이 진로에 대한 흥미, 성격, 정서 지능, 진로성숙도, 잠재적인 기업가 정신을 탐색하도록 돕는다. 젊은이들은 온라인에서 진로평가 검사를 시행한 후

YES센터의 전문적인 컨설턴트나 진로상담을 찾을 수 있다. 서비스는 중국어와 영어로 제공된다(Labour Department, 2014).

3. 현재 진로평가의 강점과 약점

홍콩 대학교에서 양적 진로평가의 지배적인 사용은 진로서비스의 강점과 약점 모두가 될 수 있다. 긍정적인 측면으로 양적 진로평가 도구는 객관적이고 전문적이며 권위적인 이미지를 나타내서 검사자와 내담자 모두의 신뢰를 쉽게 얻을 수 있다. 그러나 부정적인 측면에서 많은 도구에 있는 문화적 편견 같은 문제가 다양한 연구자에 의해 제기되었다(Leong & Leung, 1994; Lonner, 1985; Westermeyer, 1987). 양적 진로평가에 의존하는 또 다른 약점은 질적 진로평가에서 가장 잘 드러나는 내담자의 진로계획에 중요할 수 있는 미묘한 성격과 특징적 요인을 밝힐 수 없다는 것이다.

질적 진로평가의 강점에 대한 언급에서 골드만은 내담자의 적극적인 역할, 심리측정 검사보다 통합적이고 총체적이며, 발달적 틀에서 운영할 수 있고 초기 진로 상담자와 내담자의 관계를 촉진하고 유연성, 적응성, 다양한 집단에 적용 가능성이 포함된다고 보고하였다. 반대로 약점에는 좀 더 전문적인 기술과 기법이 요구된다는 면에서 진로 상담자에게 부담이 되고, 일대일 회기의 시간 소모적 특성, 공식적인 기법의 신뢰도와 타당도에 대한 증거 부족, 너무 주관적인 것이 포함된다(Goldman, 1992). 일부 질적 진로평가 도구들은 엄격한 개발 과정을 겪지 않았다고 비판을 받는다. 예를 들어, 일부 질적 진로평가 도구들은 건실한 진로이론에 기반하지 않으며 심지어 일부는 적용을 안내하는 매뉴얼도 없다. 홍콩에서도 여전히 질적 진로평가 절차의 타당도와 신뢰도에 대한 체계적인 평가나 표준화가 부족한 편이다. 질적 접근은 중국 문화와 진로기회를 예민하게 해석할 수 있기 때문에 가까운 장래에 이런 진로평가는 우선순위가 매우 높아질 것이다.

결론적으로 2가지 진로평가는 모두 강점을 가지고 있고 상호 보완적이다. 연구자들은 과정이 풍부한 평가 형태와 좀 더 엄격한 결과의 산출 모두 융합할 것을 추천한다(Hartung & Borges, 2005; Maree & Morgan, 2012; Whiston & Rahardja, 2005). 홍콩에서 질적 진로평가의 사용이 점차 증가하면서 양적 진로평가 도구와 질적 진로평가 도구 모두 진로 지도와 상담과정에 통합되어야만 한다. 한 가지 방법으로 얻을 수 있는 것보다 내담자에 대한 포괄적인 이해가 될 수 있다.

홍콩에서는 진로 상담자 훈련에서 질적 진로평가에 주의를 기울여야 하는 단계에 도달했다. 월시(Walsh, 1996)가 제안한 것처럼 내담자의 현재와 과거의 상황 및 그들의 희망과 포부에 대해 들음으로써 내담자에 대한 깊은 이해를 할 수 있다고 강조하는 사회구성주의를 지향할 수 있다. 유망한 것 같은 한 가지 접근은 나의 진로영향요인 체계(McMahon, Patton, & Watson, 2005)의 적용이다. 이것은 홍콩 진로상담의 질적 접근에 중요하게 기여할 잠재력을 가지고 있다.

4. 나의 진로영향요인 체계의 사용

나의 진로영향요인 체계(McMahon, Patton, & Watson, 2005)는 내담자가 진로경로의 영향요인을 성찰함으로써 자신의 진로내러티브를 만들도록 돕는 단계적인 접근을 제공한다(McMahon & Watson, 2008). 특히 이 도구는 개인이 과거, 현재, 미래가 어떻게 진로결정에 작동하는지를 생각할 수 있게 한다.

홍콩의 중국 대학생들에게 나의 진로영향요인 체계가 유용할지에 대해서는 다음에 기술된 주저자(Alan Yim)의 소규모 연구에서 이슈로 제기되었다. 언어 장벽을 피하기 위해 나의 진로영향요인 체계의 중국 버전이 채택되었다(Yuen et al., 2009). 6명의 중등학교 졸업자(남학생 3명, 여학생 3명)가 실험에 참여하였다. 참여자의 연령은 17~20세이며 모두 11학년 교육과정을 완수하였다. 모든 참여자는 도구를 완성하는 2시간의 회기에 참석하였고, 나의 진로영향요인 체계의 내용과 과정에 대한 피드백을 공유하기 위해 추가로 20분 동안 남아 있었다. 그들의 관점은 나중에 분석되었다. 추가로 각 참여자는 30분의 일대일 추수회기에 참여하였다.

대부분의 참여자는 나의 진로영향요인 체계 과정에 대한 긍정적인 피드백을 표현하였고, 이 과정이 유용하다는 것을 발견하였다. 일부는 자신의 영향요인체계를 엮음으로써 자신의 삶의 내러티브에 내재된 주제를 발견할 수 있었다고 언급하였다. 일부는 나의 진로영향요인 체계의 완성은 그들에게 생각과 말을 행동으로 옮기겠다는 다짐을 나타내는 데 도움이 되었다는 메시지를 전달하였다. 예를 들어, 한 참여자는 나의 진로영향요인 체계 과정을 수행한 후에 경찰이 되라는 가족의 기대에도 불구하고 훨씬 더 자신의 진로선택(승무원)에 몰두하게 되었다는 것을 발견하였다. 모든 참여자는 촉진자와 함께한 30분간의 추수회기도 '나의 진로영향요인 체계 도구를 수행하는 것보다 더' 그들에게 가치가 있었다는 데 동의하였다. 그들은 개인적인 회기에서 촉진자와 함께한 상호 교류가 진로 계획과 결정에 대한 통찰을 공고화하였다고 덧붙였다.

나의 진로영향요인 체계의 적절성이라는 측면에서 모든 참여자는 이러한 평가과정이 중등학교의 저학년보다 고학년 이상의 개인에게 적절하다는 관점을 표현하였다. 대부분의 참여자는 중국어로 된 나의 진로영향요인 체계의 질문과 지시가 상당히 이해하기 쉬웠다고 하였다. 그러나 일부 참여자는 사전에 학교에서 진로개념을 배우지 않았다면, "나는 나의 가치를 확신한다"와 "나의 진로영향체계" 같은 항목을 이해하기 어려웠을 것이라고 언급하였다.

참여자들은 나의 진로영향요인 체계 소책자를 받았을 때의 첫인상이 중등학교 시험에서 답안지를 작성하는 것 같았다고 언급하였다. 너무 많은 단어가 있었고 수행하는 데 오랜 시간이 걸렸다. 어려운 개념들을 명료화할 필요가 있을 때 제시된 예시와 삽화는 도구를 이해하는 데 도움이 될 수 있었다.

나의 진로영향요인 체계에서 예시의 포함에 대해 질문했을 때 참여자들의 관점은 엇갈렸다. 일부는 많은 예시가 제공될수록 지시를 더 잘 이해할 수 있을 것 같다고 생각하였다.

홍콩에서의 간단한 실험에서 도출된 결론은 나의 진로영향요인 체계와 이러한 내러티브 접근이 진로상담에 유용할 수 있지만 참여자들이 제안한 방식으로 도구가 수정될 필요가 있다는 것이다. 만약 추수회기가 진로 실무자에 의해 주의 깊게 구조화된다면 질적 진로평가 과정은 개인의 진로계획에 도움을 줄 수 있다.

5. 아시아 문화유산 맥락에서의 진로지도

진로지도는 여전히 중국 본토, 홍콩, 대만, 한국, 싱가포르를 포함한 동아시아에서 훨씬 진전이 필요한 작업이다. 이 나라에서 그들만의 독특한 특징을 개발하고 있음에도 불구하고 여전히 전통과 서양식 사고 및 실무에 의존하고 있다. 서양의 개인주의와 유교 문화유산 사이에서 문화 충돌이 야기될 수 있고(Hwang, 2009), 이것이 학교와 대학교에서 제공하는 진로지원에 영향을 줄 수 있다. 교육, 영화, 미디어가 본의 아니게 아시아로 전해지는 경향이 있다. 지배성, 자기표현, 경쟁이라는 서양의 개인주의적 가치가 겸손, 자기억제, 가족 중심, 지역의 문화적 정체성이라는 지역 집합주의의 가치와 충돌하게 된다(Kwan, 2009; Yang, 2003; Zhang et al., 2014).

인(仁)이라는 유교적 가치는 웃어른을 공경하고 가족을 돌보는 원칙을 따르면서 대인 간 조화의 유지를 강조한다(Hwang, 2001). 효(孝)라는 가치는 복종의 원리를 따르면서 가족, 부모, 조상에 대한 존경을 강조한다. 개인은 어떤 진로를 추구함으로써 가족의 명예와 체면을 살려 주고 부모를 부양하는 위치에 있고자 한다. 부모의 기대와 자녀의 관심 사이에 가치가 충돌할 때 진로 실무자들은 중재자로 행동할 필요가 있다(Hwang, 2009; Markus &

Kitayama, 1991). 나의 진로영향요인 체계 같은 질적 진로평가는 진로 포부
와 목적과 관련한 가족과 유교적 가치의 영향요인을 개인이 탐색하도록 해
준다는 이점이 있다.

　서양의 진로상담은 개인의 진로결정을 강조하는 반면, 유교적 문화유산
이 존재하는 사회의 학생들은 대부분 진로계획에 대한 교사와 부모의 기대
에 의해 영향을 받는 경향이 있다(Cheng & Yuen, 2012; Leung, Hou, Gati, & Li,
2011). 아시아의 부모는 학습의 중요성을 강조하고 자녀의 교육에 투자한다
(Phillipson, 2013). 또한 부모는 진로지위와 관련된 전통적 가치를 강하게 고
수하는 경향이 있고 자식의 진로경로에 영향을 준다. 발생할 수 있는 충돌을
해결하도록 학생들을 돕기 위해 학교의 진로개발 실무자들은 좀 더 직접적
으로 부모에게 개입할 필요가 있다. 부모의 정보와 의견은 유교문화 사회에
서 포괄적인 질적 진로평가의 중요한 요소를 대표할 수 있다.

　진로 실무자 훈련이라는 측면에서 내담자의 요구를 이해하고 충족시키기
위해 다문화적 민감성이 강화되어야만 한다(Leung & Chen, 2009). 다문화적
민감성은 나의 진로영향요인 체계 같은 질적 진로평가에서 모아진 정보를
해석할 때 상당히 도움이 될 수 있다. 미래 연구와 관련하여 유교문화 사회
에서 질적 진로평가에 대한 내러티브 대화의 사용을 탐색하는 것은 흥미로
울 것이다(Reid, 2005). 또한 서양에서 나타난 질적 절차를 지역의 문화적 맥
락에 맞게 채택 혹은 수정하기 위한 최적의 방법을 발견하려는 연구를 계속
수행할 필요가 있다.

　요약하면 서양의 개인주의와 동아시아 지역의 유교문화 사이에 가치 충돌
이 일어날 수 있다. 질적 진로평가의 사용은 진로 상담자가 개인에게 자신의
진로 포부 및 목표와 관련된 가족, 부모, 유교적 가치 등의 영향요인을 탐색
하도록 권한을 부여한다.

참고문헌

Cheng, S., & Yuen, M. (2012). Validation of the career-related parent support scale among Chinese high school students. *The Career Development Quarterly, 60*(4), 367-374.

Goldman, L. (1992). Qualitative assessment: An approach for counselors. *Journal of Counseling and Development, 70*(5), 616-621.

Gysbers, N. C. (2006). Using qualitative career assessments in career counseling with adults. *International Journal for Educational and Vocational Guidance, 6*, 95-108.

Hartung, P. J., & Borges, N. J. (2005). Toward integrated career assessment: Using story to appraise career dispositions and adaptability. *Journal of Career Assessment, 13*, 439-451.

Ho, Y. F. E. (2008). Reflections on school career education in Hong Kong: Responses to Norman C. Gysbers, Darryl Takizo Yagi, Sang Min Lee & Eunjoo Yang. *Asian Journal of Counselling, 15*(2), 183-206.

Hwang, K. K. (2001). The deep structure of Confucianism: A social psychological approach. *Asian Philosophy, 11*(3), 179-204.

Hwang, K. K. (2009). The development of indigenous counseling in contemporary confucian communities. *The Counseling Psychologist, 37*(7), 930-943.

Kwan, K. K. L. (2009). Collectivistic conflict of Chinese in counseling conceptualization and therapeutic directions. *The Counseling Psychologist, 37*(7), 967-986. doi: 10.1177/0011000009339974

Labour Department (HK) (2014). *Youth Employment Start*. Retreived from http://www.e-start.hk/v3/en/v3_services_basic.htm

Leong, F. T. L., & Leung, S. A. (1994). Career assessment with Asian Americans. *Journal of Career Assessment, 3*, 240-257.

Leung, S. A. (2002). Career counseling in Hong Kong: Meeting the social challenges. *The Career Development Quarterly, 50*, 237-246.

Leung, S. A., & Chen, P. H. (2009). Counseling psychology in Chinese communities in Asia: Indigenous, multicultural, and cross-cultural considerations. *The*

Counseling Psychologist, 37(7), 944-966. doi: 10.1177/0011000009339973

Leung, S. A., Hou, Z., Gati, I., & Li, X. (2011). Effects of parental expectations and cultural valuesorientation on career decision-making difficulties of Chinese university students. *Journal of Vocational Behavior, 78*, 11-20.

Lonner, W. J. (1985). Issues in testing and assessment in cross-cultural counseling. *The Counseling Psychologist, 13*, 599-614.

Maree, J. G., & Morgan, B. (2012). Toward a combined qualitative-quantitative approach: Advancing postmodern career counseling theory and practice. *Cypriot Journal of Educational Sciences, 7*, 311-325.

Markus, H. R., & Kitayama, S. (1991). Culture and the self: Implications for cognition, emotion and motivation. *Psychological Review, 98*, 224-253.

McKim, L. (2005). *Career dimension^{TM}: Exploring your work preferences*. Concord, Canada: Career/LifeSkills Resources, Inc.

McMahon, M., Patton, W., & Watson, M. (2003). Developing qualitative career assessment processes. *The Career Development Quarterly, 51*, 194-202.

McMahon, M., Patton, W., & Watson, M. (2005). *My System of Career Influences (MSCI): Facilitator's guide*. Camberwell, Australia: ACER.

McMahon, M., & Watson, M. (2008). Systemic influences on career development: Assisting clients to tell their career stories. *The Career Development Quarterly, 56*, 280-288.

Phillipson, S. N. (2013). Confucianism, learning self-concept and development of exceptionality. In S. N. Phillipson, H. Stoeger, & A. Ziegler (Eds.), *Exceptionality in East Asia: Explorations in the actiotope model of giftedness* (pp. 40-64). London, UK: Routledge.

Reid, H. L. (2005). Narrative and career guidance: Beyond small talk and towards useful dialogue for the 21st century. *International Journal of Educational and Vocational Guidance, 5*, 125-136.

Super, D. E. (1968). *Manual for Work Values Inventory*. Boston, MA: Houghton Mifflin Company.

Walsh, W. B. (1996). Career counseling theory: Problems and prospects. In M. L. Savickas & W. B. Walsh (Eds.), *Handbook of career counseling theory and* practice (pp. 277-289). Palo Alto, CA: Davies-Black.

Walsh, W. B., & Betz, N. E. (1990). *Tests and assessment* (2nd ed.). Englewood Cliffs, NJ: Prentice Hall.

Westermeyer, J. (1987). Cultural factors in clinical assessment. *Journal of Consulting and Clinical Psychology, 55*, 471-478.

Whiston, S. C., & Rahardja, D. (2005). Qualitative career assessment: An overview and analysis. *Journal of Career Assessment, 13*, 371-380.

Yang, K.-S. (2003). Methodological and theoretical issues on psychological traditionality and modernity research in an Asian society: In response to Author-Kuo Hwang and beyond. *Asian Journal of Social Psychology, 6*, 263-285.

Yuen, M., Chan, R. T. H., & Lee, B. S. F. (2014). Guidance and counseling in Hong Kong secondary schools. *Journal of Asia Pacific Counseling, 4*(2), 1-10.

Yuen, M., Leung, S. A., & Chan, R. T. H. (2014). Professional counseling in Hong Kong. *Journal of Counseling and Development, 92*, 99-103.

Yuen, M., McMahon, M., Jin, L., Lau, P. S. Y., Chan, R. M. C., & Shea, P. M. K. (2009). *Chinese research edition of the My System of Career Influences*. Unpublished test material. Hong Kong, China: University of Hong Kong Faculty of Education.

Zhang, C., Dik, B. J., Wei, J., & Zhang, J. (2014). Work as a calling in China: A qualitative study of Chinese college students. *Journal of Career Assessment, 22*, 1-14. doi: 10.1177/1069072714535029

제**28**장
아프리카 맥락에서의 질적 진로평가

NHLANHLA MKHIZE

1. 도입

이 장에서는 아프리카 맥락에서의 진로평가와 적용에 대한 질적 접근을 논의한다. 질적 진로평가는 사람들이 말하는 이야기에 초점을 맞춘다. 그들은 진로에 대해 말할 수 있는 다양한 이야기가 있다는 것으로 내담자의 주의를 끈다. 다양한 이야기를 쓸 수 있다는 것은 변화 가능성을 의미한다. 진로평가에 대한 질적 접근과 내러티브 패러다임에 본질적으로 내재해 있는 배경을 간단히 언급하면서 이 장에서는 질적 진로평가로 사용되는 기법의 일부를 제안하고 토론해 나갈 것이다. 그리고 남아프리카의 사회문화적 맥락으로부터 도출된 사례예시를 통해 보충한다. 아프리카 맥락에서의 진로평가는 인간이 된다는 것의 의미가 무엇인지에 대한 사회적이고 윤리적인 이해를 고려해야만 한다는 것이 논의된다. 이러한 이해가 공동체(Ubuntu, 우분투) 정신에 압축되어 있다. 가족과 공동체의 기대뿐 아니라 자신 안에서 경쟁하는 자기관념으로 인해 야기된 복잡성이 고려되어야만 한다.

2. 질적 진로평가의 실제

많은 저자가 진로평가에 대한 질적 접근의 개발을 옹호하고 있다(Brott, 2004; McMahon, Patton, & Watson, 2003). 맥마흔과 동료들(2003)은 질적 진로평가를 공식적인 평가 도구로 기술하였다. 질적 진로평가는 표준화된 심리측정 검사에 의존하지 않아서 점수를 거의 포함하지 않는다. 그 대신 미래의 가능한 자기에 대한 그림을 그릴 수 있도록 돕기 위해 내담자의 주관적 경험을 탐색하는 데 초점을 맞춘다. 진로 상담자는 내담자가 자신의 이야기를 할 수 있는 공간을 만들어 준다. 진로발달과 관련된 의미를 공동구성하는 것은 내담자가 한 이야기에서 나온다. 질적 진로평가의 중요 목적은 내담자가 개인적 삶을 성찰하도록 돕기 위해 개인적 의미를 만들도록 하는 것이다(McMahon et al., 2003). 객관적인 진단 도구에 의존하는 심리측정학적 접근과 다르게 질적 진로평가는 내러티브가 인간 삶의 근본적인 은유라는 전제에서 진행된다. 심리학에서 내러티브 접근의 주된 관심사는 우리 자신과 우리 주변 세상에 대한 의미를 구성하는 이야기를 통해 사람들이 말하는 이야기의 구조, 내용, 기능을 이해하는 것이다. 이 접근 방식 중에는 생애선 기법, 진로가계도, 생애역할 동그라미, 생애공간 그리기가 있다. 다음에서는 아프리카의 다문화적 맥락에서의 평가 접근과 적용에 대해 기술하였다.

1) 생애선 기법

브롯(Brott, 2004)은 생애선 기법이 질적 진로평가에서의 이야기 접근에 토대를 둔다고 기술하였다. 생애선 기법의 주요 목적은 연대기적 순서에 따라 내담자의 삶에서 주요 생애 사건과 변화 및 진로결정에 그것의 관련성을 확인하는 것이다. 진로 상담자들은 내담자와 함께 생애사건의 중요성을 탐색한다.

생애선 접근의 적용에서 브롯(2004)은 내담자에 대한 중요한 내러티브를 이끌어 내기 위해 이야기 접근을 사용하였다. 내담자는 용지 가운데에 수평 선을 그리도록 요청을 받는다. 선의 왼쪽 끝에 출생일을 표기하는 것으로 시작하여 가장 오른쪽에 현재까지의 중요한 사건들을 표시한다. 이후 내담자의 삶에서 중요한 사건과 그 사건이 발생한 시기를 선을 따라 표시한다. 내담자의 입학, 초등학교에서 중고등학교로의 전환, 중고등학교에서 대학교로의 전환, 내담자의 첫 직업 경험 등과 같은 시기와 사건이 될 것이다. 날짜는 내담자 삶의 각 장의 시작과 끝 지점을 표시한다. 이후 내담자는 각 장과 연관된 중요한 경험을 떠올리도록 촉진되고, 선을 따라 표시한다(Brott, 2001, 2004). 진로 상담자는 내담자가 자신의 삶의 각 장에서 중요한 기억을 떠올리도록 돕기 위해 이야기 접근의 **공동구성** 국면을 사용한다. 해체 국면에서 진로 상담자는 좀 더 큰 체계 안에 삶의 장들을 위치시키고, 신념과 태도를 통합함으로써 내담자가 이야기를 분석하도록 함께 작업한다. 내담자의 이야기는 대안적 목소리를 설명하기 위해 다른 사람의 관점에서 점검된다. 마지막으로 **구성** 국면에서 내담자는 미래에 진입할 대안들과 선호에 대해 생각하도록 도움을 받는다. 선호하는 장들과 그 의미는 현재에서 미래로의 생애선을 확장함으로써 창조된다(Brott, 2001, 2004).

필자는 아프리카 조상을 둔 25세의 여학생을 상담하기 위해 이 기법을 사용하였다. 그녀는 대학교 1학년이었다. 그녀의 생애선에는 중요한 전환과 다양한 상실이 표시되었다. 10세 때 내담자는 부모님과 두 명의 동생과 함께 흑인이 많았던 아프리카 시골 지역의 줄루 중학교에서 주로 백인이 많이 다니는 도시의 영국 중학교로 이동하였다. 이 시기는 남아프리카의 민주주의 해방령의 초기였다. 그 시기 동안에 수많은 아프리카 중산층 가족이 백인 우세 교외지역으로 이주하였다.

내담자가 회상한 첫 번째 중요한 기억은 그들이 영국 중학교에 도착했을 때이다. 그녀와 동생들은 영국 중학교의 기준에 맞추기 위해 이미 아프리카 학교에서 마쳤던 학년에 계속 머물렀다. 3년 후 내담자와 동생들은 새로운 학교에 잘 적응하였고, 아버지는 에이즈와 관련된 질병 때문에 돌아가셨다. 이 일은 가족의 수입에 부정적인 영향을 미쳤고, 어머니는 등록금이 좀 더 저렴한 다른 통합학교로 아이들을 보내게 되었다. 2년 후 어머니가 돌아가시면서 아이들은 정부연금으로 살아가는 할머니의 보살핌을 받기 위해 흑인이 우세한 시골 학교로 돌아가게 되었다. 가끔씩 학교의 교장과 동네 목사가 지원해 주었다. 내담자가 졸업하려면 1년이 남은 11학년 때 할머니가 돌아가셨다. 내담자는 동생들을 지원하기 위해 직업을 찾으려고 학교를 자퇴하였다. 장녀와 어머니에게는 동생들이 중요하기 때문에 그녀는 동생들을 부양해야만 하였다. 동생들이 학교를 졸업하고 지역 대학교에서 공부하기 위해 정부의 대출금을 얻은 후 내담자는 마지막 학년인 12학년을 마치기 위해 학교로 돌아갈 수 있었다. 그 후 그녀는 지역 대학교에서 상업학위 과정에 입학하였다.

내담자가 진로 평가와 상담을 위해 학생상담센터에 방문한 때는 상업학과 1학년에서 과락을 한 후였다. 생애선 기법을 사용하면서 내담자의 생애사에서 중요한 사건들이 출생부터 대학교 입학까지 연대기 순으로 표시되었다. 그 위에 내담자의 삶에서 중요한 장이 표시되었다. 이후 생애선을 따라 중요한 기억을 표시하도록 함께 작업하였다. 예를 들어, 줄루 중학교에 돌아온 것은 수년 동안 줄루 중학교에서 지도받지 않은 형제들에게는 도전이었다고 표시하였다. 그들이 어머니 언어인 줄루어를 잘 읽고 쓸 수 없어서 다른 사람들이 그들을 비웃었다. 이것은 내담자의 자기존중감에 도전으로 작용하였다.

공동구성, 해체, 구성 방법(Brott, 2004)을 사용하여 그녀의 삶의 중요 영향 요인뿐만 아니라 그 사건들에 부여된 의미가 설명되었다. 그녀가 상업학과를 선택한 것은 매우 어린 나이에 그녀의 형제들에게 재정적인 제공자가 되었기 때문이었다. 대학교에 입학했을 때 그녀는 재정적인 안전과 독립의 가능성을 최적화하는 진로를 추구해야 한다는 압박감을 느꼈다. 우리는 해체 단계에서 다른 관점으로 그녀의 진로내러티브를 볼 수 있었다. 할머니, 교장, 동네 교회 목사와 같이 그녀의 삶에 중요한 사람들의 목소리가 전면에 등장한 것은 바로 이 시점에서였다. 그것은 타인의 돌봄이었다. 그들은 우분투(상호 대인 간 의존, 인간 연결성에 대한 긍정적 특성)라는 공동가치에 상응하여(Watson, McMahon, Mkhize, Schweitzer, & Mpofu, 2011) 그녀와 그녀의 형제를 지역사회의 자녀로 여겨 돌보아 주었다. 고등교육을 추구하려는 목표를 현실화시킨 것이다. 그때 그녀는 자신의 주요 흥미가 조력자라는 것을 깨달았다. 그녀의 미래 타임라인에는 고아가 된 아이들과 노인들에 대한 사회적·정서적·교육적 요구에 부응하기 위해 비정부 단체에서 일하거나 그녀 자신의 NGO를 설립하는 것을 포함하였다. 그녀는 최소 시간 내에 마칠 수 있는 사회사업학과에 지원하였다.

앞의 사례는 아프리카의 문화적 상황에서 생애선 방식의 사용을 보여 주었다. 앞서 언급된 것과 같은 다양한 상실과 전환을 포함하는 진로 평가와 상담개입을 다루기 위해 진로 상담자의 입장에서 상당한 민감성과 돌봄이 필요하다는 것을 언급해야만 한다. 진로 평가와 개입은 혼재되어 있고 진로 상담자는 동시에 두 역할을 해야만 한다.

2) 진로가계도

진로가계도는 진로평가에 대한 가장 최초이면서 가장 많이 인정받는 질적 접근 중 하나이다(Chope, 2005; Okiishi, 1987). 가계도 자체는 진로결정에서 가족의 역할을 강조하는 아프리카의 상황과 다른 유사한 문화적 배경의 내담자에게 사용하기에 가장 적절하다(Watson et al., 2011). 또한 진로가계도는 진로 상담자가 아프리카계 학생들 사이에서 음키제와 프리젤(Mkhize & Frizelle, 2000) 및 스테블턴(Stebleton, 2007)이 주목했던 자기이해에 대한 개인주의와 공동체 개념 사이의 긴장과 모순을 평가할 수 있게 해 준다. 보통 3세대가 포함되고, 내담자의 부계와 모계 모두의 조부모에서 시작하여 부모, 내담자와 형제 순으로 진행된다. 그러나 요즘 가족은 매우 복잡하다는 것에 주목해야 한다. 자녀, 부모, 조부모로 구성된 보통의 가족은 아프리카를 포함한 많은 사회에서 더 이상 전형적인 것이 아니다. 예를 들어, 남아프리카에서 수많은 아동이 조부모에 의해 양육되고, 삼촌, 고모, 조부모가 아이들이 알고 있는 유일하게 중요한 부모상이라는 것이 이상한 일이 아니다. 진로가계도 구성 시 이 점을 고려하는 것이 중요하다.

초프(Chope, 2005)는 가족체계의 모든 구성요소의 작업을 통합하는 기본적인 가계도(p. 406)와 성, 애착, 직업 문화 같은 내담자 가족의 특별한 차원에 초점을 맞추는 가계도를 구별하였다. 초점화된 가계도에 대한 예시는 다문화 가계도이다(Sueyoshi, Rivera, & Ponterotto, 2001). 그것은 진로결정에 미치는 종교, 신념체계, 민족성, 성의 영향력을 탐색한다. 예를 들어, 한때 저자는 형제가 모두 남자인 젊은 성인 여성의 사례를 다루었다. 그녀의 아버지는 그녀의 교육에 관심이 없는 대신 남자 형제들의 교육에 집중하였다. 이것은 여성인 내담자가 결혼하면 가족을 떠날 것이라는 것에 토대를 둔다. 모계 쪽 삼촌이 그녀를 맡아서 제대로 된 교육을 받게 하였다. 결국 그녀는 가족을 부양할 책임이 있는 한 사람이 되었다. 앞에 언급한 시나리오는 다양한 문화적 배경의 내담자와 함께하는 진로가계도의 유용성을 보여 준다.

진로가계도는 가족 패턴, 가족 내에서의 반복되는 주제와 의미를 이끌어 내는 유용한 도구이다. 내담자는 가족에 대한 중요한 정보를 모은 다음 진로가계도를 구성한다. 이 과업은 내담자가 관여하지 않았던 가족의 비밀들이 표면화될 수 있기 때문에 상당한 민감성과 돌봄을 가지고 접근해야만 한다. 예를 들어, 누나나 형이 양육 역할을 맡는 사회적 부모는 아프리카 사회에서 드물지 않다(Mkhize, 2006). 진로가계도는 내담자가 사회적 합의를 알게 될 때에는 문제가 되지 않는다. 그러나 정보가 회기 중에 드러날 때 상담관계에 어려움이 발생할 수 있다. 저자는 진로평가를 위해 학생상담센터에 방문한 젊은 남성에게 진로가계도 구성과 관련된 정보를 도출하기 위해 그의 할머니를 인터뷰하라고 요청하였다. 그의 가족은 내담자가 어렸을 때 그녀의 어머니가 돌아가셨다고 말했고 그는 그 사실을 받아들였다. 진로가계도를 완성하기 위해 정보를 수집하면서 그는 생물학적 어머니가 살아 있고, 그녀는 다름 아닌 그가 고모라고 믿었던 사람이라는 것을 알게 되었다. 그녀는 내담자의 아버지와 이혼 후 다른 사람과 결혼하면서 내담자는 할머니의 보살핌을 받도록 하고 떠났다. 이 사실은 진로상담을 넘어서 가족상담 회기를 필요로 했다. 저자는 진로가계도를 구성하기 위해 할머니에게 도움을 요청할 기회를 사용하였다.

앞서 언급된 예시에서 진로가계도는 가족 내에 존재하는 정서 및 다양한 형태의 동맹을 밝히기 위한 중요한 도구로 사용될 수 있다는 것이 분명하다. 앞서 언급된 젊은 남성의 경우, 그와 할머니와 함께 진로가계도 구성 작업을 하면서 내담자가 할머니와 가장 닮았고 밀접한 관계를 맺고 있다는 것이 밝혀졌다. 그는 할머니를 가족 책임의 전형이고 본받을 사람이라고 보았다. 가족에는 무직인 고모와 삼촌들이 많았다. 할머니는 가족을 뭉치게 하는 강력한 모계의 중심 인물이었다. 내담자는 자신이 미래에 할머니의 역할을 수행할 것이라고 보았다. 그는 그렇게 할 수 있게 해 줄 것 같은 교육을 찾고 있었다.

그러나 가족 상황이 그에게 상당한 스트레스를 유발하였고 그의 학업에 영향을 미쳤다. 오래 유지되었던 가족 비밀의 출현은 내담자와 할머니 사이의 관계를 불안정하게 만들었다. 관계를 회복한 후에야 추가 진로상담이 계속될 수 있었다. 진로가계도를 통한 작업과 가족과 공동체의 일부로서 상호 의존과 상호 책임이라는 윤리에 가치를 두는 **우분투** 개념을 도출하면서 (Watson et al., 2011) 저자는 할머니가 하는 방식과 같이 혼자 힘으로 가족을 돌봐야만 한다는 내담자의 신념에 도전하였다. 가족 구성원이 안정적이고 영구적인 직업이라는 전통적인 진로관념을 가지고 있어서 정부가 지역사회 수준에서 추진하는 자조 프로젝트의 혜택을 볼 수 없음을 발견하였다. 가족 상황이 완전히 해결되지 않았음에도 불구하고 내담자는 그의 곤경으로 인한 스트레스를 덜 받았고 학업에 집중할 수 있었다. 앞의 시나리오는 진로 평가와 상담에서 진로가계도의 사용이 복잡한 가족 이슈를 개방할 수 있으며 따라서 상당한 기술이 필요하다는 관점을 지지한다(Okiishi, 1987).

3) 생애역할 동그라미

포스트모더니즘 세상에서 사람들은 자신이 수행해야 할 다중적인 역할을 발견함으로써 진로에 도전을 받게 된다. 집단주의 문화의 학생과 근로자에게 더 나타난다. 상호 의존 및 공동체 지향 같은 가치와 개인주의 및 교육과 직업 환경에서 종종 특징화되는 자기발전 사이의 틈 혹은 긴장은 집단에서 진로스트레스의 주요 원천이 된다(Mkhize & Frizelle, 2000; Stebleton, 2007). 도전은 이념적 차이 혹은 가끔 정반대의 문화에서 나타나는 다중 일의 역할과 정체성에서 기인한다. 앞서 언급한 것처럼 스테블턴(Stebleton, 2007)이 비전통적인 평가 방식을 사용하여 내담자가 다중 일의 역할과 정체성의 의미를 탐색할 수 있게 진로 상담자가 도와야 한다고 호소한 것은 도전을 인식한 데에서 나온 것이다.

생애역할 동그라미는 내담자가 다양한 삶의 역할에 대한 요구에 집중하고, 새롭고 더 조화로운 역할을 구성하도록 해 주는 유용한 방안을 제공해 준다(Brott, 2004). 진로 상담자가 내담자에게 삶에서 중요한 5가지 역할을 표현하는 5개의 동그라미를 그리도록 요청하면서 시작된다. 동그라미의 크기는 역할의 중요도나 역할과 연합된 활동에 투자하는 시간의 양을 표현한다. 동그라미가 겹치는 것은 생애역할이 교차한다는 것을 나타낸다. 이후 진로 상담자는 내담자가 각각의 역할에 대한 대화에 참여하도록 한다. 또한 자신의 인격 혹은 자아에 대한 감각에 각 역할의 행동, 생각, 의미가 탐색될 수 있다. 미래 역할모델은 5개의 동그라미에 의해 도표로 표현된다. 진로 상담자는 내담자가 미래에 다른 역할 사이의 관계에 대해 성찰하도록 돕는다. 내담자의 삶에서 다른 역할이 서로 조화를 가져오기 위한 단계들이 논의된다.

생애역할 동그라미 기법은 집단주의 공동체 문화의 학생들과 젊은 직업인들에게 사용하기에 유용한 도구이다. 또한 일, 가족, 문화적 책임감 사이에 균형을 맞추려는 직업인 여성을 돕는 데 의미 있게 사용될 수 있다. 나의 경험상 특히 아프리카계 학생과 직업인들은 많은 가족과 공동체에 대한 책임감을 가지고 그들의 역할에 균형을 가지고 싶어 한다는 것을 발견하였다. 공동체에서 자신의 참여와 관련하여 관계적으로 인격을 정의하는, 존재에 대한 사회적이고 윤리적인 차원에서 비롯된다(우분투 정신). 우분투 관점에서 삶은 인간관계를 통해 의미를 발견할 수 있다. 고인에 대한 영적 세상과의 관계를 포함하여 긍정적인 인간관계를 유지하는 것은 자신에게 매우 중요하다(Watson et al., 2011). 그래서 확대가족(Umndemi)의 행사와 지역사회의 장례식에 참석하는 것은 사회적 · 도덕적 차원이다. 그것은 자신을 윤리적이며 배려심 있는 지역사회의 구성원임을 타당화해 준다. 반면, 직장이라는 조직에서는 개인의 소속감에 중요한 애착에 가치를 두지 않는 것이 현실이다. 생애역할 동그라미를 사용하여 진로 상담자가 여러 다른 생애역할 사이의 긴장감, 모순, 불균형을 해결하도록 내담자와 함께 작업한다. 이것이 적용되는 것은 중요하지만 보상이 없는 삶의 역할을 타당화하고(Stebleton, 2007), 미래에 경쟁하는 역할 사이의 균형을 찾기 위한 계획을 생각하게 한다.

4) 생애공간 그리기

피비(peavy, 2000)는 내담자의 이야기와 그러한 이야기에 내재된 가정을 끌어내기 위해 생애공간과 생애공간 그리기라는 아이디어를 사용하였다. 생애공간이라는 개념은 개인에게 내재된 의미체계로 정의된다. 오랜 시간 발전되어 왔고, 적절한 때에 자기의 통합된 일부가 된 의미체계는 자신을 이해하고 주변을 탐험하는 수단으로서의 하나의 견본이 된다. 진로상담의 목적은 오랜 시간 축적되어 온 다양한 의미와 관련되기 위해 개인의 삶의 공간으로 들어가는 것이다. 이것은 개인을 명료화한 이야기에서 방출되는 다양한 목소리로 이야기하도록 초대하는 스토리텔링에 의해 행해진다. 또한 그리는 것은 관계의 본질을 강조하기 위해 사용될 수 있다. 이 아이디어는 내담자가 진로생애공간이 구성하는 의미를 확인하고, 관계 네트워크에 있는 다양한 행위자의 역할을 허용하고 있는지 아니면 제한하고 있는지를 확인하도록 돕는 것이다. 이 기법은 인종차별, 식민주의, 가부장제로부터 발생한 다양한 이데올로기와 신념체계가 사람들의 진로발달에 제약을 가할 수 있는 아프리카의 맥락과 관련된다.

3. 결론

이 장에서는 질적 진로평가에 대한 몇 가지 접근법을 소개하고 논의하였다. 남아프리카의 맥락에 기반한 사례예시가 제공되었다. 남아프리카의 맥락에서 진로평가는 우분투 개념과 사람들의 선택에 미치는 영향을 인식해야만 한다는 것을 보여 준다. 질적 접근에서 진로 상담자는 내담자에게 공동체, 가족, 개인적 요구 사이의 긴장을 알아내도록 허용해야 한다. 질적 진로평가 사용상의 도전은 표준화된 지침이 부족하여 진로 상담자의 전문성과 임상적 판단에 의존할 수 밖에 없다는 점이다. 앞의 예시는 모든 남아프리카 상황에서의 질적 진로평가를 반영하지는 않는다는 것을 명심해야 한다. 그러나 진로 상담자들은 상황에 맞는 다양한 접근을 사용하기 위해 임상적 판단에 의존할 필요가 있다.

참고문헌

Brott, P. E. (2001). The storied approach: A postmodern perspective for career counseling. *The Career Development Quarterly, 49*, 304-313.

Brott, P. E. (2004). Constructivist assessment in career counselling. *Journal of Career Development, 30*(3), 189-200.

Chope, R. C. (2005). Qualitatively assessing family influence in career decision making. *Journal of Career Assessment, 13*(4), 395-414.

McMahon, M. (2005). Career counselling: Applying system theory framework of career development. *Journal of Employment Counselling, 42*, 29-38.

McMahon, M., Patton, W., & Watson, M. (2003). Developing qualitative career assessment processes. *The Career Development Quarterly, 51*, 194-202.

McMahon, M., & Watson, M. B. (2008). Systemic influences on career development: Assisting clients to tell their career stories. *The Career Development Quarterly, 56*, 280-288.

Mkhize, N. (2006). The social, economic and moral dimensions of fatherhood. In L. Richter & R. Morrell (Eds.), *Baba: Men and fatherhood in South Africa* (pp. 183-198). Cape Town, South Africa: Human Sciences Research Council.

Mkhize, N., & Frizelle, K. (2000). Hermeneutic-dialogical approaches to career development: An exploration. *South African Journal of Psychology, 30*(3), 1-8.

Okiishi, R. W. (1987). The genogram as a tool in career counseling. *Journal of Counseling and Development, 66*, 139-143.

Peavy, R. V. (2000). *Sociodynamic perspective and the practice of counselling*. British Columbia, Canada: University of Victoria.

Stebleton, M. J. (2007). Career counseling with African immigrant college students: Theoretical approaches and implications for practice. *The Career Development Quarterly, 55*, 290-312.

Sueyoshi, L. A., Rivera, L., & Ponterotto, J. G. (2001). The family genogram as a tool in multicultural career counseling. In J. G. Ponterotto, J. M. Casas, L. A. Suzuki, & C. M. Alexander (Eds.), *Handbook of multicultural counseling* (2nd ed., pp. 655-671). Thousand Oaks, CA: Sage.

Watson, M. B., McMahon, M., Mkhize, N., Schweitzer, R. D., & Mpofu, E. (2011). Career counseling people of African ancestry. In E. Mpofu (Ed.), *Counseling people of African ancestry* (pp. 281-293). Cambridge, England: Cambridge University Press.

제**5**부

질적 진로평가: 미래의 방향

제5부 '질적 진로평가: 미래의 방향'에서는 이전 장들을 고려하여 미래 방향으로 제안되는 주요 주제를 요약한다. 질적 진로평가는 단지 일관성 있는 업무로 제시되고 자리매김하는 것뿐만 아니라 미래를 고려하는 것 또한 중요하다. 제5부에서는 이 책의 내용을 돌아보고 향후 방향을 고려하며 미래의 의제를 제안한다.

제**29**장

질적 진로평가:
미래의 방향

MARY MCMAHON and MARK WATSON

1. 도입

2006년에 맥마흔과 패튼은 진로평가 분야에서 질적 진로평가의 이야기는 양적 진로평가라는 지배적인 이야기에 의해 "대체로 침묵되었거나 빛을 보지 못했다."라고(p. 163) 말하였다. 2008년에 맥마흔은 "21세기에는 질적 진로평가가 부상하는 모습을 보게 될 것이라."라는 희망을 표현하였다(p. 598). 현재 진로상담에서 내러티브 접근의 확대와 함께 사실상 질적 진로평가가 더 많이 사용되기 시작하였다.

질적 진로평가에 대한 가려진 이야기를 더 잘 이해하기 위해서 이 장에서는 진로평가의 세부 특징을 정의하는 광의의 진로심리학 분야에 대한 거시적이고 미시적인 맥락에 대해 생각해 볼 것이다. 처음에는 지금까지의 질적 진로평가 이야기를 생각하고 이 책의 여러 장에서 반영된 떠오르는 이야기를 고려할 것이다. 두 번째로 이 장에서는 이 책에서 보여 준 질적 진로평가에 대해 일관적이고 견실한 이야기와 그 미래의 방향 및 이 분야에 기여하는 잠재력에 대해 생각해 볼 것이다.

2. 질적 진로평가: 지금까지의 이야기

　　제1장에서는 진로평가에 대한 철학적·이론적·맥락적 관점을 고려하였다. 이 장에서는 진로평가에 좀 더 깊이 주의를 기울인다. 이 장에서 진로평가는 다시 한번 광범위한 관심의 초점이 된다. 먼저, 문헌에서 혼용되는 것을 피하기 위해 검사와 구별될 수 있도록 이 책에서는 진로평가라는 용어를 의도적으로 사용하였다는 것을 강조하는 것이 중요하다(de Bruin & de Bruin, 2006). 이후 저자들은 용어의 구별되는 의미를 명료화하였다. 구체적으로 검사라는 용어는 좁게 정보의 획득에 초점을 맞추는 반면, 평가는 심리검사(예: 흥미검사) 또는 정보적 수단을 통해 수집한 정보의 의미에 초점을 맞춘다. 그래서 평가는 심리검사를 통합한다.

　　본질적으로 진로심리학의 초창기에는 평가와 검사 사이의 차이가 분명하였다. 평가와 검사라는 용어 사이의 중요한 구분은 진로심리학에 대한 철학적 영향에서 그 기원이 나타난다. 예를 들어, 파슨스(1909)는 이 분야에 구성주의를 소개하였다는 공로를 인정받아 왔고(Spokane & Glickman, 1994) 진로상담을 직업심리학의 전문적 분야로 확립하였다(Pope & Sveinsdottir, 2005). 그러나 응용심리학의 창시자인 뮌스터버그(Münsterberg)와 파슨스의 파트너 관계와 뮌스터버그의 이후 업적은 검사를 중시하는 실증주의 철학을 강력하게 중시하였다(Porfeli, 2009). 구체적으로 파슨스는 개인이 다양한 원천에서 자기 정보를 모으고 이해하도록 격려하였지만, 뮌스터버그는 검사에 기반한 좀 더 과학적인 접근을 옹호하였다. 차이에 대한 오랜 관점이 핵심적인 직업 구성을 평가하는 한 장에 최근 연구(예: Walsh, Savickas, & Hartung, 2013)로 소개되어 있다. 그 장은 예측을 강조하는 직업평가의 틀을 제공하면서 이러한 목적을 진술하고 있다(Larson, Bonitz, & Pesch, 2013). 이후 전반적으로 세부적인 장에서도 내담자와 자기이해는 거의 언급되지 않았고 초점이 검사에 맞춰져 있다. 그러나 검사와 평가의 목적은 다르다. 검사의 주요 목적은 '내담자가 책임 있는 결정을 할 수 있도록 하는 것'이다(de Bruin & de Bruin, 2006, p. 131). 대조적으로 진로평가의 광범위한 목적은 자기이해와 진로탐색으로(de Bruin & de Bruin, 2006) 둘은 반복적으로 관련된다.

지금까지 구성주의 철학에서 나타난 질적 진로평가에 대한 문헌들은 일회성 학술지 논문에 보고된 개별적인 도구와 과정으로 대부분 분절되어 남아 있었다. 더욱이 질적 진로평가는 진로상담에 의도적이고 목적적으로 통합된 도구라기보다는 가끔 내담자를 참여시키는 창의적인 활동 혹은 과정으로 묘사된다(McMahon, 2006). 문헌에서 일관성이 거의 없는 것으로 설명되는 질적 진로평가에 대한 분절적인 표상과는 다르게 주요 초점이 양적 검사인 진로평가 문헌들이 출판되고 있다(예: Kapes & Whitfield, 2001; Osborn & Zunker, 2006, 2015). 최근에는 질적 진로평가에 대한 일부 참고자료가 이 문서에 포함되어 있다. 예를 들어, 오스본과 준커(2015)의 문헌에는 카드분류, 다른 비표준화 평가 접근과 혼합평가의 결과에 대한 절이 포함되었다.

한 측면에서는 질적 진로평가에 대한 문헌의 제한된 관심이 이 분야에서 질적 진로평가의 위치를 반영한다고 할 수 있지만, 다른 측면에서는 질적 진로평가에 대한 제한된 묘사는 거시적 맥락에서 양적 진로평가를 기반으로 하고 점수와 예측에 과하게 의존하는 분야의 우세한 이야기를 강화한다는 것을 보여 준다. 덧붙여 양적 진로 검사나 측정은 실증주의 방법론에 지배를 받는 진로 영역에서의 연구 전통에 기여해 왔다. 대조적으로 질적 진로평가는 최근 연구 검토에 반영되어 있듯이 중요한 연구로 자극받지 못하였다(예: Stead, Perry, Munka, Bonnett, Shiban, & Care, 2012).

거시적이고 미시적인 영향요인을 고려한 체계 틀을 사용한 진로연구에 대한 맥마흔과 왓슨(2007)의 분석은 다른 연구의 전통을 혼합한 다양한 이야기 접근이 포스트모던 시대의 맥락에서 좀 더 적절하다고 결론을 내렸다. 이 결론은 유사하게 진로평가에서도 도출될 수 있다. 예를 들어, 블루스타인

(Blustein, 2006)은 "도구에 대한 확장된 틀이 포괄적인 심리학적 실제에 유용할 수 있다."(p. 287)라고 믿었다. 또한 블루스타인은 진로평가에서 검사 사용에 있어 다양한 이야기 접근을 제안하며 다음과 같이 언급하였다. "지금까지 암시한 바와 같이 검사의 역할에 대한 나의 선호는 예상과 달리 설명과 탐색의 영역이다"(Blustein, 2006, p. 288). 양적 진로평가의 질적 사용에 대한 내용인 이 책의 제3부는 진로평가에 대한 다양한 이야기 접근의 예시를 제공하고, 겉보기에는 다른 두 전통을 완벽하게 통합함으로써 상호 보완 가능성을 보여 주었다(Whiston & Rahardja, 2005).

또한 체계적인 틀은 다양한 환경에서 다양한 집단에게 검사를 포함한 진로평가의 만연하고 무분별한 사용에 대해 생각하는 데 유용하다. 예를 들어, 진로평가에 대한 최근 비판(예: Stead & Watson, 2006; Watson, 2013)은 검사가 특정 맥락과 특정 구성원의 사용을 위해 만들어졌다는 점을 지적하였다. 세계화가 진행되면서 블루스타인(2006)이 '중산층, 유럽-미국 중심'(p. 286)으로 언급되는 것을 넘어 진로평가의 사용은 더 많은 문화적 민감성과 다수의 내담자 집단과 관련되고 유익한 측정으로 구성될 필요성이 요구되고 있다(Stead & Watson, 2006). 이렇게 하지 않으면 결국 진로 평가와 검사는 사회적 자원이 되기보다는 사회적 장벽으로 작용할 것이다(Blustein, 2006).

질적 진로평가에 대해 이야기할 때 과거 이야기와 관련하여 현재 이야기를 이해하는 것은 매우 중요하다. 이와 함께 진로평가에 대한 과거와 현재의 이야기들은 진로평가에 대한 미래의 이야기 구성을 고려하기 위한 맥락을 제공한다.

3. 미래의 방향: 앞으로의 이야기

이 책이 기여하는 것은 다음과 같은 측면에 있다.
첫째, 질적 진로평가에 대해 단독으로 집중한 첫 번째 책에 해당된다는 것

이다. 그것을 통해 광범위한 질적 진로평가 도구와 관점을 최초로 편찬하게
되었다. 이 책에서 현재 사용 가능한 질적 진로평가의 폭과 깊이를 보여 주
는 것은 중요하지만, 두 번째 기여는 질적 진로평가에 대한 미래 이야기가
구성될 때 고려되어야 하는 구체적인 다양한 이슈를 분명히 하였다는 점이
다. 질적 진로평가의 프로파일을 위해 고려될 필요가 있는 이슈들 중 가장
먼저 떠오르는 것은 이 책에 기술된 새로운 증거기반이 강화되고 확장될 필
요가 있다는 점이다(이 점에 관해서는 이 책의 제3장 참조).

둘째, 진로 실무자는 질적 진로평가가 무엇인지 알아야 하고, 내담자의 진
로평가를 위한 합당한 방법이므로 양적 진로평가와 함께 질적 진로평가를
사용할 충분한 준비를 해야 한다.

셋째, 이 책의 맥락에서 진로발달 학습이라는 렌즈를 통해 고려된 진로상
담에서의 설명과 탐색이라는 목적과 관련하여 질적 진로평가를 고려할 필요
가 있다는 점이다. 마지막으로 다양한 맥락에 대해 다룬 이 책의 제3부에서
확인되었듯이 질적 진로평가의 확장은 문화적 맥락을 포함하여 민감할 필요
가 있다.

진로연구와 관련하여 맥마혼과 왓슨(2007)은 체계 분석부터 진로상담 전
문가에게 새로운 것을 도입하는 훈련과 문화적 변화가 필요하다고 결론을
내렸다. 유사하게 질적 진로평가와 관련하여 진로상담 전문가 훈련은 검사
를 넘어서 양적이고 질적인 접근 모두를 포함하는 진로평가에 대한 전체적
인 접근을 고려할 필요가 있다. 훈련이 학생들을 진로상담 전문가로 사회화
시키고 진로평가에 대한 전체적 접근을 하도록 하는 데 실패하면 결국 '무비
판적으로 현재의 상태를 수용할 뿐 아니라 적극적으로 수용'하게 할 것이다
(Prilleltensky, 1989, p. 795). 양적 진로검사의 지배적 이야기를 강화한다.

이 모든 것은 질적 진로평가와 학습 간의 긴밀한 연결을 제안한다
(McMahon & Patton, 2002). 자기이해와 진로탐색 및 그 관련성에 대한 질적
진로평가의 목적에 초점을 두면(de Bruin & de Bruin, 2006) 이러한 목적을 달
성하는 과정은 학습 과정으로 가장 잘 이해될 수 있다. 본질적으로 질적 진

로평가 과정에 참여하는 것은 개인들이 선행 지식과 경험을 끌어내고 의미 만들기 과정에 참여하며, 이후에 그들이 해 나갈 학습을 심화시키는 경험 학습으로 간주될 수 있다. 학습은 이 분야에서 오랫동안 인정되어 왔지만, 질적 진로평가와 마찬가지로 학습의 이야기도 다소 간과되어 왔고 적용이 항상 명백하지는 않았다.

학습은 질적 진로평가에 대한 관점을 통해 통합된 주제를 제공한다. 사실상 학습은 진로상담에서 검사를 진로평가로 옮기기 위한 기제로 간주될 수 있다. 그래서 질적 진로평가와 지지자들은 진로평가에 대한 미래 이야기의 공동구성으로 이동하기 위해 학습을 핵심 역할로 간주할 수 있다. 더욱이 이 책에 기술된 질적 진로평가 도구의 명백한 학습 과정은 다양한 학습양식과 관련됨을 보여 주고 있으며, 내담자가 적극적으로 참여하는 포괄적인 진로상담 과정을 제공해 준다. 진로상담이 다양한 내담자 집단과 맥락으로 확장될 때 질적 진로평가와 양적 진로평가의 질적 사용은 문화적, 맥락적으로 민감한 실무를 제공해 준다.

진로 평가와 검사의 현 상태는 강사나 편집자 같은 비판적인 전문가 집단의 수비에 의해 주로 질적 진로평가와 그로부터 발생하는 질적 진로연구를 변화시켰다. 따라서 모순된 요구의 입장 차이로 인한 악순환이 있다. 한편에서는 진로평가를 위한 전체적인 접근이 더 많이 사용되기를 바라고 다른 한편에서는 현 상태가 유지되기를 바란다.

4. 결론

이 책에서는 현재 이용할 수 있는 질적 진로평가 도구에 대해 포괄적인 기술을 제공함으로써 내러티브 진로상담을 '어떻게 할 것인가'에 대해 자주 인용되는 라이드(Reid, 2006)의 질문에 어느 정도 답을 하였다. 게다가 많은 장에서는 좀 더 포괄적이고 문화적으로 민감한 진로평가와 진로상담 접근을 촉진하는 다양한 학습양식을 제안하였다. 그러나 라이드의 질문을 다루면서 '어떻게'라는 질문이 이 분야에서 새롭게 출현한다. 즉, '우리가 작업한 것을 아는 방법'을 고려하는 것이다. 다시 말하면, 자질 또는 자질 관리의 이슈 혹은 질적 진로평가에서의 질 관리를 고려하고, '활동과 과정'에 대해 현재 문헌에 기술된 것 이상의 어떤 것이 더 필요하다. 질적 진로평가에 대한 첫 번째 책을 내놓으면서 독자들이 미래 진로평가 실무와 연구를 안내할 좀 더 일관된 포괄적인 관점을 얻고, 진로상담이라는 광범위한 분야에서 질적 진로평가의 위치가 강화되기를 바란다.

참고문헌

Blustein, D. L. (2006). *The psychology of working*. Mahwah, NJ: Lawrence Erlbaum.

de Bruin, G. P., & de Bruin, K. (2006). Career assessment. In G. B. Stead & M. B. Watson (Eds.), *Career psychology in the South African context* (2nd ed., pp. 129-136). Pretoria, South Africa: Van Schaik.

Kapes, J. T., & Whitfield, E. A. (2001). *A counselor's guide to career assessment instruments*. Columbus, OH: National Career Development Association.

Larson, L. M., Bonitz, V. S., & Pesch, K. M. (2013). Assessing key vocational constructs. In W. B. Walsh, M. L. Savickas, & P. J. Hartung (Eds.), *Handbook of vocational psychology* (4th ed., pp. 219-248). New York, NY: Routledge.

McMahon, M. (2006). Creativity and career counselling: A story still to be narrated. In M. McMahon & W. Patton (Eds.), *Career counselling: Constructivist approaches* (pp. 150-160). Abingdon, Oxon, England: Routledge.

McMahon, M. (2008). Qualitative career assessment: A higher profile in the 21st century?. In J. A. Athanasou & R. Van Esbroeck (Eds.), *International handbook of career guidance* (pp. 587-601). Dordrecht, The Netherlands: Springer.

McMahon, M., & Patton, W. (2002). Using qualitative assessment in career counselling. *International Journal of Vocational and Educational Guidance, 2*,

51-66.

McMahon, M., & Patton, W. (2006). Qualitative career assessment. In M. McMahon & W. Patton (Eds.), *Career counselling: Constructivist approaches* (pp. 163–175). Abingdon, Oxon, England: Routledge.

McMahon, M., & Watson, M. (2007). An analytical framework for career research in the post-modern era. *International Journal of Educational and Vocational Guidance, 7*, 169–179.

Osborn, D. S., & Zunker, V. G. (2006). *Using assessment results for career development* (7th ed.). Belmont, CA: Thomson Brooks/Cole.

Osborn, D. S., & Zunker, V. G. (2015). *Using assessment results for career development* (9th ed.). Belmont, CA: Brooks/Cole Cengage Learning.

Parsons, F. (1909). *Choosing a vocation*. Boston, MA: Houghton Mifflin.

Pope, M., & Sveinsdottir, M. (2005). Frank, we hardly knew ye: The very personal side of Frank Parsons. *Journal of Counseling and Development, 83*, 105–115.

Porfeli, E. J. (2009). Hugo Münsterberg and the origins of vocational guidance. [Special Issue]. *The Career Development Quarterly, 57*, 225–236.

Prilleltensky, I. (1989). Psychology and the status quo. *American Psychologist, 44*(5), 795–802.

Reid, H. L. (2006). Usefulness and truthfulness: Outlining the limitations and upholding the benefits of constructivist approaches for career counselling. In M. McMahon & W. Patton (Eds.), *Career counselling: Constructivist approaches* (pp. 30–41). Abingdon, Oxon, England: Routledge.

Spokane, A. R., & Glickman, I. T. (1994). Light, information, inspiration, cooperation: Origins of the clinical science of career intervention. *Journal of Career Development, 20*, 295–304.

Stead, G. B., Perry, J. C., Munka, L. M., Bonnett, H. R., Shiban, A. P., & Care, E. (2012). Qualitative research in career development: Content analysis from 1990 to 2009. *International Journal for Educational and Vocational Guidance, 12*, 105–122.

Stead, G. B., & Watson, M. B. (2006). Indigenisation of career psychology in South Africa. In G. B. Stead & M. B. Watson (Eds.), *Career psychology in the South*

African context (pp. 181–190). Pretoria, South Africa: Van Schaik.

Walsh, W. B., Savickas, M. L., & Hartung, P. J. (Eds.) (2013). *Handbook of vocational psychology* (4th ed.). New York, NY: Routledge.

Watson, M. (2013). Deconstruction, reconstruction, co-construction: Career construction theory in a developing world context. *Indian Journal for Career and Livelihood Planning, 2*(1), 3–14.

Whiston, S. C., & Rahardja, D. (2005). Qualitative career assessment: An overview and analysis. *Journal of Career Assessment, 13*, 371–380.

제**30**장
질적 진로평가 접근에 대한 성찰

HAZEL REID

1. 도입

우리는 도전과 불확실한 시기에 살고 있고 변화는 계속되며 빠르게 진행된다. 대다수에게 삶은 혼란스럽고 일은 찾기 어려울 수 있다. 일상의 음식을 얻는 생계를 넘어 신체와 정신 모두를 유지하기 위한 의미 있는 일은 사치처럼 보이고, 진로 실무자는 자신의 삶과 일의 맥락에서의 제약들에 영향을 받지 않을 수 없다. 다양한 조력 전문가들에게 표준의 충족과 역량 획득이라는 요건을 둘러싼 긴장이 존재하고, 전문적 실무를 매뉴얼화하고 경험, 신뢰, 지혜를 토대로 한 판단 연습과 창의성에 대한 요구를 없애 버린다. 지혜는 상식 이상의 것으로 종종 전혀 일반적이지 않은 것이다. 지식, 통찰뿐아니라 경험에 의해 알려진다. 지식이 많고 통찰력 있는 진로상담은 실무에 대한 경험 이상의 것을 필요로 하고 연구, 이론, 실무 사이의 관련성은 필수적이고 상호 의존적이다. 또한 실무는 사회경제적 · 문화적 · 역사적 · 정책적 맥락에서 일어나기 때문에 복잡성이 가히 압도적이다. 불확실성으로 인해 우리는 사람들을 취업시키는 것이 너무 어렵지만 그것이 최선이라고 생각할 수 있다. 그러나 이 책에서 분명히 드러나는 접근 방식은 그렇지 않다.

분명한 것은 복잡성은 **많은 생각**을 요하는 실무를 요구한다는 것이다. 과거에 유용한 것으로 증명된 진로개입모델을 무시하는 것이 아니라 동시대의 삶에 유용한 접근을 찾는 것이다. 그러나 사용되는 접근들이 내담자의 삶의 실제와 공명될 필요가 있기 때문에 개인이나 집단에 대한 사회적 맥락의 영향력을 무시하거나 덜 중요시하는 혁신을 요구하는 것이 아니다. 진로상담을 전달하는 한 가지 방식만 제안하는 것은 우리가 살고 있는 유동적인 세상을 이해하는 데 적합하지 않다(Bauman, 2000). 해석적 방법론에 대해 기술한 리처드슨(Richardson, 1997)은 사회과학 연구의 전통적인 방식에 도전하기 위해 결정화(crystallise)라는 개념을 채택하였다. 삼각검증을 통해 연구를 멋있게 만드는 것보다는 삶을 연구하면서 다른 질적 방법에 의존할 때 삼각검증될 수 있는 고정된 지점에 대한 가정을 버릴 필요가 있다. 접근 방식과 자료가 혼합되어 사용되면 연구자와 진로 실무자는 평가에서 결정화할 가능성이 높다. 리처드슨은 다음과 같이 언급하였다. "세상에 접근하는 방법은 세 가지 측면보다 훨씬 더 많다"(1997, p. 92). 진로평가에서 효과적인 방식으로 내담자와 함께 작업하기 위해 내담자의 요구와 진로 실무자의 접근 모두를 평가하기 위해서는 한 가지 이상의 렌즈가 필요하다. 이 책의 장들은 여러 연구를 소개하고 독자들에게 새로운 질적 진로평가와 원래의 질적 진로평가 실무를 성찰하는 다른 관점을 제공한다.

2. 초기 성찰

마지막 장을 쓰도록 요청받았을 때 나의 첫 번째 반응은 책 제목에 대한 놀라움이었다. 나에게 있어 진로작업에서 '평가'란 내담자의 주관적인 세상에 대한 관심이 부족한 검사, 목록, 개관적 평가에 의존하는 양적 방식이었다. 1990년 영국의 주 지원 진로서비스에서의 나의 실무는 심리측정 진로평가에 대한 점진적인 유행을 상기시켰다. 나의 업무는 젊은이와 성인에게 진로지도를 제공하고 인터뷰를 하는 것이었다. 성인들은 약간의 상담료를 지불하였다. 한때 성인과의 인터뷰 예약은 그들이 받은 심리측정 검사에 대한 개인적 해석을 도와달라는 요청으로 꽉 찼다. 그들이 검사 해석지를 이해할 수 없기 때문이 아니라 그들에게 의미가 없기 때문이었다. 명백히 내담자들은 짧은 인터뷰 후 미래에 할 것에 대한 답이 나타날 것이라는 기대를 가지고 특정 형태의 진로개입에 접근한다. 젊은이들에게 내 책상에 해결책이 없다고 설명하지만, 그들의 아이디어가 아무리 모호하더라도 나는 그들의 진로개입을 탐색하는 데 관심이 있다. 일부 문화적 맥락에서 진로 실무자가 전문가라고 기대되거나 복잡한 의사결정에 대한 '대답'을 알려 주어야만 한다고 여기는 경우에는 특히 어려움이 있다. 그러나 성인 내담자가 심리측정 평가에서 느끼는 의미 부족과 비인격적 피드백으로 인한 실망은 특히 심한 것 같다. 그들이 원하는 것은 공감하는 타인과의 대화이다. 대답에 대한 욕구는 여전하지만 인간 중심 훈련(Rogers, 1967)은 내가 '옳은' 대답보다는 '좋은' 질문을 하도록 이끌었다. 사비카스(2011)가 자기(self)에게서 조언을 들을 수 있게 된다고 말한 것처럼 좋은 질문은 내담자에게 자신의 생각을 성찰하고 분명히 할 공간을 제공해 준다. 위니컷(Winnicott, 1971)의 언어를 사용하자면 질적 진로평가의 대화에서 내담자는 과도기적이고 안전한 공간에서 학습한다. 라틴어에서의 대화는 '누군가와 함께 방황하는 것'을 의미한다. 즉, 방황하고 흔들리는 것을 지지하는 공간(Cochran, 1997), 결정하기 전에 성찰의 시간을 갖는 것은 객관적 평가 검사를 통해서는 불가능하다. 물론 그런 평가가 예측보다는 '함께 생각하는 도구'로 사용된다면 그런 위치에 있을 수 있고 유용할 수 있지만 그 자체로 충분히 좋은 경우는 드물다. 해석의 순간에 양적 진로평가가 종종 질적이 될 수 있고 해석과 성찰의 공간은 필수적이다. 진로작업에서 양적 진로평가가 많은 국가에 널리 사용된다는 것을 알고 있음에도 불구하고 이 문제는 나에게 여전히 어려운 문제로 남아 있으며, 양적 측정이 질적으로 사용되는 이 책에서는 이러한 관심에 주목한다.

다음 단계로 넘어가기 전에 진로평가는 나에게 무엇을 의미하고, 누구에게 이득이 되는지 생각해 보자. 내 직장에서 진로 실무자를 교육할 때 성인 및 평생교육 발전단체(Unit for the Development of Adult and Continuing Education, 1986)의 정의를 따른다.

> 진로작업에서 평가는 사람들이 자신의 능력과 적성에 대해 더 잘 이해하도록 돕는 것이다. 왜냐하면 능력과 적성은 개인, 사회, 교육 혹은 경력 개발, 삶의 변화 관리와 관련되기 때문이다. 평가는 사람들이 구체적인 행동지침의 적절성에 대한 판단을 할 수 있도록 만들어 준다. 공식적 혹은 비공식적인 다양한 방법을 포함한다(Reid & Fielding, 2007, p. 26).

좋은 말이지만 그 자체로는 직업 상담자가 내담자에게 올바른 판단을 내리도록 지원하는 방법을 알려 주지는 않는다. 평가가 개별 맞춤화되어야 하고, '모두에게 맞는' 접근 방식을 피해야 한다고 제안하지만, '모두에게 맞는' 접근 방식은 간단하며 '비용 효율적'이라는 점에서 매력적이다.

3. 깊은 성찰

나는 이 책의 내용을 좀 더 면밀히 들여다보았다. 편집자들은 진로상담에서 오랫동안 지속된 진로평가의 필수적인 역할과 최근 내러티브 접근의 채택을 인정하기 위해 『구성주의 진로상담기법(Career Assessment: Qualitative Approach)』이라는 책 제목을 의도적으로 선택하였다는 것을 분명히 하였다. 나는 구성주의의 넓은 관점에서 내러티브 접근과 평가 사이의 부조화로 인해 약간의 불편함을 경험하고 있었기 때문에 이 점은 흥미로웠다. 편집자들이 표현한 관점에서 보면 질적 진로평가는 대화의 일부이고, 의미 있는 진로상담에서 명백하게 나타나는 학습 과정의 일부이다. 양적 진로평가는 자기지식을 얻을 때 정서적 반응을 완전히 제거할 수 있다. 여기에서는 정서적이고 직관적인 앎을 위한 공간은 없다. 전환기에는 직업에서 심리적 과정이 나타나고 내담자의 전경이 될 수 있다. 사회적 맥락이 무엇이든 삶은 살아 있는 그대로 주관적이기 때문에 더 적은 목록과 더 많은 이야기가 필요하다. 그리고 다시 서구에서는 고용시장에서 인지와 합리성이 중심 무대를 차지한다. 진로상담 평가와 실무에서 큰 그림을 무시할 우려가 있는 과도한 **심리학적 접근에 대한 비판을 고려하여**(Sultana, 2011) 심리사회적인 것에 대한 요구가 있다(Guichard, 2005; Reid & West, 2014). 진로 실무자들에게는 다양한 방식이 필요하고, 이 책에서 다양한 것을 제공하지만 이것에 대한 학습과 실험의 공간도 필요하다.

질적 진로평가는 다른 것과 마찬가지로 적절한 양의 시간으로 강화될 수 있다. 실무가 바쁠 때에는 시간을 내기도 어렵고 타당화하기도 어렵다. 한센과 아문슨(Hansen & Amundson, 2009)은 시간이 필요하며, 내담자가 진로 실무자의 지지를 받아 수행 속도를 늦추고, 그 순간에 존재하면서 생각할 기회를 가지면 자신의 해결책을 스스로 찾을 수 있다는 신뢰를 갖는 것이 필요하다고 주장하였다. 새로운 접근법을 시도할 때 시인 키츠(Keats)가 표현한 것처럼 우리는 전문성 부족을 인식하고 불확실하고 부정적인 능력을 잠시 동안 견디는 것을 학습해야만 한다(Harris Williams, 2005). 내담자의 요구를 평가할 때 불안은 우리가 너무 빨리 개입하도록 하고, 우리는 불안 때문에 너무 빨리 뛰어들어 내담자를 대변하려고 할 수 있다. 이 책에서 저자들은 천천히 시간을 가지면서 진로글쓰기와 다른 기법들이 내담자에게 정서적으로 현저한 것을 어떻게 밝혀내는지 논의한다. 질적인 내러티브 평가기법을 차용할 때 너무 깊이 들어가서 일을 복잡하게 만드는 것에 대한 걱정이 있다. 하지만 고통스러운 이야기가 들릴 수 있고 담길 수 있다(Reid & West, 2011a). 전환의 지점은 위기와 규범 혹은 다른 사람이 개인에게 기대하는 것을 위반할 필요가 있는 혼란기일 수 있다. 자기평가는 힘들고, 지지적인 관계에서 일어

나는 학습은 변화를 일으킬 수 있으며, 우리는 다른 사람에게 경청받는 것의
힘을 과소평가해서는 안 된다.

이 책을 읽으며 알게 된 나의 깊은 성찰은 이 책이 질적 진로평가 방법에
대한 풍부한 예시를 제공하고, 일관적으로 조직되고 실제에 기반을 둔 이론
에 의해 알려진 명쾌하고 광범위한 문헌이라는 점이다.

4. 질적 진로평가에 대한 평가

그러나 성찰도 중요하다. 이 책에서는 질적 진로평가가 종종 양적 측정이
지니는 엄격성이 결여되어 있는 것으로 보인다는 것을 인정한다. 질적 연구
방법에 기반을 둔 연구는 이론적 배경을 설명하고, 방법론을 개략적으로 설
명한 다음 모델을 적용하는 방법을 설명한다. 그러나 질적 진로평가는 요약
된 접근 방식의 효율성을 측정하기에는 부족하다. 진로상담에 양적 진로평
가 접근을 사용하든 질적 진로평가 접근을 사용하든 간에 개인의 삶에는 다
른 영향요인이 있기 때문에 효과성은 엄격하게 측정하기가 어렵다. 그러나
확실히 질적 접근에서 더 도전적이다. 자금과 기타 자원들이 고려되어야 하
기 때문에 질적 진로평가의 효과성도 측정될 필요가 있다. 모든 접근 방식,
특히 새롭게 개발되어 검증 중에 있는 접근 방식에는 노출되고 주의를 기울
여야 할 필요가 있는 결함이 있으며, 그리고 나서야 그 접근은 더 발전한다.
하지만 우리에게는 실증주의와 양적인 측정에 기반하지 않는 준거가 필요해
서 이 책에 제공하였다. 덧붙여 우리는 해석적 내러티브 연구를 '타당화'하기
위해 폭넓게 개발되어 온 준거를 채택하였다(예: Speedy, 2008).

예를 들어, 목표와 표적 내담자 집단에 적절하다면 질적 진로평가 방법을
사용한다.

• 질적 진로평가의 개발을 알리기 위해 사회과학 · 역사적 · 문화적 관점

을 사용하고, 이론은 복잡한 일상과 특별한 삶에 존재하는 사람들과의 관계에 기반을 두고 있는가?

- 관련 인식론적 지식에 대한 증거와 적절한 기법을 제공하는가?
- 내담자 혹은 집단에게 영향을 미친 개인적·사회적·경제적 맥락의 요인을 인식하는가?
- 다양한 문화적 전통을 고려하고 경험에 대한 다문화적 개입에 대해 개방적인가?
- 내담자와 함께 협력적으로 작업할 필요성을 명료화하는가?
- 내담자의 참여 유도-질적 진로평가가 이해할 만하고 잘 구성되었으며, 만족스럽고 창의적이며 흥미로운가?
- 질적 진로평가를 지지하는 연구에 대한 명확한 분석을 통한 개발-산출된 동료들의 검토와 출판물의 신뢰성에서 검증 엄격함을 찾을 수 있는가?
- 특별한 집단의 필요 같은 윤리적 이슈에 대한 이해를 보여 주고 이것을 다루는가?
- 작업의 영향을 내담자와 함께 평가할 기회를 포함-그것의 지적·정서적 효과는 무엇인가? 학습이 새로운 질문, 더 나은 자기인식과 자기효능감으로 초대하는가?
- 문화적·사회적·개인적·집단적 관점에서 현실 인식이 신뢰할 만하고 생산적인가?

그리고 중요한 것은 다음의 내용이다.

- 내담자의 진로와 삶의 흥미를 이해하는 데 유용하게 기여하는가?
- 시간과 자원의 제약으로 인해 성공적인 적용에 영향을 미칠 수 있다는 점을 인식하고 그에 따라 적용하는가?

5. 핵심 주제

질적 진로평가의 역사적 · 철학적 · 이론적 · 연구적 기초에 대해 검토하면서 전체 책의 철학과 구성의 중심이 되는 핵심 주제로 초기에 학습에 대한 강조가 나타났다. 진로작업은 소위 '심층(deep)' 학습(Brockbank & McGill, 2007)으로 가는 경로로서 성찰의 개념을 촉진하기 위해 현대 학습이론을 활용할 수 있다. 성찰과정을 통한 심층 학습은 인지학습, 즉 세상에 대한 이해와 세상에서 행동하는 방식의 변화를 이끌어야 한다. 또한 정서적 학습이 포함될 것이다. 학습은 다른 사람과의 사회적 맥락에서 일어나고 학습자가 접근할 수 있는 주도성의 정도(개인적 힘과 영향)에 영향을 받는다. 질적 진로평가가 구조화되는 방법, 채택된 모델과 방법, 전달된 문화적 조건, 설정된 조직 유형은 모두 학습과정에 영향을 준다. 또한 학습 공간이 만들어지고 종종 사용된 언어—특정 맥락에서 말하고 생각하는 방식(지배 담론들)에 의해 제약된다. 우세한 담론은 특정 상황에서 나올 수 있다. 예를 들어, 특정 상황에서 공감되는 은유나 이미지의 사용과 특정 집단에서 의미 있는 문화적 이야기(Burr, 1995)에 대한 공유된 이해가 있다. 종종 관련된 이해는 어림잡아 가정되고 우세한 담론이 되어 다른 대화 방법이나 사고방식, 즉 세상을 표현하는 방식보다 우선시된다. 특정 집단에 속하기 위해서는 이런 담론들을 이해하고 그것과 행동을 같이해야만 한다. 분명하게 일부 담론은 다른 것보다 더 강력하고 전환 학습이 일어나는 정도를 제한하기 때문에 우세한 담론에 저항하기 위한 공간은 훨씬 제약받을 수 있다(Mezirow & Associates, 2000). 이 일들이 사람의 학습 능력에 영향을 미치고 우리가 다양한 진로평가 방법의 효과성을 평가할 때 영향을 줄 수 있다.

실제적인 장들로 구성된 부에서 '진로평가 도구' 같은 용어들은 기계적 접근을 제시한다. 방법을 배열할 때 내담자는 다양한 학습 유형을 가지고 있다는 것을 인식하면서 여러 상황에 맞는 다양한 도구가 필요하다는 것을 반영하였다. 유연성과 창의성이 필요함을 반영한 것이다.

이 책의 내용에서 분명해지는 것은 질적 진로평가는 다양한 모습을 가지고 있지만 입증된 다양한 변수 내에 있으며, 진로상담을 위한 기본인 것이지 분절된 활동 내지는 기법들을 선택하여 혼합한 것은 아니라는 점이다. 편집자들은 책의 범위가 비판적 이슈 및 맥락과 다양한 문화적 기대를 다루는 것을 확실히 하고 있다. 진로발달과 학습에 대한 진로평가는 서양 경제 맥락 밖에 있는 많은 나라에서 성장하고 있기 때문에 중요하다. 덧붙여 다양한 사회적 변인을 경험하는 다른 취약한 내담자 집단도 진로 실무의 변방에 있기 때문에 고려되어야 한다.

아홉 개 국가의 출신인 저자들은 진로상담 분야에서 잘 알려져 있고 주제는 국제적으로 중요한 것이다. 또한 직업의 새로운 업무 방식으로 전환하는 과정에서 '목욕물과 함께 아기를 던지는' 것을 피하기 위해 주의를 기울였다. 파슨스의 획기적인 업적과 홀랜드의 가장 영향력 있는 업적은 사회정의를 위한 동기에서 이루어졌으며, 좀 더 최근에 그리고 향후에 발전되면서 양쪽에서 파생된 접근 방식을 사용하는 곳이 생기고 있다. 그래서 또 다른 주제는 질적 대 양적 또는 객관 대 주관 또는 지나친 개인 집중 대 지나친 사회 결정 같이 접근법들 사이의 이분법을 피하는 것에 대한 것이었다. 이것은 다소 소득 없는 논쟁으로 이어져서 대화가 어려운 '위험 지역'을 만들 수 있기 때문이다. 무모한 논쟁으로 이어지고 대화가 어려워지는 '누구의 땅도 아닌' 곳을 만들 수 있다. '양자택일로 나누는' 입장은 인간의 경향이지만, 그 결과는 지나치게 단순하거나 복잡한 '해결책'으로 이어진다. 서로 다른 철학적 전통에서 나온 양적 진로평가와 질적 진로평가를 인정하는 것이 중요하다. 이 책은 발달과 안정 사이의 상호작용, 예측 가능성과 혼돈에 주의를 기울였다. 그래서 진로평가 방법은 맥락 내에서의 내적인 삶과 외적인 삶 사이의 상호작용을 이해하는 것이 필요하다. 라이트 밀스(C. Wright Mills)는 우리에게 "공적인 이슈가 지닌 인간적 의미는 개인의 어려움과 개인의 삶의 문제와 관련지어서 밝혀야 한다는 것을 알아야 한다."라고 가르쳤다(1970, pp. 247-248).

우리가 '진리체제'(Foucault, 1980)에 대해 걱정하고 우리의 개념을 문제 삼는 것은 중요하지만, 또한 매일의 삶과 실무에 대한 엄격한 후기 구조주의적 비판을 완화시킬 필요가 있다. 이 책은 복잡한 상황에 다양하고 초학문적인 접근이 필요하다는 것을 인식하고 있으며 양적 진로평가에 대한 질적 사용을 지지하고 있다. 양적이든 질적이든 진로평가가 중요하다는 이야기이다. 양극단에서 작동하기보다는 질적 진로평가의 체계적 접근에서 작은 이야기, 에피소드, 이야깃거리의 가치가 인정되길 바란다면(Reid & West, 2014) 우리는 평가 접근을 좌우 입장 사이를 움직이는 저울의 진동인 것처럼 바라볼 수 있다.

6. 질적 진로평가의 미래

기존의 고용의 확실성이 흔들리면서 서서히 사라지고 새로운 기술이 기하급수적으로 개발되는 세상에서 질적 진로평가의 미래를 확실히 진술하기는 어렵다. 진로 평가와 연구의 질적 방법론에 대한 나의 충성은 분명하지만 비판적 성찰의 대상이 되어야만 한다. 많은 진로서비스와 진로평가 방식에 대한 입장이 있을 수 있지만 개인에게 무엇이 의미 있는지에 대한 논의는 필수적이다. 진로 상담과 연구에서 내러티브 접근의 가치에 대한 나의 탐색에서 브루너는 이론적 친구이다. 그는 나에게 계속해서 형성되고 있는 아이디어를 표현할 수 있는 언어를 주었다. 그는 "결국 인간의 조건에 대한 가장 강력한 인과적 설명은 인간의 문화를 구성하는 상징적 세계에 비추어 해석되지 않고는 그럴듯한 의미를 지닐 수 없다."라고 기술하였다(Bruner, 1990, p. 138).

우리는 항상 역사를 통해 움직이고 있고, 움직이는 상태에 있으며 질적 진로평가의 미래에 대해 모를 수 있다. 지금이 바로 그 시기이다. 혁신적이던 것이 확립되어 전통적인 것이 되고 더 이상 관련이 없다고 생각하기까지 얼

표 30-1 질적 진로평가와 양적 진로평가 사이의 이동

질적 진로평가가 좀 더 관심을 두는 것	양적 진로평가가 좀 더 관심을 두는 것
내러티브/이야기	목표와 결과
의미와 정체성	행동주의와 초점
구성주의적 사고	사실주의
느린 시간/놀이	빠른 시간/진지함
정서/공감	인지/이성
주관성/전기(biography)	객관적 거리
창의성을 위한 열린 공간	도구적-'이미 작동하는 것'

출처: Reid & West (2011b)에서 인용.

마나 오래 걸리는가? 혁신에 대한 열망은 우리를 비즈니스 또는 기업 언어의 구렁텅이로 인도할 수 있다. 혁신은 변화와 더 많은 세계적 맥락에서 우리 모두가 '열망해야만 하는' 강력한 단어가 되었다. 푸코가 우리에게 가르치는 것처럼 새로운 지식에 대한 우리의 갈망은 바람직하지만, 지식을 중요시하는 것을 누가 결정하고 누가 그것을 사용하도록 만드는지는 고려될 필요가 있다. 그래서 우리는 언어에 관심을 갖고 작업하면서 우리가 사용하는 언어로 담론을 점검하는 것이 필요하다(〈표 30-1〉 참조).

더 많은 지식을 얻는 과정에서 영속적인 혁신을 추구하기보다는 아마 우리는 진로학습 내의 창의성과 상상력에 집중할 수 있다. 1929년의 비렉(Viereck)과의 인터뷰에서 알베르트 아인슈타인(Albert Einstein)은 "상상력은 지식보다 더 중요하다. 지식은 우리가 현재 알고 있는 모든 것에 국한되지만, 상상력은 앞으로 알고 이해해야 할 모든 것을 포함하기 때문이다."라고 말하였다. 넓고도 깊은 현명한 말이다.

7. 계속 생각하고 좀 더 배우기

접근하기 쉽지만 학문적인 책에 대한 성찰을 써 달라는 요청을 받는 것은 특권이었다. 내가 책을 읽고 얻은 통찰력을 포착하여 표현하는 것은 어려운 작업이었고 각각의 공헌을 공평하게 표현하는 것은 불가능했다. 그렇지만 나는 리뷰를 써 달라는 요청은 받지 않았고, 특정한 장에 대한 언급은 의도적으로 자제하였다. 나의 성찰은 계속될 것이며 지적인 자극의 개념적 지혜, 실질적인 유용성과 함께 이 책의 포괄적인 내용으로부터 학습은 계속될 것이다. 의심의 여지없이 독자들에게도 그러할 것이다.

참고문헌

Bauman, Z. (2000). *Liquid modernity*. Cambridge, UK: Polity Press.

Brockbank, A., & McGill, I. (2007). *Facilitating reflective learning in higher education* (2nd ed.). Maidenhead, England: McGraw-Hill, SRHE/Open University Press.

Bruner, J. (1990). *Acts of meaning*. Cambridge, MA: Harvard University Press.

Burr, V. (1995). *An introduction to social constructivism*. London, England: Routledge.

Cochran, L. (1997). *Career counseling: A narrative approach*. Thousand Oaks, CA: Sage.

Einstein, A. (1929). *Quoted in interview by G. S. Viereck, October 26, 1929*. Retrieved from www.timeshighereducation.co.uk/172613.article

Foucault, M. (1980). *Power/knowledge: Selected interviews and other writings 1972-1977*. London, England: Harvester Press.

Guichard, J. (2005). Life-long self-construction. *International Journal for Educational and Vocational Guidance*, 5, 111-124.

Hansen, F. T., & Amundson, N. (2009). Residing in silence and wonder: Career counselling from the perspective 'being'. *International Journal for Educational and Vocational Guidance, 9*(1), 31–43.

Harris Williams, M. (2005). *The vale of soul making: The post-Kleinian model of mind*. London, UK: Karnac.

Mezirow, J., & Associates. (2000). *Learning as transformation: Critical perspectives on a theory in progress*. San Francisco, CA: Jossey-Bass.

Reid, H. L., & Fielding, A. J. (2007). *Providing support to young people: A guide to interviewing in helping relationships*. London, England: Routledge Falmer.

Reid, H. L., & West, L. (2011a). Struggling for space: Narrative methods and the crisis of professionalism in career guidance in England. *British Journal of Guidance & Counselling, 39*, 397–410.

Reid, H. L., & West, L. (2011b). 'Telling Tales': Using narrative in career guidance. *Journal of Vocational Behaviour, 78*, 74–183.

Reid, H. L., & West, L. (2014). Telling tales: Do narrative approaches for career counselling count?. In G. Arulmani, A. J. Bakshi, F. Leong, & A. G. Watts (Eds.), *International handbook of career guidance* (pp. 413–430). Dordrecht, The Netherlands: Springer.

Richardson, L. (1997). *Fields of play: Constructing an academic life*. New Brunswick, NJ: Rutgers University Press.

Rogers, C. R. (1967). *On becoming a person: A therapist's view of psychotherapy*. London, England: Constable.

Savickas, M. L. (2011). *Career counselling*. Washington, DC: American Psychological Association.

Speedy, J. (2008). *Narrative inquiry and psychotherapy*. Hampshire, NY: Palgrave MacMillon.

Sultana, R. G. (2011). Lifelong guidance, citizen rights and the state: Reclaiming the social contract. *British Journal of Guidance & Counselling, 39*(2), 179–186.

Unit for the Development of Adult and Continuing Education. (1986). *The challenge of change*. London, England: UDACE.

Winnicott, D. (1971). *Playing and reality*. London, England: Routledge.

Wright Mills, C. (1970). *The sociological imagination*. Hardmondsworth, England: Penguin.

📖 찾아보기

인명

A

B

C

D

내용

편저자 소개

Mary McMahon

호주 퀸즐랜드 대학교 사범대학 수석 강사

대학원과 학부 수준에서 진로개발과 진로상담을 가르치고 있으며 국내외적으로 책을 널리 출판하고 있다.

Mark Watson

남아프리카 넬슨 만델라 매트로폴리탄 대학교 교수

경력개발, 상담, 평가 분야에서 가르치고 연구하며 실무자로서 일하고 있다. 다수의 책을 공동 집필 및 편집하였고, 81편의 학술 논문과 63권의 책을 출판하였으며, 국제 저널 편집 위원회에서 일하고 있다.

저자 소개

Norman Amundson 캐나다 브리티시컬럼비아 대학교 상담심리 교수

Michael B. Arthur 미국 보스턴 서퍽 대학교 교수

Gideon Arulmani 인도 프로미스 재단 이사

Anuradha J. Bakshi 인도 뭄바이 대학교 니르말라 니케탄 가정과학대학 인적개발학과장

Barbara Bassot 영국 캔터베리 크라이스트 처치 대학교 진로 및 개인 개발센터 선임 강사

Jim E. H. Bright 호주 가톨릭 대학교 진로 교육 및 발달 학과 교수

Pamelia E. Brott 버지니아 공과대학 상담교육 프로그램 부교수

Brittan L. Davis 미국 오하이오주 클리블랜드 주립대학교 상담심리학 프로그램의 박사과정 수료생

Annamaria Di Fabio 이탈리아 피렌체 대학교 교육심리학과에서 직업지도 및 진로상담을 위한 심리학의 국제 연구 및 개입심리 연구실(LabOProCCareer)과 긍정 심리학 및 예방에 대한 국제 연구와 개입실험실(PosPsyc&P) 실장

Lea Ferrari 이탈리아 파도바 대학교의 조교수

Tyler J. Finklea 미국 플로리다 주립 대학교의 상담과 학교 심리학 프로그램의 4학년 박사과정생

Elzette Fritz 남아프리카 요하네스버그 대학교의 공인교육 심리학자이자 연구원

Maria Cristina Ginevra 이탈리아 파도바 대학교 연구원

Paul J. Hartung 미국 노스이스트 오하이오 의과대학 가족 및 지역사회 의학과 교수

Seth C. W. Hayden 미국 노스캐롤라이아주 웨이크 포레스트 대학교 상담 조교수

Julia F. Kronholz 미국 플로리다 주립대학교의 상담 및 학교 심리학 프로그램의 3학년 박사과정생

Bill Law 12년간 교사 및 진로지도 실무 이후 직업 교육 및 상담을 위한 국가기관의 창립 회원

Reineke Lengelle 캐나다 애써베스카 대학교의 박사과정 수료생이자 초빙 대학원 교수

Jacobus G. (Kobus) Maree 남아프리카공화국 프리토리아 대학교의 교육 심리학과 교수

Peter McIlveen 호주 서던 퀸즐랜드 대학교의 부교수

Frans Meijers 네덜란드 헤이그 대학교의 교육학 및 진로발달 교수

Warren Midgley 호주 서던 퀸즐랜드 대학교 언어학, 성인교육 및 전문 교육 대학장

Nhlanhla Mkhize 남아프리카 공화국 콰줄루나탈 대학교의 응용과학대학 학과장

Laura Nota 이탈리아 파도바 대학교의 사회적 약자를 포용하기 위한 진로구성과 진로상담 및 심리
　　상담 교수

Debra S. Osborn 미국 플로리다 주립대학교 교육심리학 및 학습시스템학과 부교수

Polly Parker 호주 퀸즐랜드 대학교 경영대학원 교수

Wendy Patton 호주 퀸즐랜드 공과대학교 교육학부 교수이자 학과장

Gary W. Peterson 미국 플로리다 주립대학교의 상담 및 진로개발기술 연구센터의 명예 교수이자
　　선임 연구원

Robert G. L. Pryor 오스트레일리아 가톨릭 대학교 사범대학 겸임교수

Mark C. Rehfuss 미국 버지니아주 노퍽 올드 도미니언 대학교의 온라인 휴먼서비스 BS 프로그램
　　의 부교수이자 프로그램 책임자

Hazel Reid 영국 캔터베리 크라이스트 처치 대학교 교육학과 교수이자 연구 책임자

James P. Sampson, Jr. 미국 플로리다 주립대학교 상담 및 진로 개발 분야 Mode L. Stone 석좌교수

Sara Santilli 이탈리아 파도바 대학교의 심리학 박사과정생

Vidhya Satish 인도 뭄바이 대학교 부속 남인도 교육협회(SIES) 예술, 과학, 상업으로 구성된 SIES
　　대학의 종합교육에 대한 남인도 교육사회 연구소장

Teresa M. Sgaramella 이탈리아 파도바 대학교의 조교수

Barbara A. Smith 캐나다 브리티시컬럼비아 대학교의 박사 후보생으로 수상 경력이 있는 등록된
　　임상 상담사

Salvatore Soresi 이탈리아 파도바 대학교의 장애심리학 교수

Graham B. Stead 미국 오하이오주 클리블랜드 주립대학교 교육인적자원대학의 교수이자 박사학
　　위과정의 학부장

Greete van Zyl 남아프리카의 교육심리학자

Sui-Wai Wong 홍콩 이공대학교의 강사

Alan Yim 홍콩 침례대학교 국제교육대학 진로지도 상담사

Mantak Yuen 홍콩 대학교 포용적 특수교육 선진화센터 부교수이자 부소장

역자 소개

임은미(Lim Eun Mi)
서울대학교 대학원 교육학 박사
전 한국청소년상담복지개발원 상담 조교수
　　전주대학교 사회과학부 조교수
　　한국교육상담학회 회장
　　한국생애개발상담학회 회장
현 전북대학교 교육학과 교수
　　한국진로교육학회 연수위원장

<u>주요 저서</u>
다문화 사회정의 상담(공저, 학지사, 2019), 미래사회 진로교육과 상담(공저, 사회평론아카데미, 2020) 외 다수

<u>주요 논문</u>
한국 상담자의 수퍼비전을 위한 다문화 사회정의 상담 수퍼비전의 통합방안 탐색(단독, 상담학연구, 2020), 일반계 고등학교 교사의 혁신 교육 참여경험(공동, 교육치료연구, 2021), 일반고 졸업생의 고등학교 진로교육 경험에 대한 내러티브 탐구(공동, 아시아교육연구, 2021) 외 다수

강혜정(Kang Hye Jeong)
전북대학교 대학원 교육학 박사
전 전북대학교, 전주대학교, 성균관대학교, 충남대학교 강사
현 전북대학교 교육학과 및 교육대학원 강사

<u>주요 역서</u>
사회정의 교육으로의 초대: 사회정의 교육자의 경험을 중심으로(공역, 사회평론아카데미, 2019)

<u>주요 논문</u>
대학생의 구성주의 진로 집단상담프로그램 참가 경험(공동, 학습자중심교과교육연구, 2020), 진로구성 인터뷰(CCI) 경험에 대한 상담자와 내담자의 IPR 내용 분석(상담학연구, 2020), 진로적응모형의 적용 가능성 탐색: 한국 대학생과 대학원생을 대상으로(진로교육연구, 2021)

김혜영(Kim Hye Young)
전북대학교 대학원 교육학 박사과정 수료
전 전북대학교 혁신교육개발원 연구원
현 (주)지안 부설 지안심리연구소 팀장

주요 논문

대학생의 진로준비행동과 고용가능성의 관계에서 전공만족도와 자기효능감의 매개효과(공동, 아시아교육연구, 2019), 농어촌 고등학생의 MSCI 진로 집단상담 참여경험에 대한 질적 내용분석(공동, 학습자중심교과교육연구, 2021)

정지영(Jeong Ji Young)
전북대학교 대학원 교육학과 박사
현 전북대학교 행복드림센터 전임상담원

주요 논문

교사의 직무열의와 직무자원에 따른 군집별 직무만족의 차이(공동, 교사교육연구, 2019), 수퍼바이지의 다문화 사회정의 상담 수퍼비전 경험에 대한 현상학적 연구(공동, 상담학연구, 2021)

구성주의 진로상담기법
Career Assessment: Qualitative Approaches

2022년 3월 15일 1판 1쇄 인쇄
2022년 3월 20일 1판 1쇄 발행

엮은이 • Mary McMahon · Mark Watson
옮긴이 • 임은미 · 강혜정 · 김혜영 · 정지영
펴낸이 • 김진환
펴낸곳 • ㈜**학지사**
　　　　　04031 서울특별시 마포구 양화로 15길 20 마인드월드빌딩
대표전화 • 02-330-5114　　팩스 • 02-324-2345
등록번호 • 제313-2006-000265호

홈페이지 • http://www.hakjisa.co.kr
페이스북 • https://www.facebook.com/hakjisabook

ISBN 978-89-997-2655-2　93180

정가 22,000원

출판 · 교육 · 미디어기업 학지사

간호보건의학출판 **학지사메디컬** www.hakjisamd.co.kr
심리검사연구소 **인싸이트** www.inpsyt.co.kr
학술논문서비스 **뉴논문** www.newnonmun.com
교육연수원 **카운피아** www.counpia.com